PRÜFE DEIN WISSEN

Rechtsfälle in Frage und Antwort
Band 24

Verwaltungsprozessrecht

von

DR. THOMAS WÜRTENBERGER
o. Professor an der Universität Freiburg

3. Auflage

Verlag C. H. Beck München 2008

Verlag C.H. Beck im Internet:
beck.de

ISBN 978 3 406 54299 2

Wilhelmstraße 9, 80801 München
Druck und Bindung: Nomos Verlagsgesellschaft
In den Lissen 12, 76547 Sinzheim

Satz: ES-Editionssupport, München

Gedruckt auf säurefreiem, alterungsbeständigen Papier
(hergestellt aus chlorfrei gebleichtem Zellstoff)

Vorwort zur 3. Auflage

Ziel dieses Bandes zur Verwaltungsgerichtsbarkeit ist, in Frage und Antwort über die wesentlichen examens- und praxisrelevanten Probleme des Verwaltungsprozessrechts zu informieren. Dabei werden – entsprechend dem Konzept des „Prüfe Dein Wissen" – verwaltungsprozessuales Grundwissen, wie in meinem Lehrbuch „Verwaltungsprozessrecht" (2. Aufl. 2006) vermittelt, vorausgesetzt und vor allem auch Grundkenntnisse im Zivilprozessrecht.

Der Band wendet sich sowohl an die Studierenden als auch an die Rechtsreferendare. Die ersten acht Abschnitte behandeln jene verwaltungsprozessualen Fragen, die im Referendarexamen zu beherrschen sind. Die Abschnitte über Rechtsmittel und Vollstreckung dienen der Vorbereitung auf das Assessorexamen.

Die Darstellung gliedert sich nach Problembereichen, nicht nach der Paragraphenfolge der VwGO. Die einzelnen Problembereiche werden nach folgender internen Gliederung abgehandelt:

1. Gesetzliche Regelung, Begriff und Funktion des prozessualen Instituts, Parallelen in anderen Prozessordnungen
2. Probleme der Auslegung und Anwendung
3. Verknüpfung von materiellrechtlicher Regelung und Prozessrecht
4. Wiederholung und Vertiefung.

Im Vordergrund stehen also die jeweiligen prozessualen Prinzipien sowie deren Funktionen (1.). Auf dieser Basis werden Auslegungs-, Anwendungs- und Folgeprobleme (2. und 3.) geklärt. Bei der Wiederholung und Vertiefung (4.) soll das Lösen schwierigerer prozessualer Probleme unter Verwendung der prozessualen Grundkenntnisse eingeübt werden. Der engen Verknüpfung von materiellem Verwaltungsrecht und Verwaltungsprozessrecht wird nach Möglichkeit an Beispielen aus dem Allgemeinen Verwaltungsrecht, dem Polizei- und Ordnungsrecht, dem Baurecht und dem Kommunalrecht Rechnung getragen. Ein besonderes Gewicht legt die Neuauflage auf die europarechtlichen Bezüge des Verwaltungsprozessrechts.

Es wird dringend empfohlen, sich nicht auf die Lektüre des vorliegenden Bandes zu beschränken, sondern am Gesetz zu arbeiten und jede zitierte Vorschrift nachzulesen. Der Blick in das Gesetz erspart manche dogmatische Argumentation! Aus Literatur und Rechtsprechung sind die wichtigsten Fundstellen nachgewiesen. Wer diesen Band durchgearbeitet hat, beherrscht wesentliche Probleme des Verwaltungsprozessrechts. Und soweit eine Konfrontation mit einer hier nicht vorgeführten Fragestellung erfolgen sollte, ist jenes prozessuale Grundlagenwissen und Argumentationsgeschick erworben, um das Problem zu erkennen und zu einer gut vertretbaren (bzw. „richtigen") Lösung zu gelangen.

An dieser Neuauflage haben alle Mitarbeiterinnen und Mitarbeiter des Lehrstuhls mitgewirkt. Ihnen sei an dieser Stelle herzlich gedankt.

Freiburg, im August 2007 *Thomas Würtenberger*

Inhaltsverzeichnis

Literaturverzeichnis

Die im Literaturverzeichnis aufgeführten Schriften werden nur mit den Namen der Autoren zitiert.

I. Allgemeine Darstellungen

Bader, Johann/Funke-Kaiser, Michael/Kuntze, Stefan/v. Albedyll, Jörg, Verwaltungsgerichtsordnung, 3. Aufl. 2005

Baumbach, Adolf/Lauterbach, Wolfgang/Albers, Jan/Hartmann, Peter, Zivilprozessordnung, 65. Aufl. 2007

Bosch, Edgar/Schmidt, Jörg, Praktische Einführung in das verwaltungsgerichtliche Verfahren, 8. Aufl. 2005

Brandt, Jürgen/Sachs, Michael, Handbuch Verwaltungsverfahren und Verwaltungsprozess, 2. Aufl. 2003

Brohm, Winfried, Öffentliches Baurecht, 3. Aufl. 2002

Büchner, Hans/Schlotterbeck, Karlheinz, Verwaltungsprozessrecht, Erstinstanzliche Verfahren einschließlich Vorverfahren, 6. Aufl. 2001

Detterbeck, Steffen, Allgemeines Verwaltungsrecht mit Verwaltungsprozessrecht, 4. Aufl. 2006

Dörr, Oliver/Lenz, Christofer, Europäischer Verwaltungsrechtsschutz, 2006

Erichsen, Hans-Uwe (Hg.), Allgemeines Verwaltungsrecht, 13. Aufl. 2006

Erichsen, Hans-Uwe/Hoppe, Werner/von Mutius, Albert (Hg.), System des verwaltungsgerichtlichen Rechtsschutzes, Festschrift für C. F. Menger, 1985

Eyermann, Erich (Hg.), Verwaltungsgerichtsordnung, 12. Aufl. 2006

Finkelnburg, Klaus/Jank, Klaus Peter, Vorläufiger Rechtsschutz im Verwaltungsstreitverfahren, 4. Aufl. 1998

Gersdorf, Hubertus, Verwaltungsprozessrecht, 2. Aufl. 2003

Hufen, Friedhelm, Verwaltungsprozessrecht, 6. Aufl. 2005

Isensee, Josef/Kirchhof, Paul (Hg.), Handbuch des Staatsrechts der Bundesrepublik Deutschland, Bde I ff., 3. Aufl. 2003 ff.

Jäde, Henning, Verwaltungsverfahren, Widerspruchsverfahren, Verwaltungsprozess, 5. Aufl. 2006

Jarass, Hans D./Pieroth, Bodo, Grundgesetz für die Bundesrepublik Deutschland, 8. Aufl. 2006

Koenig, Christian/Pechstein, Matthias/Sander, Claude, EU-/EG-Prozessrecht, 2. Aufl. 2002

Kopp, Ferdinand O./Schenke, Wolf-Rüdiger, Verwaltungsgerichtsordnung, 14. Aufl. 2005

Kopp, Ferdinand O./Ramsauer, Ulrich, Verwaltungsverfahrensgesetz, 9. Aufl. 2005

Lorenz, Dieter, Verwaltungsprozessrecht, 2000

Lüke, Wolfgang, Zivilprozessrecht, 9. Aufl. 2006

Maurer, Hartmut, Allgemeines Verwaltungsrecht, 16. Aufl. 2006

v. Münch, Ingo/Kunig, Philip (Hg.), Grundgesetz-Kommentar, Bde. 1-3, 5. Aufl. 2000 ff.

Pieroth, Bodo/Schlink, Bernhard, Grundrechte. Staatsrecht II, 22. Aufl. 2006

Redeker, Konrad/von Oertzen, Hans-Joachim, Verwaltungsgerichtsordnung, 14. Aufl. 2004

Rosenberg, Leo/Schwab, Karl Heinz/Gottwald, Peter, Zivilprozessrecht, 16. Aufl. 2004

Schenke, Wolf-Rüdiger, Verwaltungsprozessrecht, 10. Aufl. 2005

Schmitt Glaeser, Walter/Horn, Hans-Detlef, Verwaltungsprozessrecht, 15. Aufl. 2000

Schlaich, Klaus/Korioth, Stefan, Das Bundesverfassungsgericht, 7. Aufl. 2007

Schoch, Friedrich/Schmidt-Aßmann, Eberhard/Pietzner, Rainer (Hg.), Verwaltungsgerichtsordnung, Loseblatt, Stand: Februar 2007

Sodan, Helge/Ziekow, Jan (Hg.), Nomos-Kommentar zur Verwaltungsgerichtsordnung, 2. Aufl. 2005

Sommermann, Karl-Peter, Die deutsche Verwaltungsgerichtsbarkeit, 3. Aufl. 1994

Steiner, Udo (Hg.), Besonderes Verwaltungsrecht, 8. Aufl. 2006

Stelkens, Paul/Bonk, Heinz Joachim/Sachs, Michael, Verwaltungsverfahrensgesetz, Kommentar, 6. Aufl. 2001

Stern, Klaus, Verwaltungsprozessuale Probleme in der öffentlich-rechtlichen Arbeit, 8. Aufl. 2000

Tettinger, Peter-Josef/Wahrendorf, Volker, Verwaltungsprozessrecht, 3. Aufl. 2005

Thiele, Alexander, Europäisches Prozessrecht, 2007

Thomas, Heinz/Putzo, Hans, Zivilprozessordnung, 28. Aufl. 2007

Ule, Carl Hermann, Verwaltungsprozessrecht, 9. Aufl. 1987

Ule, Carl Hermann/Laubinger, Hans-Werner, Verwaltungsverfahrensrecht, 4. Aufl. 1995

Weides, Peter, Verwaltungsverfahren und Widerspruchsverfahren, 3. Aufl. 1993

Wolff, Hans Julius/Bachof, Otto/Stober, Rolf, Verwaltungsrecht I, 11. Aufl. 1999

Wolff, Heinrich Amadeus/Decker, Andreas, Verwaltungsgerichtsordnung (VwGO), Verwaltungsverfahrensgesetz (VwVfG). Studienkommentar, 2. Aufl. 2007

Würtenberger, Thomas, Verwaltungsprozeßrecht, 2. Aufl. 2006

Würtenberger, Thomas, Polizei- und Ordnungsrecht, in: Achterberg/Püttner/Würtenberger (Hg.), Besonderes Verwaltungsrecht, Bd. II, 2. Aufl. 2000, S. 381 ff.

Würtenberger, Thomas/Heckmann, Dirk, Polizeirecht in Baden-Württemberg, 6. Aufl. 2005

Zippelius, Reinhold/Würtenberger, Thomas, Deutsches Staatsrecht, 31. Aufl. 2005

II. Übungsliteratur und Fallsammlungen

Pache, Eckhard/Knauff, Matthias, Verwaltungsprozessrecht, 2005

Pietzner, Rainer/Ronnellenfitsch, Michael, Das Assessorexamen im Öffentlichen Recht, 11. Aufl. 2005

Ramsauer, Ulrich, Die Assessorprüfung im öffentlichen Recht, 6. Aufl. 2007

Schoch, Friedrich, Übungen im Öffentlichen Recht II: Verwaltungsrecht und Verwaltungsprozeßrecht, 1992

I. Aufgaben und Entwicklung der Verwaltungsgerichtsbarkeit

1. Was bedeutet Verwaltungsgerichtsbarkeit?

Verwaltungsgerichtsbarkeit i. S. d. VwGO ist die Rechtsprechung der Verwaltungsgerichte im Verwaltungsrechtsweg gemäß § 40 VwGO. Bezieht man die weiteren Zweige der Verwaltungsgerichtsbarkeit (vgl. Frage 13) mit ein, lässt sich definieren: Verwaltungsgerichtsbarkeit ist Rechtsprechung auf dem Gebiet des Verwaltungsrechts.

2. Was sind die Aufgaben der Verwaltungsgerichtsbarkeit?

Die Verwaltungsgerichtsbarkeit dient dem Rechtsschutz des Bürgers gegen rechtswidrige Maßnahmen der Verwaltung (Rechtsschutzfunktion; Art. 19 Abs. 4 GG). In zweiter Linie zielt die Verwaltungsgerichtsbarkeit auch auf die Wahrung der Gesetzmäßigkeit der Verwaltung (Kontrollfunktion; vgl. Art. 20 Abs. 3 GG).

3. § 182 der Frankfurter Reichsverfassung vom 28. 3. 1849 lautete: „Die Verwaltungsrechtspflege hört auf; über alle Rechtsverletzungen entscheiden die Gerichte". In welchem historischen Kontext steht diese Regelung?

In der ersten Hälfte des 19. Jahrhunderts war – teils nach dem Vorbild des französischen Conseil d'Etat (Staatsrat) – in einigen süd- und mitteldeutschen Staaten eine besondere Verwaltungsrechtspflege entstanden. Diese wurde – z. B. im Staatsrat Bayerns oder im Geheimen Rat Württembergs – überwiegend durch Verwaltungsbeamte ohne die Garantie richterlicher Unabhängigkeit ausgeübt. Dass Angehörige der Verwaltung über die Legalität des Verwaltungshandelns in einem justizförmigen Verfahren entschieden, widersprach der Rechtsstaatsidee der liberalen Staatstheorie. Durch den zitierten § 182 wird die Kontrolle der Rechtmäßigkeit des Verwaltungshandelns einer unabhängigen Gerichtsbarkeit zugewiesen (Würtenberger, Rn. 40 ff.).

4. Seit wann wird eine unabhängige Verwaltungsgerichtsbarkeit als wesentliches Element des Rechtsstaatsprinzips angesehen?

Im Rechtsstaat ist die Verwaltung an Recht und Gesetz gebunden. Diese Rechtsbindung bliebe unvollkommen, wenn nicht durch verwaltungsgerichtliche Verfahren festgestellt werden könnte, welche Rechtspositionen im Einzelfall bestehen, und diese durch Inanspruchnahme von Vollstreckungsschutz nicht auch durchsetzbar wären. So gesehen ist die Verwaltungsgerichtsbarkeit krönender Schlussstein des Rechtsstaatsprinzips, – eine Überlegung, die sich in der zweiten Hälfte des 19. Jahrhunderts durchsetzte (Stern, Das Staatsrecht der Bundesrepublik Deutschland Bd. I, 2. Aufl. (1984), § 20 IV, 5).

5. Wer gilt als Hauptvertreter einer unabhängigen Verwaltungsgerichtsbarkeit? Wie wird diese definiert?

Für eine unabhängige Verwaltungsgerichtsbarkeit traten 1863 Johann Caspar Bluntschli in den Beratungen der Badischen Ständeversammlung und später Rudolf Gneist in seinem Buch „Der Rechtsstaat“ (1872) ein. Gefordert wurde die Bildung eines ständigen, kollegial besetzten obersten Verwaltungsgerichtshofs, der auf Grund mündlicher und kontradiktorischer (streitiger) Verhandlung endgültig entscheidet. Die Richter dieses Verwaltungsgerichtshofs sind unabhängig und nicht der Regierung verantwortlich. Die unabhängige Verwaltungsgerichtsbarkeit kontrolliert die Rechtmäßigkeit des Verwaltungshandelns. Die Verwaltung besitzt nicht mehr das Primat der Auslegung der Gesetze (Gneist, S. 171 f.).

6. Was besagt demgegenüber die „justizstaatliche Lösung"? Wer vertrat sie?

Nach der justizstaatlichen Lösung erfolgt Verwaltungsrechtsschutz durch die ordentlichen Gerichte, wie es z. T. im Ausland der Fall ist. Für Verwaltungsrechtsschutz durch die ordentliche Gerichtsbarkeit trat Otto Bähr in seiner Schrift „Der Rechtsstaat" (1864, S. 71) ein, weil „eine völlig sichere Grenzscheidung zwischen der Rechtsprechung auf dem Gebiet des öffentlichen und des Privatrechts . . . niemals zu erreichen sein" werde und das Verwaltungsrechtsverhältnis mit jenen Rechtsverhältnissen oftmals vergleichbar sei, die der Kontrolle der ordentlichen Gerichtsbarkeit unterliegen (Sendler, VBlBW 1989, 41, 43; Würtenberger, Rn. 43).

7. Wann kam es zur Organisation einer Verwaltungsgerichtsbarkeit im modernen Sinn?

Als erstes Land führte Baden im Jahre 1863 einen Verwaltungsgerichtshof als ein von der Verwaltung getrenntes, echtes Gericht ein (Würtenberger, Rn. 43 ff.). Mitte der siebziger Jahre wurde das preußische OVG errichtet, dessen Rechtsprechung zum Polizeirecht die Dogmatik des Verwaltungsrechts nachhaltig prägen sollte (von Unruh, DVBl. 1975, 838 ff.; Trostel, VBlBW 1988, 363 ff.).

8. Welche wichtigen Entscheidungen auf dem Gebiet der Verwaltungsgerichtsbarkeit trifft das GG?

1. Art. 19 Abs. 4 GG garantiert Rechtsschutz gegenüber Rechtsverletzungen durch die öffentliche Gewalt, sieht allerdings dafür nicht notwendig den Weg zu den Verwaltungsgerichten vor.
2. Art. 95 Abs. 1 GG schreibt die Errichtung des BVerwG vor, das als höchstes Gericht traditionsgemäß hauptsächlich als Revisionsgericht tätig werden soll.
3. Wie alle Gerichtsbarkeit wird auch die Verwaltungsgerichtsbarkeit durch unabhängige und von den Verwaltungsbehör-

den organisatorisch getrennte Gerichte ausgeübt: Art. 97 GG, §§ 1 VwGO, 25 ff. DRiG. Die entgegen früherem Rechtszustand nunmehr scharfe organisatorische Trennung von Exekutive und Judikative ist übrigens schon durch Art. 20 Abs. 2 S. 2 GG vorgeschrieben.

9. Wer bestimmt und was bedeutet die verwaltungsgerichtliche Kontrolldichte?

Die verwaltungsgerichtliche Kontrolldichte befasst sich mit dem Umfang und der *Intensität* verwaltungsgerichtlicher Kontrolle gegenüber dem Handeln der Exekutive. Sie wird in erster Linie durch den Gesetzgeber bestimmt. Denn die gerichtliche Kontrolle exekutivischer Maßnahmen ist streng gesetzesakzessorisch, weil die rechtsprechende Gewalt nur dazu berufen ist, die Einhaltung der Gesetze zu überwachen.
Der Gesetzgeber kann nicht beliebig der Verwaltung Ermessens- und Gestaltungsspielräume einräumen. Vor allem nach der Je-desto-Formel muss die gesetzliche Regelung von Grundrechtseingriffen umso dichter sein, je stärker ein Grundrecht betroffen und je fundamentaler das betroffene Grundrecht ist (Zippelius/Würtenberger, § 12 III 4b, bb).

10. Seit den 50er Jahren des 20. Jh. wird der Umfang verwaltungsgerichtlicher Kontrolle gegenüber der Verwaltungstätigkeit äußerst kontrovers diskutiert. In welchen Bereichen ist die gerichtliche Kontrolldichte sehr ausgeprägt, in welchen Bereichen wird eher die Entscheidung der Verwaltung respektiert?

1. Die verwaltungsgerichtliche Kontrolldichte ist wenig intensiv und überlässt der Verwaltung eine gewisse Entscheidungsprärogative bei:
a) der Anerkennung von Prognosespielräumen der Verwaltung „bei vielgestaltigen Sachverhalten“, nicht aber im traditionellen Polizei- und Sicherheitsrecht (Würtenberger, Rn. 30; Tettinger, DVBl. 1982, 421; BVerwGE 79, 208, 213);
b) der Anerkennung administrativer Beurteilungsspielräume oder Einschät-

zungsprärogativen, wenn in Ausnahmefällen der Sachverstand der Verwaltung eine besondere Rolle spielt (vgl. BVerwGE 72, 300, 316 f. zu § 7 Abs. 2 Nr. 3 AtomG);

c) der Anerkennung eines unüberprüfbaren Bereichs von Prüfungsentscheidungen bei prüfungsspezifischen Bewertungen, aber nicht in Fragen fachwissenschaftlicher Vertretbarkeit (BVerfGE 84, 34; Hofmann, NVwZ 1995, 740);

d) der eingeschränkten Überprüfbarkeit von Entscheidungen durch Ausschüsse, die nach dem Prinzip der gesellschaftlichen Repräsentanz oder sachverständig zusammengesetzt sind (Würtenberger, Rn. 33; Sendler, DVBl. 1994, 1089 f.; zurückhaltender BVerfGE 83, 130, 148; Beaucamp, JA 2002, 314, 318).

2. Die verwaltungsgerichtliche Kontrolldichte ist in den letzten Jahrzehnten intensiviert worden durch

a) die Ausdehnung der Anerkennung subjektiv-öffentlicher Rechte mit Rücksicht auf die „Ausstrahlung" der Grundrechte in das einfache Gesetzesrecht (Papier, in: Festschrift für Ule, 1987, S. 235 ff.);

b) die Entwicklung von Maßstäben, an denen eine rechtsstaatliche Planung zu messen ist (BVerwGE 34, 301, 309; 45, 309, 314 ff.; 47, 144, 146; nun zum Teil geregelt in § 2 Abs. 3 BauGB);

c) die Beanspruchung gerichtlicher Kontrolle bei sog. unbestimmten Rechtsbegriffen (Würtenberger, Rn. 25; kritisch Rupp, in: FS für W. Zeidler, 1987, S. 455);

d) die „Verrechtlichung" des sog. gesetzesfreien Raumes (z. B. Selbstbindung der Verwaltung über Art. 3 Abs. 1 GG);

e) die rechtlichen Eingrenzungen des Verwaltungsermessens (z. B. Ermessensreduzierung auf Null: Würtenberger/Heckmann, Rn. 499; vgl. weiter Schenke, WiVerw 1988, 145, 171 ff. zur Forderung einer vollen Justitiabilität von Ermessensentscheidungen);

f) die zunehmende Regelungsdichte im Verwaltungsrecht, deren Korrelat eine zunehmende verwaltungsgerichtliche Kontrolle ist.

11. Welches grundsätzliche Problem ist mit der Frage nach der verwaltungsgerichtlichen Kontrolldichte angesprochen?

Im verfassungsrechtlichen Gefüge der Gewaltenteilung besitzt die Verwaltung einen – freilich eng begrenzten – eigenverantwortlichen und nicht richterlich überprüfbaren Entscheidungsfreiraum. Ein solcher *Verwaltungsvorbehalt* besteht bei internen Vorüberlegungen und bei kontinuierlicher Konzepterarbeitung. Eine eingeschränkte verwaltungsgerichtliche Kontrolle gibt es bei Entscheidungen im naturwissenschaftlich-technischen Bereich, bei planend-gestaltender Tätigkeit und nicht zuletzt im Bereich des vergleichenden Wertens und Beurteilens (wie u. a. bei Einstellung, Prüfung, Beförderung). Hier ist das Verwaltungshandeln nicht an klaren gesetzlichen Handlungsgeboten messbar, sondern besteht eine Bandbreite rechtlich vertretbaren Entscheidens und Gestaltens. Die gerichtliche Überprüfung ist daher auf Verfahrensfehler und auf den Maßstab der Sachgerechtigkeit beschränkt. Im verwaltungsgerichtlichen Verfahren ist nur zu überprüfen, ob die Verwaltung von einem zutreffenden Sachverhalt ausgegangen ist und ob die gesetzlichen Leitvorstellungen von der Verwaltung zutreffend erfasst worden sind (zum Nacharbeiten als Leitbild verwaltungsgerichtlicher Kontrolle: BVerfGE 85, 36, 58; Würtenberger, Rn. 35 mit Fn. 78).

II. Gerichtsverfassung

12. Welche Vorschriften der VwGO sichern den verfassungsrechtlichen Grundsatz der Gewaltenteilung?

Dies sind die §§ 1 und 39 VwGO. Nach § 1 VwGO wird die Verwaltungsgerichtsbarkeit durch unabhängige (Art. 97 GG, §§ 25 ff. DRiG), von den Verwaltungsbehörden organisatorisch getrennte Gerichte ausgeübt. Gemäß dem Grundsatz der Gewaltentrennung (Art. 20 Abs. 2 S. 2 GG) ist die Verwaltungsrechtsprechung durch Verwaltungsbehörden oder durch bei Verwaltungsbehörden gebildete Ausschüsse unzulässig. § 39 VwGO verbietet, dass den Verwaltungsgerichten, mit Ausnahme der Gerichtsverwaltung, Verwaltungsgeschäfte übertragen werden.
Auch § 114 VwGO dient der Gewaltenteilung. Hier wird vorausgesetzt, dass bei Ermessensentscheidungen Zweckmäßigkeitserwägungen nicht der verwaltungsgerichtlichen Kontrolle unterliegen.

13. Welche besonderen Verwaltungsgerichte gibt es neben der in der VwGO geregelten allgemeinen Verwaltungsgerichtsbarkeit?

1. Die Gerichte der Sozialgerichtsbarkeit nach dem SGG.
2. Die Gerichte der Finanzgerichtsbarkeit nach der FGO.
3. Das Bundespatentgericht nach Art. 96 Abs. 1 GG i. V. m. §§ 65 ff. PatentG.
4. Die Disziplinargerichte, Truppendienstgerichte (§§ 69, 80 Wehrdisziplinarordnung), Dienstgerichte nach den §§ 61 f. DRiG.

14. Welchen Instanzenweg sieht die VwGO vor?

§ 2 VwGO sieht einen dreistufigen Aufbau der allgemeinen Verwaltungsgerichtsbarkeit vor. Entsprechend Art. 30, 92 GG gibt es in den Ländern Verwaltungsgerichte (erste Instanz) und das Oberverwaltungsgericht (zweite Instanz) als Landesgerichte. Das oberste Gericht der allgemeinen Verwaltungsgerichtsbarkeit ist das Bundesverwaltungsgericht in Leipzig.

15. Wie heißen die Spruchkörper des VG? Wie sind sie besetzt? Ist auch die Entscheidung eines Einzelrichters möglich?

Die Spruchkörper beim VG heißen Kammern (§ 5 Abs. 2 VwGO). Sie sind mit drei Berufsrichtern und zwei ehrenamtlichen Verwaltungsrichtern besetzt (§ 5 Abs. 3 S. 1 VwGO). Bei Beschlüssen außerhalb der mündlichen Verhandlung und bei Gerichtsbescheiden (§ 84 VwGO) wirken die ehrenamtlichen Richter allerdings nicht mit (§ 5 Abs. 3 S. 2 VwGO). Die Kammer soll in der Regel den Rechtsstreit einem ihrer Mitglieder als Einzelrichter übertragen, wenn die Sache keine besonderen Schwierigkeiten aufweist und keine grundsätzliche Bedeutung hat (siehe im einzelnen die Regelung des § 6 VwGO).

16. Wer bestimmt, welche Berufsrichter den Kammern angehören? Wer verteilt die Geschäfte auf die einzelnen Kammern? Wie werden die Geschäfte innerhalb der einzelnen Kammern verteilt?

Vor Beginn des Geschäftsjahres legt das Präsidium des VG den Geschäftsverteilungsplan fest, der sowohl die Besetzung der Kammern mit ständigen Mitgliedern als auch die sachliche Aufgabenverteilung umfasst. Dies ergibt sich aus § 4 VwGO i. V. m. § 21 e GVG und ist wegen des Grundrechts auf den gesetzlichen Richter (Art. 101 Abs. 1 S. 2 GG) verfassungsrechtlich geboten (Würtenberger, Rn. 87). Nach § 4 VwGO i.V.m. § 21g GVG beschließen vor Beginn des Geschäftsjahres die der Kammer angehörenden Richter, nach welchen Grundsätzen sie an den der Kammer zugewiesenen Verfahren mitwirken.

17. Warum heißt das Oberverwaltungsgericht in Baden-Württemberg, Bayern und Hessen Verwaltungsgerichtshof (VGH)?

Nach § 184 VwGO kann das Land bestimmen, dass das OVG die bisherige Bezeichnung „Verwaltungsgerichtshof" beibehält. Dies ist in den genannten Ländern geschehen.

18. Wie heißen die Spruchkörper des OVG (VGH)? Wie sind sie besetzt?

Die Spruchkörper heißen Senate (§ 9 Abs. 2 VwGO). Sie entscheiden in der Besetzung von drei Berufsrichtern (§ 9 Abs. 3 S. 1 VwGO). Prüfen Sie nach, inwiefern in Ihrem Land der Landesgesetzgeber von den Ermächtigungen in § 9 Abs. 3 VwGO Gebraucht gemacht hat! Dies finden Sie im Ausführungsgesetz zur VwGO Ihres Landes geregelt.

19. Wie heißen die Spruchkörper des BVerwG? Wie sind sie besetzt?

Die Spruchkörper des BVerwG heißen Senate (§ 10 Abs. 2 VwGO). Sie entscheiden in der Besetzung von fünf Berufsrichtern, außerhalb der mündlichen Verhandlung von drei Berufsrichtern (§ 10 Abs. 3 VwGO).

20. Welcher Funktion dient und wann entscheidet der Große Senat beim BVerwG (§ 11 VwGO) bzw. beim OVG (§ 12 VwGO)?

1. Entscheidungen des Großen Senats sichern eine einheitliche Rechtsprechung und dienen der geordneten Fortbildung des Rechts. Gleichheit und Rechtssicherheit ist es abträglich, wenn Senate eines Gerichts in vergleichbaren Rechtsfragen zu abweichenden Rechtsansichten gelangen.
2. Daher ist der Große Senat anzurufen, wenn ein Senat von der Entscheidung eines anderen Senates oder des Großen Senates abweichen möchte (§ 11 Abs. 2 VwGO). Weiterhin kann vom erkennenden Senat die Entscheidung des Großen Senats herbeigeführt werden, wenn dies nach Ansicht des vorlegenden Senats in einer grundsätzlichen Rechtsfrage „zur Fortbildung des Rechts oder zur Sicherung ei-

ner einheitlichen Rechtsprechung erforderlich ist" (§ 11 Abs. 4 VwGO): Im Falle des § 11 Abs. 2 VwGO ist also die Anrufung des Großen Senats obligatorisch, im Falle des § 11 Abs. 4 VwGO fakultativ. § 11 Abs. 3 VwGO regelt das Anfrageverfahren als Zulässigkeitsvoraussetzung der Anrufung des Großen Senats.

21. Der erste Senat am OVG X weicht bei der Auslegung der polizeilichen Generalklausel von der Rechtsprechung des zweiten Senats ab. Bestehen Rechtsbehelfe?

1. Es wurde die Vorlagepflicht nach § 12 Abs. 1 i. V. m. § 11 Abs. 2 VwGO verletzt, da über eine Frage des Landesrechts verbindlich entschieden und dabei von der Entscheidung eines anderen Senats abgewichen wurde. Eine Revision kommt nach einer Mindermeinung wegen § 137 Abs. 1 Nr. 1 VwGO nicht in Betracht, da über Landesrecht zu entscheiden war (Eyermann/Geiger, § 12 VwGO Rn. 4). Dem hält die überwiegende Meinung entgegen, dass der Revisionsgrund des § 132 Abs. 2 Nr. 3 VwGO gegeben sei; denn der willkürliche Verstoß gegen die Vorlagepflicht verstoße gegen die Garantie des gesetzlichen Richters und verletze damit Bundesrecht (Kopp/Schenke, § 12 VwGO Rn. 2).
2. Da der Große Senat (bzw. die Vereinigten Senate) des OVG zur Entscheidung berufen waren (§ 12 Abs. 2 VwGO), ist die Rechtsfrage nicht vom gesetzlichen Richter entschieden worden (BVerfG NJW 1989, 2613). Dabei ist zu beachten, dass ein Unterlassen der Vorlage nicht ohne weiteres Art. 101 Abs. 1 S. 2 GG verletzt. Dies ist erst dann der Fall, wenn das Unterlassen der Vorlage von willkürlichen und unsachlichen Erwägungen bestimmt war, d. h. „objektiv unter keinem Gesichtspunkt vertretbar" war (BVerfGE 82, 286,

299; 87, 282, 284 f.; Zippelius/Würtenberger, § 47 II 1b; zur Vertiefung: Rodi, DÖV 1989, 750).

22. Wie gelangen die ehrenamtlichen Verwaltungsrichter in ihr Amt?

Sie werden von einem Wahlausschuss bei dem VG (§ 26 VwGO) aus Vorschlagslisten (§ 28 VwGO) gewählt (zu den Folgen einer fehlerhaften Wahl von ehrenamtlichen Richtern: BGH NJW 1984, 2839; Weis/Meyer ebd., S. 2804 f.).

23. A ist ehrenamtlicher Verwaltungsrichter bei dem VG in X und wirkt in einem Prozess zwischen B und Land L mit. Darf A in der mündlichen Verhandlung Fragen an B oder den Vertreter des Landes stellen?

Ja. Nach § 104 Abs. 2 S. 1 VwGO hat der Vorsitzende jedem Mitglied des Gerichts auf Verlangen Fragen zu gestatten. Aus § 19 VwGO ergibt sich, dass dieses Recht selbstverständlich auch ehrenamtlichen Richtern zusteht.

24. In der Urteilsberatung vertreten die beiden ehrenamtlichen Verwaltungsrichter A und B zusammen mit dem Berufsrichter R eine Rechtsansicht, die von dem Vorsitzenden Richter V und dem weiteren Berufsrichter X nicht geteilt wird. Welche Ansicht wird in das Urteil eingehen?

Die von den beiden ehrenamtlichen und dem einen Berufsrichter vertretene Ansicht. Nach § 55 VwGO i. V. m. § 196 Abs. 1 GVG entscheidet die absolute Mehrheit der Kammermitglieder. Aus § 19 VwGO folgt, dass die ehrenamtlichen Mitglieder bei der Entscheidung von Tat- *und* Rechtsfragen gleichberechtigt mitwirken.

25. Bei welchen Verwaltungsgerichten gibt es Vertreter des öffentlichen Interesses?

1. Nach § 35 VwGO obligatorisch beim BVerwG: Es muss ein Vertreter des Bundesinteresses bestellt werden, der sich an jedem beim BVerwG anhängigen Verfahren beteiligen kann.
2. § 36 VwGO überlässt es den Ländern, durch RVO der Landesregierung Vertreter des öffentlichen Interesses zu bestimmen.

26. Welche Aufgaben nehmen die Vertreter des öffentlichen Interesses wahr?

1. Sie haben die Aufgabe, im verwaltungsgerichtlichen Verfahren auf die Durchsetzung übergeordneter Belange des Gemeinwohls hinzuwirken.
2. Den Vertretern des öffentlichen Interesses beim VG und beim OVG kann allgemein oder für bestimmte Fälle die Prozessvertretung des Landes oder von Landesbehörden übertragen werden: § 36 Abs. 1 S. 2 VwGO.

Prüfen Sie, ob und ggf. wie die Landesanwaltschaft in Ihrem Bundesland geregelt ist!

III. Die den Klagearten gemeinsamen Sachurteilsvoraussetzungen

27. Was versteht man unter Sachurteilsvoraussetzungen?

Die Sachurteilsvoraussetzungen, auch Sachentscheidungs- oder Prozessvoraussetzungen genannt, müssen vorliegen, damit eine Entscheidung zur Sache, also ein *Sachurteil,* ergehen kann. Sie sind also die Zulässigkeitsvoraussetzungen einer verwaltungsgerichtlichen Klage.

28. Wie entscheidet das VG, wenn es an einer Sachurteilsvoraussetzung fehlt?

Es erlässt ein *Prozessurteil*: Die Klage wird ohne Sachprüfung als unzulässig abgewiesen.

29. Ist dies immer der Fall?

Nein. Der Mangel einer Sachurteilsvoraussetzung kann – soweit möglich – bis zur letzten mündlichen Verhandlung geheilt werden (Kopp/Schenke, Vor § 40 VwGO Rn. 11). Auch kann das Gericht die Nachholung einer Sachurteilsvoraussetzung ermöglichen (Ehlers, in Schoch/Schmidt-Aßmann/Pietzner, Vor § 40 VwGO Rn. 19 f.).

30. Können Sie hierfür Beispiele benennen?

Ja, fehlerhafte Prozessvertretung oder mangelndes Vorverfahren.

31. Welche Mängel in den Sachurteilsvoraussetzungen können nicht behoben werden?

Nicht behoben werden können z. B. die mangelnde Zulässigkeit des Verwaltungsrechtsweges, das Einhalten der Klagefrist oder das Fehlen der Klagebefugnis.

32. Inwiefern lässt sich zwischen allgemeinen und besonderen Sachurteilsvoraussetzungen unterscheiden?

Die allgemeinen Sachurteilsvoraussetzungen sind Zulässigkeitsbedingungen, die bei *jeder* Klage- und Antragsart vorliegen müssen. Sie werden in diesem Kapitel erörtert.

Die besonderen Sachurteilsvoraussetzungen sind Zulässigkeitsbedingungen, die bei einzelnen Klage- und Antragsarten zusätzlich gegeben sein müssen. Sie werden im Zusammenhang mit den besonderen Klage- und Antragsarten erörtert.

1. Deutsche Gerichtsbarkeit

33. Welche Personen sind nicht der deutschen Gerichtsbarkeit und damit auch nicht der Verwaltungsgerichtsbarkeit unterworfen?

Dies sind die in den §§ 18–20 GVG i.V.m. § 173 S. 1 VwGO genannten Exterritorialen, also z. B. die Mitglieder diplomatischer Missionen und ihr Gefolge (Einzelheiten bei Rosenberg/Schwab/Gottwald, § 19).

34. Die an der Grenze zu Frankreich gelegene Gemeinde G möchte vor einem deutschen Verwaltungsgericht gegen den Genehmigungsbescheid für ein in ihrer unmittelbaren Nähe liegendes französisches Kernkraftwerk klagen. Ist die deutsche Gerichtsbarkeit gegeben?

Nein. Die rechtliche Wirkung ausländischer Genehmigungsbescheide ist auf das Hoheitsgebiet des Staates beschränkt, dem die erlassende Behörde angehört (Redeker/von Oertzen, § 42 VwGO Rn. 19). Über Hoheitsakte, die nicht von deutscher Staatsgewalt ausgehen und die auch in der Bundesrepublik Deutschland keine rechtliche Wirkung entfalten, besteht keine deutsche Gerichtsbarkeit.
Zum umgekehrten Fall der Klage eines im Ausland wohnenden Ausländers gegen einen Genehmigungsbescheid einer deutschen Behörde vgl. Frage 199.

2. Zulässigkeit des Verwaltungsrechtsweges

35. Inwiefern ist § 40 Abs. 1 VwGO eine Konkretisierung von Art. 19 Abs. 4 GG?

Art. 19 Abs. 4 GG garantiert, dass sich jedermann, der behauptet, durch einen Akt der öffentlichen Gewalt in seinen Rechten verletzt zu sein, im Klageweg an ein den Art. 92 ff. GG entsprechendes Gericht wenden kann. Art. 19 Abs. 4 GG bestimmt aber nicht, welches Gericht zuständig ist. Art. 19 Abs. 4 S. 2 GG sieht lediglich vor, dass die ordentliche Gerichtsbarkeit zuständig ist, soweit der Gesetzgeber keinen anderen Gerichtszweig bestimmt hat. Nicht die Verfassung, sondern der Gesetzgeber bestimmt, ob und mit welchen Zuständigkeiten eine Verwaltungsgerichtsbarkeit eingerichtet wird. Der Gesetzgeber hat durch § 40 Abs. 1 VwGO den Art. 19 Abs. 4 GG dahin konkretisiert, dass der dort vorgesehene Rechtsweg zu den Verwaltungsgerichten führt.

36. Gibt es für die Eröffnung des ordentlichen Rechtsweges eine Vorschrift, die § 40 VwGO entspricht?

Ja. § 13 GVG.

37. Wann ist der Verwaltungsrechtsweg eröffnet?

Es muss sich um eine öffentlich-rechtliche Streitigkeit nichtverfassungsrechtlicher Art handeln, die nicht durch Gesetz einem anderen Gericht zugewiesen ist (sog. *abdrängende Sonderzuweisung*): § 40 Abs. 1 VwGO. Sog. *aufdrängende* Sonderzuweisungen sind gesetzlich geregelt, so dass sich eine Prüfung des § 40 Abs. 1 VwGO erübrigt (Würtenberger, Rn. 126).

38. Kommt es für die Eröffnung des Verwaltungsrechtsweges auf die rechtliche Würdigung durch den Kläger oder auf die wahre Natur des behaupteten Rechtsverhältnisses an?

Entscheidend ist die wahre Natur des behaupteten Rechtsverhältnisses. Dabei ist allerdings auf die vom Kläger vorgebrachten Behauptungen tatsächlicher Art abzustellen (Eyermann-Rennert, § 40 VwGO Rn. 31 f.; Würtenberger, Rn. 127).

a) Öffentlich-rechtliche Streitigkeit

39. Erhebliche Probleme bereitet die Abgrenzung von öffentlich-rechtlicher und privatrechtlicher Streitigkeit, also von Verwaltungsrechtsweg und ordentlichem Rechtsweg. Zu dieser Abgrenzung sind mehrere Theorien entwickelt worden. Können Sie die beiden wichtigsten kurz vorstellen?

Die beiden wichtigsten Theorien sind die Subjektionstheorie und die erneuerte Subjektstheorie.

1. Nach der Subjektionstheorie, auch Subordinationstheorie genannt, soll die Über-/Unterordnung der an einem Rechtsverhältnis Beteiligten für eine öffentlich-rechtliche, die Gleichordnung für eine zivilrechtliche Streitigkeit sprechen. Diese Theorie ist insbesondere von der zivilistischen Rechtsprechung entwickelt worden (RGZ 167, 281, 284 ff.; BGHZ 14, 222, 227 f.). Kritisch lässt sich dieser Subjektionstheorie entgegenhalten, dass die Vorstellung einer rechtlichen Überlegenheit des Staates über seine Bürger eigentlich eher der absolutistischen Staatstheorie angehört und für das öffentliche Recht des modernen Staates nicht mehr strukturprägend ist. Im öffentlichen Recht gibt es eine Reihe von Gleichordnungsverhältnissen, wie etwa zwischen Körperschaften des öffentlichen Rechts oder bei Abschluss öffentlich-rechtlicher Verträge.

2. Nach der erneuerten Subjektstheorie, auch Zuordnungs- oder Sonderrechtstheorie genannt, werden öffentlich-rechtliche und privatrechtliche Streitigkeiten nach der Verschiedenheit der die Rechtsordnung bildenden Rechtssätze abgegrenzt. Sind Rechtsnormen im Streit, die sich ausschließlich an den Staat oder einen sonstigen Träger hoheitlicher Gewalt wenden, so ist die Streitigkeit öffentlich-rechtlicher Natur. Ist das öffentliche Recht das Sonderrecht des Staates, das „Amtsrecht" der Verfassungs- und Verwaltungsorgane, so

wendet sich das Privatrecht an die Bürger, ist also sozusagen jedermanns Recht (Wolff/ Bachof/Stober, § 22 Rn. 24 ff.; Maurer, § 3 Rn. 17 ff.; Würtenberger, Rn. 127 ff.).

40. Diese Abgrenzungstheorien führen im Regelfall zu klaren Ergebnissen. Wie ist aber zu verfahren, wenn diese Abgrenzungstheorien versagen, weil die Zuordnung eines Anspruchs oder Rechtsverhältnisses zum bürgerlichen oder öffentlichen Recht im Streit ist, oder wenn nur schwer geklärt werden kann, ob Rechtsnormen ein privatrechtliches oder öffentlich-rechtliches Regime der Rechtsverhältnisse bezwecken?

In solchen Fällen sind aus dem streitigen Rechtsverhältnis heraus jene Argumente zu entwickeln und zu gewichten, die für oder gegen ein öffentlich-rechtliches bzw. privatrechtliches Regime sprechen. Rechtsprechung und Dogmatik haben einzelne Falltypen entwickelt und hierzu Kriterien herausgearbeitet, anhand derer ein konkretes Rechtsverhältnis entweder dem öffentlichen oder dem bürgerlichen Recht zugeordnet werden kann.

41. Können Sie einige der wichtigsten dieser Falltypen nennen?

Zu den wichtigsten Falltypen gehören: Klagen gegen Immissionen von Hoheitsträgern, auf Widerruf ehrkränkender Behauptungen durch Beschäftigte im öffentlichen Dienst, auf Benutzung kommunaler Einrichtungen, gegen Hausverbote, gegen Private mit hoheitlicher Funktion, aus öffentlich-rechtlichen oder privatrechtlichen Verträgen, um die Vergabe von Subventionen und Aufträgen (hierzu ausführlich Würtenberger, Rn. 134 ff.; Stern, Rn. 76 ff.).

42. Damit sind einige der wichtigsten Fallgruppen aufgezählt. Die maßgeblichen Differenzierungskrite-

Es handelt sich um eine öffentlich-rechtliche Streitigkeit. K macht keinen privatrechtlichen Abwehranspruch aus § 1004 BGB, sondern einen öffentlich-rechtli-

rien wollen wir nun anhand einzelner typischer Fallgestaltungen entwickeln: Grundstückseigentümer K wendet sich mit seiner Klage gegen Geruchsimmissionen, die von einer kommunalen Kläranlage ausgehen. Welcher Rechtsweg ist zu beschreiten?

chen Abwehranspruch geltend. Der Eingriff in die Eigentumssphäre durch Errichtung einer öffentlichen Kläranlage, der abgewehrt werden soll, gehört dem öffentlichen Recht an (BVerwG DVBl. 1974, 239, 240; Würtenberger, Rn. 138). Entscheidend für die Qualifikation des Eingriffs als „hoheitlich" ist, dass die öffentliche Kläranlage der Erfüllung öffentlicher Aufgaben dient (hier: Daseinsvorsorge) und in einem *öffentlich-rechtlichen Planungs- und Funktionszusammenhang* steht. Anders formuliert: Immer dann, wenn die immitierende Verwaltungseinrichtung öffentlichen Funktionen zu dienen bestimmt ist, ist kein privatrechtlicher, sondern ein öffentlich-rechtlicher Abwehranspruch gegeben und damit der Verwaltungsrechtsweg eröffnet.

43. Können Sie Beispiele nennen, in denen der Kläger im Verwaltungsrechtsweg gegen eine lärmintensive Nutzung von Grundstücken klagen kann?

Für die Klage gegen Geräuschbelästigungen durch ein Asylbewerberheim (OLG Köln VersR 1992, 255), durch einen Kinderspielplatz (VGH München BayVBl. 1988, 241), durch einen von der öffentlichen Hand betriebenen Sportplatz (BVerwG DÖV 1989, 675) oder durch eine Fontänenanlage in einem öffentlichen Park ist der Verwaltungsrechtsweg gegeben (so Martens DVBl. 1968, 150 gegen BGHZ DVBl. 1968, 148, der zu Unrecht die Zulässigkeit des ordentlichen Rechtswegs bejahte).

44. Die Angelus-Glocke der katholischen Pfarrkirche in K wird aus liturgischen Gründen morgens um 6 Uhr eine Minute lang geläutet. Student S, der etwa

Zu prüfen ist, ob der Immissionsabwehranspruch aus einem Rechtsverhältnis hervorgeht, das öffentlich-rechtlich oder privatrechtlich geordnet ist. Die beklagte katholische Kirche ist nach Art. 137 Abs. 5 WRV i. V. m. Art. 140 GG eine Körper-

100 m entfernt von der Pfarrkirche wohnt, fühlt sich hierdurch in seinem morgendlichen Tiefschlaf gestört. In welchem Rechtsweg kann er gegen die vermeintliche Geräuschbelästigung vorgehen?

schaft des öffentlichen Rechts. Gestritten wird um das Läuten der Kirchenglocken, die widmungsgemäß kultischen Zwecken dienen und als „res sacrae" öffentliche Sachen sind. Zwar gehören kirchliche Kulthandlungen – wie das liturgische Glockengeläut – nicht zum schlicht hoheitlichen Handeln des Staates. Dies bedeutet aber nicht, dass die rechtlichen Beziehungen zwischen Kirchen und Nachbarn ihre Grundlage im Privatrecht finden. Es ist vielmehr verfassungsrechtlich geboten, „neben den Körperschaften des öffentlichen Rechts im verwaltungsrechtlichen Sinn die kirchlichen Körperschaften des öffentlichen Rechts als Rechtssubjekte anzuerkennen, deren Wirken, soweit es der staatlichen Rechtsordnung unterliegt, grundsätzlich dem öffentlichen Recht angehört" (BVerwGE 68, 62, 65; anders Lorenz, JuS 1995, 492, 497). Die kirchliche Gewalt ist zwar nicht staatliche, aber doch öffentliche Gewalt (BVerfGE 18, 385, 387), weil sich Kirchen durch ihren besonderen Auftrag zu öffentlichem Wirken (Öffentlichkeitsauftrag) von anderen gesellschaftlichen Zusammenschlüssen grundsätzlich unterscheiden. Ist das liturgische Glockengeläut eine typisch kirchliche Lebensäußerung, besteht zwischen den Rechtsträgern der Kirche und den Nachbarn eine öffentlich-rechtliche Beziehung. Für die Immissionsabwehrklage des S ist der Verwaltungsrechtsweg eröffnet (zur Vertiefung: Isensee, in: Gedächtnisschrift für Constantinesco, 1983, S. 301).

45. Welcher Rechtsweg ist eröffnet, wenn die Glocke

Hier ist der Immissionsabwehranspruch im ordentlichen Rechtsweg durchzuset-

der Pfarrkirche morgens um 6 Uhr nicht aus liturgischen Gründen, sondern zum Zeitschlagen geläutet würde?

zen. Denn es geht nicht um Abwehr von Immissionen aus Anlass kirchlicher Kulthandlungen. Das bloße Zeitschlagen von Kirchenglocken ist religiös neutral und unterfällt damit dem privatrechtlichen Nachbarschaftsverhältnis (BVerwG DVBl. 1994, 762 f.).

46. Beamter B erzählt am Stammtisch, Transportunternehmer T habe sich auf Grund falscher Angaben auf Kosten der Gemeinde G bereichert.
1. In welchem Rechtsweg kann T den Widerruf dieser ehrverletzenden Behauptung durchsetzen?
2. Wie wäre es, wenn B diese Verdächtigung bei Gelegenheit eines Dienstgesprächs geäußert hätte, um seinem Bürgermeister den „Verfall öffentlicher und privater Moral“ zu dokumentieren?
3. Wie wäre es, wenn B seine Verdächtigung dem T gegenüber äußert, als er um Vergabe von Transportarbeiten vorspricht?
4. Wie wäre es, wenn T den Widerruf ehrkränkender Behauptungen begehrt, die die Behörde gegenüber der Presse geäußert hat?

1. Der ordentliche Rechtsweg ist eröffnet, wenn ein Beamter wie hier als Privatmann ehrkränkende Behauptungen aufgestellt hat.
2. Es ist ebenfalls der ordentliche Rechtsweg eröffnet. Die Äußerung des B erfolgte nicht in Ausübung seiner Amtsgeschäfte, sondern nur *gelegentlich* seiner Amtstätigkeit. Sie ist damit eher privater Natur (zu der Unterscheidung „in Ausübung“ und „bei Gelegenheit eines Amtes“: Frotscher, JuS 1978, 505, 506).
3. Nach der sog. *Akzessorietätstheorie* ist danach zu differenzieren, ob die ehrkränkende Äußerung im Zusammenhang mit Geschäften des fiskalischen Bereichs – dann ordentlicher Rechtsweg – oder bei hoheitlicher Amtstätigkeit – dann Verwaltungsrechtsweg – erfolgte (Würtenberger, Rn. 141; VGH Mannheim VBlBW 1998, 100; BGHZ 34, 99, 107). Die Vergabe von Transportarbeiten gehört in aller Regel zur fiskalischen Verwaltungstätigkeit, so dass der ordentliche Rechtsweg eröffnet ist (wäre diese Äußerung aber im Zusammenhang mit der Erteilung einer gewerberechtlichen Konzession gefallen, wäre der Verwaltungsrechtsweg eröffnet).
Der Grundsatz der Akzessorietät, dass sich nämlich die Rechtsnatur der ehrkränkenden Behauptung nach der Rechtsnatur der zugrundeliegenden Rechtsbeziehung rich-

te, vermag nicht voll zu überzeugen und ist auch bestritten. Für den Bürger ist vielfach nur schwer zu klären, ob ehrkränkende Äußerungen dem einen oder anderen Tätigkeitsbereich zuzuordnen sind. Gründe der Rechtssicherheit und Rechtsklarheit sprechen dafür, alle ehrkränkenden Äußerungen in Ausführung eines öffentlichen Amtes dem öffentlich-rechtlichen Regime zu unterstellen. Vorliegend wäre gegen ehrkränkende Äußerungen im Zusammenhang mit der Vergabe öffentlicher Aufträge im Verwaltungsrechtsweg vorzugehen (Würtenberger, Rn. 141; Hufen § 11 Rn. 56).

4. Hier geht es wiederum um eine an der Qualität behördlichen Handelns orientierte Rechtswegzuweisung: Ansprüche auf Widerruf ehrkränkender Behauptungen einer Behörde gegenüber der Presse sind im Verwaltungsrechtsweg zu verfolgen, wenn sie zur Erfüllung von Informationsansprüchen oder zur Rechenschaft hoheitlicher Verwaltungstätigkeit abgegeben werden (BGH NJW 1978, 1860; BVerwG NJW 1989, 412: Klage auf Widerruf einer Presseerklärung der Staatsanwaltschaft).

47. Der Sektenbeauftragte der X-Kirche (mit Status der Körperschaft des öffentlichen Rechts nach Art. 140 GG i.V.m. Art 137 Abs. 5 S. 1 WRV) äußert sich in diffamierender Weise über die Sekte S. Rechtsweg für eine Klage auf Unterlassung solcher Äußerungen?

Da Kirchen mit dem Status einer Körperschaft des öffentlichen Rechts nicht bloß als Interessenverbände am Prozess der öffentlichen Meinungsbildung teilnehmen, sondern auch einen besonderen Auftrag zur Öffentlichkeitsarbeit haben, bejaht die Rechtsprechung den Verwaltungsrechtsweg (BGH NJW 2001, 3537 ff.). Dem mit wird Recht entgegen gehalten, dass Kirchen nur dann in der Rechtsform des öffentlichen Rechts handeln, wenn sie öffentlich-rechtlich geordnete Aufgaben wahrnehmen (u.a. kirchliches Steuerrecht) oder wenn es um liturgisches Handeln geht (Frage 44). Äußerungen zu Sekten oder zu gesellschaftspolitischen Fragen gehören nicht in den hoheitlichen Bereich kirchlicher Tätigkeit, so dass der ordentliche Rechtsweg eröffnet ist (Muckel, JZ 2002, 192 ff.; Würtenberger, Rn. 143).

48. W hat die Stadthalle von G für eine Vortragsveranstaltung gegen ein Entgelt von 500 € zur Verfügung gestellt erhalten.
1. In welcher Rechtsform ist eine derartige Nutzungsüberlassung möglich?
2. Welcher Rechtsweg ist zu beschreiten, wenn die Stadt G das Nutzungsentgelt einklagen möchte, in der Benutzungsordnung für die Stadthalle aber nicht geregelt ist, ob das Benutzungsverhältnis privatrechtlich oder öffentlich-rechtlich abzuwickeln ist?

1. Die Stadthalle von G ist eine öffentliche Einrichtung, die sozialen und kulturellen Zwecken dient. Die Benutzung derartiger öffentlicher Einrichtungen kann in verschiedenen Rechtsformen erfolgen (Formenwahlfreiheit der Verwaltung). Die Zulassung zur Benutzung und das Benutzungsverhältnis können insgesamt öffentlich-rechtlich geregelt sein. Im Sinne der *Zwei-Stufen-Theorie* (Frage 55) kann aber auch die Zulassung zur Benutzung öffentlich-rechtlich geregelt sein und durch VA erfolgen, während das Benutzungsverhältnis selbst in privatrechtlicher Form abgewickelt wird. Letztlich kann die Nutzung einer öffentlichen Einrichtung nur privatrechtlich geregelt sein und die hoheitliche Zulassung fehlen (Bsp.: Theater).
2. Im Prinzip gilt: Bei einem Streit um die Begründung von oder aus Benutzungsverhältnissen ist der Verwaltungsrechtsweg zu wählen, wenn die Zulassung zur Benutzung oder das Benutzungsverhältnis öffentlich-rechtlich ausgestaltet sind; bei privatrechtlicher Ausgestaltung des Benutzungsverhältnisses ist der ordentliche Rechtsweg eröffnet. Ist nicht klar ersichtlich, dass durch bewusste und ausdrückliche Wahl der privatrechtlichen Handlungsform die Flucht ins Privatrecht

angetreten ist, ist vom Regelfall eines öffentlich-rechtlichen Benutzungsverhältnisses auszugehen (VGH Mannheim ESVGH 25, 203; OLG Naumburg NVwZ 2001, 354 f.; Würtenberger, Rn. 153). Dies ist vorliegend zu bejahen.

49. Der klagende Ortsverband der G-Partei möchte in der Stadthalle von X einen Parteitag abhalten. Nach der Benutzungsordnung entscheidet der Oberbürgermeister über die Nutzung der Stadthalle und wird das Nutzungsverhältnis durch privatrechtlichen Mietvertrag geregelt. Der Oberbürgermeister stellt der G-Partei die Stadthalle nicht zur Verfügung. Ist der Verwaltungsrechtsweg für einen Streit um die Zulassung zur Nutzung eröffnet?

Ja. Vorliegend wird im Sinne der *Zweistufentheorie* die Zulassung zur Nutzung durch VA geregelt. Der Anspruch der G-Partei auf Nutzung der Stadthalle ist öffentlich-rechtlicher Natur. Der geltend gemachte Anspruch wurzelt im Kommunalrecht (§ 10 Abs. 2 BW GO; lesen Sie die entsprechende Vorschrift Ihres Landesrechts!), im verfassungsrechtlichen Gebot der Chancengleichheit der politischen Parteien (Art. 21 GG i.V.m. Art. 3 Abs. 1 GG sowie Art. 38 Abs. 1 S. 1 GG; BVerfGE 104, 14, 19) und kann u. U. auch aus § 5 Abs. 1 und 3 PartG hergeleitet werden (OVG Münster DVBl. 1968, 842, 843; BVerwG DÖV 1969, 430; Vollmer, DVBl. 1989, 1087, 1089).

50. Wie wäre es, wenn die Stadt X ihre Stadthalle an eine Kapitalgesellschaft in der Rechtsform einer GmbH verpachtet hätte? Gegen wen kann in welchem Rechtsweg geklagt werden?

1. Für eine Klage der G-Partei gegen die Stadt ist der Verwaltungsrechtsweg ebenfalls eröffnet. Eine öffentliche Einrichtung der Gemeinde liegt auch dann vor, wenn der Träger der Einrichtung eine privatrechtlich organisierte Gesellschaft ist, deren Rechtsträger – wie meist – wiederum die Kommune ist. Gleiches muss gelten, wenn die Gemeinde die öffentliche Einrichtung an einen privaten Betreiber vermietet oder verpachtet hat und der Gemeinde *Weisungsrechte*, wie es rechtlich geboten ist, verbleiben. Es ist nämlich Aufgabe der Stadt, mit ihren privatrechtlichen Einwirkungsmöglichkeiten dafür zu sorgen, dass der private Betreiber den öffentlich-rechtlichen Anspruch einer Partei auf Zulassung zur Nutzung der Stadthalle durch Abschluss eines Mietvertrages erfüllt. Gegen die Stadt ist also eine Leistungsklage zu erheben mit dem Ziel der Einwirkung auf den Privaten (Hufen, § 11 Rn. 45; Würtenberger, Rn. 155; BVerwG DVBl. 1990, 154; VGH München BayVBl. 1989, 148).

2. Anderes gilt für eine Klage der G-Partei gegen die GmbH. Hier wird die Privatautonomie durch das *Verwaltungsprivatrecht* überlagert (Maurer, § 3 Rn. 9; BGHZ 155, 166, 175 f.). Die GmbH ist bei Abschluss der privatrechtlichen Nutzungsverträge, die kommunale öffentliche Einrichtungen betreffen, an jene Zulassungsansprüche gebunden, die sich aus Kommunalrecht, aus dem Gleichheitssatz oder aus anderen rechtlichen Regelungen ergeben können. Es ist zudem der effektivere und der ökonomischere Weg des Rechtsschutzes, direkt gegen die GmbH, nicht aber auf Einwirkung auf die GmbH durch die Stadt zu klagen, weil die GmbH zur Erfüllung des klägerischen Anspruchs unmittelbar verpflichtet ist. Der ordentliche Rechtsweg ist eröffnet, da zwischen zwei Privaten gestritten wird, wobei die privatrechtlichen Rechtsbeziehungen durch das Verwaltungsprivatrecht überlagert sind (Würtenberger, Rn. 156; Eyermann-Rennert, § 40 VwGO Rn. 56; BVerwG NVwZ 1991, 59).

51. 1. B sprach wegen eines Bauantrages mehrfach bei der Bauaufsichtsbehörde vor. Dabei kam es immer

Hausverbote werden vom Behördenleiter ausgesprochen. Sie können sich auf die privatrechtlichen Besitz- und Eigentumsrechte (§§ 859 f., 903, 1004 BGB), aber auch

wieder zu heftigen Auseinandersetzungen, in deren Verlauf B den zuständigen Sachbearbeiter beleidigte.
2. K stand wegen der Erteilung von Forschungs- und Fertigungsaufträgen mit dem Bundesministerium der Verteidigung in Verbindung. K wird vorgeworfen, er habe in Bezug auf Beamte des Ministeriums unwahre Behauptungen aufgestellt.
Gegen B und K werden Hausverbote verhängt. Welcher Rechtsweg ist zu beschreiten, wenn sie sich gegen diese Hausverbote wenden wollen?

auf die öffentlich-rechtliche Sachherrschaft stützen. Nach Ansicht der Rechtsprechung ergeht ein Hausverbot in privatrechtlicher Form, wenn der Bürger in privatrechtlichen Angelegenheiten ein öffentliches Gebäude betritt (BGH DVBl. 1968, 145, 146 f.). Gegen Hausierer oder Vertreter, die mit einer Behörde einen privatrechtlichen Vertrag schließen wollen, kann damit ein Hausverbot auf Privatrecht gestützt werden. Ein Hausverbot erfolgt demgegenüber aber in öffentlich-rechtlicher Form, wenn der Bürger in öffentlich-rechtlichen Angelegenheiten mit einer Behörde in Kontakt tritt (BVerwGE 35, 103).
1. Das Hausverbot gegenüber B ist öffentlich-rechtlicher Natur. Denn „die Zweckbestimmung öffentlicher Dienstgebäude umfasst das Recht des Bürgers, sie zu betreten, um seine behördlichen Angelegenheiten durch persönliche Verhandlungen zu regeln. Das von einer Behörde gegen einen Bürger erlassene Hausverbot, durch das dieser an einer der Zweckbestimmung der öffentlichen Dienstgebäude entsprechenden Inanspruchnahme gehindert wird, ist ein Verwaltungsakt“ (VGH Mannheim ESVGH 13, 21). Hier greift das Hausverbot also in einen *öffentlich-rechtlichen Kommunikationsanspruch* des Bürgers mit der Behörde ein.
2. Das gegenüber K ergangene Hausverbot ist demgegenüber privatrechtlicher Natur. Denn die Vergabe von Aufträgen durch die öffentliche Hand an private Unternehmen, wie hier seitens des Bundesverteidigungsministeriums, gehört in aller Regel dem Privatrecht an. Dem lässt sich auch nicht entgegenhalten, dass die Vergabe solcher Aufträge letztlich darum erfol-

ge, um öffentliche Zielsetzungen und Staatsaufgaben zu verwirklichen. Der Staat kann sich bei derartigen privatrechtlichen Hilfsgeschäften der Rechtsformen des Privatrechts bedienen. Hausverbote im Rahmen von Vorverhandlungen über privatrechtliche Geschäfte sind dem Privatrecht zuzuordnen (BVerwGE 35, 103, 104 ff.).

3. Diese Differenzierung der Rechtsprechung ist nicht ohne Kritik geblieben. Die wohl überwiegende Meinung in der Literatur will alle hausrechtlichen Maßnahmen einer Behörde ohne Unterschied dem öffentlichen Recht zuordnen (Hufen, § 11 Rn. 52 ff.; Würtenberger, Rn. 147). Denn solche Maßnahmen sollen immer auf *öffentlich-rechtlicher Sachherrschaft* beruhen, da sie die Erreichung des Widmungszweckes des Behördengebäudes ermöglichen und damit eine öffentliche Aufgabe erfüllen.

52. Am 1. Mai fand in X-Stadt eine Demonstration unter dem Motto „Frieden und Arbeit" statt. Veranstalter und Versammlungsleiter war V, der Vorsitzende der örtlichen X-Gewerkschaft. Während der Demonstration entrollten zwei Teilnehmer ein Transparent mit dem Motto: „Kampf der Komplizenschaft mit dem Monopolkapital, Kampf der X-Gewerkschaft". Da tätliche Auseinandersetzungen drohten, schloss V die beiden Teilnehmer vom De-

Es geht um eine Maßnahme nach § 19 Abs. 2 VersG. Zu prüfen ist, ob dies eine Rechtsnorm ist, deren Zuordnungssubjekt ein Träger hoheitlicher Gewalt ist. Im Prinzip sind Streitigkeiten um Maßnahmen auf Grund des Versammlungsgesetzes öffentlich-rechtlicher Natur. Die Besonderheit liegt hier jedoch darin, dass um die Rechtmäßigkeit von Maßnahmen des V, also eines Privatmannes, gestritten wird. Es wäre daran zu denken, dass V bei Maßnahmen nach § 19 Abs. 2 VersG eine Art bürgerlich-rechtliche Verkehrssicherungspflicht ausübt. Sind dem V nach § 19 Abs. 2 VersG lediglich *gesteigerte Bürgerpflichten* zur Sicherung der Erfüllung öffentlicher Aufgaben übertragen, so

monstrationszug aus. Als V zudem drohte, die begleitenden Polizeibeamten um „Sicherungsgewahrsam" zu ersuchen, verließen die beiden „Gegendemonstranten" den Aufzug. In welchem Rechtsweg wäre über die Rechtmäßigkeit der „Verfügung" des V zu streiten?

wäre der ordentliche Rechtsweg zu beschreiten.

Dies würde allerdings dem Regelungsinhalt des § 19 Abs. 2 VersG nicht gerecht, bei dem es u. a. auch um die *Aufrechterhaltung der öffentlichen Sicherheit* beim Verlauf der Demonstration geht (Dietel/Gintzel/Kniesel, Demonstrations- und Versammlungsfreiheit, 14. Aufl. 2005, § 19 VersG Rn. 6). Der Versammlungsleiter hat nach § 19 Abs. 1 VersG eine unmittelbare Gefährdung der öffentlichen Sicherheit, die von Teilnehmern der Versammlung ausgeht, zu unterbinden. Im Hinblick auf diese Pflicht zur Gefahrenabwehr sind die dem Versammlungsleiter übertragenen Rechte öffentlich-rechtlicher Natur (Dietel/Gintzel/Kniesel, § 8 VersG Rn. 2). Dies wird durch § 29 Abs. 1 Nr. 4 VersG bestätigt, wonach die wiederholte Zuwiderhandlung gegen Weisungen des Versammlungsleiters eine Ordnungswidrigkeit darstellt. Die Weisungsbefugnisse, die dem Versammlungsleiter zur Gefahrenabwehr zustehen, führen also zu keiner Erweiterung privater Aufsichts- und Direktionsbefugnisse, sondern haben sicherheitsrechtlichen Charakter (vgl. Tettinger DVBl. 1976, 752, 755). Es spricht alles dafür, den Versammlungsleiter V als *Beliehenen* zu qualifizieren (Wolff/Bachof/Stober, VerwR Bd. 2, § 90 II 2; Schenke, Rn. 108), der unmittelbar durch Gesetz, nämlich durch § 19 Abs. 1 und 2 VersG, mit der Ausübung „polizeilicher" Befugnisse betraut wurde. Der Verwaltungsrechtsweg ist also eröffnet (anders zur Beleihung Dietel/Gintzel/Kniesel, § 1 VersG Rn. 235; Ehlers, in: Schoch/Schmidt-Aßmann/Pietzner, § 40 VwGO Rn. 442).

53. Die Gemeinde G schließt
a) mit Y einen Vertrag zur Deckung des Behördenbedarfs und mit dem Unternehmer U einen Vertrag über den Ausbau einer Straße,
b) mit X einen sog. Baudispensvertrag, in dem sie ihm gegen Zahlung von 20 000,– € einen Dispens von den auf seinem Grundstück erforderlichen Einstellplätzen für Kraftfahrzeuge zusagt.
Welcher Rechtsweg ist zu beschreiten, wenn es zum Streit aus diesen Verträgen kommt?

Die Rechtswegfrage hängt davon ab, ob es sich um privatrechtliche oder um öffentlich-rechtliche Verträge handelt. Die Abgrenzung erfolgt nach dem Vertragsgegenstand: § 54 S. 1 VwVfG. Hierbei ist entscheidend, ob ein öffentlich-rechtlich oder ein privatrechtlich zu beurteilender Sachverhalt *Gegenstand* der Vertragsbeziehungen ist. Verträge sind öffentlich-rechtlicher Natur, wenn sie Rechte und Pflichten aus öffentlich-rechtlichen Rechtsnormen betreffen. Handelt es sich um Vertragsbeziehungen außerhalb des Regelungsbereiches von öffentlich-rechtlichen Rechtsnormen, so ist ergänzend auf den Zweck des Vertrages abzustellen (BVerwGE 92, 56, 58; Würtenberger, Rn. 134; Maurer, § 14 Rn. 8 ff.).

a) Der Vertrag mit Y ist ein privatrechtlicher Kaufvertrag, der Vertrag mit Unternehmer U ist ein privatrechtlicher Werkvertrag im Rahmen der privatrechtlichen Betätigung von Trägern öffentlicher Gewalt. Es handelt sich um privatrechtliche Hilfsgeschäfte der Verwaltung (Maurer, § 3 Rn. 7). Damit ist der ordentliche Rechtsweg eröffnet.

b) Der Baudispensvertrag ist öffentlich-rechtlicher Natur. Es geht hierbei um den Vollzug öffentlich-rechtlicher Rechtsnormen, nämlich um einen Dispens von der Pflicht, auf einem Grundstück die erforderliche Zahl von Einstellplätzen für Kraftfahrzeuge zu schaffen (BVerwGE 23, 213; Würtenberger, Rn. 136: Auch Erschließungs- und Folgekostenverträge nach § 11 Abs. 1 S. 2 Nr. 3 BauGB sind öffentlich-rechtliche Verträge).

54. 1. Die Gemeinde G hat an den Generalunternehmer X den Auftrag für den Bau des neuen Rathauses mit einer Bausumme von 6 Mio. € vergeben. Bauunternehmer Y ist der Ansicht, sein Angebot sei deutlich günstiger gewesen, so dass ihm der Zuschlag im Vergabeverfahren zu erteilen gewesen wäre. In welchem Rechtsweg wird über die Vergabe dieses öffentlichen Auftrages gestritten?
2. Wie wäre es, wenn es sich lediglich um einen Erweiterungsbau des Rathauses gehandelt hätte und die Auftragssumme auf 2 Mio. € begrenzt gewesen wäre?

1. Die Vergabe öffentlicher Aufträge ist in den §§ 97 ff. des Gesetzes gegen Wettbewerbsbeschränkungen (GWB, Schönfelder Nr. 74) geregelt. Diese Vorschriften gelten nur für Aufträge, welche die Auftragswerte erreichen oder überschreiten, die durch eine Rechtsverordnung des Bundes nach § 127 GWB festgelegt worden sind (sog. Schwellenwerte). Die Schwellenwerte sind in § 2 Vergabeverordnung (BGBl 2003 I S. 169) festgelegt. Nach § 2 Nr. 4 Vergabeverordnung beträgt der Schwellenwert für Bauaufträge 5 Mio. €. Nach den §§ 102 und 116 Abs. 3 GWB ist damit der „Vergaberechtsweg" zu den ordentlichen Gerichten eröffnet.
2. Bei einer Auftragsvergabe *unterhalb* der Schwellenwerte (wie in dieser Fallvariante) ist der Rechtsweg umstritten. Nach einer Mindermeinung ist im Verwaltungsrechtsweg darüber zu streiten, ob im Vergabeverfahren der Gleichheitssatz (Art. 3 Abs. 1 GG) und die Vergaberichtlinien eingehalten worden sind (OVG Münster NWVBl. 2007, 190 ff.; OVG Koblenz DVBl. 2005, 988 f.). Dem gegenüber wird überwiegend der Rechtsweg zu den ordentlichen Gerichten bejaht, weil das Vergabeverfahren zum *Abschluss privatrechtlicher Verträge* führt (Hufen, § 11 Rn. 51; Ruthig, NZBau 2005, 497, 501). Über das „Ob" der Vergabe nach der Zwei-Stufen-Theorie im Verwaltungsrechtsweg zu streiten, ist nicht erforderlich, weil die ordentlichen Gerichte bei der Überprüfung der Rechtmäßigkeit der Auftragsvergabe die zu beachtenden öffentlich-rechtlichen Bindungen zu berücksichtigen haben (Würtenberger, Rn. 135).

55. Dr. T hatte nach seiner Ernennung zum Professor an der Universität B für den Bau eines Einfamilienhauses ein Darlehen aus Wohnungsfürsorgemitteln für Bedienstete des Landes N.-W. erhalten. Der Bewilligungsbescheid enthielt u. a. die Klausel, dass mit der Annahme der Landesmittel die Verpflichtung zur sofortigen Rückzahlung für den Fall anerkannt werde, dass das gewährte Darlehen gekündigt werde. Nachdem Dr. T einem Ruf an die Universität K gefolgt war, forderte die Behörde das Darlehen mit der Begründung zurück, das Darlehen habe ausschließlich der schlechten Wohnungslage in B Rechnung tragen wollen.
1. Ist der Verwaltungsrechtsweg eröffnet, wenn Dr. T gegen die Rückforderung des Darlehens klagen möchte?
2. Bestehen Bedenken gegen die Zwei-Stufen-Theorie?

1. Die Zulässigkeit der Klage des Dr. T hängt vom Bestehen einer öffentlichrechtlichen Streitigkeit nach § 40 Abs. 1 VwGO ab. Um die Bewilligung, Versagung und Rückabwicklung von öffentlichen Subventionen einem privatrechtlichen oder öffentlich-rechtlichen Regime zuzuordnen, haben die Rechtsprechung (BVerwGE 1, 308, 309 f.; 41, 127, 128 ff.) und ein Teil der Literatur (Ipsen, Öffentliche Subventionierung Privater, 1956, S. 62 ff.; Kopp, BayVBl. 1980, 609; Eyermann-Rennert, § 40 VwGO Rn. 46 ff., 50) zwei verschiedene Stufen entwickelt:

– Die Entscheidung, *ob* öffentliche Subventionen bewilligt oder versagt werden, ist *öffentlich-rechtlicher* Natur mit der Folge der Rechtswegeröffnung nach § 40 VwGO;
– dagegen wird aber privatrechtlich geregelt, *wie* die Subventionierung im einzelnen ausgestaltet wird, mit der Folge der Rechtswegeröffnung zu den ordentlichen Gerichten nach § 13 GVG.

Dem bewilligenden VA folgt somit auf der zweiten Stufe die Abwicklung des Rechtsverhältnisses durch einen privatrechtlichen Vertrag. Diese sog. Zwei-Stufen-Theorie wird auch in anderen Bereichen angewandt, z. B. bei der Zulassung zur Nutzung öffentlicher Einrichtungen (Würtenberger, Rn. 152; Gern, Deutsches Kommunalrecht, 3. Aufl. 2003, Rn. 536 f.) sowie bei der privatrechtlichen Abwicklung des öffentlich-rechtlichen Grundverhältnisses bei Anschluss- und Benutzungszwang (vgl. SächsOVG DVBl. 1997, 507 f.; anders OVG Schleswig NVwZ-RR 1997, 47 f.).

Vorliegend erfolgt die Bewilligung des Darlehens zwar in Form eines VA. Ob die Rückzahlungsforderung der Behörde aber privatrechtlich oder öffentlichrechtlich zu qualifizieren ist, wird von der Zwei-Stufen-Theorie nicht beantwortet. Möglich erscheint sowohl ein öffentlichrechtlicher Anspruch, sofern die Rückforderung des Darlehens als „Kehrseite" der öffentlich-rechtlichen Bewilligung (actus contrarius) angesehen wird, als auch ein privat-rechtlicher Rückforderungsanspruch, wenn man die Kündigung des Darlehensvertrages allein der privatrechtlichen Ebene zuordnet. Nach Ansicht der Rechtsprechung findet die Rückabwicklung des Rechtsverhältnisses auf der „zweiten" Stufe statt (BVerwGE 41, 127; BGHZ 40, 206; anders aber BVerwGE 35, 170, 171). Die Klage des Dr. T vor dem VG ist daher nicht zulässig, sondern der Rechtsweg zu den ordentlichen Gerichten eröffnet.

2. Bei der Einordnung der Rückabwicklung und bei der Trennung von Bewilligung und Abwicklung (z. B. eine Zinsänderung wird teils öffentlich-rechtlich, die Bewilligung berührend (BVerwGE 13, 47), teils privatrechtlich (BGHZ 40, 206) beurteilt), ergeben sich erhebliche Schwierigkeiten, die die dogmatische Konstruktion der Zwei-Stufen-Theorie fragwürdig erscheinen lassen. Vor allem aber die Aufspaltung der Rechtswege für einen einheitlichen Lebensvorgang lassen einfachere Lösungen vorzugswürdig erscheinen. Möglich sind:

– die Annahme eines VA unter der Auflage (§ 36 Abs. 2 Nr. 4 VwVfG) bestimmter „Darlehensmodalitäten",

– die Annahme eines Verwaltungsvertrags, der sowohl die Voraussetzungen wie die Bedingungen der Bewilligung regelt,
– die Annahme eines privatrechtlichen Vertrags mit den Einschränkungen des Verwaltungsprivatrechts (Maurer, § 17 Rn. 20 ff. m. Nw.).

Bei der praktischen Behandlung von Fällen im Bereich von Subventionen und der Zulassung zu öffentlichen Einrichtungen ist eine restriktive Anwendung der Zwei-Stufen-Theorie zu empfehlen. Auf die Zwei-Stufen-Theorie ist nur zurückzugreifen, wenn sich aus dem Gesetz oder dem Verhalten der Beteiligten ergibt, dass die Behörde die Abwicklung in zwei Rechtsakten unterschiedlicher Qualität vollziehen wollte. In den übrigen Fällen wird der Sachverhalt regelmäßig die Annahme einer der alternativen Möglichkeiten rechtfertigen. Ein Anwendungsbereich der Zwei-Stufen-Theorie verbleibt allerdings, wenn eine *Subvention* von der Behörde bewilligt wurde und eine *Bank* einen *Darlehensvertrag* mit dem Empfänger der Subvention schließt (Maurer, § 17 Rn. 28; BVerwG NJW 2006, 2568).

56. Zur Bewältigung der schlechten Wohnungsmarktlage auf Grund des stagnierenden Baus von Mietwohnungen betreibt die Stadt X eine eigene Wohnungsvermittlung.

1. Der Makler B will auf Unterlassung einer solchen wirtschaftlichen Betätigung der

1. Der Verwaltungsrechtsweg gem. § 40 Abs. 1 VwGO ist gegeben. Es wird darum gestritten, *ob* die Gemeinde mit ihrer kommunalen Wohnungsvermittlung ein wirtschaftliches Unternehmen errichten und betreiben darf, um der schlechten Wohnungssituation abzuhelfen (vgl. § 107 NW GO; § 102 BW GO; lesen Sie die entsprechenden Vorschriften Ihrer GO!). Ein Streit darüber, *ob* die Voraus-

Stadt X klagen. Welcher Rechtsweg ist gegeben?
2. Wie verhält es sich, wenn die Stadt X ihre Wohnungsvermittlung aus öffentlichen Mitteln finanziert, damit die übliche Maklergebühr entfallen kann, und B dies als Verletzung der §§ 3 ff. UWG ansieht?

setzungen für eine wirtschaftliche Betätigung vorliegen, ist öffentlich-rechtlicher Natur (BVerwG NJW 1995, 2938 ff.; Würtenberger, Rn. 157; zur Klagebefugnis bei Überschreitung der Grenzen kommunalwirtschaftlicher Betätigung, ebd. Rn. 292b m.Nw.).
2. Es liegt eine bürgerliche Rechtsstreitigkeit i. S. v. § 13 GVG vor. Denn hier geht es um das *„Wie“* des Wettbewerbs. Die Stadt X steht zu B in einem Wettbewerbsverhältnis. Beide stehen sich „als Anbieter auf dem Boden der Gleichordnung gegenüber“, das Rechtsverhältnis zwischen der Stadt X und dem Wettbewerber B bestimmt sich unmittelbar und primär nach den Normen des Wettbewerbsrechts (BGHZ NJW 2002, 2645; DÖV 2006, 175 f.; Warneke, JuS 2003, 958 f.; kritisch Würtenberger, Rn. 157: Rechtsweg zu den Verwaltungsgerichten, wenn sich der Mitwettbewerber im Bereich eines öffentlich-rechtlich geordneten Lebensverhältnisses betätigen möchte).

b) Verfassungsrechtliche Streitigkeit

57. Bei verfassungsrechtlichen Streitigkeiten ist nach § 40 Abs. 1 S. 1 VwGO der Verwaltungsrechtsweg ausgeschlossen. Wann liegen Streitigkeiten verfassungsrechtlicher Art vor?

Abzustellen ist auf den materiellen Gehalt der Streitigkeit. Öffentlich-rechtliche Streitigkeiten verfassungsrechtlicher Art sind Streitigkeiten zwischen am Verfassungsleben unmittelbar beteiligten Rechtsträgern über Rechtsbeziehungen, die ausschließlich dem Verfassungsrecht angehören. Gefordert ist also *„doppelte Verfassungsunmittelbarkeit“* im Hinblick auf die der Streitigkeit zugrundeliegenden *Rechtsnormen* und auf die an der Streitigkeit *Beteiligten* (Würtenberger, Rn. 161; Erichsen, JURA 1980, 103,

106; kritisch Kopp/Schenke, § 40 VwGO Rn. 32a; Eyermann-Rennert, § 40 VwGO Rn. 21).

58. Nennen Sie Beispiele für verfassungsrechtliche Streitigkeiten.

(1) Organstreitigkeiten nach Art. 93 Abs. 1 Nr. 1 GG: Gestritten wird über die Auslegung des Grundgesetzes bei der Bestimmung der Rechte und Pflichten eines obersten Bundesorgans. (2) Die Entscheidung über die Verfassungswidrigkeit von Parteien: Art. 21 Abs. 2 S. 2 GG. (3) Die Anklage gegen den Bundespräsidenten: Art. 61 Abs. 1 GG.

59. Dem Veranstaltungsleiter V ist von der zuständigen Behörde untersagt worden, in der Fußgängerzone der Stadt S gegen Sparmaßnahmen im Hochschulbereich zu demonstrieren. Nach Ansicht des V verstößt dieses Verbot gegen Art. 5 Abs. 1 und Art. 8 Abs. 1 GG. Daher handele es sich um eine verfassungsrechtliche Streitigkeit. Ist dies zutreffend?

Keinesfalls. Eine Streitigkeit verfassungsrechtlicher Art kann nicht schon dann angenommen werden, wenn im Rahmen eines Prozesses verfassungsrechtliche Argumente vorgebracht werden. Nach der Formel von der doppelten Verfassungsunmittelbarkeit fehlt es an den am Verfassungsleben unmittelbar mit eigenen verfassungsrechtlichen Rechten und Pflichten ausgestatteten Streitbeteiligten. Auch Art. 93 Abs. 1 Nr. 4 a GG i. V. m. §§ 90 ff. BVerfGG führen zu keinem anderen Ergebnis. Eine Verfassungsbeschwerde an das BVerfG scheitert an der Subsidiaritätsklausel des § 90 Abs. 2 BVerfGG, die ein erfolgloses verwaltungsgerichtliches Verfahren voraussetzt.

60. Die Bundestagsfraktion der G-Partei bringt entsprechend der mit der S-Partei geschlossenen Koalitionsvereinbarung ein Gesetz betreffs der Abhaltung konsultativer Referenden in den Bundestag ein. Die Abgeordneten der S-

1. Koalitionsvereinbarungen, die Grundlage einer Regierungsbildung sind, werden nach überwiegender Ansicht dem verfassungsrechtlichen Bereich zugeordnet (Friauf, AöR Bd. 88 (1963), 257, 308; Stern, Staatsrecht I (wie zu Frage *4*), § 13 IV 3 f.). Denn bei Abschluss der Koalitionsvereinbarungen sollen die Par-

Partei sprechen sich, einer Empfehlung ihrer Fraktion und auch ihres Parteivorstandes folgend, in der ersten Lesung gegen dieses Gesetz aus. Die G-Partei möchte gerichtlich festgestellt wissen, dass die S-Partei die Koalitionsvereinbarung gebrochen habe.
1. Ist der Verwaltungsrechtsweg eröffnet?
2. Kann die Frage des Bruches einer Koalitionsvereinbarung überhaupt einer gerichtlichen Klärung zugeführt werden?

teien bzw. Fraktionen als „verfassungsrechtliche Institutionen" tätig werden und kraft ihres verfassungsmäßigen Auftrages die Voraussetzungen für die Bestellung und das Tätigwerden des Bundeskanzlers und der anderen obersten Bundesorgane schaffen. Damit ist der Verwaltungsrechtsweg nicht eröffnet.
2. Im übrigen kann es zu keinem *Rechtsstreit* um die Einhaltung einer Koalitionsvereinbarung kommen, da es sich lediglich um politische Absprachen handelt, denen der Rechtsfolgewille fehlt (Henke, Das Recht der politischen Parteien, 2. Aufl. 1972, S. 160: „Koalitionsvereinbarungen sind ... keine Verträge"; Zippelius/Würtenberger, § 42 III 1b). Weil sich die durch Koalitionsvereinbarungen festgelegten Absprachen lediglich im Bereich des Politischen bewegen, können sie nicht durch Inanspruchnahme von Rechtsschutz durchgesetzt werden.

61. In einer Sitzung des Deutschen Bundestages äußert Minister X, zugleich auch Mitglied des Deutschen Bundestages, auf eine Anfrage des Abgeordneten A, Rüstungsmanager R gehöre „zur alten Garde der Kriegstreiber". R verlangt Widerruf dieser Äußerung.
1. Welcher Rechtsweg ist zu beschreiten?
2. Findet Art. 46 Abs. 1 S. 1 GG Anwendung?

1. Die Streitigkeit ist nicht verfassungsrechtlicher Art. Der begehrte Widerruf einer Äußerung im Parlament gehört seinem Rechtscharakter nach nicht dem Verfassungsrecht an. Es fehlt an der doppelten Verfassungsunmittelbarkeit und geht lediglich um eine Rechtsverletzung, die von der öffentlichen Gewalt gegenüber dem Kläger begangen wurde (OVG Münster DVBl. 1967, 51, 52).
2. Art. 46 Abs. 1 S. 1 GG findet keine Anwendung, da X nicht in seiner Eigenschaft als Abgeordneter, sondern als Regierungsmitglied auf die Anfrage geantwortet hat (Zippelius/Würtenberger, § 38 IV 3b; OVG Münster DVBl. 1967, 51, 53).

c) Zuweisung der Streitigkeit an einen anderen Gerichtszweig

62. Ist für alle öffentlich-rechtlichen Streitigkeiten nichtverfassungsrechtlicher Art der Verwaltungsrechtsweg eröffnet?

Nein. Nach § 40 Abs. 1 S. 1 u. 2 VwGO können der Bundesgesetzgeber und – auf dem Gebiet des Landesrechts – der Landesgesetzgeber den Rechtsweg zu einer anderen Gerichtsbarkeit eröffnen. Außerdem verweist § 40 Abs. 2 VwGO einige öffentlich-rechtliche Streitigkeiten in den ordentlichen Rechtsweg (sog. Traditionszuständigkeit).

aa) nach § 40 Abs. 1 VwGO

63. Können Sie die wichtigsten anderweitigen Rechtswegeröffnungen i. S. d. § 40 Abs. 1 S. 1 VwGO nennen?

Dies sind zunächst alle jene Normen, die öffentlich-rechtliche Streitigkeiten den besonderen Verwaltungsgerichten zuweisen: § 33 FGO, § 51 SGG etc. Wichtig sind des weiteren die Streitigkeiten über die Höhe der Enteignungsentschädigung (Art. 14 Abs. 3 S. 4 GG), Amtshaftungsansprüche (Art. 34 S. 3 GG), Anfechtung von Justizverwaltungsakten (§§ 23 ff. EGGVG), Ansprüche aus § 21 Abs. 4 und 6 BImSchG. Einen ganz anderen Bereich betreffen Baulandsachen (§§ 217 ff. BauGB).

64. Der als gewalttätig bekannte Extremist C wird einige Stunden vor einer Großdemonstration in polizeilichen Gewahrsam genommen, um den friedlichen Verlauf der Demonstration zu sichern.
1. Wer befindet über die Zulässigkeit des polizeilichen Gewahrsams?
2. Welches Gericht entscheidet, wenn aus Zeitgründen

1. Es handelt sich um einen Präventivgewahrsam nach § 28 Abs. 1 Nr. 1 BW PolG (lesen Sie die entspr. Vorschrift Ihres Landesrechts!). Im Hinblick auf Art. 104 Abs. 2 GG ist *unverzüglich*, also ohne jede Verzögerung, die sich nicht sachlich rechtfertigen lässt, eine richterliche Entscheidung über Zulässigkeit und Fortdauer des Gewahrsams herbeizuführen (BVerfGE 105, 239, 249). Diese richterliche Entscheidung trifft das Amtsgericht, in dessen Bezirk C festgehalten wird (§ 28 Abs. 4 BW PolG; lesen Sie die

keine gerichtliche Entscheidung über die Zulässigkeit des Gewahrsams eingeholt wurde und C nun die Rechtswidrigkeit dieser polizeilichen Maßnahme feststellen lassen möchte?

entsprechende Vorschrift in Ihrem Landesrecht!).
2. Mit Beendigung des polizeilichen Gewahrsams endet (nach den rechtlichen Regelungen der meisten Bundesländer) auch die Entscheidungskompetenz des Amtsgerichts. Daher ist nunmehr der Verwaltungsrechtsweg eröffnet (OVG Münster NJW 1992, 2172; Würtenberger/Heckmann, Rn. 363 m. Fn. 278; Würtenberger, Rn. 175).

65. Gegen S wird wegen Diebstahls ermittelt. Zum Zwecke der Ermittlungen wird S von der Polizei erkennungsdienstlich behandelt; es werden u. a. Lichtbilder und Fingerabdrücke angefertigt.
a) S hält die Anfertigung der erkennungsdienstlichen Unterlagen für rechtswidrig. Noch vor Abschluss des Strafverfahrens möchte er durch Inanspruchnahme von Rechtsschutz die Vernichtung der erkennungsdienstlichen Unterlagen durchsetzen. Welcher Rechtsweg ist statthaft? Wie wäre es, wenn die erkennungsdienstlichen Unterlagen vernichtet worden wären, er aber die Rechtswidrigkeit ihrer Herstellung und kurzzeitigen Aufbewahrung feststellen lassen möchte?
b) Nach Abschluss des Strafverfahrens ist S der Ansicht, die für das Strafverfahren gefertigten erkennungsdienstli-

Es ist jeweils zu klären, ob der Verwaltungsrechtsweg nach § 40 Abs. 1 VwGO oder der Rechtsweg zu den ordentlichen Gerichten nach § 23 EGGVG bzw. nach § 98 Abs. 2 StPO in (doppelter) Analogie eröffnet ist (§ 40 Abs. 1 S. 1 HS 2 VwGO). Dies hängt davon ab, ob die erkennungsdienstliche Behandlung und weitere Aufbewahrung der erkennungsdienstlichen Unterlagen repressiven, also strafverfolgenden oder präventiven, also gefahrenabwehrenden Charakter haben. Um strafprozessuale (polizeiliche) Maßnahmen wird im ordentlichen Rechtsweg, um gefahrenabwehrende polizeiliche Maßnahmen wird im Verwaltungsrechtsweg gestritten.
a) Die Herstellung und Aufbewahrung erkennungsdienstlicher Unterlagen anlässlich eines Strafverfahrens ist eine strafverfolgende Maßnahme der Polizei nach § 81b 1. Alt. StPO. Die §§ 23–30 EGGVG eröffnen für Streitigkeiten um die sog. *Justizverwaltungsakte* den Rechtsweg zu den ordentlichen Gerichten. Zu klären ist, ob die erkennungsdienstliche Behandlung eine Maßnahme von *Justizbehörden* auf dem *Gebiet der Strafrechts-*

chen Unterlagen dürften nicht weiter aufbewahrt und müssten vernichtet werden. Welcher Rechtsweg ist zu beschreiten?

pflege i. S. d. § 23 Abs. 1 S. 1 EGGVG darstellt. Auch die Polizei kann als *Justizbehörde* i. S. d. § 23 Abs. 1 S. 1 EGGVG angesehen werden. Der Begriff Justizbehörde ist nicht organisatorisch (Justizministerium, die mit Aufgaben der Justizverwaltung beauftragen Gerichtspräsidenten, Staatsanwaltschaft als die mit der Rechtspflege betraute Behörde), sondern *funktionell* zu verstehen. Die Polizeibehörden sind zwar organisatorisch Verwaltungsbehörden, gleichzeitig aber auch funktionell Justizbehörden, wenn sie Straftaten und Ordnungswidrigkeiten verfolgen (BVerwGE 47, 255, 260 ff.). Dies folgt aus § 152 Abs. 1 GVG, wonach Polizeibeamte als Ermittlungspersonen der Staatsanwaltschaft tätig werden können, und auch aus § 163 StPO, wonach die Polizeibeamten das Recht und die Pflicht des ersten Zugriffs haben, wenn sie von strafbaren Handlungen erfahren. In diesen Fällen wird die Polizei als „verlängerter Arm der Staatsanwaltschaft" tätig.

Als Grundsatz ist festzuhalten: Immer wenn *repressive*, d. h. strafverfolgende Maßnahmen der Polizei im Streit sind, die in ihre *originäre* Kompetenz fallen, ist über § 23 Abs. 1 S. 1 EGGVG der Rechtsweg zu den ordentlichen Gerichten (§ 25 Abs. 1 S. 1 EGGVG: Strafsenat des OLG) gegeben (so die h. M. in der Literatur: Würtenberger/Heckmann, Rn. 205 f.; Schoch, in: FS für Stree und Wessels, 1993, S. 1095, 1103 jew. m. Nw.). In der Rechtsprechung wird der Rechtsweg gegen Justizverwaltungsakte der Polizei zu den ordentlichen Gerichten jedoch nicht nach § 23 EGGVG, sondern in *Analogie zu § 98 Abs. 2 StPO* eröffnet (BHGSt NJW 1998, 3653 f. m. zust. Anm. von Bachmann, NJW 1999, 2414 ff.; Eisenberg/Puschke, JZ 2006, 729, 732). Die „erste" Analogie zu § 98 Abs. 2 S. 2 StPO sei erforderlich, weil die StPO keine Rechtsschutzmöglichkeiten gegen derartige Grundrechtseingriffe der Strafverfolgungsbehörden vorsehe. Der „zweiten" Analogie bedürfe es, um Rechtsschutz (wie in der Zusatzfrage) auch gegen erledigte strafprozessuale Maßnahmen zu gewähren.

Diese Analogien zu § 98 Abs. 2 S. 2 StPO sind jedoch abzulehnen, da *keine Rechtsschutzlücke* besteht; denn wie ausgeführt gewähren §§ 23 ff. EGGVG die entsprechenden Rechtsschutzmöglichkeiten (zur weiteren Begründung: Würtenberger/Heckmann, Rn. 205 f.).

b) Zu klären ist, ob erkennungsdienstliche Maßnahmen und die Aufbewahrung erkennungsdienstlicher Unterlagen außerhalb von Strafverfahren repressiven oder präventiven Charakter besitzen. Werden erkennungsdienstliche Maßnahmen *außerhalb* strafprozessualer Ermittlungen gefertigt oder „strafprozessual" gefertigte erkennungsdienstliche Unterlagen *nach Abschluss* des Strafverfahrens weiter aufbewahrt (§ 81 b 2. Alt. StPO), handelt es sich um *präventivpolizeiliche Maßnahmen*. Von solcher Fertigung bzw. Aufbewahrung verspricht man sich einen gewissen Abschreckungseffekt auf den Straffälligen und zudem eine allgemeine Erleichterung bei künftigen polizeilichen Maßnahmen der Gefahrenabwehr. Derartige Maßnahmen der *Verhinderungsvorsorge*, die also die künftige Begehung von

Straftaten verhindern helfen sollen, gehören in den Bereich der Gefahrenabwehr (Würtenberger/Heckmann, Rn. 179 f.; 344).

Fraglich ist, ob deswegen eine andere rechtliche Einordnung geboten ist, weil die Aufbewahrung erkennungsdienstlicher Unterlagen zugleich auch der *Strafverfolgungsvorsorge*, also der Aufklärung künftiger Straftaten dient. Das Bundesverfassungsgericht (NJW 2005, 2603) ordnet diese Strafverfolgungsvorsorge dem repressiven Bereich zu und bejaht die Gesetzgebungskompetenz des Bundes (Art. 74 Abs. 1 Nr. 1 GG). Dies hat zur Konsequenz, dass wie unter 1a ausgeführt Rechtsschutz durch eine analoge Anwendung des § 98 Abs. 2 S. 2 StPO bzw. nach § 23 EGGVG gewährt wird (differenzierend Eisenberg/Puschke, JZ 2006, 729, 732).

Dem wird mit folgendem Argument entgegengetreten: Die Strafverfolgungsvorsorge ist nur ein *strafverfahrensrechtlicher Nebeneffekt* zu polizeilichen Maßnahmen, die im *Schwerpunkt* der Gefahrenabwehr dienen (Würtenberger/Heckmann, Rn. 182). Da Maßnahmen nach § 81b 2. Art. StPO auch der Gefahrenabwehr dienen, ist der Verwaltungsrechtsweg eröffnet (str.; vgl. Schenke, JZ 2006, 707, 711 f.).

Da vorliegend die „strafprozessual" gefertigten erkennungsdienstlichen Unterlagen zu präventivpolizeilichen Zwecken weiter aufbewahrt werden, ist nach nicht unumstrittener Ansicht der Verwaltungsrechtsweg eröffnet.

bb) nach § 40 Abs. 2 S. 1 VwGO

66. Welchen historischen Hintergrund hat § 40 Abs. 2 S. 1 VwGO?

§ 40 Abs. 2 S. 1 VwGO normiert im wesentlichen die sog. Zivilgerichtssachen kraft Überlieferung, wie sie vom RGZ in ständiger Rechtsprechung beansprucht wurden. Um den Rechtsschutz des Bürgers durch eine unabhängige ordentliche Gerichtsbarkeit möglichst weit auszudehnen, vertrat das RGZ die Ansicht, dass bei der Definition der bürgerlichrechtlichen Streitigkeit i. S. d. § 13 GVG der Stand der Lehre beim Inkrafttreten des GVG, also 1877, maßgeblich sei. Damals zählte man im wesentlichen die in § 40 Abs. 2 S. 1 VwGO genannten Streitigkeiten zu den bürgerlichrechtlichen Streitigkeiten. Eine solche Traditions-Rechtsprechung zwecks Ausweitung der Zuständigkeiten der ordentlichen Gerichtsbarkeit lag nahe, da es wegen Fehlens der verwaltungsgerichtlichen Generalklausel und wegen der vielfach noch vorhandenen institutionellen Verbindung von Verwaltung und Verwaltungsgerichtsbarkeit um den Rechtsschutz des Bürgers gegen den Staat vielfach nicht gut bestellt war. Die dogmatische bzw. richterrechtliche Konstruktion der Zivilgerichtssachen kraft Überlieferung hatte seit 1946 ihre Rechtfertigung eingebüßt; an ihr wurde aber gleichwohl vom BGH (BGHZ 1, 369) festgehalten. Der Bundesgesetzgeber hat dieser Tradition in § 40 Abs. 2 S. 1 VwGO Rechnung getragen (Würtenberger, Rn. 178; zur Vertiefung: Schoch, in: Festschrift für Menger, S. 305).

67. Der völlig verkehrsunsichere Pkw des X ist abgeschleppt und von der Polizei „sichergestellt" worden.
1. Durch Verschulden des Polizisten P wird ein Kotflügel beschädigt. X möchte den Schaden in Höhe von 500 € gerichtlich geltend machen.
2. Der Pkw ist dem X zurückgegeben worden, ohne dass zuvor die Verwahrkosten beglichen wurden. Der Träger der Polizei möchte die Verwahrkosten einklagen.
Welcher Rechtsweg ist zu beschreiten?

Es handelt sich um eine Beschlagnahme nach § 33 Abs. 1 Nr. 1 BW PolG (lesen Sie die entsprechende Vorschrift ihres Landesrechts!).
1. Es ist der ordentliche Rechtsweg gegeben, da es sich um vermögensrechtliche Ansprüche aus öffentlich-rechtlicher Verwahrung handelt: § 40 Abs. 2 S. 1 VwGO.
2. Es ist der Verwaltungsrechtsweg zu beschreiten, da § 40 Abs. 2 S. 1 VwGO *nur* die Ansprüche des Bürgers gegen die öffentliche Hand als Verwahrer, nicht aber die Ansprüche der öffentlichen Hand gegen den Bürger erfasst (Würtenberger, Rn. 183).

68. X macht Ansprüche aus ausgleichspflichtlicher Inhaltsbestimmung geltend.
1. Welcher Rechtsweg ist zu beschreiten?
2. Welche Gründe streiten für diese Rechtswegzuweisung?

1. Zwischen den Ersatzansprüchen aus *Enteignung* (Art. 14 Abs. 3 GG) und aus *ausgleichspflichtiger Inhaltsbestimmung* des Eigentums ist klar zu trennen (hierzu Zippelius/Würtenberger, § 31 III 5). Bei Enteignungen ist der Rechtsweg zu den ordentlichen Gerichten eröffnet, wenn um Art und Höhe der Entschädigung gestritten wird (Art. 14 Abs. 3 S. 4 GG). Streitigkeiten über das Bestehen und die Höhe eines Anspruchs aus ausgleichspflichtiger Inhaltsbestimmung sind dagegen in den Verwaltungsrechtsweg verwiesen: § 40 Abs. 2 S. 1 HS 2 VwGO.
2. Für die Rechtswegzuweisung des § 40 Abs. 2 S. 1 HS 2 VwGO streitet, dass über die Beschränkung der Nutzung von Eigentum und über die damit in Zusammenhang stehende Ausgleichspflicht in einem einheitlichen Rechtsweg, nämlich im Verwaltungsrechtsweg entschieden werden soll (Kopp/Schenke, § 40 VwGO Rn. 61).

69. Welcher Rechtsweg ist zu beschreiten, wenn Schäden aus enteignungsgleichem Eingriff, also auf Grund von rechtswidrigen Eingriffen in das Eigentum, eingeklagt werden sollen?

Hier handelt es sich nicht um Ansprüche aus Enteignung, für die nach Art. 14 Abs. 3 S. 4 GG der Rechtweg zu den ordentlichen Gerichten eröffnet ist. Es handelt sich um Ansprüche aus *Aufopferung*, für die nach § 40 Abs. 2 S. 1 HS 1 VwGO der ordentliche Rechtsweg statthaft ist (Würtenberger, Rn. 182; Maurer, § 27 Rn. 116; str.).

70. Zwischen der Gemeinde G und der Treu-Bau wurde zwei Jahre verhandelt, um ein umfangreiches Siedlungsprojekt zu verwirklichen. Nachdem die Treu-Bau kostspielige Vorarbeiten geleistet hatte, wurden die Vertragsverhandlungen kurz vor Vertragsschluss aus sachfremden Erwägungen abgebrochen. Rechtsweg für einen Anspruch aus culpa in contrahendo?

Es ist der Rechtsweg zu den ordentlichen Gerichten gegeben (§ 13 GVG). Da es zu keinem Vertragsschluss kam, handelt es sich um „Schadensersatzansprüche aus der Verletzung öffentlich-rechtlicher Pflichten, die nicht auf einem öffentlich-rechtlichen Vertrag beruhen“ (§ 40 Abs. 2 S. 1 VwGO). Rechtsgrund für die Haftung aus c. i. c. ist eben kein öffentlich-rechtlicher Vertrag, sondern ein *gesetzliches* Schuldverhältnis, das durch die Aufnahme von Vertragsverhandlungen begründet wurde. Im übrigen stehen Ansprüche aus c. i. c. häufig im Zusammenhang mit Amtshaftungsansprüchen, so dass die sachliche Nähe dieser beiden Ansprüche für eine einheitliche Entscheidung im ordentlichen Rechtsweg spricht (BGH DVBl. 1986, 409, 410; BVerwG NJW 2002, 2894; Würtenberger, Rn. 185; Ehlers, in Schoch/Schmidt-Aßmann/Pietzner, § 40 VwGO Rn. 545; anders OVG Weimar NJW 2002, 386 m. Bespr. von Hufen, JuS 2002, 718 mit Hinweis auf das *vertragsähnliche Vertrauensverhältnis;* Kopp/Schenke, § 40 VwGO Rn. 71)).

71. Die Gemeinde G und die Treu-Bau haben einen Er-

1. Für Klagen auf Erfüllung öffentlich-rechtlicher Verträge ist der Verwaltungs-

schließungsvertrag geschlossen (§ 124 Abs. 1 BauGB). Nachdem der Gemeinde G gravierende Planungsfehler unterlaufen sind, klagt die Treu-Bau
1. auf Erfüllung der kommunalen Pflichten,
2. auf Schadensersatz wegen Schlechterfüllung des öffentlich-rechtlichen Vertrages. Das Schadensersatzbegehren wird auch auf Amtshaftung gestützt.
Welcher Rechtsweg ist zu beschreiten?

rechtsweg eröffnet, § 40 Abs. 1 S. 1 VwGO.
2 a) Für Schadensersatzklagen wegen Nicht- oder Schlechterfüllung öffentlich-rechtlicher Verträge ist ebenfalls der Verwaltungsrechtsweg eröffnet. Denn nach § 40 Abs. 2 S. 1 VwGO ist der ordentliche Rechtsweg nur für Schadensersatzansprüche aus der Verletzung öffentlich-rechtlicher Pflichten eröffnet, „die *nicht* auf einem öffentlich-rechtlichen Vertrag beruhen".
b) Für Amtshaftungsansprüche, die neben Ansprüchen aus vertraglicher Haftung denkbar sind, ist der ordentliche Rechtsweg gegeben: § 839 BGB i. V. m. Art. 34 S. 3 GG.
Zu beachten ist allerdings, dass Amtspflichten und Vertragspflichten zu trennen sind. Bei der Bestimmung der Amtspflichten muss der zwischen den Parteien geschlossene öffentlich-rechtliche Vertrag außer Betracht bleiben (BGHZ 87, 9, 16; a. M. Papier, in: MüKo, 4. Aufl., § 839 BGB Rn. 197).

72. Lässt sich im vorhergehenden Fall vermeiden, dass der Schadensersatzanspruch in zwei unterschiedlichen Rechtswegen eingeklagt wird?

Ja. Wenn die Treu-Bau ihren Schadensersatzanspruch im ordentlichen Rechtsweg einklagt. Denn nach § 173 VwGO i. V. m. § 17 Abs. 2 S. 1 GVG entscheidet das Gericht des zulässigen Rechtsweges den Rechtsstreit unter allen in Betracht kommenden Gesichtspunkten, also auch unter dem Gesichtspunkt des Schadensersatzes wegen Schlechterfüllung eines öffentlich-rechtlichen Vertrages.
Beachte aber: Klagt die Treu-Bau ihren Schadensersatzanspruch beim VG ein, gilt § 17 Abs. 2 S. 2 GVG. Hiernach darf der Rechtsweg für einen Schadensersatz-

anspruch aus Amtshaftung zu den ordentlichen Gerichten nicht ausgeschlossen werden (vgl. Art. 34 S. 3 GG). In diesem Fall wäre also ein Klagebegehren und damit ein Streitgegenstand in zwei Rechtswegen zu verfolgen, da das VG nur über den Schadensersatz aus Vertragsverletzung zu befinden hätte.

cc) nach § 40 Abs. 2 S. 2 VwGO

73. Beamter B macht einen Schadensersatzanspruch geltend, den er 1. auf Verletzung der beamtenrechtlichen Fürsorgepflicht und 2. auf Amtspflichtverletzung stützt. Ist der Verwaltungsrechtsweg eröffnet?

1. Soweit der Anspruch auf Verletzung der beamtenrechtlichen Fürsorgepflicht gestützt ist, ist der Verwaltungsrechtsweg eröffnet: § 40 Abs. 2 S. 2 VwGO i. V. m. § 126 BRRG.
2. Soweit der Anspruch auf Amtspflichtverletzung gestützt ist, ist der ordentliche Rechtsweg gegeben: § 839 BGB i. V. m. Art. 34 S. 3 GG. Über diesen Klagegrund kann das angerufene VG nicht entscheiden, da es hierfür nach § 173 VwGO i. V. m. § 17 Abs. 2 S. 2 GVG nicht zuständig ist.
Beachte aber auch hier § 173 VwGO i. V. m. § 17 Abs. 2 S. 1 GVG: Wenn B seinen Schadensersatzanspruch beim ordentlichen Gericht einklagt, entscheidet dieses zugleich auch über den Schadensersatzanspruch aus beamtenrechtlicher Fürsorgepflichtverletzung (Schenke, Rn. 151 f.).

dd) Verweisung

74. Wie wäre zu verfahren, wenn die Treu-Bau im Fall 70 vor dem VG Klage erhoben hätte, um ihre Schadensersatzansprüche aus der Verletzung öffentlich-rechtlicher Pflichten einzuklagen?

Wie ausgeführt ist der Verwaltungsrechtsweg nicht eröffnet. Das VG verweist das Verfahren nach § 173 VwGO i. V. m. § 17 a Abs. 2 S. 1 GVG von Amts wegen an das zuständige Zivilgericht (Würtenberger, Rn. 190 ff.).

d) Exkurs: Nicht justitiable Hoheitsakte

75. Der Untersuchungsausschuß des Deutschen Bundestages zum U-Boot-Skandal, in den Minister X verwickelt war, formuliert in dem einstimmig beschlossenen Abschlussbericht: „Rüstungsmakler R hat durch Bestechung des X erreicht, dass die von ihm vertretene Firma minderwertiges Material liefern konnte“. R ist über diese Behauptung entrüstet und möchte den Rechtsweg beschreiten.

Gegen Beschlüsse der Untersuchungsausschüsse, und damit auch gegen die zitierte Passage im Abschlussbericht, ist kein Rechtsschutz möglich: Art. 44 Abs. 4 S. 1 GG normiert für diesen Bereich parlamentarischer Kontrolle einen justizfreien Raum und weicht damit von Art. 19 Abs. 4 GG, dem Grundsatz der Justitiabilität staatlicher Hoheitsakte, ab. Dass Art. 44 Abs. 4 S. 1 GG bei sog. Skandalenquêten rechtspolitisch äußerst bedenklich ist, weil der Bürger ihn betreffende Aussagen eines Untersuchungsausschusses nicht anzugreifen vermag, liegt auf der Hand (Würtenberger, Rn. 198 m.Nw.).

76. Der Bundesbeamte B ist wegen Trunkenheitsfahrt und Fahrerflucht zu 18 Monaten Freiheitsstrafe verurteilt worden. Er beantragt folgende Gnadenentscheidungen, die allerdings abschlägig beschieden werden:
1. Erlass von 6 Monaten Freiheitsstrafe,
2. Beseitigung der beamtenrechtlichen Folgen der strafgerichtlichen Verurteilung.
Welcher Rechtsweg ist gegen die Ablehnung der Gnadenerweise zu beschreiten? Haben Klagen Aussicht auf Erfolg?

1. Was den Rechtsweg betrifft:
a) Soweit es um den *gnadenweisen Erlass von Kriminalstrafen* geht, ist nach §§ 23 ff. EGGVG der ordentliche Rechtsweg zu beschreiten. Derartige Gnadenakte ergehen gemäß Art. 60 Abs. 2 GG (bzw. gemäß den entsprechenden landesverfassungsrechtlichen Bestimmungen) auf dem Gebiet der Strafrechtspflege und sind daher als Justizverwaltungsakte zu qualifizieren (Würtenberger, Rn. 201 f.; Schenke, Rn. 142; ders., JA 1981, 588, 593; Baltes, DVBl. 1972, 562; a. A. Trautmann, MDR 1971, 173, 177: Eröffnung des Verwaltungsrechtswegs).
b) B ist wegen einer vorsätzlichen Tat zu einer Freiheitsstrafe von mehr als einem Jahr verurteilt worden; der Verlust seiner Beamtenrechte tritt nach § 48 S. 1 BBG (lesen Sie die entsprechende Vorschrift

Ihres Landesbeamtenrechts) kraft Gesetzes ein. Wenn er den Bundespräsidenten bzw. die von ihm bestimmten Stellen (§§ 50 BBG; 81 Abs. 1 BDG) zu einem Gnadenerweis verpflichten möchte, handelt es sich in extensiver Auslegung der §§ 172 BBG, 126 BRRG um eine Streitigkeit aus dem Beamtenverhältnis, so dass der Verwaltungsrechtsweg eröffnet ist (Battis, Bundesbeamtengesetz, 3. Aufl. 2004, § 50 BBG Rn. 5).

2. Das jeweils angerufene Gericht wird nicht zur Sache entscheiden, weil nach überwiegender Ansicht in der Rechtsprechung (BVerfGE 25, 352; BVerwG RiA 1982, 239) keine rechtliche Streitigkeit vorliegt. Nach dem Grundsatz „Gnade geht vor Recht" sollen Gnadenakte außerhalb der Rechtsordnung stehen und als Akte der Barmherzigkeit lediglich Härten des Gesetzes oder Unbilligkeiten in einem rechtlich nicht geregelten Verfahren zum Ausgleich bringen.

Demgegenüber hält die weitaus überwiegende Ansicht in der Literatur Gnadenakte für gerichtlich überprüfbar: Auch Gnadenentscheidungen würden nicht völlig im rechtsfreien Raum ergehen, sondern hätten den Gleichheitssatz (Art. 3 GG) und das Rechtsstaatsprinzip zu beachten (BVerfGE 25, 352, 363 ff., Minderheitenvotum; Streng, JR 1997, 257 ff.; Schenke, Rn. 91; Würtenberger, Rn. 201; Hufen, § 11 Rn. 9).

77. Wie wäre es, wenn B einen Gnadenerweis erhalten hätte, dieser aber wieder widerrufen worden wäre, oder wenn in einer „Gnadenord-

In beiden Fällen sind Gnadenentscheidungen justitiabel. Was den Widerruf der Gnadenentscheidung betrifft: Jede belastende Entscheidung der Gnadenbehörde, die eine zuvor eingeräumte Rechts-

nung" die Voraussetzungen für einen Gnadenerweis zusammengefaßt wären?

stellung verschlechtert, ist ein rechtlich gebundener Akt und damit justitiabel (BVerfGE 30, 108). Ähnliches gilt für einen Anspruch auf Einhaltung von Gnadenordnungen (Schenke, Rn. 142).

3. Die sachliche und örtliche Zuständigkeit

78. Wo ist die sachliche Zuständigkeit des Verwaltungsgerichts geregelt?

In § 45 VwGO. Hier ist die sachliche Zuständigkeit (zum Begriff: Lüke, § 6 I) des Verwaltungsgerichts erster Instanz für alle Streitsachen begründet, für die der Verwaltungsrechtsweg eröffnet ist und die nicht auf Grund besonderer gesetzlicher Regelungen dem OVG oder dem BVerwG zugewiesen sind.

79. Wo ist die sachliche Zuständigkeit des OVG geregelt?

In den §§ 47 und 48 VwGO. In erster Instanz entscheidet das OVG also in Normenkontrollverfahren (§ 47 VwGO) sowie in den § 48 Abs. 1 und 2 VwGO aufgezählten Streitverfahren.

80. Wo ist die sachliche Zuständigkeit des BVerwG geregelt?

Die sachliche Zuständigkeit des BVerwG ist in § 50 Abs. 1 VwGO geregelt.

81. Wo ist die örtliche Zuständigkeit geregelt?

In § 52 VwGO.

82. Zwischen welchen Gerichtsständen unterscheidet § 52 VwGO?

Es wird zwischen den Gerichtsständen der Belegenheit der Sache (Nr. 1), für Anfechtungs- und Verpflichtungsklagen (Nr. 2 und 3), für Beamtenklagen (Nr. 4) und für alle übrigen Fälle (Nr. 5) unterschieden.

83. Besteht zwischen den einzelnen Gerichtsständen eine bestimmte Reihenfolge?

Ja. Der Gerichtsstand der Belegenheit der Sache (Nr. 1) geht allen übrigen Gerichtsständen vor, der Gerichtsstand für Beamtenklagen (Nr. 4) schließt die Gerichtsstände nach § 52 Nr. 2, 3 und 5 VwGO aus, der Gerichtsstand des Wohnsitzes nach § 52 Nr. 5 VwGO gelangt erst zur Anwendung, wenn einer der vorgenannten Gerichtsstände nicht die örtliche Zuständigkeit begründet (Kopp/Schenke, § 52 VwGO Rn. 4).

84. Ist die Regelung der örtlichen Zuständigkeit ebenso wie die Regelung der sachlichen Zuständigkeit zwingend und von Amts wegen zu beachten?

Ja (Würtenberger, Rn. 203).

85. Das Verwaltungsgericht X gelangt zu dem Ergebnis, dass für eine Klage des K das Verwaltungsgericht Y zuständig sei. Wie ist zu verfahren?

Das Verwaltungsgericht X verweist den Rechtsstreit, ohne dass es eines Antrags des K bedarf, an das örtlich zuständige Verwaltungsgericht Y: § 83 VwGO i. V. m. § 17 a Abs. 2 GVG (vgl. Würtenberger, Rn. 210).

4. Die Verfahrensbeteiligten (§ 63 VwGO) und ihre Beteiligtenfähigkeit (§ 61 VwGO)

86. Wer ist Beteiligter eines Verwaltungsprozesses? Wo sind die möglichen Beteiligten aufgezählt?

Alle Personen, die am Prozess mit eigenen Verfahrensrechten teilnehmen, sind Beteiligte. § 63 VwGO nennt abschließend: 1. den Kläger, 2. den Beklagten, 3. den Beigeladenen, 4. den Vertreter des Bundesinteresses beim Bundesverwaltungsgericht oder den Vertreter des öffentlichen Interesses, falls dieser von seiner Beteiligungsbefugnis Gebrauch macht (zu den Vertretern des öffentlichen Interesses in verwaltungsgerichtlichen Verfahren: Würtenberger, Rn. 119).

87. Wodurch wird bestimmt, wer Kläger und Beklagter ist?

Nur durch die Klage. Kläger ist derjenige, der eine gerichtliche Entscheidung mit seiner Klage begehrt, Beklagter derjenige, gegen den sich die Klage richtet. Ob dem Kläger das eingeklagte Recht zusteht (Aktivlegitimation) oder der Beklagte aus dem Rechtsverhältnis verpflichtet ist (Passivlegitimation), ist erst eine Frage der Begründetheit der Klage (Würtenberger, Rn. 212 sowie Frage 518).

88. Gelten die Bestimmungen der ZPO über die Parteien gemäß der Verweisung des § 173 VwGO auch für die Beteiligten? Kann z. B. ein Beigeladener als Zeuge vernommen werden?

Die Vorschriften der ZPO über die Parteien gelten für *alle* Beteiligten, auch die Beigeladenen. Ein Beigeladener kann daher nicht als Zeuge vernommen werden, weil er insoweit einer Partei gleichsteht (Stettner, JA 1982, 394).

89. Wie verhält sich § 63 VwGO zu § 61 VwGO?

§ 63 VwGO regelt die *Beteiligteneigenschaft,* § 61 VwGO regelt – die Beteiligteneigenschaft voraussetzend – die *Beteiligtenfähigkeit.* § 63 VwGO verlangt nur, dass jemand in einer der dort genannten Verfahrensfunktionen tatsächlich auftritt. Ob er auch rechtlich als Subjekt eines Prozessrechtsverhältnisses hierzu fähig ist, ist im Anschluss hieran anhand des § 61 VwGO zu prüfen.

90. In welcher Reihenfolge sind die auf die Beteiligten bezogenen Sachurteilsvoraussetzungen zu prüfen?

Zunächst ist zu prüfen, wer als Beteiligter i. S. d. § 63 VwGO auftritt. Anschließend ist zu bestimmen, ob diese Beteiligten auch fähig sind, wirksam Prozesshandlungen vorzunehmen. Dies ist der Fall, wenn sie

1. beteiligtenfähig (§ 61 VwGO),
2. prozessfähig (§ 62 VwGO) und
3. postulationsfähig (§ 67 VwGO)

sind. Dies hat das Gericht von Amts wegen zu prüfen (VGH München BayVBl 1984, 757). Das Fehlen einer dieser Sachurteilsvoraussetzungen hat die Unzulässigkeit der Klage zur Folge.

91. Muss die Beteiligtenfähigkeit bereits zu Anfang des Verfahrens gegeben sein?

Maßgeblich ist grundsätzlich der Zeitpunkt der letzten mündlichen Verhandlung. Bis dahin kann die mangelnde Beteiligtenfähigkeit rückwirkend geheilt werden, so etwa, wenn der Beteiligungsunfähige im Verlaufe des Prozesses beteiligtenfähig wird und die bisherige Prozessführung genehmigt (Eyermann-Schmidt, § 61 VwGO Rn. 1).

92. Sind nach § 61 Nr. 1 VwGO beteiligtenfähig:
1. eine Universität?
2. ein städtisches Gymnasium?
3. das ZDF?

1. Ja. Die Universitäten sind Körperschaften (§ 8 Abs. 1 S. 1 BW Landeshochschulgesetz; lesen Sie die entsprechende Vorschrift Ihres Landesrechts).
2. Nein. Schulen gelten zwar als Hauptbeispiel öffentlicher Anstalten, sind jedoch in aller Regel nicht rechtsfähig. Beteiligter kann nur der Schulträger – hier die Stadt – sein (vgl. Maurer, § 23 Rn. 48 ff.).
3. Ja. Das ZDF ist eine rechtsfähige Anstalt des öffentlichen Rechts.

93. Die Gemeinde H ist im Zuge einer Gebietsreform aufgelöst und in die Stadt K eingemeindet worden. Hiergegen richtet sich die verwaltungsgerichtliche Klage der Gemeinde. Das beklagte Land rügt die fehlende Beteiligtenfähigkeit von G, da diese nach ihrer Auflösung zu existieren aufgehört habe. Zu Recht?

Gemeinden sind als (Gebiets-)Körperschaften juristische Personen des öffentlichen Rechts und damit nach § 61 Nr. 1 VwGO beteiligtenfähig. Mit der Auflösung verliert die Gemeinde zwar ihren Status als juristische Person. Es gilt jedoch der Grundsatz, dass derjenige, dessen Beteiligtenfähigkeit bestritten wird, im Rechtsstreit um diese Frage als beteiligtenfähig zu behandeln ist (Eyermann-Schmidt, § 61 VwGO Rn. 2). Dementsprechend sind auch untergegangene Gebietskörperschaften beteiligtenfähig, wenn es um unmittelbar mit ihrem Untergang zusammenhängende Rechte geht (Hufen, § 12 Rn. 21; VGH Mannheim DÖV 1979, 605). Gleiches gilt etwa, wenn ein Verein eine behördliche Auflösungsverfügung angreift.

94. Was ist eine „Vereinigung" im Sinne des § 61 Nr. 2 VwGO?

Eine Mehrheit von Personen, die ein Mindestmaß an Organisation aufweist, wobei vor allem die Repräsentation der Vereinigung durch einzelne Repräsentanten geregelt sein muss (Redeker/von Oertzen, § 61 VwGO Rn. 4). Der Begriff der Vereinigung ist mit Rücksicht auf Art. 19 Abs. 4 GG bewusst weit gefasst. Beispiele sind der nicht eingetragene Verein, die Gesellschaft bürgerlichen Rechts, Fraktionen in Kommunalparlamenten oder Fakultäten einer Universität.

95. Die Bürgerinitiative „Grünes Leben", zu der sich einige „Aktivisten" zusammengefunden haben, die aber sonst auf „freiwilliger Basis" und auf die „Spontanität ihrer Mitglieder" bauend agiert, hat eine Demonstration gegen den Ausbau der B 31 angemeldet. Gegen die Verbotsverfügung möchte G in Vertretung der Bürgerinitiative Klage erheben. Ist die Bürgerinitiative beteiligtenfähig?

Bürgerinitiativen können Vereinigungen sein, denen Rechte i. S. d. § 61 Nr. 2 VwGO zustehen, – hier etwa das Versammlungsrecht aus Art. 8 GG. Voraussetzung ist allerdings eine körperschaftsähnliche Organisationsstruktur (Eyermann-Schmidt, § 61 VwGO Rn. 8; VGH München BayVBl. 1984, 406), der sich entnehmen lässt, welche Bürger sich zu der Bürgerinitiative zusammengeschlossen haben und wer die Bürgerinitiative im Rechtsverkehr zu vertreten befugt ist. Lockere Gruppierungen ohne ein Mindestmaß rechtlicher Struktur – wie vorliegend – sind nicht nach § 61 Nr. 2 VwGO beteiligtenfähig.

96. Wann steht einer Vereinigung ein Recht i. S. d. § 61 Nr. 2 VwGO zu?

Es ist nicht maßgeblich, ob der Vereinigung *überhaupt* ein Recht, sondern ob ihr ein Recht *in Bezug auf den konkreten Rechtsstreit* zustehen kann. Dies schließt man aus dem Wort „soweit" in § 61 Nr. 2 VwGO (Würtenberger, Rn. 215; Redeker/von Oertzen, § 61 VwGO Rn. 4; anders Schenke, Rn. 462a). Die Beteiligtenfähigkeit einer Vereinigung ist z. B. ausgeschlossen, wenn ihr das geltend gemachte Recht unter keinen Umständen zustehen kann. Bei der Prüfung letzterer Frage gelten sinngemäß die gleichen Grundsätze wie bei der Feststellung der Klagebefugnis nach § 42 Abs. 2 VwGO.

97. Die Fraktion der X-Partei im Gemeinderat von G-Dorf klagt vor dem VG, weil
1. ihr kein Sitz im Bauausschuss zugewiesen wurde, obwohl ihr auf Grund ihrer Fraktionsstärke nach der Geschäftsordnung des Gemeinderates ein solcher zustehe.
2. der Gemeinderat in seiner letzten Sitzung gegen die Stimmen der X-Fraktion sein Einvernehmen zu einer Befreiung nach §§ 31, 36 BauGB rechtswidrig verweigert habe.
Wie steht es mit der Beteiligtenfähigkeit?

Zu klären ist, ob einer Fraktion in einem Kommunalparlament Rechte i. S. d. § 61 Nr. 2 VwGO zustehen können.
1. Die Fraktion der X-Partei ist nach § 61 Nr. 2 VwGO beteiligtenfähig (zum Kommunalverfassungsstreit vgl. Fragen 579 ff.). Denn Fraktionen sind in den Geschäftsordnungen der Kommunalparlamente bestimmte Rechte zugewiesen. Nach der Fraktionsstärke bestimmen sich u. a. Vorsitz und Mitgliedszahl in den Ausschüssen oder die Reihenfolge der Debattenredner. Die Fraktion der X-Partei streitet also um ein Recht, das ihr nach der Geschäftsordnung des Gemeinderates zusteht (OVG Weimar DVBl. 2000, 935; Eyermann-Schmidt, § 61 VwGO Rn. 10).
2. Die Fraktion der X-Partei ist nicht nach § 61 Nr. 2 VwGO beteiligtenfähig. Aus den Vorschriften, um die es im Rechtsstreit geht (§§ 31, 36 BauGB), folgt kein subjektiv-öffentliches Recht der Fraktion.

98. Der Ortsverband der X-Partei klagt gegen die Gemeinde G auf Überlassung eines gemeindeeigenen Saales für eine Parteiveranstaltung. Ist er beteiligtenfähig?

Die Beteiligtenfähigkeit der Orts- und Kreisverbände der Parteien als „Vereinigung" nach § 61 Nr. 2 VwGO war früher unbestritten. Dies hat sich nicht durch Inkrafttreten des § 3 S. 2 ParteienG geändert, der nur die „Gebietsverbände der jeweils höchsten Stufe" einer Partei erwähnt. Ziel der Novellierung war nämlich, die bis dahin unbefriedigende zivilprozessuale Situation der politischen Parteien zu verbessern, nicht jedoch, bereits anerkannte Rechtsschutzmöglichkeiten zu beseitigen (BVerwGE 32, 333 f. m. Nw.). Die in § 61 Nr. 2 VwGO schon gesicherte Beteiligtenfähigkeit niederer Gebietsverbände ist also durch § 3 S. 2 ParteienG nicht ausgeschlossen worden (Würtenberger, Rn. 215).

99. Können auch Behörden beteiligtenfähig sein?

Nach § 61 Nr. 3 VwGO dann, wenn das Landesrecht dies vorsieht. Von dieser Ermächtigung haben einige Bundesländer u.a. in ihren AGVwGOs Gebrauch gemacht. Lesen Sie die Regelung in der AGVwGO Ihres Bundeslandes!

100. Machen die Behörden, wenn sie für beteiligtenfähig erklärt wurden, im Prozess eigene Rechte geltend?

Nein. Es bleibt dabei, dass Behörden keine eigenen Rechte, sondern nur Kompetenzen haben können. Die Behörden werden vielmehr in *Prozessstandschaft* für ihren Rechtträger tätig (BVerwGE 45, 207, 209; Eyermann-Schmidt, § 61 VwGO Rn. 12).

5. Prozessfähigkeit, Prozessvertretung

101. Was bedeutet Prozessfähigkeit?

Prozessfähigkeit ist die Befugnis, selbst oder durch einen Bevollmächtigten wirksam Prozesshandlungen vorzunehmen oder entgegenzunehmen (Lüke, § 9 II; Würtenberger, Rn. 217).

102. Wie ist die Prozessfähigkeit im Verwaltungsprozess geregelt?

Es wird an die Regeln im BGB über die Geschäftsfähigkeit angeknüpft: § 62 Abs. 1 VwGO.

103. Wer vertritt im Verwaltungsprozess
1. den 15jährigen M
2. die Stadt S
3. die BGB-Gesellschaft G
4. das Land bei einer Klage gegen eine baurechtliche Abrissverfügung?

1. Minderjährige werden nach § 1629 Abs. 1 S. 1 und 2 BGB grundsätzlich durch *beide Eltern gemeinsam* vertreten. Anderes gilt nach § 1629 Abs. 1 S. 3 BGB, wenn ein Elternteil allein sorgeberechtigt ist (Würtenberger, Rn. 217).
2. Nach den kommunalrechtlichen Regelungen Ihres Bundeslandes (bitte lesen!) wird die Stadt durch den Bürgermeister (oder Stadtdirektor) vertreten.
3. Eine BGB-Gesellschaft wird durch die mit der Vertretung beauftragte(n) Person(en) vertreten (vgl. § 62 Abs. 3 VwGO).
4. Das Land wird in der Regel durch die jeweils zuständige untere staatliche Verwaltungsbehörde und deren Behördenleiter (§ 62 Abs. 3 VwGO) vertreten (Würtenberger, Rn. 218).

104. Der prozessunfähige P erhebt Anfechtungsklage. Wie wird das VG entscheiden? Was ist von Seiten des Gerichts zu veranlassen?

Die Klage wird als unzulässig abgewiesen. Außerdem sind die Kosten dem Prozessunfähigen aufzuerlegen (Kopp/Schenke, § 62 VwGO Rn. 16). Zuvor wird das Gericht allerdings den gesetzlichen Vertreter von der Klageerhebung verständigen und ihn zu der Erklärung auffordern, ob er den Prozess fortsetzen will. Verfügt der prozessunfähige Kläger über keinen gesetzlichen Vertreter, ist ggf. nach § 62 Abs. 4 VwGO i. V. m. § 57 ZPO analog ein Prozesspfleger zu bestellen (Kopp/Schenke, § 62 VwGO Rn. 12).

105. Kann der gesetzliche Vertreter die Prozessführung

Ja, dies auch nach Eintritt der Rechtskraft des Sachurteils (Eyermann-Schmidt,

des Prozessunfähigen genehmigen?

§ 62 VwGO Rn. 9; Laubinger, in: Festschrift für Ule, 1987, S. 161, 181).

106. Dem 15jährigen protestantischen K wird von der Schule verweigert, am katholischen Religionsunterricht teilzunehmen. Ist er für eine Klage prozessfähig?

Ja. Nach § 62 Abs. 1 Nr. 2 VwGO i. V. m. § 5 des Gesetzes über die religiöse Kindererziehung (zur Frage, ob auch die Eltern aus ihrem elterlichen Erziehungsrecht Klagemöglichkeiten herleiten können: BVerwGE 68, 16).

107. Was versteht man unter gewillkürter Prozessvertretung?

Dies ist der Gegenbegriff zur gesetzlichen Prozessvertretung, also die gesetzlich geregelte Vertretung von Prozessunfähigen. Gewillkürte Prozessvertretung bedeutet: Prozessfähige können sich vor dem VG durch einen Bevollmächtigten vertreten lassen (§ 67 Abs. 2 S. 1 VwGO).

108. Wie unterscheidet sich die Postulationsfähigkeit von der Prozessfähigkeit?

Einem Prozessfähigen fehlt die Postulationsfähigkeit, wenn er bestimmte Prozesshandlungen nicht selbst vornehmen kann, sondern sich eines Anwaltes bedienen muss. Ein derartiger Vertretungszwang besteht nach § 67 Abs. 1 VwGO vor dem BVerwG und dem OVG; er kann auch vom Verwaltungsgericht nach § 67 Abs. 2 S. 2 VwGO angeordnet werden.

6. Exkurs: Beiladung

109. Was versteht man unter Beiladung?

Beiladung bezeichnet ein Institut des Verwaltungsprozessrechts, das dazu dient, Personen, die nicht Kläger oder Beklagte sind, in ein anhängiges Verfahren einzubeziehen.

110. Wo ist die Beiladung in der VwGO geregelt?

Die eigentliche Regelung findet sich in den §§ 65, 66 VwGO. Darüber hinaus ist die Beiladung in den §§ 47 Abs. 2

S. 4, 142 und 154 Abs. 3 VwGO erwähnt: Nach § 142 Abs. 1 VwGO ist eine einfache Beiladung im Revisionsverfahren unzulässig. Prozesskosten können dem Beigeladenen nur in den in § 154 Abs. 3 VwGO genannten Fällen auferlegt werden.

111. Zählt die Beiladung zu den Sachurteilsvoraussetzungen?

Nein. Eine unterlassene Beiladung macht die verwaltungsgerichtliche Klage nicht unzulässig. Gleichwohl lassen sich Fragen der Beiladung im Zusammenhang mit den Sachurteilsvoraussetzungen erörtern, weil man durch Beiladung die Stellung als Verfahrensbeteiligter erlangt (Würtenberger, Rn. 223). Es bietet sich an, Fragen der Beiladung im Anschluss an die Sachurteilsvoraussetzungen zu prüfen.

112. Welchen Zwecken dient die Beiladung?

1. Die Beiladung dient der *Prozessökonomie:* Durch die Beiladung erhält der Dritte die Stellung eines Prozessbeteiligten, § 63 Nr. 3 VwGO. Dies hat zur Folge, dass sich die materielle Rechtskraft der über den Streitgegenstand ergehenden Entscheidung auch auf den Beigeladenen erstreckt, § 121 VwGO. Die rechtskräftige Entscheidung klärt damit in bindender Weise die Rechtslage sowohl für die Hauptbeteiligten wie auch für den Beigeladenen (zum Umfang der Rechtskraftwirkung vgl. Kopp/Schenke, § 66 VwGO Rn. 12 f.).

2. Die Beiladung dient *Rechtsschutzinteressen:* Durch die Beiladung werden in einen zwischen Kläger und Beklagtem anhängigen Rechtsstreit jene Dritten einbezogen, die durch die Entscheidung in der Hauptsache rechtlich betroffen werden können. Der Beigeladene kann

seine rechtlichen Interessen an der Entscheidung in der Hauptsache durch Angriffs- und Verteidigungsmittel selbständig geltend machen und alle Verfahrenshandlungen wirksam vornehmen, wobei er sich innerhalb der Anträge der Hauptbeteiligten zu halten hat (§ 66 S. 1 VwGO) bzw. als notwendig Beigeladener auch abweichende Sachanträge stellen kann (§ 66 S. 2 VwGO).

3. Die Beiladung dient gleichzeitig auch der *Rechtssicherheit,* da die Möglichkeit widersprechender Entscheidungen über den Streitgegenstand ausgeschlossen wird (Würtenberger, Rn. 222 f.).

113. In welchen Verfahrensarten der VwGO ist die Beiladung zulässig?

Grundsätzlich in allen Verfahren, auch denen des vorläufigen Rechtsschutzes nach §§ 80 Abs. 5, 123 VwGO (Eyermann-Schmidt, § 65 VwGO Rn. 4).

114. Wer kann Antrag auf Beiladung stellen?

Einer der Beteiligten nach § 63 VwGO, also z.B. Kläger, Beklagter sowie ein anderer bereits Beigeladener. Darüber hinaus kann auch derjenige, der beigeladen werden will, selbst den Antrag stellen.

115. Wie erfolgt die Beiladung?

Von Amts wegen oder *auf Antrag* (§ 65 Abs. 1 VwGO) *durch Beschluss* (§ 65 Abs. 4 VwGO) des Gerichts. Der Beschluss ist nach § 65 Abs. 4 S. 1 allen Beteiligten zuzustellen. Mit Zustellung erlangt der Beizuladende die Stellung eines Beteiligten, § 63 Nr. 3 VwGO.

116. Kann ein anderer Verfahrensbeteiligter gegen die Beiladung eines Dritten vorgehen?

Nein, die Beiladung ist nach § 65 Abs. 4 S. 3 VwGO unanfechtbar.

117. Kann ein Beteiligter oder beizuladender Dritter, dessen Antrag auf Beiladung abgelehnt worden ist, die Beiladung dennoch erzwingen?

Ja, hierfür steht ihm die Möglichkeit der Beschwerde an das OVG nach § 146 Abs. 1 VwGO offen (Kopp/Schenke, § 65 VwGO Rn. 38).

118. Ist die Beiladung in allen Instanzen zulässig?

Hier ist zu unterscheiden: Im *Revisionsverfahren* ist die einfache Beiladung nach § 142 Abs. 1 VwGO unzulässig. Grund: Die Revisionsinstanz ist an den im angefochtenen Urteil festgestellten Sachverhalt gebunden. Nach einer Beiladung werden in der Regel aber neue tatsächliche Feststellungen erforderlich. Aus prozessökonomischen Gründen lässt § 142 Abs. 1 S. 2 VwGO eine notwendige Beiladung in der Revisionsinstanz zu (Kopp/Schenke, § 142 VwGO Rn. 7).

119. Wer kann beigeladen werden?

Nur Dritte, die nach § 61 VwGO beteiligungsfähig sind.

120. Als gesetzlicher Vertreter seines 17jährigen Sohnes W klagt Vater V auf Versetzung in die nächsthöhere Schulklasse. Kann W beigeladen werden?

Nein, denn W ist – vertreten durch V – selbst Kläger. Wer im Verfahren bereits Hauptbeteiligter ist, kann nicht mehr beigeladen werden (BVerwGE 35, 247).

121. Welche Beziehung muss der Dritte zum Rechtsstreit aufweisen, um beigeladen werden zu können?

Er muss *durch die Entscheidung* des Gerichts in *eigenen rechtlichen Interessen* berührt werden können (vgl. § 65 Abs. 1 VwGO).

122. Sind die Voraussetzungen der Beiladung mit denen der Klagebefugnis nach § 42 Abs. 2 VwGO vergleichbar?

Nein, es kommt nur darauf an, ob die rechtlichen Interessen des Dritten durch die *Entscheidung* berührt sein können, nicht jedoch, ob ein angefochtener Verwaltungsakt bzw. die Ablehnung oder Unterlassung eines Verwaltungsakts die

Rechte des Dritten möglicherweise verletzen. Im letzteren Fall werden jedoch stets die Voraussetzungen der Beiladung erfüllt sein. Diese sind somit weiter als die der Klagebefugnis (vgl. Kopp/Schenke, § 65 VwGO Rn. 9).

123. Ist der Begriff des „rechtlichen Interesses" in § 65 VwGO mit dem des „berechtigten Interesses" in § 43 Abs. 1 oder § 113 Abs. 1 S. 4 VwGO vergleichbar?

Nein, es müssen rechtlich geschützte, eben „rechtliche" Interessen berührt sein. Die Betroffenheit in rein ideellen, sozialen, wirtschaftlichen oder kulturellen Interessen genügt nicht (Würtenberger, Rn. 225).

124. Dem Bauherrn B wird aus bauordnungsrechtlichen Gründen eine Baugenehmigung verweigert. B beabsichtigt, im Falle des Unterliegens vor dem VG gegen seinen Architekten A auf Schadensersatz aus dem Werkvertrag vorzugehen. Kann A im Verfahren vor dem VG beigeladen werden?

Ja, es kommt nicht darauf an, dass sich das rechtliche Interesse des Dritten aus dem öffentlichen Recht ergibt; auch zivilrechtliche Ansprüche, für die die verwaltungsgerichtliche Entscheidung Vorfrage ist, begründen das rechtliche Interesse an der Beiladung.

125. Metzgergeselle G will sich selbständig machen und beantragt die Ausnahmebewilligung nach § 8 HwO. Diese wird abgelehnt. Im anschließenden verwaltungsgerichtlichen Verfahren stellen den Antrag auf Beiladung:
1. der „Interessenverband der Handwerksgesellen", zu dessen satzungsgemäßen Aufgaben es gehört, die Selbständigkeit seiner Mitglieder – auch ohne Meisterprüfung – zu fördern.

Nochmals: der Dritte muss in *eigenen* rechtlichen Interessen berührt sein.
1. Die Beiladung eines Verbandes zu einem Verfahren, das nur die rechtlichen Interessen seiner Mitglieder, nicht aber des Verbandes selbst berührt, ist – selbst wenn der Verband sich in seiner Satzung mit den Interessen seiner Mitglieder identifiziert – unzulässig.
2. Eine Beiladung ist aber dann zulässig (und geboten), wenn die Beteiligung des Verbandes im Gesetz vorgesehen ist (wie etwa für die Handwerkskammer nach § 8 Abs. 4 2. HS HwO).

2. die Handwerkskammer.
Ist deren Beiladung zulässig?

126. Welche Unterschiede bestehen zwischen einfacher und notwendiger Beiladung?

Die einfache Beiladung steht grundsätzlich im pflichtgemäßen Ermessen des VG (§ 65 Abs. 1 VwGO: „Das Gericht *kann* …"). Anders verhält es sich bei der notwendigen Beiladung. Wenn die gerichtliche Entscheidung Dritten gegenüber „nur *einheitlich* ergehen kann", ist das Gericht verpflichtet beizuladen (§ 65 Abs. 2 VwGO „… so sind sie beizuladen").

127. Woraus ergibt sich, ob eine notwendige Beiladung vorliegt?

Aus dem im Einzelfall anzuwendenden materiellen Recht. Es genügt hierbei nicht, dass die Entscheidung rechtliche Interessen des Dritten berühren kann. Vielmehr muss sie, soll sie dem Dritten gegenüber „einheitlich ergehen", *Gestaltungswirkung* zeitigen, also unmittelbar und zwangsläufig in ein Recht des Dritten eingreifen, um dieses zu bestätigen, zu verändern oder zum Erlöschen zu bringen (Redeker/von Oertzen, § 65 VwGO Rn. 8).

128. Nennen Sie die wichtigsten Fälle, in denen eine notwendige Beiladung anzunehmen ist!

1. Beiladung ist *gesetzlich angeordnet* (z. B. § 8 Abs. 4 2. HS HwO).
2. Bei *Verwaltungsakten mit Doppelwirkung:* derselbe VA benachteiligt den Kläger und begünstigt den Dritten und umgekehrt (Nachbarklage im Baurecht; Konkurrentenklage im Beamtenrecht und Wirtschaftsverwaltungsrecht). Die notwendige Beiladung in Massenverfahren ist in § 65 Abs. 3 VwGO geregelt.
3. Bei *mehrstufigen Verwaltungsakten,* wenn das Zusammenwirken von Behörden gesetzlich angeordnet ist und auch im

Außenverhältnis eine Mitwirkung der beteiligten Behörde Wirksamkeitsvoraussetzung ist (z. B. Einvernehmen der Gemeinde nach § 36 Abs. 1 S. 1, 2 BauGB).
4. Wenn der Kläger die Feststellung eines Rechtsverhältnisses beantragt, an dem ein Dritter beteiligt ist (BVerwGE 51, 268, 275 f.).

129. Bauherr B hat eine Baugenehmigung für den Bau eines Wohnblocks erhalten. Nachbar N rügt die Verletzung nachbarschützender Vorschriften und erhebt Anfechtungsklage. Ist B notwendig beizuladen?

Ja. Gegenstand der Nachbarklage ist ein VA mit Doppelwirkung. Die Entscheidung über den Bestand eines VA mit Doppelwirkung kann nur einheitlich ergehen (BVerwGE 18, 124 ff.; Würtenberger, Rn. 226).

130. Bauherr B erhebt eine Verpflichtungsklage auf Erteilung einer Baugenehmigung, die von einem gesetzlich vorgeschriebenen Grenzabstand zum Grundstück des Nachbarn N befreien soll. Ist N notwendig beizuladen?

Bei einer solchen „drittbelastenden Verpflichtungsklage" ist N nach einer Mindermeinung nicht notwendig beizuladen. Denn erlässt die Baurechtsbehörde die durch Verpflichtungsurteil erstrittene Baugenehmigung, kann N seinerseits gegen diese Baugenehmigung Anfechtungsklage erheben. Für eine notwendige Beiladung streitet jedoch, dass das Verpflichtungsurteil durch Erlass der Baugenehmigung gegenüber N vollzogen wird und damit mittelbar regelnd wirkt. Außerdem fordert der Grundsatz *effektiven Rechtsschutzes*, dass N bereits am Verpflichtungsverfahren beteiligt ist und Anträge stellen kann; denn es steht kaum zu erwarten, dass das Verwaltungsgericht in einem nachfolgenden Anfechtungsverfahren eine Entscheidung „kassiert", die es zuvor in einem Verpflichtungsverfahren zugesprochen hat (Würtenberger, Rn. 227; BVerwG NJW 1993, 79).

131. E ist Eigentümer eines Grundstücks im Außenbereich der Gemeinde G. Er klagt auf Erteilung einer Baugenehmigung.
1. Ist die Gemeinde G notwendig beizuladen?
2. Ist die höhere Verwaltungsbehörde notwendig beizuladen?

1. Ja. Nach § 36 Abs. 1 S. 1 BauGB wird über die Erteilung der Baugenehmigung im Einvernehmen mit der Gemeinde entschieden (Würtenberger, Rn. 228 mit Hinweis auf die durch die kommunale Selbstverwaltungsgarantie (Art. 28 Abs. 2 GG) geschützte Planungshoheit). Ein Fall notwendiger Beiladung liegt immer dann vor, „wenn der vom Kläger begehrte Verwaltungsakt auf Grund gesetzlicher Vorschrift (hier: § 36 BauGB) nur mit einer verwaltungsintern zu erteilenden Zustimmung eines anderen Rechtsträgers (hier: Gemeinde) erlassen werden darf und diese Zustimmung nicht vorliegt. Eine die Verpflichtung zur Erteilung des VA aussprechende Entscheidung schaltet das Zustimmungserfordernis grundsätzlich aus und bedeutet demgemäß eine „Mitverurteilung" des Dritten. Deswegen kann die Entscheidung auch ihm gegenüber nur einheitlich ergehen. Ob das Zustimmungserfordernis seine Grundlage in einem subjektiven Recht des Dritten (hier: Planungshoheit der Gemeinde) oder in einem bloßen „Verwaltungsinteresse" hat, ist unerheblich. Auch kommt es nicht darauf an, ob der VA ohne Mitwirkung des Dritten versagt werden darf. Es genügt, dass ein Urteil möglich ist, das auch dem Dritten gegenüber nur einheitlich ergehen kann" (BVerwGE 67, 173, 174 – zur Beiladung im Einbürgerungsverfahren).
2. Im Fall des § 36 Abs. 1 S. 4 BauGB ist nach Gesagtem auch die höhere Verwaltungsbehörde notwendig beizuladen, wenn deren Zustimmung landesrechtlich erforderlich ist. Dies gilt allerdings nur, wenn die Baugenehmigungsbehörde und

die höhere Verwaltungsbehörde *unterschiedlichen* Rechtsträgern zugeordnet sind, also die Baugenehmigungsbehörde eine kommunale Behörde und die höhere Verwaltungsbehörde eine Landesbehörde ist. Demgegenüber findet aber *keine* Beiladung statt, wenn die Baugenehmigungsbehörde eine Landesbehörde ist, so dass sich die Klage gegen das Land richtet (BVerwGE 51, 310). Grund: Das Land ist bereits als Beklagter am Rechtsstreit beteiligt, eine Behörde des Beklagten kann aber nicht „Dritter" i. S. d. § 65 Abs. 2 VwGO sein (Würtenberger, Rn. 229).

132. Welche Rechtsstellung erhält der Beigeladene durch die erfolgte Beiladung? Welche Kompetenzen stehen ihm zu?

Der Beigeladene erhält mit dem Beiladungsbeschluss die prozessuale Stellung eines *Beteiligten:* § 63 Nr. 3 VwGO. Der Beigeladene kann Verfahrens- und Sachanträge stellen oder Rechtsmittel einlegen, aber nicht über den Kopf eines Hauptbeteiligten hinweg das Verfahren durch Klagerücknahme oder Vergleich beenden.

133. K erwarb Grundstücke vom beigeladenen B, der beim Verkauf versicherte, sämtliche Anliegerbeiträge seien bezahlt. Gleichwohl wurde K von der Stadt S zur Zahlung von Anliegerbeiträgen herangezogen. Hiergegen wird von K Anfechtungsklage erhoben und vorgetragen, der beigeladene B habe diese Beiträge bereits bezahlt. Das VG weist die Klage ab. B möchte Berufung einlegen.

1. Ja. Die prozessualen Rechte des Beigeladenen sind in § 66 VwGO geregelt. Da sich die Rechtskraft des Urteils auch auf den einfach Beigeladenen erstreckt, kann er auch gegen den Willen der Hauptbeteiligten Berufung einlegen. Voraussetzung ist, dass er durch das Urteil – wie im vorliegenden Fall – materiell beschwert wird (Würtenberger, Rn. 232).

2. Die Berufung des B hat Erfolg, wenn der mit der Anfechtungsklage angegriffene VA rechtswidrig ist und Rechte des B verletzt (vgl. § 113 Abs. 1 S. 1 VwGO). Zwar verletzen die Bescheide, die K zu

1. Kann ein einfach Beigeladener überhaupt Berufung einlegen?
2. B hat Berufung eingelegt. Welche Erwägungen wird das Berufungsgericht im Hinblick auf § 113 Abs. 1 S. 1 VwGO anstellen?

der Zahlung von Anliegerbeiträgen heranziehen, als solche nicht Rechte des B, so dass sie von B auch nicht mit Erfolg hätten angefochten werden können. Gleichwohl ist B durch die Anliegerbeitragsbescheide in Verbindung mit dem erstinstanzlichen Urteil, soweit es der objektiven Rechtslage nicht entspricht, in seinen Rechten verletzt (und ist daher den Voraussetzungen des § 113 Abs. 1 S. 1 VwGO genügt). Denn die Rechtskraft dieses Urteils erstreckt sich auch auf den beigeladenen B: §§ 121, 63 Nr. 3 VwGO. Dadurch aber wird ein nachfolgender Zivilprozess zwischen B und K präjudiziert: Wird der Anfechtungsprozess verloren, kann B im nachfolgenden Zivilprozess nicht mehr mit Erfolg geltend machen, dass der Anliegerbeitrag nicht habe erhoben werden dürfen. Diese Beschränkung der Verteidigungsmöglichkeiten im nachfolgenden Zivilprozess bedeutet eine Verletzung subjektiver Rechte des beigeladenen B (BVerwGE 64, 67, 70; BVerwG NVwZ 1987, 970, 971; Buhren, JuS 1976, 512, 514).

134. Bestehen Unterschiede bzgl. der Rechtsstellung des einfach und notwendig Beigeladenen?

Die Unterschiede ergeben sich aus § 66 S. 2 VwGO: Der einfach Beigeladene ist nur in seinem tatsächlichen und rechtlichen Vorbringen und in seinen Verfahrensanträgen unbeschränkt. *Sachanträge* (z. B. auf Klageabweisung, auf Aufhebung eines VA) kann der einfach Beigeladene indes nur im Rahmen der Anträge der Hauptbeteiligten stellen. Der notwendig Beigeladene ist auch bzgl. seiner Möglichkeit, Sachanträge zu stellen, unbeschränkt. Er kann von den Parteianträgen abweichende Sachanträge (z. B. die gänzliche Aufhebung eines VA beantragen, obgleich der Kläger nur eine teilweise Aufhebung beantragt hatte) stellen.

135. Kann der notwendig Beigeladene die Klage zurücknehmen oder die Rücknahme der Klage verhindern?

Nein. Auch dem notwendig Beigeladenen fehlt die Dispositionsbefugnis, die den Hauptbeteiligten zukommt (Würtenberger, Rn. 232).

136. Ist ein Prozessvergleich über den Streitgegenstand ohne Zustimmung des notwendig Beigeladenen wirksam?

Nein. Der Prozessvergleich hat eine Doppelnatur. Er ist materiellrechtlich Vertrag und gleichzeitig Prozesshandlung (Frage 552). Ebenso wie das Urteil ist ein Vergleich unwirksam, an dem der notwendig Beigeladene nicht mitgewirkt hat. Grund: Nach § 106 VwGO kann ein Prozessvergleich nur wirksam geschlossen werden, wenn die Beteiligten über den Gegenstand des Vergleichs verfügen können (Redeker/von Oertzen, § 66 VwGO Rn. 10; str.; vgl. weiter OVG Lüneburg NVwZ 1987, 234 zu der Frage, unter welchen Voraussetzungen ein gerichtlicher Vergleich, dem ein notwendig Beigeladener nicht zugestimmt hat, als außergerichtlicher Vergleich materiellrechtlich wirksam sein kann).

137. Welche Folgen hat es, wenn eine einfache Beiladung unterlassen wurde?

Keine, da die einfache Beiladung im Ermessen des Gerichts steht. Der übergangene (einfach) Beizuladende ist nicht schutzlos gestellt: Das Urteil entfaltet ihm gegenüber keine Bindungswirkung nach § 121 VwGO (BVerwGE 18, 124, 127).

138. N hat die Baugenehmigung, die dem B erteilt wurde, angefochten. In zweiter Instanz war N erfolgreich: Das OVG hob die Baugeneh-

Das Unterbleiben der notwendigen (wie der einfachen) Beiladung hat zur Folge, dass das Urteil gegenüber dem beizuladenden Dritten weder in formelle noch in materielle *Rechtskraft* erwächst. Die

migung wegen Verletzung nachbarschützender Vorschriften auf. B war nicht beigeladen. Rechtsfolgen der unterbliebenen Beiladung?

Rechtskraft des Urteils erstreckt sich nur auf die am Streitverfahren Beteiligten (§ 121 VwGO).
Vorliegend ist die Baugenehmigung nur zwischen N und dem beklagten Land aufgehoben worden. Nicht rechtskräftig entschieden aber ist die Aufhebung der Baugenehmigung im Verhältnis zwischen B und dem beklagten Land. Konsequenz: Wegen unterbliebener notwendiger Beiladung hat das Urteil keine Gestaltungswirkung. Liegt ein VA mit Doppelwirkung vor, kann nicht die eine Seite aufgehoben werden, die andere Seite aber bestehen bleiben. Fehlt die Gestaltungswirkung des Urteils, ist es unwirksam (Würtenberger, Rn. 231).

139. Was hat zu geschehen, wenn im Berufungsverfahren bzw. im Revisionsverfahren bemerkt wird, dass in der ersten bzw. in den beiden ersten Instanzen eine notwendige Beiladung unterblieben ist?

Im Prinzip ist eine notwendige Beiladung auch noch im Berufungs- und Revisionsverfahren (§ 142 Abs. 1 S. 2 VwGO) zulässig. Allerdings liegt bei unterbliebener notwendiger Beiladung ein erheblicher Verfahrensmangel vor, der in der Revisionsinstanz unter den Voraussetzungen des § 144 Abs. 3 S. 2 VwGO und in der Berufungsinstanz in der Regel (dem Beizuladenden würde sonst eine Instanz genommen) zur Aufhebung des Urteils und zur Zurückweisung in der Sache führt (Kopp/Schenke, § 66 VwGO Rn. 42).

140. Was regelt § 65 Abs. 3 VwGO? Bestehen verfassungsrechtliche Bedenken?

§ 65 Abs. 3 regelt die Präklusion der Beiladung im Massenverfahren. Verfassungsrechtliche Bedenken (Art. 103 Abs. 1 GG) bestehen nicht, wenn § 65 Abs. 3 S. 9 als zwingende Vorschrift angewendet wird (Redeker/von Oertzen, § 65 VwGO Rn. 32).

7. Objektive Klagenhäufung und Streitgenossenschaft

141. Wo sind objektive Klagenhäufung und Streitgenossenschaft (subjektive Klagenhäufung) geregelt? Wie unterscheiden sie sich?

Die objektive Klagenhäufung ist in § 44 VwGO geregelt. Für die Streitgenossenschaft (*subjektive Klagenhäufung*) verweist § 64 VwGO auf die §§ 59–63 ZPO.

Bei der *objektiven Klagenhäufung* werden mehrere selbständige prozessuale Ansprüche *eines* Klägers gegen *denselben Beklagten* in demselben Verfahren vor dem gleichen, für diese Ansprüche sachlich und örtlich zuständigen Gericht geltend gemacht. Bei der *Streitgenossenschaft* treten *mehrere Personen* als Streitgenossen auf der Kläger- oder Beklagtenseite auf: hier handelt es sich um mehrere Klagen, die zu gemeinsamer Verhandlung und Entscheidung verbunden werden und für die deshalb jeweils die Sachurteilsvoraussetzungen gegeben sein müssen (Kopp/Schenke, § 64 VwGO Rn. 1; Würtenberger, Rn. 233 f.; Hufen, § 12 Rn. 18; zur Vertiefung: Lindacher, Die Streitgenossenschaft, JuS 1986, 379).

a) Objektive Klagenhäufung

142. Dem Gewerbetreibenden G ist die Ausübung seines Gewerbes wegen Unzuverlässigkeit untersagt worden (§ 35 Abs. 1 GewO). Gegen diese Verfügung erhebt er nach erfolglosem Widerspruch Anfechtungsklage. Zugleich beantragt G, ihm eine Reisegewerbekarte (§ 55 GewO) zu erteilen, um sein

Ja. Bei den ersten beiden Anträgen handelt es sich um eine *kumulative Klagenhäufung:* § 44 VwGO. Die Anfechtung der Gewerbeuntersagung und der Antrag auf Erteilung der Reisegewerbekarte sind zwei unterschiedliche Klagebegehren, die im Zusammenhang stehen, sich gegen denselben Beklagten richten und für die dasselbe Gericht zuständig ist. Wenn, wie durch den dritten Klageantrag, Haupt- und Hilfsansprüche gel-

Gewerbe künftig auch außerhalb seiner gewerblichen Niederlassung betreiben zu können. Hilfsweise beantragt er, ihm die Ausübung seines Gewerbes wieder zu gestatten (§ 35 Abs. 6 GewO). Zulässige Klagenhäufung?

tend gemacht werden, handelt es sich um eine *eventuale Klagenhäufung* (Eyermann-Rennert, § 44 VwGO Rn. 5; Würtenberger, Rn. 233).

143. Wie entscheidet das VG, wenn es die Klagenhäufung für
1. unzweckmäßig hält,
2. die Voraussetzungen der objektiven Klagenhäufung nach § 44 VwGO nicht für gegeben erachtet?

1. Es ordnet durch Beschluss die Trennung der Verfahren an: § 93 S. 2 VwGO.
2. Das Gericht *muss* die Verfahren nach § 93 S. 2 VwGO trennen. Dies gilt allerdings nicht, wenn bei einer eventualen Klagenhäufung Haupt- und Hilfsanträge geltend gemacht werden (hierzu Kopp/Schenke, § 44 VwGO Rn. 6, 8).

b) Streitgenossenschaft

144. Gegen einen Planfeststellungsbeschluss klagen der in unmittelbarer Nähe wohnende X, weil das geplante Vorhaben unerträgliche Lärmbelästigungen zur Folge habe, und der sehr entfernt wohnende Y, der gewisse Lärmbelästigungen befürchtet. Liegt eine Streitgenossenschaft vor?

Ja, und zwar eine *einfache Streitgenossenschaft.* Die durch eine Planfeststellung Betroffenen machen gleichartige und auf einem im wesentlichen gleichartigen tatsächlichen und rechtlichen Grund beruhende Ansprüche geltend: § 64 VwGO i. V. m. § 60 ZPO (Kopp/Schenke, § 64 VwGO Rn. 4; Würtenberger, Rn. 234). Es handelt sich um eine *einfache* Streitgenossenschaft, da die gerichtliche Entscheidung für jeden Streitgenossen unterschiedlich ausfallen kann: So wird die Klage des Y möglicherweise als unbegründet (oder gar als unzulässig) abgewiesen, während die Klage des X möglicherweise begründet ist.

145. A und B sind Miteigentümer eines Grundstücks. Ein von ihnen gemeinsam gestellter Bauantrag wird abgelehnt. Darauf erheben beide Verpflichtungsklage, die in der ersten Instanz abgewiesen wird. A legt Berufung ein, während B die Rechtsmittelfrist verstreichen lässt. Kann sich B gleichwohl noch am Berufungsverfahren beteiligen?

Ja. A und B sind notwendige Streitgenossen. Es liegt ein Fall der *uneigentlich notwendigen Streitgenossenschaft* vor, bei der mehrere Kläger oder Beklagte materiellrechtlich dergestalt miteinander verbunden sind, dass eine gesonderte Klage einzelner bzw. gegen einzelne zwar möglich ist und sinnvoll sein kann (Kopp/Schenke, § 64 VwGO Rn. 6). Sollten sie aber gemeinsam klagen oder verklagt werden, muss die Entscheidung wegen der Einheit des Streitgegenstandes notwendig einheitlich sein, weil die Rechtskraft des Urteils allen Streitgenossen gegenüber wirken muss.

Bei der notwendigen Streitgenossenschaft bleibt jeder Streitgenosse selbständig, so dass seine Prozesshandlungen grundsätzlich nur für und gegen ihn wirken. Vorliegend wird allerdings nach § 64 VwGO i. V. m. § 62 Abs. 1 ZPO der säumige B durch den nichtsäumigen A vertreten, so dass die rechtzeitige Einlegung der Berufung auch für B wirken kann (Kopp/Schenke, § 64 VwGO Rn. 11; Würtenberger, Rn. 237; anders Bier, in Schoch/Schmidt-Aßmann/Pietzner, § 64 VwGO Rn. 23).

146. K begehrt die Änderung des gemeinsamen Familiennamens. In der mündlichen Verhandlung wies das VG den K darauf hin, dass sich auch seine Ehefrau an dem Gerichtsverfahren beteiligen müsse, worauf K antwortete, in seiner Familie sei es nach alter Väter Sitte üblich, dass er die rechtlichen Angelegenheiten erle-

1. Der Kläger ist allein nicht befugt, einen Anspruch auf Änderung seines Familiennamens gemäß §§ 1, 3 Namensänderungsgesetz prozessual geltend zu machen. Nach § 1355 Abs. 1 S. 2 BGB führen die Ehegatten einen gemeinsamen Familiennamen. „Aus dieser Rechtsgemeinschaft folgt, dass während des Bestehens der Ehe der gemeinsame Familienname (Ehename) nur auf Antrag beider Ehegatten in gleicher Form

digt. Wenn das Gericht es für erforderlich halte, solle es seine Ehefrau beiladen. Wie wird das VG entscheiden?

geändert werden kann" (BVerwGE 66, 266). Daher sind beide Ehegatten *eigentliche* (echte) *notwendige Streitgenossen* i. S. d. § 64 VwGO i. V. m. § 62 Abs. 1 2. Alt. ZPO. Das VG wird die Klage als unzulässig verwerfen, da es dem allein klagenden notwendigen Streitgenossen an der *Prozessführungsbefugnis* fehlt (BVerwGE 3, 208, 211; differenzierend Kopp/Schenke, § 64 VwGO Rn. 13 m. Nw.).

2. Das Fehlen eines notwendigen Streitgenossen kann nicht durch Beiladung nach § 65 VwGO ersetzt werden. Denn eine Beiladung verschafft nicht die erforderliche *Parteistellung* (BVerwGE 66, 266, 267; Kopp/Schenke, § 64 VwGO Rn 2).

8. Ordnungsgemäße Klageerhebung

147. Welches sind die formellen Erfordernisse einer ordnungsgemäßen Klageerhebung?

1. Die Klage ist bei dem Gericht schriftlich oder zur Niederschrift des Urkundsbeamten der Geschäftsstelle zu erheben: § 81 Abs. 1 VwGO. Letzteres gilt allerdings nur für das VG in erster Instanz. Beim OVG und BVerwG kann eine Klage nur schriftlich erhoben werden.

2. Die Klagefrist ist einzuhalten: § 74 VwGO. Zu beachten ist: Die Klage kann auch fristwahrend beim unzuständigen Gericht erhoben werden, soweit eine Verweisung an das örtlich oder sachlich zuständige Gericht der Verwaltungsgerichtsbarkeit erfolgt: § 83 S. 1 VwGO bzw. § 173 VwGO i. V. m. § 17 b Abs. 1 S. 2 GVG (Kopp/Schenke, § 83 VwGO Rn. 19; Würtenberger, Rn. 308).

148. Nennen Sie die inhaltlichen Erfordernisse einer ordnungsgemäßen Klageerhebung!

Zu unterscheiden ist zwischen dem
1. notwendigen Inhalt der Klage (§ 82 Abs. 1 S. 1 VwGO):
– Bezeichnung des Klägers mit ladungsfähiger Anschrift
– Bezeichnung des Beklagten mit ladungsfähiger Anschrift (vgl. § 78 Abs. 1 Nr. 1 letzter HS VwGO)
– Angabe des Streitgegenstandes
– bei Schriftlichkeit: Unterschrift
2. und den Soll-Anforderungen (§ 82 Abs. 1 S. 2, 3 VwGO):
– bestimmter Antrag
– Angabe der der Begründung dienenden Tatsachen und Beweismittel
– die angefochtene Verfügung und der Widerspruchsbescheid in Urschrift oder Abschrift

149. Die Klagefrist gegen einen VA in Form des Widerspruchsbescheides endet am 30. 9.; am 30. 9. geht beim VG eine Klage des K ein, bei der
1. die Unterschrift fehlt,
2. zwar die Unterschrift fehlt, sich aber aus einem Begleitschreiben ergibt, dass sie vom Kläger stammt,
3. die Einlegung durch Telegramm, Telekopie, Telefax, Computerfax (bzw. fernmündlich oder durch e-mail) geschah,
4. der Beklagte nicht bezeichnet ist,
5. ein bestimmter Antrag fehlt.
Ist wirksam Klage erhoben? Ist die Klagefrist gewahrt?

1. Schriftform der Klage (§ 81 Abs. 1 S. 1 VwGO) bedeutet, dass sie in schriftlich abgefasster Form bei Gericht eingereicht und vom Kläger oder seinem Prozessbevollmächtigten handschriftlich unterzeichnet sein muss. Die Unterschrift unter der Klage gewährleistet, dass die Klage vom Kläger stammt und es sich auch nicht nur um einen Entwurf handelt (GSOG BVerwGE 58, 359, 365). Bei fehlender Unterschrift ist die Klage nicht wirksam erhoben worden. Wird diesem Mangel nicht innerhalb der Rechtsmittelfrist abgeholfen (z. B. durch Nachholung der Unterschrift), ist die Klage unzulässig. Nach Ablauf der Klagefrist kann die Unterschrift nicht mehr nachgeholt werden (Kopp/Schenke, § 81 VwGO Rn. 8; str.).
2. Ausnahmsweise können an das Erfordernis der Unterschrift auch geringere

Anforderungen gestellt werden. Dies dann, wenn sich aus der Klageschrift oder den ihr beigefügten Unterlagen ergibt, dass die Klage vom Kläger herrührt. Wenn, wie hier, ein der Klage beigefügtes Anschreiben eigenhändig unterschrieben ist, ist dem Erfordernis der Unterschrift genügt (Kopp/Schenke, § 81 VwGO Rn. 6). Die Klage war damit wirksam erhoben.

3. Die telegraphische Klageerhebung (Telegramm, Telefax, Computerfax, Telekopie) genügt der Schriftform (BVerwG DVBl. 1989, 718; GSOG NJW 2000, 2340 f.). Eine telegraphisch erhobene Klage ist dem Gericht zugegangen, wenn das Telegramm telefonisch von der Poststelle dem Urkundsbeamten des Gerichts durchgegeben wird, selbst wenn das Telegramm erst nach Fristablauf eingeht (Kopp/Schenke, § 81 VwGO Rn. 9). Dagegen kann der Kläger nach h. M. die Klage nicht telefonisch zur Niederschrift des Urkundsbeamten der Geschäftsstelle erheben (Kopp/Schenke, § 81 VwGO Rn. 10; str.). Eine Klageerhebung durch e-mail (ohne elektronische Signatur: OVG Koblenz NVwZ-RR 2006, 519) ist nicht formgerecht, da die Klage dem Kläger nicht mit hinreichender Sicherheit zugerechnet werden kann (Würtenberger, Rn. 239 mit Hinweis auf die Umstellung der Gerichte auf die neuen elektronischen Medien sowie auf § 55a VwGO).

4. In der Klageschrift muss der Beklagte mit Namen und ladungsfähiger Anschrift bezeichnet sein: § 82 Abs. 1 VwGO. Eine Klage „gegen unbekannt" oder „gegen die Hausbesetzer" wäre un-

wirksam, da die Identität des Beklagten nicht zweifelsfrei feststeht.
Bei Klagen gegen den Staat genügt die Bezeichnung der Behörde, die verklagt werden soll (vgl. § 78 Abs. 1 Nr. 1 VwGO für Anfechtungs- und Verpflichtungsklage). Eine nähere Bestimmung eines in der Klageschrift nur allgemein bezeichneten Beklagten kann auch nach Ablauf der Rechtsmittelfrist nachgeholt werden (BVerwG NVwZ 1983, 29 f.). Nach § 82 Abs. 2 VwGO hat der Vorsitzende den Kläger zur Ergänzung innerhalb einer bestimmten Frist aufzufordern.
5. Ein bestimmter Antrag „soll", aber muss nicht in der Klageschrift formuliert sein: § 82 Abs. 1 S. 2 VwGO. Allerdings muss der Kläger bis zum Schluss der letzten mündlichen Verhandlung einen Antrag stellen, weil sonst eine Entscheidung in der Sache nicht möglich ist (§ 88 VwGO).

9. Keine rechtskräftige Entscheidung oder anderweitige Rechtshängigkeit

150. Was bedeutet formelle Rechtskraft?

… dass eine gerichtliche Entscheidung unanfechtbar ist. Formelle Rechtskraft tritt ein bei Ablauf der Rechtsmittelfrist, Erschöpfung des Rechtsweges, Verzicht auf ein Rechtsmittel oder dessen Rücknahme.

151. Ist die formelle Rechtskraft in der VwGO ausdrücklich geregelt?

Ausdrücklich nicht. Über § 173 VwGO finden jedoch die §§ 705 f. ZPO entsprechende Anwendung.

152. Was bedeutet materielle Rechtskraft?

… dass die Gerichte in einem späteren Prozess über denselben Streitgegenstand an die formell rechtskräftige Entscheidung gebunden sind.

153. Und wo ist die materielle Rechtskraft in der VwGO geregelt?

In § 121 VwGO.

154. Wodurch wird der Umfang der materiellen Rechtskraft bestimmt?

… durch den Streitgegenstand. Was allerdings Streitgegenstand ist, ist im Verwaltungsprozessrecht – ebenso wie im Zivilprozessrecht (Lüke, § 14) – äußerst umstritten (Hufen, § 10 Rn. 6). Ohne diese Problematik vertiefen zu können, lässt sich sagen: Streitgegenstand ist das vom Kläger auf Grund eines bestimmten Sachverhalts geäußerte Begehren um Rechtsschutz durch das Gericht (Würtenberger, Rn. 245). Näher bestimmt wird der Streitgegenstand durch den Klageantrag, durch den vorgetragenen oder ermittelten Sachverhalt sowie durch die Hauptbeteiligten (Kläger und Beklagter bzw. deren Rechtsnachfolger; § 121 VwGO).

155. Steht eine rechtskräftige Entscheidung in gleicher Sache einem neuen Sachurteil entgegen?

Auch dies ist umstritten. Zum einen wird vertreten, das Fehlen einer rechtskräftigen Entscheidung in gleicher Sache sei Sachentscheidungsvoraussetzung (Kopp/Schenke, § 121 VwGO Rn. 10), zum anderen, dass nur eine widersprechende Entscheidung in gleicher Sache ausgeschlossen und damit eine erneute Klage zulässig sei (Redeker/von Oertzen, § 121 VwGO Rn. 5).

156. A hat eine Abrissverfügung erfolgreich angefochten und ein rechtskräftiges Urteil erstritten. Ohne dass sich die

Einer erneuten Anfechtungsklage steht im Prinzip die Rechtskraft des Urteils in gleicher Sache entgegen. Die Anfechtung der beiden identischen Abrissverfü-

Sach- oder Rechtslage verändert hätte, erlässt die Baurechtsbehörde eine zweite – mit der aufgehobenen identische – Abrissverfügung. Ist eine erneute Anfechtungsklage des A zulässig?

gungen betrifft den *gleichen* Streitgegenstand (anders Kopp/Schenke, § 90 VwGO Rn. 8: die erneute Abrissverfügung ein neuer Steitgegenstand). Streitgegenstand bei einer Anfechtungsklage ist der Anspruch auf Aufhebung des angefochtenen VA (Kopp/Schenke, § 90 VwGO Rn. 8) bzw. die Frage, ob der angefochtene VA rechtswidrig ist und den Kläger in seinen Rechten verletzt (BVerwGE 40, 101, 104). Gleichwohl ist dem Anfechtungskläger zuzubilligen, eine erneute Anfechtungsklage zu erheben und unter Berufung auf die Rechtskraft des ersten Urteils ein neues obsiegendes Urteil zu erstreiten. Der Grundsatz effizienten Rechtsschutzes fordert nämlich, dass auch gegen eine sich wiederholende und ggf. vollstreckbare Verfügung verwaltungsgerichtlicher Rechtsschutz begehrt werden kann (Ule, § 59 I, 1; Würtenberger, Rn. 247; BVerwGE 91, 256 ff.).

157. Wie wäre es, wenn sich die für die Abrissverfügung maßgebliche Sach- und Rechtslage geändert hätte (z. B. auf Grund eines orkanartigen Sturms besteht Einsturzgefahr; das neue Baurecht sieht eine Abrissmöglichkeit vor).

Bei Änderung der Sach- oder Rechtslage kann die Behörde einen neuen VA erlassen. Dem steht die materielle Rechtskraft der früheren Entscheidung nicht entgegen. Wegen Veränderung der Sach- oder Rechtslage fehlt es an der Identität des Streitgegenstandes (BVerwG NVwZ 2002, 345).

158. Gegen Student S ist wegen Randalierens im Universitätsgebäude ein Hausverbot ergangen. Am 13. 9. erhebt er hiergegen beim Amtsgericht Klage. Nach einigen Wochen bekommt er wegen des

Die Klage wird durch Prozessurteil als unzulässig abgewiesen. Die Streitsache war bereits bei einem Gericht der ordentlichen Gerichtsbarkeit rechtshängig. Während der Rechtshängigkeit ist eine neue Klage unzulässig: § 173 VwGO i. V. m. § 17 Abs. 1 S. 2 GVG.

Rechtswegs Bedenken und erhebt sicherheitshalber auch beim VG Klage gegen das Hausverbot. Wie wird das VG entscheiden?

159. Wann beginnt die Rechtshängigkeit im Zivilprozess, wann im Verwaltungsprozess?

Im Zivilprozess tritt die Rechtshängigkeit mit *Zustellung der Klage an den Klagegegner* ein: §§ 253, 261 ZPO. Im Verwaltungsprozess tritt Rechtshängigkeit „durch Erhebung der Klage" bei Gericht (§ 90 Abs. 1 VwGO) ein; wie die Klage zu erheben ist, ergibt sich aus § 81 Abs. 1 VwGO.

10. Kein Klageverzicht

160. 1. E hat gegenüber der Baurechtsbehörde erklärt, er würde gegen die Gewährung der von seinem Nachbarn N beantragten Befreiungen von nachbarschützenden Vorschriften nicht den Rechtsweg beschreiten. Gleichwohl erhebt E nach erfolglosem Widerspruch Klage gegen die Baugenehmigung. Wie wird das VG entscheiden?
2. Wie wäre es, wenn E eine beträchtliche Abstandssumme erhalten und daraufhin den Klageverzicht erklärt hätte?

1. Der Beklagte sowie N werden die Einrede des Klageverzichts erheben. Das VG wird daraufhin die Klage als unzulässig abweisen, da E auf sein Klagerecht verzichtet hat. Im Prinzip kann zwar erst nach Bekanntgabe der behördlichen Entscheidung (hier der Baugenehmigung) auf Rechtsbehelfe und Rechtsmittel wirksam verzichtet werden. Davon lässt sich vorliegend aber eine Ausnahme machen, weil E genaue Kenntnis von den beantragten und zu gewährenden Befreiungen hatte (vgl. Eyermann-Rennert, § 69 VwGO Rn. 6; a. A. OVG Münster NVwZ 1983, 681, 682).
2. Ein Klageverzicht ist auch dann wirksam, wenn er durch finanzielle Leistungen eines Verfahrensbeteiligten erkauft wurde. Bei Nachbarklagen kann das Klagerecht also „verkauft" werden (BGHZ 79, 131; Würtenberger, Rn. 251).

161. Wie wäre es, wenn E sogleich nach Bekanntgabe der Baugenehmigung seinen Klageverzicht wegen Täuschung angefochten hätte und nach erfolglosem Widerspruch Klage erhebt?

Der außergerichtliche Klageverzicht kann nach den Vorschriften des BGB angefochten werden (Kopp/Schenke, § 74 VwGO Rn. 23; str.). Dies allerdings nur solange, als der VA nicht bestandskräftig geworden ist.

162. Wie wäre es, wenn E den Klageverzicht in der mündlichen Verhandlung erklärt hätte und nunmehr widerrufen möchte?

Hier ist der Klageverzicht eine prozessuale Erklärung. Prozessuale Erklärungen sind grundsätzlich unanfechtbar und unwiderruflich (Kopp/Schenke, § 74 VwGO Rn. 23).

163. Wie wäre es, wenn E dem N gegenüber schriftlich erklärt hätte, er habe gegen die beantragten Befreiungen von nachbarschützenden Vorschriften „keine Einwände", gegen die Baugenehmigung gleichwohl aber nach erfolglosem Widerspruch Klage erhebt?

Das VG wird die Klage als unbegründet abweisen. Vorliegend handelt es sich nämlich nicht um einen Klageverzicht, sondern um einen Verzicht auf den materiell-rechtlichen Anspruch (Pietzner/Ronellenfitsch, § 36 Rn. 4 f.; Eyermann-Rennert, § 69 VwGO Rn. 8; str.).

11. Allgemeines Rechtsschutzbedürfnis

164. Was fordert die Sachurteilsvoraussetzung des allgemeinen Rechtsschutzbedürfnisses?

Der Kläger muss an gerichtlichem Rechtsschutz ein schutzwürdiges Interesse haben.

165. Wie unterscheiden sich allgemeines Rechtsschutzbedürfnis und Klagebefugnis?

Bei der Klagebefugnis ist zu prüfen, ob eine Rechtsverletzung des Klägers generell möglich erscheint (Fragen 182 ff.). Beim allgemeinen Rechtsschutzbedürfnis geht es dagegen darum, ob die Klageerhebung im konkreten Fall zur Rechtsverfolgung erforderlich ist.

166. Gibt es auch ein besonderes Rechtsschutzbedürfnis?

Ja. Immer dann, wenn der Gesetzgeber – wie etwa in § 256 ZPO oder in §§ 43 Abs. 1, 113 Abs. 1 S. 4 VwGO – von einem rechtlichen oder berechtigten Interesse spricht.

167. Ist das allgemeine Rechtsschutzbedürfnis gesetzlich geregelt? Aus welchen Grundsätzen lässt es sich herleiten?

Das allgemeine Rechtsschutzbedürfnis ist gesetzlich nicht geregelt. Man leitet es aus dem auch im Prozessrecht geltenden *Gebot von Treu und Glauben* ab, das einen Missbrauch prozessualer Rechte untersagt. Außerdem ist der *Grundsatz der Prozessökonomie* zu nennen, der eine überflüssige Inanspruchnahme der Gerichte verbietet (Würtenberger, Rn. 253; Eyermann-Rennert, Vor § 40 VwGO Rn. 11).

168. Muss bei jeder Klage – und bei jeder Zulässigkeitsprüfung in der Klausur – das allgemeine Rechtsschutzbedürfnis geprüft werden?

Keinesfalls. Das allgemeine Rechtsschutzbedürfnis liegt in der Regel vor, wenn die sonstigen Sachurteilsvoraussetzungen bejaht sind. Es ist nur zu prüfen, wenn besondere Umstände vorliegen, die das Interesse des Klägers an der Durchführung des Rechtsstreits entfallen lassen können (vgl. BVerwG DVBl. 1989, 718, 719).

169. Wann wird das allgemeine Rechtsschutzbedürfnis verneint?

Das allgemeine Rechtsschutzbedürfnis wird in drei Fallgruppen verneint:

1. Der Kläger kann den angestrebten Erfolg auf einfachere Weise – entweder in einem einfacheren gerichtlichen Verfahren oder sogar ohne Anrufung des Gerichts – erreichen (keine Erforderlichkeit des angestrebten Rechtsschutzes).

2. Der angestrebte Rechtsschutz ist für den Kläger ohne Nutzen (BVerwG NVwZ 1994, 482).

3. Die Klageerhebung verfolgt Zwecke, die rechtlich nicht schützenswert sind (rechtsmissbräuchliche Klageerhebung).

170. Besteht das allgemeine Rechtsschutzbedürfnis, wenn
1. die Verwaltung durch Leistungsklage einen Zahlungsanspruch einklagt, der auch durch Leistungsbescheid hätte durchgesetzt werden können?
2. der Beklagte in der mündlichen Verhandlung über eine Anfechtungsklage dem Kläger gegenüber erklärt, den umstrittenen VA zurückzunehmen?
3. der kurz vor der Pensionierung stehende Oberregierungsrat R an der juristischen Fakultät zu M promoviert hat und eine Aufbesserung der Note seiner Dissertation von „rite" auf „cum laude" erstrebt?
4. N gegen einen Bebauungsplan einen Normenkontrollantrag stellt, die im Bebauungsplan vorgesehene Bebauung aber bereits „vollzogen" ist?

1. Soweit der Erlass eines Leistungsbescheides zulässig ist (lesen Sie: Maurer, § 10 Rn. 7), fehlt das allgemeine Rechtsschutzbedürfnis für eine Klage, weil Erlass und Vollstreckung eines VA die einfachere Möglichkeit der Rechtsverfolgung sind (Würtenberger, Rn. 257; Eyermann-Rennert, Vor § 40 VwGO Rn. 13). Eine Ausnahme soll nur gelten, wenn Grund und/oder Höhe des Betrages streitig sind, so dass ohnehin mit einer Klage zu rechnen ist. Dann hat die Behörde die Wahl zwischen Leistungsbescheid und Leistungsklage (BVerwGE 58, 316, 318 f.).
2. Bei einer Anfechtungsklage entfällt das Rechtsschutzinteresse des Klägers nicht dadurch, dass der Beklagte das Anfechtungsbegehren als berechtigt anerkennt und die Rücknahme des VA zusichert. Solange der angegriffene VA von der Behörde nicht zurückgenommen ist, besteht Rechtsschutzinteresse an der weiteren Verfolgung des Aufhebungsbegehrens (BVerwGE 62, 18 ff.; Eyermann-Rennert, Vor § 40 VwGO Rn. 17 zur Frage, unter welchen Voraussetzungen im Prozess abgegebene Äußerungen der Beteiligten auf Änderung der streitigen materiellen Rechtslage gerichtet sind).
3. Das Rechtsschutzbedürfnis bei einer Klage auf Notenverbesserung fehlt, wenn die Note keinerlei Auswirkung auf die weitere (schulische, berufliche) Laufbahn des Klägers hat (BVerwG DVBl.

2006, 578 f.; VGH Mannheim DÖV 1982, 164). Dem lässt sich freilich mit guten Gründen entgegenhalten, dass Noten – wie etwa eine Promotionsnote – eine hohe individuelle Bedeutung haben und einem Anspruch auf gerechte Leistungsbewertung nicht das allgemeine Rechtsschutzbedürfnis abgesprochen werden sollte (so die Mindermeinung: Löwer DVBl. 1980, 952, 959).

4. Es fehlt am allgemeinen Rechtsschutzbedürfnis, soweit dadurch, dass der Bebauungsplan für nichtig erklärt wird, die Rechtsstellung des N nicht verbessert wird (BVerwG DVBl. 1989, 660, 661). Ob die Nichtigerklärung eines Bebauungsplans die subjektive Rechtsstellung des Antragstellers nicht zu verbessern vermag, richtet sich nach den jeweiligen Verhältnissen des Einzelfalls und ist sorgfältig zu prüfen.

IV. Die Klagearten mit ihren besonderen Sachurteilsvoraussetzungen

171. Welche Klagearten kennen der Zivilprozess und die meisten Prozessordnungen?

Es gibt die Leistungs-, Gestaltungs- und Feststellungsklage. Mit der *Leistungsklage* wird die Verurteilung des Beklagten zu einer Leistung, mit der *Gestaltungsklage* die unmittelbare Herbeiführung einer Rechtsänderung (nämlich durch Gestaltung von Rechten oder Rechtsverhältnissen durch Urteil) und mit der *Feststellungsklage* die Feststellung des Bestehens oder Nichtbestehens von Rechtsverhältnissen erstrebt (Würtenberger, Rn. 264 ff.).

172. Welche Arten verwaltungsgerichtlicher Klagen unterscheidet die VwGO?

Die VwGO unterscheidet ebenfalls zwischen Leistungs-, Gestaltungs- und Feststellungsklage. Diese „Dreigliederung" erfährt aber insofern eine „Verdoppelung", als jede der drei Klagearten wieder in (mindestens) zwei Untergruppen zerfällt:

1. Die Leistungsklage wird

a) *Verpflichtungsklage* genannt, wenn die Verurteilung des Beklagten zum Erlass eines VA erstrebt wird: § 42 Abs. 1 VwGO.

b) *allgemeine Leistungsklage* genannt, wenn die Verurteilung zu einer anderen – nicht die Kriterien des VA erfüllenden – Leistung (Handeln, Dulden, Unterlassen) erstrebt wird (vgl. z. B. § 111 VwGO).

2. Die Gestaltungsklage wird

a) *Anfechtungsklage* genannt, wenn Rechtsgestaltung durch gerichtliche

Aufhebung eines VA erstrebt wird: § 42 Abs. 1 VwGO.

b) *allgemeine Gestaltungsklage* genannt, wenn eine andere – nicht durch Kassation eines VA zu bewirkende – Rechtsgestaltung durch das Verwaltungsgericht erstrebt wird. Gestaltungsklagen sind u. a. die Abänderungsklage nach § 173 VwGO i. V. m. § 323 ZPO, die Wiederaufnahmeklage nach § 153 VwGO i. V. m. §§ 578 ff. ZPO. Zu diesem, über diese Klagen hinaus nicht unumstrittenen Klagetyp vgl. Pietzner/Ronellenfitsch, § 9 Rn. 2 ff. sowie Frage 585.

3. Die Feststellungsklage wird

a) *allgemeine Feststellungsklage* genannt, wenn die Feststellung des Bestehens oder Nichtbestehens eines Verwaltungsrechtsverhältnisses oder die Feststellung der Nichtigkeit eines VA begehrt wird: § 43 Abs. 1 VwGO.

b) als *Normenkontrollverfahren* bezeichnet, wenn die Feststellung der Unwirksamkeit einer Rechtsnorm begehrt wird: vgl. § 47 Abs. 5 S. 2 HS 1 VwGO.

c) als *Fortsetzungsfeststellungsklage* bzw. *nachträgliche Anfechtungsklage* bezeichnet, wenn die Feststellung der Rechtswidrigkeit eines erledigten VA begehrt wird: § 113 Abs. 1 S. 4 VwGO.

173. Wodurch unterscheidet sich die Regelung der Anfechtungs- und Verpflichtungsklage von der Regelung der anderen Klagearten?

Für Anfechtungs- und Verpflichtungsklagen sehen die §§ 68–80b und 113–115 VwGO eine Reihe von Sonderregelungen vor. Diese Sonderregelungen betreffen das Widerspruchsverfahren (§§ 68 ff.), die Klagefrist (§ 74), die Untätigkeitsklage (§ 75), den Klagegegner (§ 78), den Prozessgegenstand (§ 79), den Suspensiveffekt von Widerspruch und Anfechtungsklage (§§ 80, 80b) und den Inhalt des Urteils (§§ 113 ff.).

174. Welche Vorschriften der VwGO befassen sich mit der Feststellungsklage und der nicht näher geregelten allgemeinen Leistungsklage?

Genau genommen alle, – bis auf die in der vorigen Frage genannten. Denn die VwGO regelt mit den allgemeinen Vorschriften grundsätzlich alle Klagearten und enthält nur für Anfechtungs- und Verpflichtungsklage eine Anzahl von zusätzlichen Spezialvorschriften.

175. Welchem Zweck dienen die Sondervorschriften für Anfechtungs- und Verpflichtungsklage?

Die Vorschriften über das Widerspruchsverfahren bezwecken eine *verwaltungsinterne Rechtmäßigkeitskontrolle* und auch eine Entlastung der Verwaltungsgerichtsbarkeit. Die für Widerspruch und Klage jeweils vorgesehene Monatsfrist dient dem Interesse der Behörde an *Rechtssicherheit.* Denn werden Widerspruch oder Klage nicht innerhalb der jeweiligen Frist eingelegt, erwächst der VA in *Bestandskraft* (lesen Sie: Maurer, § 11 Rn. 1–9).

1. Anfechtungsklage

a) Statthafte Klageart

176. E hat in einem Naturschutzgebiet ohne behördliche Genehmigung ein Wochenendhaus errichtet. Das zuständige Landratsamt L gibt ihm durch baurechtliche Verfügung auf, den Schwarzbau abzureißen. Nach erfolglosem Widerspruch will E gegen diese Abrissverfügung verwaltungsgerichtlich vorgehen.

Die Abrissverfügung der Baurechtsbehörde ist ein VA nach § 35 S. 1 VwVfG. Da E mit seiner Klage die Aufhebung eines VA begehrt, ist die Anfechtungsklage statthafte Klageart.

Welche ist die statthafte Klageart?

177. X erhält vom Bürgermeister als Ortspolizeibehörde einen Brief, in dem sein Wohnhaus als ein „Schandfleck in der Gemeinde" bezeichnet wird. Wenn X sich nicht zu einer Renovierung entschließen könne, würde man sich „zu weiteren behördlichen Maßnahmen" gezwungen sehen. Am liebsten möchte X gegen dieses Schreiben, dem er den Charakter eines VA zuspricht, nach erfolglosem Widerspruch Anfechtungsklage erheben. Wäre dies statthaft?

Nein. Der durch die Anfechtungsklage angegriffene Hoheitsakt muss *objektiv* ein VA sein, so dass es auf die Meinung oder den Vortrag des Klägers nicht ankommt. Vorliegend kann dem Schreiben kein regelnder Charakter entnommen werden. Es wird lediglich der Erlass eines VA in Aussicht gestellt.

178. Die Gemeinde G hat die Benutzung des Gemeindefriedhofs durch Allgemeinverfügung statt, wie rechtlich zwingend vorgesehen, durch Satzung (vgl. § 15 Abs. 1 BW Bestattungsgesetz) geregelt. Welche Klageart ist statthaft, wenn sich X gegen diese Benutzungsregelung wenden will?

X kann Anfechtungsklage gegen die Allgemeinverfügung (§ 35 S. 2 VwVfG) erheben. Für den Rechtsschutz ist die *Rechtsform* der *getroffenen* behördlichen Entscheidung maßgeblich, nicht aber die Rechtsform, in der die behördliche Entscheidung rechtmäßigerweise zu treffen war (Schmitt Glaeser/Horn, Rn. 141; Würtenberger, Rn. 445).

179. Die Begriffsmerkmale des VA können an dieser Stelle nicht vertieft werden (lesen Sie Maurer, § 9). Beispielhaft für die VA-Prüfung im Rahmen der Anfechtungsklage aber gleichwohl folgende sich

Ja. Wenn sie die Benutzung einer Sache mit öffentlich-rechtlicher Eigenschaft regeln (§ 35 S. 2 letzte Var. VwVfG; BVerwGE 27, 181; 59, 221, 224 f.).

häufig stellende Frage: Sind Verkehrszeichen als VAe zu qualifizieren?

180. Wie wäre Frage 176 zu beantworten, wenn die Abbruchverfügung vom örtlich unzuständigen Landratsamt X erlassen worden wäre?

1. Die Abbruchverfügung ist nach § 44 Abs. 2 Nr. 3 i. V. m. § 3 Abs. 1 Nr. 1 VwVfG nichtig.
2. E kann nach § 43 Abs. 1 VwGO auf Feststellung der Nichtigkeit der Abbruchverfügung klagen. Solange die Nichtigkeit des VA nicht feststeht, kann E auch Anfechtungsklage erheben (sog. Nichtigkeitsanfechtungsklage). Diese Wahlmöglichkeit bei Unsicherheit über die Rechtswidrigkeit oder Nichtigkeit des VA ergibt sich aus § 43 Abs. 2 S. 2 VwGO, der die Zulässigkeit einer Anfechtungsklage gegen nichtige VAe voraussetzt. Entscheidet sich E für eine Anfechtungsklage, so muss er deren besondere Sachurteilsvoraussetzungen (Vorverfahren, Klagebefugnis, Klagefrist) einhalten (Kopp/Schenke, § 74 VwGO Rn. 2; str.).

181. Warum kann der Kläger gegen einen nichtigen VA sowohl mit der Anfechtungs- als auch mit der Feststellungsklage vorgehen?

Vielfach lässt sich nur schwer beurteilen, ob ein VA „bloß" rechtswidrig oder sogar darüber hinaus nichtig ist. In solcher Situation der Ungewissheit kann der Kläger mit einer Anfechtungsklage den vom nichtigen VA ausgehenden Rechtsschein zerstören; dabei setzt er sich nicht der Gefahr der Klageabweisung aus, wenn das Gericht bei Erhebung einer Feststellungsklage zum Ergebnis gekommen wäre, der VA sei nicht nichtig, sondern nur rechtswidrig (Würtenberger, Rn. 272; differenzierend Schmitt Glaeser/Horn, Rn. 139).

b) Klagebefugnis

182. Was regelt § 42 Abs. 2 VwGO?

§ 42 Abs. 2 VwGO regelt die Klagebefugnis: Der Kläger muss bei einer Anfechtungsklage plausibel geltend machen, durch den angefochtenen VA in einem ihm zustehenden subjektiv-öffentlichen Recht verletzt zu sein. Diese Klagebefugnis ist nicht nur bei der Anfechtungsklage, sondern auch bei verschiedenen anderen Klagearten der VwGO Zulässigkeitsvoraussetzung der Klage (Frage 300).

183. Welchem Zweck dient § 42 Abs. 2 VwGO?

Zweck ist der *Ausschluss der Popularklage*: Die Sachurteilsvoraussetzung des § 42 Abs. 2 VwGO verhindert, dass jeder beliebige Bürger beliebige Rechts- oder sogar Interessenverletzungen (z. B. Interessen der Allgemeinheit oder anderer Dritter) auf dem Klageweg verfolgen kann. Der Anfechtungskläger muss vielmehr behaupten, durch den angegriffenen VA in eigenen Rechten verletzt zu sein, um zulässigerweise Klage erheben zu können (Würtenberger, Rn. 274).

184. Wann ist eine Klage nach § 42 Abs. 2 VwGO unzulässig?

Eine Klage ist nach § 42 Abs. 2 VwGO unzulässig, „wenn offensichtlich und eindeutig nach keiner Betrachtungsweise die vom Kläger behaupteten Rechte bestehen oder ihm zustehen können" (BVerwGE 44, 1, 3). An der Klagebefugnis fehlt es, wenn offensichtlich und eindeutig nach keiner Betrachtungsweise eine Verletzung des Klägers in eigenen Rechten möglich erscheint (BVerwGE 95, 333, 335). Oder in anderer Formulierung: Sobald eine Rechtsverletzung des Klägers durch den möglicherweise rechtswidrigen VA nicht völlig auszuschließen und damit möglich ist, ist der Kläger nach § 42 Abs. 2 VwGO klagebefugt (sog. *Möglichkeitstheorie*).

185. Was muss der Kläger vortragen, soll er nach § 42 Abs. 2 VwGO klagebefugt sein?

Er muss zweierlei vortragen: zum einen, dass der angegriffene VA rechtswidrig sei, zum anderen, dass er durch diesen rechtswidrigen VA in seinen Rechten verletzt werde, dass also der angefochtene VA in seine Rechtssphäre eingreife. Anders gewendet: Es fehlt an der Klagebefugnis, wenn der Kläger nicht plausibel machen kann, dass der angegriffene VA gerade *seine* Rechtssphäre betrifft, oder wenn das vom Kläger behauptete Recht überhaupt nicht existiert oder die Rechtsordnung das vom Kläger behauptete Recht offensichtlich nicht kennt.

186. Was sind subjektiv-öffentliche Rechte, die dem Kläger eine wehrfähige Rechtsposition geben? Wodurch werden solche subjektiv-öffentlichen Rechte begründet?

Subjektiv-öffentliche Rechte geben dem Bürger das Recht, vom Staat bzw. von juristischen Personen des öffentlichen Rechts ein konkretes Tun, Dulden oder Unterlassen verlangen zu können. Subjektiv-öffentliche Rechte werden in erster Linie durch *einfachgesetzliche Normen* begründet. Dabei ist nicht erforderlich, dass, wie lange Zeit angenommen, die Norm den geschützten Personenkreis räumlich hinreichend abgrenzt (BVerwG NVwZ 1987, 409 gegen BVerwGE 27, 29, 33; 32, 173, 177). Entscheidend ist allein, ob die Norm, auf die der angegriffene VA gestützt wird, auch Individualinteressen einzelner Bürger rechtlich schützen will und nicht *nur* dem Schutz öffentlicher Interessen zu dienen bestimmt ist (*Schutz-*

normtheorie: Hufen, § 14 Rn. 96 ff.; Würtenberger, Rn. 276; BVerwGE 72, 226, 229 f.). Ob dies der Fall ist, kann sich aus dem Wortlaut oder dem Sinn und Zweck der Norm ergeben. Dabei können gesetzlich gewährte Anhörungs- und Beteiligungsrechte Indiz für den Schutznormcharakter einer gesetzlichen Regelung sein. Bei Zweifelsfragen ist der Schutznormcharakter durch eine *grundrechtsorientierte* (und eine die aus den Grundrechten hergeleiteten staatlichen Schutzpflichten berücksichtigende) Interpretation zu erschließen. Vielfach lässt sich nicht abstrakt, sondern nur unter Würdigung der Umstände des Einzelfalles klären, ob Normen drittschützenden Charakter besitzen können. *Ergänzend* können auch *aus Grundrechten* direkt subjektiv-öffentliche Rechte hergeleitet werden, wenn es an gesetzlichen Regelungen fehlt wie etwa im Subventionsbereich (Würtenberger, Rn. 279).

187. Inwiefern lässt sich mit der Adressatentheorie die Klagebefugnis bei Anfechtungsklagen begründen?

Der Adressat eines belastenden VA ist immer klagebefugt, da in dessen subjektiv-öffentliche Rechte eingegriffen wird.

188. In welchen Fallgruppen lässt sich die Klagebefugnis nicht mit der Adressatentheorie begründen? Wie intensiv ist in diesen Fallgruppen die Klagebefugnis zu prüfen?

1. Die Adressatentheorie ist unbrauchbar, wenn der VA nicht an den Kläger gerichtet ist, ihn aber gleichwohl in seinen Rechten unmittelbar berührt. Dies kann vor allem bei Nachbarklagen im Bau- und Umweltrecht sowie bei Konkurrentenklagen der Fall sein (Schröder, JURA 1981, 617, 619 ff.; Würtenberger, Rn. 281 ff.).

2. Bei den bau- und umweltrechtlichen Nachbarklagen bedarf es teils detaillierter Ausführungen, um die Klagebefugnis zu bejahen. Es muss nicht nur vorgetragen werden, dass eine Norm möglicherweise drittschützend sei, sondern auch, dass auf Grund der besonderen örtlichen Gegebenheiten ein besonderes Individualrisiko (und nicht lediglich ein allgemeines Bevölkerungsrisiko) bestehe. Dabei ist zu beachten: ob eine Norm wirklich Schutznormcharakter hat, ist erst im Rahmen der *Begründetheitsprüfung* zu entscheiden; nur jene Normen, die *eindeutig* keinen Schutznormcharakter besitzen, eröffnen keine Klagebefugnis. Allein eine solche Differenzierung vermeidet eine seitenlange und damit kopflastige Zulässigkeitsprüfung (Würtenberger, Rn. 282).

189. Die Gemeinde G erhebt gegen
1. eine rechtsaufsichtliche Weisung
2. eine fachaufsichtliche Weisung Klage. Ist sie klagebefugt?

1. Eine rechtsaufsichtliche Weisung ist in der Regel ein VA. Die Klagebefugnis folgt aus § 42 Abs. 2 VwGO, weil die Verletzung der kommunalen Selbstverwaltungsgarantie möglich erscheint (Art. 28 Abs. 2 S. 1 GG).
2. Maßnahmen der *Fachaufsicht* ergehen im übertragenen Aufgabenbereich der Gemeinden. Sie handeln hier als verlängerter Arm des Staates. Derartigen fachaufsichtlichen Weisungen fehlt das Merkmal der Regelung mit Außenwirkung; sie sind also keine VAe. Gemeinden sind also darum nicht klagebefugt, weil Maßnahmen der Fachaufsicht subjektive Rechtspositionen der Gemeinde in der Regel nicht berühren (Gern, Deutsches Kommunalrecht, 3. Aufl. 2003, Rn. 837; zu Ausnahmen vgl. Reichert/Baumann, Kommunalrecht, 2. Aufl. 2000, Rn. 287).

aa) bei Nachbarklagen

190. Nach erfolglosem Widerspruchsverfahren erhebt Nachbar N gegen die dem beigeladenen B erteilte Baugenehmigung Anfechtungsklage und rügt die Verletzung
1. von § 5 Abs. 2 RhPf LBO, weil die eigenwillige Architektur des geplanten Bauwerks das idyllische Straßenbild störe;
2. von § 30 Abs. 1 und 2 RhPf LBO, weil der Bauherr seine Gebäude ohne die erforderliche Brandwand errichten dürfe (lesen Sie die entsprechenden Vorschriften Ihres Landesrechts!);
3. der bauordnungsrechtlichen Regelungen der Abstandsflächen (vgl. § 6 BW LBO).
Ist die Anfechtungsklage statthaft? Ist N klagebefugt?

Die Anfechtungsklage ist statthaft, weil die Baugenehmigung ein VA mit Doppelwirkung ist, nämlich den Bauherrn begünstigt und den Nachbarn mit belastender Wirkung trifft (BVerwGE 22, 129; zur Vertiefung: Breuer, Baurechtlicher Nachbarschutz, DVBl. 1983, 431).
1. N ist nicht klagebefugt. Regelungen, die die Bauästhetik betreffen, ergehen allein im öffentlichen Interesse und dienen offensichtlich nicht dem rechtlichen Schutz individueller Interessen einzelner Bürger (OVG Münster BRS 16, Nr. 74; krit. Finkelnburg/Ortloff, Öffentliches Baurecht, Bd. II, 5. Aufl. 2005, S. 286 f.).
2. N ist klagebefugt. Regelungen, die den Brandschutz betreffen, ergehen nicht allein im Allgemeininteresse, sondern wollen auch den jeweiligen Nachbarn vor einem Übergreifen eines Brandes schützen (OVG Koblenz BRS 28, Nr. 142; zum nachbarschützenden Charakter bauordnungsrechtlicher Vorschriften über die Anordnung von Stellplätzen und Garagen: VGH Kassel BRS 38, Nr. 128; Finkelnburg/Ortloff, aaO S. 288 f.).
3. Die Vorschriften über den Grenzabstand zwischen Gebäuden sind nachbarschützend, soweit sie den Ausgleich wechselseitiger Belange der Nachbarn an ausreichender Belichtung und Besonnung des Gebäudes und an guten Wohnverhältnissen dienen (BVerwGE 88, 191, 195; Muckel, JuS 2000, 132, 134).

191. **1.** Vollerwerbslandwirt V hält auf seinem im Außenbereich der Gemeinde G gelegenen Aussiedlerhof 180 Bullen im Festmistverfahren. Zahnarzt Z erhält auf einem der Nachbargrundstücke die Baugenehmigung für ein Ferienhaus mit Einliegerwohnung. V befürchtet, dass es ihm wegen der von seinem landwirtschaftlichen Betrieb ausgehenden Geruchsemmissionen ebenso ergehen könnte wie dem berühmten Schweinemäster. Nach erfolglosem Widerspruch erhebt er Anfechtungsklage. Klagebefugnis?

2. Architekt A wohnt seit 30 Jahren in einem vollständig renovierten Bauernhaus im Außenbereich der Gemeinde X. Die zuständige Behörde genehmigt auf dem Nachbargrundstück ein Aussiedlerwohnheim. A ist der Ansicht, dass diese Baugenehmigung den Darstellungen im Flächennutzungsplan der Gemeinde X widerspräche (§ 35 Abs. 3 S. 1 Nr. 1 BauGB) und die Entstehung einer Splittersiedlung (§ 35 Abs. 3 S. 1 Nr. 7 BauGB) zu befürchten sei. Nach erfolglosem Widerspruch erhebt er Anfechtungsklage. Klagebefugnis?

1. Zu prüfen ist, ob die Baugenehmigung möglicherweise nachbarschützende Normen verletzen kann. Das landwirtschaftliche Anwesen des V unterfällt § 35 Abs. 1 Nr. 1 BauGB; es ist damit ein im Außenbereich privilegiertes Anwesen. Dem Eigentümer eines solchen privilegierten Anwesens stehen grundsätzlich Abwehransprüche gegen ein neues, ebenfalls privilegiertes (§ 35 Abs. 1 BauGB) oder nicht privilegiertes (§ 35 Abs. 2, 3 BauGB) Vorhaben zu. Er kann seine Einwendungen auf die Verletzung solcher öffentlicher Belange stützen, deren Nichtbeachtung in Verbindung mit der daraus folgenden Zulassung des neuen Vorhabens die weitere Ausnutzung seiner Privilegierung in Frage stellt und dadurch gegen das Gebot der Rücksichtnahme verstößt (Würtenberger, Rn. 285).

V ist klagebefugt, da die Baugenehmigung die weitere Nutzung des durch § 35 Abs. 1 Nr. 1 BauGB privilegierten Aussiedlerhofes erheblich beeinträchtigen kann und das in § 35 Abs. 3 S. 1 Nr. 3 BauGB enthaltene Rücksichtnahmegebot verletzt sein könnte.

Beachte: Ob dies jeweils zu bejahen ist, ist im Rahmen der Begründetheit zu prüfen!

2. A ist nicht klagebefugt. § 35 Abs. 2, 3 BauGB hat grundsätzlich keine nachbarschützende Funktion. Die öffentlichen Belange, deren Beeinträchtigung vorliegend geltend gemacht wird, dienen zweifelsohne lediglich den Interessen der Allgemeinheit, aber nicht den Interessen des einzelnen Grundstücksnachbarn.

Nachbarschützend wäre § 35 Abs. 3 S. 1 Nr. 3 BauGB, der das Gebot der Rücksichtnahme konkretisiert; diese Vorschrift gelangt vorliegend jedoch nicht zur Anwendung. Davon abgesehen kann mit dem Gebot der Rücksichtnahme lediglich eine besonders einschneidende und handgreifliche Verletzung nachbarlicher Belange gerügt werden (Würtenberger, Rn. 285; BVerwGE 67, 334,339).

192. M bewohnt ein gemietetes Haus, das in einem „reinen Wohngebiet" gelegen ist. K wird auf dem Nachbargrundstück die Errichtung einer Doppelgarage mit Hebebühne zum Betrieb einer Kfz-Schlosserei genehmigt. Nach erfolglosem Widerspruchsverfahren erhebt M Anfechtungsklage.
1. Welche möglicherweise nachbarschützenden Vorschriften könnten verletzt sein?
2. Ist M klagebefugt?

1. Fraglich ist zunächst, ob die angegriffene Baugenehmigung möglicherweise nachbarschützende Vorschriften verletzen kann. Die Art baulicher Nutzung (§ 9 Abs. 1 Nr. 1 BauGB) ist vorliegend im Bebauungsplan festgesetzt worden, da die für die Bebauung vorgesehenen Flächen als „reines Wohngebiet" (§ 30 BauGB i.V.m. §§ 1 Abs. 2 und 3 BauNVO) dargestellt sind. Welche baulichen Anlagen in einem reinen Wohngebiet zulässig sind, regelt § 3 BauNVO. Diese Vorschriften, d. h. der Bebauungsplan i. V. m. der BauNVO, haben möglicherweise nachbarschützenden Charakter, weil von der jeweiligen Gebietsstruktur die Wohnqualität und das Maß der zulässigen Immissionen wesentlich abhängt (BVerwG 45, 309, 327; Würtenberger, Rn. 285).

Beachte: Ob diese Vorschriften vorliegend nachbarschützenden Charakter haben und ob die Baugenehmigung hiergegen verstößt, sind Fragen der Begründetheit!

2. Problematisch ist, ob das Bauplanungsrecht das vom Mieter M behauptete Abwehrrecht überhaupt kennt. Sei-

ne Klage ist unzulässig, wenn das von ihm behauptete Recht offensichtlich nicht existiert (Frage 184). Bereits § 68 RhPf LBauO (Beteiligung der Eigentümer im Baugenehmigungsverfahren, – beachten Sie Ihre entsprechende landesrechtliche Vorschrift!) deutet darauf hin, dass prinzipiell nur die Eigentümer angrenzender Grundstücke Nachbarschutz geltend machen können. Da die Grundstücke durch ihre Eigentümer „repräsentiert" werden, können sich Mieter, Pächter und sonstige obligatorisch Nutzungsberechtigte nicht auf den bauordnungsrechtlichen und bauplanungsrechtlichen Nachbarschutz berufen. Der Schutz obligatorischer Rechte liegt also grundsätzlich nicht im Sinne des Baunachbarrechts. Denn dessen Schutzgut ist letztlich immer das Grundeigentum und die in ihm enthaltene Befugnis zur Nutzung des Grundstückes (Würtenberger, Rn. 283 mit Fn. 38; Schoch, JURA 2004, 317, 318). Begünstigungen des Baunachbarrechts wirken für obligatorisch Berechtigte also nur als bloße Rechtsreflexe, so dass sie nicht klagebefugt sind (zurückhaltend Ziekow, NVwZ 1989, 231, 234). Hieran ändert auch die Entscheidung des BVerfG (NJW 1993, 2035) nichts, die das Mietrecht des M als obligatorisches Recht unter den Schutz des Art. 14 GG stellt (BVerwG DVBl. 1998, 899).

Folgende Ausnahme ist zu beachten: Immer dann, wenn es um den Schutzbereich des Art. 2 Abs. 2 S. 1 GG oder um einen durch Art. 14 GG geschützten Gewerbebetrieb auf dem gepachteten Grundstück geht, sind nicht allein die dinglich, sondern auch die obligatorisch Berechtigten „Nachbarn" im baurechtlichen Sinn (Dürr, Baurecht Baden-Württemberg, 11. Aufl. 2004, Rn. 256).

193. Der beigeladene B ist Eigentümer eines Grundstücks, das in einem Gebiet liegt, das der Regelung des § 34 Abs. 1 BauGB unterfällt. B hat die Baugenehmigung für ein dreigeschossiges Wohngebäude erhalten. Diese wird von dem Nachbarn K angefochten. Er trägt vor, dass die Baugenehmigung rechtswidrig sei, weil die Voraussetzungen des § 34 Abs. 1 BauGB nicht vorlägen. Vor allem aber werde ihm die ganze Sonnenbestrahlung genommen und damit der Wohnwert seines mit einem eingeschossigen Wohnhaus bebauten Nachbargrundstücks erheblich beeinträchtigt. Wie steht es mit der Klagebefugnis?

1. § 34 Abs. 1 BauGB hat einen bodenordnenden Charakter; er ist damit im öffentlichen Interesse erlassen und gewährt grundsätzlich keinen Nachbarschutz. § 34 Abs. 1 BauGB ist aber insoweit nachbarschützend, als dem *in der gesetzlichen Regelung angesprochenen Gebot der Rücksichtnahme* Nachbarschutz zukommt. Das Gebot der Rücksichtnahme ist in dem Begriff des „Sich-Einfügens" in § 34 Abs. 1 BauGB enthalten (Schoch, JURA 2004, 317, 318 f.; Würtenberger, Rn. 285). Damit ist K klagebefugt.

2. Im Rahmen der Begründetheitsprüfung wäre zu klären, ob

a) vorliegend Nachbarschutz über das Gebot der Rücksichtnahme gewährt wird: Das *Gebot der Rücksichtnahme* zwischen Bauherrn und Nachbarn ergibt sich im unbeplanten Innenbereich aus dem Begriff des „Einfügens" in § 34 Abs. 1 BauGB (BVerwGE 67, 334, 337). Es trägt zum einen der *Situationsgebundenheit* der Grundstücke und zum anderen der *Sozialpflichtigkeit des Grundeigentums* (Art. 14 Abs. 2 GG) Rechnung. Seine Anwendung erfordert eine Abwägung zwischen jenen Beeinträchtigungen, die einerseits der Nachbarschaft und andererseits dem Bauherrn zugemutet werden können. Je empfindlicher und schutzwürdiger die Stellung des Nachbarn ist, desto eher kann er Rücksichtnahme verlangen, je gewichtiger und unabweisbarer die mit dem Vorhaben verfolgten Interessen des Bauherrn sind, desto weniger braucht der Bauherr Rücksicht zu nehmen (BVerwGE 52, 122, 126; 101, 364, 380 f.). Dieses Gebot der Rücksichtnahme hat in der Regel *nur objektiv-rechtlichen Charakter*. Es gewährt aber dann Nachbarschutz, wenn *besonders schutzwürdige Interessen des Nachbarn* oder eine besonders sichtbare Belastung durch das genehmigte Vorhaben eine Individualisierung der zu beobachtenden Rücksichtnahme ermöglichen (BVerwGE 67, 334, 337; Schoch, JURA 2004, 317, 322). Vorliegend entfaltet das Gebot der Rücksichtnahme gegen die ganz erhebliche Beeinträchtigung des Wohnwertes des Grundstücks des Nachbarn K nachbarschützende Wirkung, so dass eine rechtswidrige Baugenehmigung den K in seinen Rechten verletzt.

b) eine gegen § 34 BauGB verstoßende Genehmigung das durch Art. 14 Abs. 1 GG geschützte Eigentum des Nachbarn verletzt. Nach der früheren Rechtsprechung des BVerwG war hierfür Voraussetzung, dass die Nutzungsmöglichkeit des Nachbargrundstücks „schwer und unerträglich" beeinträchtigt wird (BVerwGE 32, 173, 179; 44, 244, 246 ff.; 50, 282, 287 f.). Unmittelbar auf Art. 14 Abs. 1 GG konnte sich mithin nur derjenige berufen, der Opfer schwerwiegender und grober Mißgriffe der Genehmigungsbehörden war.

Diese Rechtsprechung ist mittlerweile durch das BVerwG aufgegeben worden. Die §§ 30 ff. BauGB bestimmen danach Inhalt und Schranken des Eigentums für ihren Bereich dergestalt, dass innerhalb dieses Bereiches weitergehende Ansprüche direkt aus Art. 14 GG ausgeschlossen sind (BVerwGE 89, 69, 78). Anderes soll allein für den Fall gelten, dass das Grundstück des Nachbarn durch die gegen § 34 BauGB verstoßende Genehmigung unmittelbar, d.h. gegenständlich betroffen ist, was hier gerade nicht der Fall war.

194. Hat § 34 Abs. 2 BauGB eine nachbarschützende Funktion?

Anders als § 34 Abs. 1 kann § 34 Abs. 2 BauGB eine nachbarschützende Wirkung entfalten. Soweit das faktische Plangebiet den Festsetzungen eines Bebauungsplanes entspricht, die ihrerseits nachbarschützend sind, gewährt § 34 Abs. 2 BauGB Nachbarschutz (BVerwGE 94, 151, 155 ff.).

195. Ein Planfeststellungsbeschluss legt den Verlauf einer Bundesstraße durch den Süden der Gemeinde G fest. Dabei war von der zuständigen Behörde übersehen worden, dass durch den Ausbau der Straße auf dem Gebiet der Gemeinde G ein für das ökologische Gleichgewicht wichtiges Biotop zerstört wird.
1. Gemeinde G hat die für den Straßenbau in Anspruch genommenen Flächen im Flächennutzungsplan als Gewerbegebiet ausgewiesen und das Verfahren zur Aufstellung eines entsprechenden Bebauungsplans eingeleitet.
2. Gemeinde G hat für den Süden ihres Außenbereichs

1. G kann sich auf die Verletzung der Planungshoheit bzw. des gemeindlichen Selbstgestaltungsrechts berufen, die durch die gemeindliche Selbstverwaltungsgarantie (Art. 28 Abs. 2 S. 1 GG; lesen Sie die entsprechende Vorschrift in Ihrer Landesverfassung) geschützt werden. Ein bloßer Hinweis auf die kommunale Planungshoheit reicht allerdings nicht aus, um die Klagebefugnis zu begründen. Vorliegend wird durch die Trassierung der Bundesfernstraße durch Gemeindegebiet das der Gemeinde als Selbstverwaltungskörperschaft zustehende Recht auf Planung und Regelung der Bodennutzung möglicherweise verletzt (BVerwGE 69, 256, 261 f.; 74, 124, 132; 100, 388, 393). Voraussetzung hierfür ist, dass eine bereits hinreichend bestimmte Planung vorliegt und nun geändert werden muss oder nachhaltig ge-

bislang noch keine planerischen Konzeptionen entwickelt. Sie besitzt aber im Bereich der auszubauenden Bundesfernstraße Grundstücke, die für den Straßenbau in Anspruch genommen werden müssen.

3. Wie wäre es, wenn S rügt, bei der Planfeststellung seien ihn erheblich beeinträchtigende Belästigungen durch Verkehrslärm nicht hinreichend beachtet worden?

4. X muss einen Teil seines Grundstückes für Straßenbaumaßnahmen zur Verfügung stellen.

5. Der Naturschutzverband „Stopp dem Fernstraßenbau" e. V. hat sich in seiner Satzung zum Ziel gesetzt, gegen jeglichen Ausbau der Bundesfernstraßen, der Zielen des Naturschutzes widerspricht, vorzugehen.

Wie steht es jeweils mit der Klagebefugnis?

stört wird oder dass substantielle Eingriffe in die Planungshoheit der Gemeinde stattfinden (BVerfGE 56, 298, 317 ff.; Johlen, DÖV 1989, 204, 206 f.). Ergänzend lässt sich auch darauf abstellen, ob die Fachplanung materiell rechtswidrig ist, da sich Gemeinden durch rechtswidrige hoheitliche Maßnahmen nicht in ihrem planerischen Gestaltungsspielraum einschnüren zu lassen brauchen (Würtenberger, BayVBl. 1982, 672, 676; str.).

2. Es geht um die Frage, ob auch juristische Personen des öffentlichen Rechts, hier eine Gemeinde, aus Art. 14 Abs. 1 GG klagebefugt sein können.

a) Eine Klagebefugnis der Gemeinde lässt sich nicht auf Art. 14 Abs. 1 Satz 1 GG stützen. Im Sasbach-Beschluss hat das BVerfG entschieden, dass die Grundrechtsfähigkeit juristischer Personen des öffentlichen Rechts eingeschränkt sei und einer Gemeinde auch außerhalb des Bereichs der Wahrnehmung öffentlicher Aufgaben das Grundrecht aus Art. 14 Abs. 1 Satz 1 GG nicht zustehe (BVerfGE 61, 82 LS 1). Gemeinden würden sich nämlich in *keiner „grundrechtstypischen Gefährdungslage"* befinden (BVerfGE 61, 105). Außerdem schütze Art. 14 nicht das Privateigentum, sondern das *Eigentum Privater,* für die das Eigentum „als Grundlage privater Initiative ... von Nutzen" sein soll (BVerfGE 61, 108 f.). Entscheidend sei letztlich, dass es zwischen staatlichen Funktionsträgern nur *Kompetenz-,* aber *keine „Grundrechts"-Konflikte* geben könne und dass die Anerkennung einer Grundrechtsfähigkeit der juristischen

Personen des öffentlichen Rechts für eine sinnvolle Ausgestaltung des Staatsorganisationsrechts hinderlich sein könne (vgl. Pieroth/Schlink, Grundrechte, Staatsrecht II, 22. Aufl. 2006, Rn. 154). Schließt man sich dieser Meinung an, können sich Gemeinden zur Begründung der verwaltungsprozessualen Klagebefugnis nicht auf Art. 14 Abs. 1 GG berufen (so BVerwG BayVBl. 1984, 631 f.; NVwZ 1989, 247, 249; anders aber Johlen, DÖV 1989, 204, 207 f.; VGH Mannheim NVwZ 1985, 432: über das Recht auf fehlerfreie Abwägung bei Planungsentscheidungen wird mittelbar auch aus Art. 14 GG eine Klagebefugnis hergeleitet).

b) Mit einer durchaus beachtlichen Mindermeinung erscheint es allerdings vertretbar, die Klagebefugnis der Gemeinde aus Art. 14 Abs. 1 GG herzuleiten, da Gemeinden nicht voll in die Staatsorganisation integriert sind und sie sich gegenüber dem Staat in einer grundrechtstypischen Gefährdungslage befinden (Pieroth/Schlink, Rn. 161 m. Nw.). Außerdem lässt sich danach differenzieren, ob mit dem Eigentum *öffentliche Aufgaben* erfüllt werden. Ist dies der Fall, wird den Gemeinden Grundrechtsschutz versagt; wird die Gemeinde durch die hoheitliche Maßnahme jedoch in ihrem privaten Eigentum, wie vorliegend, beeinträchtigt, kann sie sich auf Art. 14 Abs. 1 GG berufen (BVerfGE 68, 193, 206; BVerfG-K DVBl. 2004, 1161 f.; Zippelius/Würtenberger, § 18 II 2 d). Nicht zuletzt kann man diskutieren, ob Gemeinden Träger der landesverfassungsrechtlichen Eigentumsgarantie sein können und sich hieraus eine Klagebefugnis begründen lässt (so Bay VerfGH NVwZ 1985, 260; ablehnend Bambey, NVwZ 1985, 248).

3. S ist nach § 73 Abs. 4 VwVfG einwendungsberechtigt, wenn *eigene* schutzwürdige Interessen durch die Planung berührt werden (zur Unterscheidung von Betroffenen- und Jedermann-Einwendungen: Kopp/Ramsauer, § 73 VwVfG Rn. 53 f.). S ist klagebefugt, da er rügt, eigene Belange, nämlich ein hinreichender Lärmschutz, seien im Planfeststellungsbeschluss nicht berücksichtigt worden (BVerwG DÖV 1984, 426 f.; NVwZ 1988, 363; BVerwGE 100, 276, 280 ff.; Würtenberger, Rn. 288).

4. X kann dagegen den rechtswidrigen Planfeststellungsbeschluss ohne Beschränkung auf ihn individuell betreffende Abwägungsfehler angreifen, wenn der Planfeststellungsbeschluss Grundlage für eine Enteignung ist (BVerwGE 67, 74 ff.). Der verfassungsrechtliche Eigentumsschutz ist nicht erst gegenüber der Enteignung gegeben, sondern schon gegenüber dem Planfeststellungsbeschluss eröffnet. In das Eigentum darf eben nur auf Grund einer *insgesamt* gesehen *rechtmäßigen hoheitlichen Maßnahme* eingegriffen werden (Würtenberger, Rn. 288).

5. *Verbände* sind klagebefugt, wenn sie die Verletzung *eigener Rechte* (Art. 9 Abs. 1 GG) rügen. Dies ist dann nicht der Fall, wenn mit der Klage die vom Verband satzungsmäßig verfolgten Gruppen- oder Mitgliederinteressen gerichtlich durchgesetzt werden sollen (BVerwG DÖV 1981, 268; VGH

Mannheim NJW 1980, 1811; Hufen, § 14 Rn. 122 ff.).
§ 61 BNatSchG hat im Jahr 2002 die *Verbandsklage* für anerkannte Naturschutzverbände (vgl. §§ 59, 60 BNatSchG) eingeführt. Hiernach kann der Naturschutzverband „Stopp dem Fernstraßenbau" klagebefugt sein (Würtenberger, Rn. 6; zur Vertiefung: Koch, Die Verbandsklage im Umweltrecht, NVwZ 2007, 369 ff.).

196. S hat seine Einwendungen gegen den Bau einer Bundesstraße nicht innerhalb der Einwendungsfrist vorgebracht. Nunmehr möchte er gegen den Planfeststellungsbeschluss Klage erheben. Ist er klagebefugt?

Nein. Nach § 17 Abs. 4 BFStrG verliert S nicht nur die Möglichkeit, Einwendungen noch innerhalb des Anhörungstermins geltend zu machen (formelle Präklusion), sondern auch die Klagebefugnis in einem sich anschließenden Verwaltungsprozess (sog. *materielle Präklusion*; Würtenberger, Rn. 293 f.). Derartige Regelungen dienen der Beschleunigung und Konzentration von Planungsverfahren sowie den Interessen des Antragstellers, bei seiner Investitionsentscheidung berücksichtigen zu können, welche Klagemöglichkeiten gegen seine Genehmigung bestehen. Eine solche materielle Präklusion ist neben § 17 Abs. 4 BFStrG u. a. auch in § 73 Abs. 4 S. 3 BVwVfG und in § 10 Abs. 3 S. 5 BImSchG vorgesehen (zur Verfassungsmäßigkeit der Regeln der materiellen Präklusion: BVerwGE 60, 297, 305 ff.; BVerfGE 61, 82, 109 ff.: kein Verstoß gegen Art. 19 Abs. 4 GG).

197. Gemeinde G wendet sich gegen die Genehmigung eines Kohleheizwerks, das 500 m vom Gemeindegebiet

Es geht um eine Anfechtungsklage gegen eine immissionsschutzrechtliche Genehmigung (§ 4 Abs. 1 BImSchG i.V.m. § 1 der 4. BImSchVO, Anhang Nr. 1).

und 4 km vom Stadtkern entfernt liegt. Durch das Kohleheizwerk sieht sie 1. den Betrieb öffentlicher Einrichtungen (Wasserversorgung) und 2. die Gesundheit der Gemeindebürger gefährdet. Ist G klagebefugt?

1. Die Gemeinde G ist klagebefugt. Zur Erfüllung ihrer verfassungsrechtlich geschützten Selbstverwaltungsaufgaben (Art. 28 Abs. 2 S. 1 GG) gehört auch der Betrieb öffentlicher Einrichtungen, die – wie die Wasserversorgung – zur Daseinsvorsorge gehören (OVG Koblenz NVwZ 1987, 71).
2. Die Gemeinde G ist nicht klagebefugt, da sie *nicht eigene* Rechte, sondern Rechte ihrer durch die Genehmigung betroffenen Bürger geltend macht (VGH Mannheim NVwZ 1995, 1017 f.).

198. K wendet sich gegen die Genehmigung zur Errichtung und zum Betrieb einer Aluminiumoxyd-Fabrik. Er wohnt ca. 5 km von dieser Fabrik entfernt und befürchtet erhebliche Belästigungen durch Emissionen. Ist K klagebefugt?

1. K ist zwar nicht Adressat der Genehmigung. Er macht aber die Verletzung des nachbarschützenden § 5 Abs. 1 Nr. 1 BImSchG geltend. Denn hier wird eine Abstimmung zwischen einer emittierenden Anlage und dem Nachbarn gefordert (Breuer, DVBl. 1986, 855). Zu beachten ist, dass das *Vorsorgeprinzip* nach § 5 Abs. 1 Nr. 2 BImSchG keinen nachbarschützenden Charakter haben soll (VGH München BayVBl. 1989, 530, 531; Huber, AöR 114 (1989), 252, 289 ff.; Hufen, § 14 Rn. 101; str.).
2. K muss allerdings zum Kreis der von § 5 Abs. 1 Nr. 1 BImSchG geschützten Nachbarn gehören. Im Sinne eines *flexiblen Nachbarschaftsbegriffs* sind dies alle Personen, „deren Lebensmittelpunkt im Einwirkungsbereich der Anlage liegt" (OVG Lüneburg GewArch 1981, 341; NVwZ 1985, 357). Dieser Einwirkungsbereich reicht so weit, wie die Emissionen der genehmigten Anlage schädliche Wirkungen zur Folge haben können. Ob dies vorliegend der Fall sein

kann, ist anhand der Menge und Konzentration der genehmigten Emissionen zu klären (Würtenberger, Rn. 290).

199. Der französische Staatsangehörige A wohnt in Frankreich an der Grenze zu Deutschland in ca. 2 km Entfernung zu einem soeben genehmigten deutschen Kohleheizwerk. Ist eine Klage gegen den Genehmigungsbescheid zulässig?

Nach einem älteren Verständnis des *Territorialitätsprinzips* entfalten die Bestimmungen des deutschen öffentlichen Rechts nur innerhalb der Staatsgrenzen der Bundesrepublik Deutschland Rechtswirkungen. Danach schützen umweltrechtliche Schutznormen nur die deutsche Umwelt und die in der Bundesrepublik Deutschland wohnenden Bürger. Im Ausland wohnende Personen wären also vor deutschen Gerichten nicht klagebefugt (und im Verwaltungsverfahren auch nicht einwendungsbefugt: VG Oldenburg DVBl. 1985, 802).

Eine solche Argumentation ist mit der Realität, dass Umweltbelastungen vor Staatsgrenzen nicht halt machen, schwerlich in Einklang zu bringen. Die entscheidende Frage ist damit, ob die in Betracht kommende Schutznorm auch Rechtsgüter der außerhalb der Bundesrepublik Deutschland Wohnenden zu schützen bestimmt ist. Dies wurde für § 7 Abs. 2 AtomG bejaht, da grenznahe Atomkraftwerke nur genehmigungsfähig sind, wenn u. a. die Anforderungen des zwischenstaatlichen Nachbarrechts eingehalten (vgl. § 1 Nr. 4 AtomG) und die „strengen Voraussetzungen des § 7 Abs. 2 AtomG auch im Hinblick auf Rechtsgüter außerhalb der Bundesrepublik Deutschland“ erfüllt sind (BVerwGE 75, 285, 289; Weitbrecht, NJW 1987, 2132; zur Vertiefung: Blümel, in: FS für Doehring, 1989, S. 89). Entsprechendes gilt für immissionsschutzrechtliche Genehmigungen, die grenzüberschreitende Emissionen betreffen (Würtenberger, Rn. 124).

bb) bei Konkurrentenklagen

200. Inwiefern lässt sich – auch im Hinblick auf die Klageart – zwischen negativer (defensiver) und positiver (partizipativer) Konkurrentenklage unterscheiden?

Bei der *negativen Konkurrentenklage* wird die Begünstigung eines Konkurrenten (z. B. durch eine Subvention oder durch Erteilung einer Konzession) abgewehrt. Zu diesem Zweck ist eine Anfechtungsklage zu erheben (Würtenberger, Rn. 291; Hufen, § 14 Rn. 87).
Bei der *positiven Konkurrentenklage* will der Konkurrent gleiche Vergünstigungen erreichen, wie sie anderen Mitbewerbern gewährt werden. Zu diesem Zweck ist eine Verpflichtungsklage zu erheben.
Darüber hinaus kann es erforderlich sein, mit der positiven Konkurrentenklage eine Anfechtungsklage zu verbinden, um die Vergünstigungen oder Vergabe an den Konkurrenten zu verhindern (Würtenberger, Rn. 330 zu dieser *Mitbewerberklage*).

201. Gastwirt G klagt gegen die dem X nach § 12 GastG erteilte Gestattung, an Kirmestagen in der Gemeinde G ein Festzelt zu betreiben. Klagebefugt?

G ist nicht nach § 42 Abs. 2 VwGO klagebefugt. § 12 GastG gewährt keinen Schutz von Erwerbschancen, vor allem keinen Schutz vor Zulassung von Konkurrenten (OVG Koblenz NJW 1982, 1301). § 12 GastG ist – auch im Hinblick auf §§ 2, 4 GastG – eine gewerbepolizeiliche Vorschrift, die dem Schutz der Gäste, der im Betrieb Beschäftigten und der Allgemeinheit, vor allem der Nachbarschaft dient.

202. Gemeinde G betreibt mit großem Erfolg ein Fitness-

1. Der Betrieb eines Fitness-Studios in der Rechtsform einer GmbH beruht auf

Studio in der Rechtsform einer GmbH. Konkurrent K, der ebenfalls ein Fitness-Studio betreibt, hält dies für rechtswidrig und möchte hiergegen vorgehen. Welche Klageart ist statthaft? Ist er klagebefugt?

einer kommunalwirtschaftlichen Entscheidung und erfolgt nicht auf der Grundlage eines VA. Statthaft damit ist keine Anfechtungsklage, sondern eine allgemeine Leistungsklage (Unterlassungsklage gerichtet auf Einstellung des Betriebs des Fitness-Studios), auf die § 42 Abs. 2 VwGO analog angewendet wird (Frage 300).

2. Problematisch ist, ob die gemeinderechtlichen Normen, die die kommunale wirtschaftliche Betätigung regeln, Schutznormcharakter haben und Drittschutz gewähren:

a) Dies wurde lange Zeit abgelehnt. Denn das kommunale Wirtschaftsrecht untersage den Gemeinden eine umfassende wirtschaftliche Betätigung, damit sie sich auf ihren kommunalen Aufgabenkreis konzentrieren und keine wirtschaftlichen Risiken eingehen (VGH Mannheim VBlBW 1983, 78; VGH München BayVBl. 1976, 628 f.; kritisch Pünder/Dittmar, JURA 2005, 760, 764). Konkurrenten würden nur reflexhaft geschützt, hätten aber keine Abwehrrechte.

b) In einigen Bundesländern ist das kommunale Wirtschaftsrecht in den letzten Jahren neu geregelt worden. So wurden in § 102 BW GemO und in § 107 NRW GemO Vorschriften über eine Markterkundung und einen Branchendialog aufgenommen, die auch dem Schutz von Konkurrenten kommunaler Unternehmen dienen sollen (OVG Münster NVwZ 2003, 1520; VGH Mannheim NVwZ-RR 2006, 714 f.).

c) Soweit man den Regelungen des kommunalen Wirtschaftsrechts keinen

Schutznormcharakter zuspricht, ist zu klären, ob man sich unter besonderen Voraussetzungen gegen wirtschaftliche Konkurrenz von Gemeinden auf Grundrechte berufen kann.

aa) Zunächst gilt, dass Art. 12 Abs. 1 und Art. 14 Abs. 1 GG nicht vor Konkurrenz schützen, also auch nicht vor Konkurrenz durch den wirtschaftenden Staat (BVerwG NJW 1995, 2938 f.; str.).

bb) Ein *Eingriff durch Konkurrenz* in Art. 12 Abs. 1 sowie in Art. 14 Abs. 1 GG und damit die Klagebefugnis wird jedoch bejaht, wenn es möglich erscheint, dass eine faktische kommunale (oder staatliche) Monopolstellung private Wettbewerber vom Markt verdrängt oder ihre Betätigungsmöglichkeiten unerträglich einschränkt (BVerwG DVBl. 1996, 152 f.; Würtenberger, Rn. 292 b).

cc) Außerdem lässt sich die Klagebefugnis bejahen, wenn die Gemeinde (oder der Staat) in *rechtswidriger Weise* privaten Unternehmen Konkurrenz macht. Denn Art. 12 Abs. 1 GG schützt nicht generell vor Konkurrenz, aber doch vor rechtswidriger Konkurrenz durch den Staat (RhPf VerfGH NVwZ 2000, 801, 804; OVG Münster NWVBl. 2005, 68 f.; str.).

c) Widerspruchsverfahren

203. Vor Erhebung der *Anfechtungsklage* (§ 68 Abs. 1 S. 1 VwGO), der *Verpflichtungsklage* (§ 68 Abs. 2 i. V. m. Abs. 1 S. 1 VwGO) und vor Erhebung *aller Klagen aus dem*

Es ist eine besondere *Sachurteilsvoraussetzung* der Anfechtungs- und Verpflichtungsklage bzw. aller Klagen aus dem Beamtenverhältnis (BVerfGE 35, 65, 72; BVerwGE 26, 161, 165; 66, 342; Würtenberger, Rn. 297). Diese Klagen sind

Beamtenverhältnis (also auch allgemeiner Leistungsklagen und Feststellungsklagen: § 126 Abs. 3 BRRG) ist ein Widerspruchsverfahren durchzuführen. Welche prozessuale Bedeutung hat demnach das Widerspruchsverfahren?

unzulässig, wenn vorher kein Widerspruchsverfahren durchgeführt wurde.

204. Das Widerspruchsverfahren ist also eine Sachurteilsvoraussetzung. Wird dieser Sachurteilsvoraussetzung bereits dadurch genügt, dass überhaupt ein Vorverfahren stattgefunden hat? Oder bedarf es auch der form- und fristgerechten, aber erfolglosen Durchführung des Widerspruchsverfahrens?

Es bedarf der form- und fristgerechten und damit *ordnungsgemäßen,* aber *erfolglosen* Durchführung des Widerspruchsverfahrens (Kopp/Schenke, Vor § 68 VwGO Rn. 7; BVerwG NVwZ 1988, 63). Dies ergibt sich aus dem Wortlaut des § 68 Abs. 1 VwGO und der Funktion des Widerspruchsverfahrens, nämlich der Selbstkontrolle der Verwaltung und der Entlastung der Gerichte zu dienen. Dabei ist zu beachten: Es ist allein ein ordnungsgemäß durchgeführtes Vorverfahren erforderlich, nicht aber, dass der Widerspruchsbescheid selbst frei von Rechtsfehlern ist (BVerwG NVwZ 1987, 320).

205. Nennen Sie die wichtigsten Fälle, in denen es keines Widerspruchsverfahrens als Voraussetzung einer Anfechtungs- oder Verpflichtungsklage bedarf und der Widerspruch damit auch unstatthaft (unzulässig) ist.

1. § 68 Abs. 1 S. 2 Nr. 1 VwGO: Bei Verwaltungsakten oberster Bundes- und Landesbehörden, soweit ein Gesetz die Nachprüfung nicht vorschreibt (z. B. § 126 Abs. 3 Nr. 1 BRRG).

2. § 68 Abs. 1 S. 2 Nr. 2 VwGO: Wenn der Abhilfebescheid oder der Widerspruchsbescheid *erstmalig* eine Beschwer enthält (hierzu Frage 234).

3. Ferner in allen Fällen, in denen ein Gesetz dies für besondere Fälle bestimmt: § 68 Abs. 1 S. 2, 1. Var. VwGO (z. B. § 70 VwVfG: Bei Verwaltungsakten, die in einem förmlichen Verwaltungsverfahren nach den §§ 63 ff. VwVfG erlassen wurden; § 74 VwVfG i. V. m. § 70 VwVfG: bei Planfeststellungsbeschlüssen).

206. X hat gegen einen Kommunalabgabenbescheid am 1. 2. Widerspruch eingelegt, der trotz mehrfacher Rückfrage bis zum 1. 12. noch nicht verbeschieden war. Ist eine Anfechtungsklage zulässig, obgleich das Widerspruchsverfahren noch nicht durchgeführt ist?

Ja. Nach § 75 S. 1 VwGO ist eine Anfechtungsklage ohne vorheriges Widerspruchsverfahren zulässig, wenn über einen Widerspruch ohne zureichenden Grund in angemessener Frist nicht sachlich entschieden wurde. Zu den Voraussetzungen dieser *Untätigkeitsklage* (hier in einem weiteren Sinne, weil nicht der Erlass eines VA eingeklagt wird, dessen Antrag nicht verbeschieden wurde) lesen Sie Fragen 260 ff.

207. E hat gegen einen VA, ohne zuvor Widerspruch eingelegt zu haben, Anfechtungsklage erhoben. Der Beklagte lässt sich sachlich auf die Klage ein und beantragt Klageabweisung als unbegründet. Wird das VG die Klage als unzulässig abweisen?

Nach einer beachtlichen Mindermeinung kann ein Widerspruch nicht durch fristgemäße Klageerhebung und der Widerspruchsbescheid nicht durch den Antrag des Beklagten, die Klage als unbegründet abzuweisen, ersetzt werden. Dass das Vorverfahren nicht zur Disposition der Beteiligten steht, lässt sich der eindeutigen Regelung des § 68 VwGO entnehmen (Kopp/Schenke, Vor § 68 Rn. 10 f., § 68 VwGO Rn. 27 f.).
Nach überwiegender Ansicht ist die Klage des E aus Gründen der *Verfahrensökonomie* zulässig, „wenn sich die Widerspruchsbehörde sachlich auf die Klage eingelassen und deren Abweisung beantragt hat" (BVerwG DVBl. 1984, 91). Denn der Zweck des Widerspruchsverfahrens wird erreicht, wenn die Widerspruchsbehörde im verwaltungsgerichtlichen Verfahren erklärt, den Einwendungen des Klägers nicht abhel-

fen zu wollen. Daher wäre es reiner *Formalismus,* die Durchführung eines Widerspruchsverfahrens auch dann zu verlangen, wenn die Entscheidung der Widerspruchsbehörde bereits im Vorhinein feststeht (BVerwGE 40, 25, 28 ff.; 64, 325, 330; Würtenberger, Rn. 354). Zu beachten ist dabei, dass der Träger der Widerspruchsbehörde zugleich Beklagter ist (Geis, in Sodan/Ziekow, § 68 VwGO Rn. 161).

208. Was sind oberste Bundes- bzw. Landesbehörden i. S. d. § 68 Abs. 1 S. 2 Nr. 1 VwGO?

Auf Bundesebene u. a.: Bundespräsident, Bundesregierung, Bundeskanzler und Bundesminister, nicht jedoch die Bundesoberbehörden nach Art. 87 Abs. 3 GG.

Auf Länderebene u. a.: Landesregierung, Ministerpräsident und Landesminister bzw. Senatoren.

209. Bei welcher Behörde ist der Widerspruch form- und fristgerecht einzulegen?

Bei der Behörde, *die den VA erlassen hat* („Ausgangsbehörde"): § 70 Abs. 1 VwGO. Die Einlegung bei der Widerspruchsbehörde wahrt nach § 70 Abs. 1 S. 2 VwGO ebenfalls die Einlegungsfrist.

210. Was veranlaßt die Widerspruchsbehörde, wenn bei ihr Widerspruch eingelegt wurde?

Die Widerspruchsbehörde gibt die Sache formlos an die Ausgangsbehörde weiter, die ihre Entscheidung nochmals zu überprüfen hat und ggf. eine *Abhilfeentscheidung* erlässt (vgl. § 72 VwGO).

211. Ist ein mündlich oder telefonisch eingelegter Widerspruch formgerecht?

Nein. Nach § 70 Abs. 1 VwGO ist der Widerspruch *schriftlich oder zur Niederschrift der zuständigen Behörde* zu erheben. Die schriftliche Einlegung setzt die *eigenhändige Unterschrift* des Widerspruchsführers oder seines Bevollmächtigten voraus (vgl. Frage 149). Eine telefonische Einlegung reicht nicht aus, selbst wenn über den telefonischen Widerspruch ein Aktenvermerk angefertigt wurde (OVG Saarlouis NVwZ 1986, 578).

212. Bestehen besondere Anforderungen an den Inhalt des Widerspruchs? Muss der Widerspruch begründet werden?

Es bestehen keine besonderen Anforderungen an den Inhalt des Widerspruchs. Für die Behörde muss lediglich erkennbar sein, dass und wogegen Widerspruch eingelegt wird. Nicht erforderlich ist die Bezeichnung als Widerspruch, wenn ersichtlich ist, dass die Aufhebung oder Änderung des ergangenen Bescheides begehrt wird („falsa demonstratio non nocet“). Eine Begründung des Widerspruchs ist nicht erforderlich.

213. Innerhalb welcher Frist ist Widerspruch einzulegen?

Ein Monat nach Bekanntgabe des VA an den Adressaten: § 70 Abs. 1 VwGO.

214. Was ist unter Bekanntgabe des VA zu verstehen?

§ 41 VwVfG regelt die Bekanntgabe von VAen. Bekanntgabe ist die *amtlich veranlasste* Kenntnisnahme von einem VA, im Gegensatz zur rein zufälligen Kenntniserlangung (Pietzner/Ronellenfitsch, § 33 Rn. 9, 16).

215. Wann ist ein VA bekanntgegeben, wenn er
1. schriftlich mit der Post im Inland übermittelt wurde,
2. förmlich zugestellt wurde?

1. Nach § 41 Abs. 2 VwVfG gilt der VA am dritten Tag nach Aufgabe zur Post als bekanntgegeben. Der Adressat des VA kann aber dartun, dass die Post ihm nicht innerhalb dieser Frist zugegangen ist und so die Vermutung des § 41 Abs. 2 VwVfG widerlegen.

2. Ist eine förmliche Zustellung des VA vorgeschrieben (z.B. des Widerspruchsbescheids gemäß § 73 Abs. 3 S. 1 VwGO), dann richtet sich die Zustel-

lung und damit auch die Bekanntgabe des VA nach dem VwZG (Sartorius Nr. 110) bzw. nach dem jeweiligen LVwZG. Nach § 2 Abs. 3 VwZG hat die Behörde die Wahl zwischen verschiedenen Zustellungsarten. Zu nennen sind insbesondere: Zustellung durch die Post mit Zustellungsurkunde (§ 3 VwZG), Zustellung durch die Post mittels Einschreiben (§ 4 VwZG; hierzu Kopp/Schenke, § 73 VwGO Rn. 22 b) und Zustellung durch die Behörde gegen Empfangsbekenntnis (§ 5 VwZG). Bei Zustellung per Einschreiben sieht § 4 VwZG einen, im Zweifelsfall von der Behörde zu beweisenden Zugang am dritten Tag nach der Aufgabe des eingeschriebenen Briefes bei der Post vor.

216. Die Behörde X gibt eine an A gerichtete, schriftliche Verfügung am 1.5. zur Post auf, die ihm am 2.5. zugeht. Bis wann muss er spätestens Widerspruch einlegen?

Würde man auf den *tatsächlichen Zugang* als das die Frist in Gang setzendes Ereignis abstellen, so müßte A bis spätestens 2.6. Widerspruch erheben (§§ 70 Abs. 1, 57 VwGO, 222 Abs. 1 ZPO, 188 Abs. 2 BGB bzw. §§ 79, 31 Abs. 1 VwVfG, 188 Abs. 2 BGB). Doch kommt es nach einhelliger Auffassung allein auf die Drei-Tages-Fiktion des § 41 Abs. 2 VwVfG an (Stelkens/Bonk/Sachs, § 41 VwVfG Rn. 63). Die Widerspruchsfrist beginnt am 4.5. zu laufen; A kann also bis zum 4.6. Widerspruch einlegen.

217. Wie wird die Frist des § 70 Abs. 1 VwGO berechnet?

Zum einen wird vertreten, dass die Fristen des Widerspruchsverfahrens nach der Vorschrift des § 57 VwGO berechnet werden, der seinerseits auf §§ 222, 224 Abs. 2 u. 3, 225, 226 ZPO verweist. § 57 VwGO sei die allgemeine, vor die

Klammer gezogene Vorschrift für alle Fristen nach der VwGO, auch des Widerspruchsverfahrens (BVerwGE 39, 257, 258 f.; Pietzner/Ronellenfitsch, § 33 Rn. 7).
Zum anderen wird darauf verwiesen, dass die Regelungen über das Widerspruchsverfahren zum materiellen Verwaltungsrecht gehören. Das habe zur Folge, dass über §§ 79, 31 VwVfG die §§ 187–193 BGB entsprechend gelten. Da auch § 222 Abs. 1 ZPO auf die §§ 187–189 BGB verweist und § 222 Abs. 2 ZPO eine gegenüber § 193 BGB inhaltsgleiche Regelung enthält, ist die Streitfrage ohne praktische Bedeutung (Pietzner/Ronellenfitsch, § 33 Rn. 7; Würtenberger, Rn. 302).

218. Gegen X ist ein Kostenbescheid wegen Abschleppens eines verbotswidrig parkenden Pkw ergangen. Die Rechtsbehelfsbelehrung war vergessen worden. Innerhalb welcher Frist kann X Widerspruch einlegen?

Innerhalb einer Jahresfrist nach §§ 70 Abs. 2, 58 Abs. 2 S. 1 VwGO.

219. Bauherr B erhält am 23. Januar eine Baugenehmigung für die Errichtung einer Garage unmittelbar an der Grundstücksgrenze zu seinem Nachbarn N. N, dem die Baugenehmigung des B nicht bekanntgegeben wurde, legt am 19. August des folgenden Jahres hiergegen Widerspruch ein. Aus einem Aktenvermerk des Bauaufsichtsamtes ergibt

1. Der den N belastende VA (VA mit Drittwirkung!) wurde diesem nicht bekanntgegeben, da zufällige Kenntniserlangung den Voraussetzungen des § 41 Abs. 1 VwVfG nicht genügt. Auch die Jahresfrist des § 70 Abs. 2 i. V. m. § 58 Abs. 2 VwGO setzt eine Bekanntgabe des VA voraus (BVerwGE 44, 294, 297; Kopp/Schenke, § 58 VwGO Rn. 17). Der VA kann vorliegend also vom Drittbelasteten im Grundsatz unbefristet angegriffen werden.

sich, dass N schon frühzeitig durch einen anderen Nachbarn von der Baugenehmigung Kenntnis erhalten haben muss. Ist sein Widerspruch fristgerecht?

2. Das Recht, Widerspruch einzulegen, kann *verwirkt* werden. Es findet nämlich seine Schranke in dem auch das Verfahrensrecht durchziehenden *Grundsatz von Treu und Glauben.* Hieraus hat das BVerwG (E 44, 294, 298 ff.; 78, 85, 88 ff.; w. Nw. bei Pietzner/Ronellenfitsch, § 33 Rn. 11 ff.) gefolgert, dass dem Widerspruchsführer, der trotz fehlender Bekanntgabe sichere Kenntnis von der Baugenehmigung seines Nachbarn erlangt hat, nach Treu und Glauben die Berufung darauf versagt werden kann, dass ihm der VA nicht amtlich mitgeteilt worden sei. Die Frist zur Einlegung des Widerspruchs richtet sich deshalb für ihn vom Zeitpunkt der zuverlässigen Kenntniserlangung an regelmäßig nach den Fristvorschriften der §§ 70 Abs. 1 und 58 Abs. 2 VwGO (BVerwGE 44, 294, 300). N hat also seine Möglichkeit, gegen die Baugenehmigung des B vorzugehen, durch zu langes Abwarten *verwirkt,* da er sich ohne zureichenden Grund mit seinen Einwendungen länger als ein Jahr zurückgehalten hat.

3. Das BVerwG betont (E 44, 294, 301), dass es seine Auffassung auf den (wichtigen) Fall der baurechtlichen Nachbarklagen beschränkt wissen will, wobei aber Ausnahmen von der Jahresfrist im Einzelfall möglich sein könnten. Bei Widersprüchen gegen andere VAe mit Doppelwirkung sei u. U. auch eine kürzere Frist denkbar (Würtenberger, Rn. 305).

220. Was, wenn N im vorhergehenden Fall zwar eine konkrete Kenntnis von der Baugenehmigung nicht nach-

Unter erneuter Heranziehung des Grundsatzes von Treu und Glauben hat N sein Recht zum Widerspruch auch dann verwirkt, wenn er zuverlässige Kenntnis von

zuweisen ist, B jedoch bald nach Erhalt der Baugenehmigung unübersehbar mit den Bauarbeiten begonnen hatte?

der Baugenehmigung des Nachbarn *hätte haben müssen,* da es ihm möglich und zumutbar war, sich hierüber – etwa durch Anfrage beim Bauherrn oder bei der Baugenehmigungsbehörde – Gewissheit zu verschaffen (BVerwGE 44, 294, 300).

221. Kann über einen verspätet eingelegten Widerspruch sachlich entschieden werden, wenn der Widerspruchsführer ohne eigenes Verschulden an der Einhaltung der Frist verhindert war?

Ja. Aber erst, wenn dem Widerspruchsführer unter der Voraussetzung des § 60 VwGO auf seinen – möglicherweise nur konkludenten – Antrag hin *Wiedereinsetzung in den vorherigen Stand* gewährt wurde.

222. X hat am 2. 5. einen mit ordnungsgemäßer Rechtsbehelfsbelehrung versehenen Erschließungsbeitragsbescheid (vgl. §§ 127 ff. BauGB) in Höhe von 2500 € erhalten. Mitte Juni kommen X Bedenken, ob die Berechnung des Erschließungsbeitrages zutreffend sei: Er legt am 16. 6. bei der Gemeinde Widerspruch ein. Die Gemeinde als Widerspruchsbehörde (vgl. § 73 Abs. 1 Nr. 3 VwGO) weist den Widerspruch nicht als verfristet und damit als unzulässig zurück, sondern setzt sich mit dem Vorbringen des X ausführlich auseinander. Nachdem aber der Widerspruch gleichwohl in der Sache keinen Erfolg hatte, erhebt X – nunmehr fristgerecht – Klage. Ist die Klage zulässig?

Die Zulässigkeit der Klage setzt nicht nur voraus, dass überhaupt Widerspruch erhoben wurde, sondern dass das Widerspruchsverfahren auch form- und fristgerecht durchgeführt wurde (lesen Sie hierzu nochmals Frage 204). Wenn – wie vorliegend – über einen verspätet eingelegten Widerspruch von der Widerspruchsbehörde sachlich entschieden wurde, stellt sich die Frage: Wird hierdurch die Fristversäumung geheilt? Konsequenz wäre, dass die Klage zulässig ist. Oder steht die Einhaltung der Widerspruchsfrist nicht zur „Disposition“ der Widerspruchsbehörde? Dies hätte die Unzulässigkeit der Klage zur Folge.

1. Nach einer überwiegend in der Literatur vertretenen Mindermeinung steht die Fristvorschrift des § 70 VwGO nicht zur Disposition der Widerspruchsbehörde. Denn diese Vorschrift diene nicht (allein) dem Interesse der Widerspruchsbehörde, sondern wolle ganz allgemein *Rechtssicherheit* und *Bestandsschutz* sichern. Vor allem aber diene diese Vor-

schrift dem öffentlichen Interesse an der Vermeidung einer übermäßigen Inanspruchnahme der Verwaltungsgerichte, so dass ihre Anwendung nicht in das Ermessen der Widerspruchsbehörde gestellt werden dürfe. Die Bestandskraft, die der VA mit Ablauf der Widerspruchsfrist erlangt habe, könne nur durch Wiedereinsetzung in den vorigen Stand oder durch Wiederaufnahme des Verfahrens nach den Vorschriften des allgemeinen Verwaltungsrechts durchbrochen werden (Pietzner/Ronellenfitsch, § 42 Rn. 3 ff., 8 f.; Schoch, JURA 2003, 755.; Kopp/Schenke, § 70 VwGO Rn. 9 mit differenzierender Lösung).

2. Demgegenüber steht es nach ständiger Rechtsprechung im Ermessen der Widerspruchsbehörde, ob sie einen verfristeten Widerspruch neu bescheidet und damit den Rechtsweg wieder eröffnet. Die Widerspruchsbehörde besitze nämlich die *Sachherrschaft,* so dass sie selbst dann Herrin des Streitstoffs bleibe, wenn die Widerspruchsfrist versäumt worden sei (BVerwGE 21, 142, 145; 57, 342, 344 f.; BVerwG DÖV 1982, 940; NVwZ 1983, 608; Würtenberger, Rn. 304). Schließt man sich der Ansicht der Praxis an, ist die Klage des X zulässig.

223. Schließt man sich der in der Literatur überwiegend vertretenen Meinung an: Wie hat die Widerspruchsbehörde zu entscheiden, wenn sie den Widerspruch für verfristet, aber in der Sache für begründet hält und eine „Abhilfe" für geboten erachtet?

Sie hat den Widerspruch, steht ihr kein Selbsteintrittsrecht zu, als verfristet und damit als unzulässig zurückzuweisen. Es ist aber der Ausgangsbehörde die Weisung zu erteilen, das Verwaltungsverfahren wieder aufzunehmen (Pietzner/Ronellenfitsch, § 42 Rn. 12).

224. E hat eine Baugenehmigung erhalten, die von nachbarschützenden Vorschriften Dispens erteilt. Nach Ablauf der Widerspruchsfrist legt Nachbar N Widerspruch ein und rügt eine rechtswidrige Anwendung der Dispensvorschriften. Wie wird die Widerspruchsbehörde entscheiden? Wie wird das VG entscheiden, wenn die Widerspruchsbehörde den Widerspruch nicht als unzulässig verworfen, sondern in der Sache entschieden hat?

Die Widerspruchsbehörde wird den Widerspruch, das VG die Klage als unzulässig verwerfen. Dieses Ergebnis, zu dem die herrschende Meinung in der Literatur ohnehin gelangt, wird von der Rechtsprechung mit folgender Erwägung begründet: Die Widerspruchsbehörde dürfe durch ihre Entscheidung nicht schutzwürdige Positionen Dritter beeinträchtigen, die auf die Bestandskraft des an sie ergangenen VA vertrauen. Die Bestandskraft vermittele eine gesicherte Rechtsposition, in die nur auf Grund einer besonderen Ermächtigungsgrundlage eingegriffen werden dürfe. Den §§ 68 ff. VwGO lasse sich eine solche Ermächtigungsgrundlage nicht entnehmen, da sie die Zulässigkeit des Widerspruchs voraussetzen (BVerwG DÖV 1969, 142 f.; DÖV 1982, 940 f.; Würtenberger, Rn. 304; Pietzner/Ronellenfitsch, § 42 Rn. 4 f.).

225. Wer kommt als Widerspruchsbehörde in Frage?

Grundsätzlich gilt: Widerspruchsbehörde ist die nächsthöhere Behörde, soweit nicht eine andere höhere Behörde gesetzlich bestimmt ist (§ 73 Abs. 1 S. 2 Nr. 1 VwGO). Nach § 73 VwGO kann jedoch die Ausgangsbehörde gleichzeitig Widerspruchsbehörde sein, wenn

- die nächsthöhere eine oberste Bundes- oder Landesbehörde ist (§ 73 Abs. 1 S. 2 Nr. 2 VwGO). In einigen Bundesländern ist die Sonderregelung des § 185 Abs. 2 VwGO zu beachten,
- diese eine Selbstverwaltungsbehörde ist und der VA in Selbstverwaltungsangelegenheiten ergangen ist (§ 73 Abs. 1 S. 2 Nr. 3 VwGO). Der Gesetzgeber hat von dem Vorbehalt,

in Selbstverwaltungsangelegenheiten eine andere als die Selbstverwaltungsbehörde mit den Aufgaben der Widerspruchsbehörde zu betrauen, in vielen Bundesländern Gebrauch gemacht (z. B. § 8 Abs. 1 BW AGVwGO).

226. Nennen Sie Bundesländer, in denen Ausschüsse an die Stelle der in § 73 Abs. 1 VwGO vorgesehenen Behörden treten?

Nach § 73 Abs. 2 VwGO bleiben Vorschriften unberührt, wonach das Widerspruchsverfahren vor *Ausschüssen* oder *Beiräten* durchgeführt wird. Widerspruchsbehörden für alle Bereiche sind in:

- Rheinland-Pfalz: Kreis- und Stadtrechtsausschüsse nach §§ 6 ff. RhPf AGVwGO
- Saarland: Kreis- und Stadtrechtsausschüsse, sowie der Rechtsausschuss für den Stadtverband Saarbrücken nach §§ 7 f. Sa AGVwGO.

d) *Klagefrist*

227. Innerhalb welcher Frist ist die Anfechtungsklage zu erheben? Wonach berechnet sich die Frist?

Nach § 74 Abs. 1 S. 1 VwGO innerhalb eines Monats nach Zustellung des Widerspruchsbescheides. Die Klagefrist berechnet sich nach § 57 Abs. 2 VwGO i. V. m. § 222 Abs. 1 ZPO, §§ 188 Abs. 2, 187 Abs. 1 BGB.

228. X erhebt gegen einen Planfeststellungsbeschluss Anfechtungsklage. Welche Klagefrist ist zu beachten?

Die Klage muss innerhalb eines Monats nach Bekanntgabe des Planfeststellungsbeschlusses erhoben werden: § 74 Abs. 1 S. 2 VwGO i. V. m. § 68 Abs. 1 S. 2 VwGO. Denn gegen Planfeststellungsbeschlüsse findet kein Widerspruch statt, was in § 74 Abs. 1 S. 2 i. V. m. § 70 VwVfG bestimmt ist.

229. In der vorangegangenen Frage ist der Planfeststellungsbeschluss am 12.8. bekanntgegeben worden. Wann läuft die Klagefrist ab?

Nach §§ 57 Abs. 2 VwGO, 222 Abs. 1 ZPO, 188 Abs. 2 BGB am 12.9. Für den Fristbeginn kommt es gemäß § 187 Abs. 1 auf die Bekanntgabe des Beschlusses als fristauslösendes Ereignis an.

230. In der vorangegangenen Frage fällt das Ende der Monatsfrist auf einen Sonnabend. Bis wann muss die Klage spätestens beim zuständigen VG erhoben sein?

Gemäß §§ 57 Abs. 2 VwGO, 222 Abs. 2 ZPO bis zum Ablauf des nächsten Werktages, also am auf den Sonnabend folgenden Montag (Würtenberger, Rn. 306).

231. In der einem Widerspruchsbescheid beigefügten Rechtsbehelfsbelehrung wird ausgeführt, dass die Klage innerhalb der Klagefrist auch zu begründen sei: Der Widerspruchsführer erhebt 6 Monate nach Zustellung des Widerspruchsbescheides Klage. Verfristet?

Nein. Es läuft die Jahresfrist nach § 58 Abs. 2 VwGO. Denn die Rechtsbehelfsbelehrung ist durch den *irreführenden Zusatz*, die Klage sei auch zu begründen, unzutreffend erteilt worden (vgl. § 82 Abs. 1 VwGO). Dadurch ist beim Widerspruchsführer ein Irrtum über die formellen Voraussetzungen einer Klageerhebung verursacht und er möglicherweise abgehalten worden, die Klage rechtzeitig zu erheben (Kopp/Schenke, § 58 VwGO Rn. 12).

232. Wird die Klagefrist auch durch Klageerhebung bei einem unzuständigen Gericht gewahrt?

Ja. Nach § 83 S. 1 bzw. nach § 173 VwGO i. V. m. § 17 b Abs. 1 S. 2 GVG besteht die Wirkung der Rechtshängigkeit fort (Kopp/Schenke, § 83 VwGO Rn. 19).

e) Gegenstand der Anfechtungsklage

233. Was ist Gegenstand der Anfechtungsklage?

§ 79 VwGO regelt den Gegenstand der Anfechtungsklage: Dies ist in der Regel der ursprüngliche VA in der Gestalt, die er durch den Widerspruchsbescheid gefunden hat: § 79 Abs. 1 Nr. 1 VwGO. Das Verfahren vor der Ausgangs- und

Widerspruchsbehörde wird also als prozessuale Einheit behandelt.

234. Wann ist allein der Widerspruchsbescheid Gegenstand der Anfechtungsklage?

1. Der Abhilfe- oder Widerspruchsbescheid kann alleiniger Gegenstand der Anfechtungsklage sein, wenn dieser *erstmalig eine Beschwer* enthält: § 79 Abs. 1 Nr. 2 VwGO.
2. Außerdem kann der Widerspruchsbescheid dann alleiniger Klagegegenstand sein, wenn und soweit er gegenüber dem ursprünglichen VA eine *zusätzliche Beschwer* enthält: § 79 Abs. 2 S. 1 VwGO.
3. Das Gleiche gilt für den Widerspruchsbescheid auch bei einer Verletzung wesentlicher Verfahrensvorschriften (wie z.B. Anhörung des Betroffenen nach § 71 VwGO oder Entscheidung durch unzuständige Widerspruchsbehörde; Würtenberger, Rn. 312) durch die Widerspruchsbehörde, sofern er auf dieser Rechtsverletzung beruht: § 79 Abs. 2 S. 2 VwGO. Durch diese Sonderregelung werden die §§ 44a VwGO und 46 VwVfG ausgeschlossen (Kopp/Schenke, § 79 VwGO Rn. 14).

235. Das Landratsamt L erteilt dem B eine Baugenehmigung für ein Wochenendhaus im Außenbereich der Gemeinde G. Schweinemäster S, der seinen Betrieb auf dem Nachbargrundstück betreibt, fürchtet immissionsschutzrechtliche Verfahren, wenn das Wochenendhaus erst einmal fertiggestellt ist. Der Widerspruch des S bleibt ohne Er-

Der Klagegegenstand und damit auch der Klageantrag richtet sich nach § 79 Abs. 1 Nr. 1 VwGO. Der Klageantrag lautet: „Es wird beantragt, die Baugenehmigung des Landratsamtes L vom … sowie den Widerspruchsbescheid des Regierungspräsidiums vom . . . aufzuheben".

folg. Welchen Klageantrag muß S stellen?

236. Wandeln wir den Fall ab: Die Widerspruchsbehörde hat auf den Widerspruch des S hin die Baugenehmigung aufgehoben.
1. Muss B gegen diesen Widerspruchsbescheid seinerseits Widerspruch einlegen, wenn er zur Baugenehmigung gelangen möchte?
2. Kann B unmittelbar gegen den Widerspruchsbescheid Anfechtungsklage erheben?

1. Nein. Der erstmalig durch den Widerspruchsbescheid Beschwerte braucht nicht nochmals ein Vorverfahren durchzuführen (§ 68 Abs. 1 S. 2 Nr. 2 VwGO).
2. Ja. Da B nicht selbst Widerspruch eingelegt hat, ist er als Dritter erstmalig durch den Widerspruch beschwert. Er hat nach § 79 Abs. 1 Nr. 2 VwGO unmittelbar gegen den Widerspruchsbescheid Anfechtungsklage zu erheben (Würtenberger, Rn. 310).

237. X hat gegen einen Bescheid mit dem er zur Erstattung von Polizeikosten in Höhe von 250 € herangezogen wurde, Widerspruch eingelegt.
1. Die Widerspruchsbehörde ändert den Kostenbescheid insofern ab, als X nunmehr zur Erstattung von Polizeikosten in Höhe von 500 € herangezogen wird.
2. Die Widerspruchsbehörde weist den rechtzeitig erhobenen Widerspruch des X als verspätet zurück.
Kann X allein gegen den Widerspruchsbescheid Anfechtungsklage erheben?

1. X kann nach § 79 Abs. 2 S. 1 VwGO allein gegen den Widerspruchsbescheid Anfechtungsklage erheben. Dies ist ihm dann zu raten, wenn er zur Ansicht gelangt ist, dass der Ausgangsbescheid rechtmäßig ist und ihn lediglich der Widerspruchsbescheid beschwert.
2. X kann nach § 79 Abs. 2 S. 2 VwGO allein gegen den Widerspruchsbescheid Anfechtungsklage erheben. Der Widerspruchsbescheid, der einen rechtzeitig erhobenen Widerspruch als verspätet zurückweist, beruht auf der Verletzung einer wesentlichen Verfahrensvorschrift, nämlich des § 68 VwGO (Würtenberger, Rn. 312; Kopp/Schenke, § 79 VwGO Rn. 13; differenzierend BVerwGE 61, 45, 47 ff.).

f) Begründetheit

238. Wann ist die Anfechtungsklage begründet?

Nach § 113 Abs. 1 S. 1 VwGO ist die Anfechtungsklage begründet, wenn und soweit „der VA rechtswidrig *und* der Kläger dadurch in seinen Rechten verletzt ist".

239. Welche Entscheidung hat das VG zu treffen, wenn es den angefochtenen VA für rechtmäßig hält, weil die gesetzlichen Grenzen des Ermessens eingehalten wurden, es aber zum Ergebnis gelangt, der Widerspruchsbescheid sei rechtswidrig?

Folgende Entscheidungen werden für zulässig erachtet:
1. Aufhebung des Widerspruchsbescheides und Klageabweisung im übrigen mangels Spruchreife. Damit bleibt die Entscheidung über den angefochtenen VA insofern noch in der Schwebe, als die Widerspruchsbehörde einen erneuten Widerspruchsbescheid zu erlassen hat und dabei nochmals die Zweckmäßigkeit des angefochtenen VA überprüft (BVerwGE 70, 196, 197).
2. Durch Teilurteil den Widerspruchsbescheid aufheben und den Rechtsstreit mangels Spruchreife bis zur erneuten Entscheidung über den Widerspruch aussetzen (weitere Lösungsvorschläge bei Dawin, NVwZ 1987, 872, 873).

240. N hat nach erfolglosem Widerspruch gegen eine Baugenehmigung Anfechtungsklage erhoben. Das VG gelangt zu dem Ergebnis, dass die Baugenehmigung zwar rechtswidrig sei, aber den N schützende bauplanungs- und bauordnungsrechtliche Normen nicht verletzt seien. Wie wird das VG entscheiden?

Es wird die Klage des N als *unbegründet* abweisen, da er durch die rechtswidrige Baugenehmigung nicht zugleich in eigenen Rechten verletzt wird (BVerwG NJW 1981, 67). Sollte es von vornherein offensichtlich gewesen sein, dass durch die Baugenehmigung keine drittschützenden Normen verletzt wurden, wäre die Klage mangels Klagebefugnis (§ 42 Abs. 2 VwGO) als *unzulässig* abzuweisen gewesen.

241. Muss auf Grund einer Anfechtungsklage lediglich ein Gestaltungsurteil ergehen, das den angefochtenen VA aufhebt?

1. Nein. Ist der angefochtene VA bereits vollzogen worden, spricht das VG auf Antrag aus, wie die Vollziehung rückgängig zu machen ist (§ 113 Abs. 1 S. 2 VwGO). Dieser durch Leistungsurteil zu regelnde *Folgenbeseitigungsanspruch* erfasst z. B. die Rückgabe der beschlagnahmten Sache nach erfolgreicher Anfechtung der Beschlagnahmeverfügung oder die Rückerstattung von Geld nach erfolgreicher Anfechtung eines Leistungsbescheides.

2. Begehrt der Kläger durch Anfechtungsklage die Änderung eines VAes, der einen Geldbetrag festsetzt, kann das VG den Betrag in anderer Höhe festsetzen: § 113 Abs. 2 S. 1 VwGO (Hufen, § 38 Rn. 35; Würtenberger, Rn. 317c).

3. Weiterhin kann aus Gründen der Verfahrensökonomie ein Aufhebungsurteil mit einem Leistungsurteil verbunden werden: § 113 Abs. 4 VwGO. Dies etwa dann, wenn ein Beamter seine Entlassungsverfügung erfolgreich angefochten hat und zugleich Nachzahlung des Gehalts verlangt (Kopp/Schenke, § 113 VwGO Rn. 172; Würtenberger, Rn. 317b).

2. Verpflichtungsklage

242. Inwiefern lässt sich bei der Verpflichtungsklage zwischen Versagungsgegenklage und Untätigkeitsklage unterscheiden?

Die *Versagungsgegenklage* richtet sich gegen einen versagenden, negativen VA und erstrebt die Verurteilung des Beklagten zum Erlass des abgelehnten VA (vgl. § 42 Abs. 1, 2. Var. VwGO). Bei der *Untätigkeitsklage* verlangt der Kläger ebenfalls die Verurteilung des Beklagten zum Erlass eines unterlassenen VA, nachdem die angegangene Behörde ohne zureichenden Grund binnen angemessener Frist nicht sachlich entschieden hat (vgl. § 42 Abs. 1, 3. Var. VwGO); die Voraussetzungen dieser Untätigkeitsklage sind in § 75 VwGO geregelt (Fragen 260 ff.).

a) Statthafte Klageart

243. E hat beim zuständigen Landratsamt einen Antrag auf Genehmigung des Baus eines Wochenendhauses gestellt. Dieser Antrag wurde abgelehnt. Nach erfolglosem Widerspruch will E den Erlass der Baugenehmigung gerichtlich durchsetzen. Welches ist die statthafte Klageart?

Die Baugenehmigung ist ein VA nach § 35 S. 1 VwVfG. Da E mit seiner Klage den Erlass eines VA begehrt, der vom Beklagten abgelehnt wurde, ist die Verpflichtungsklage (Versagungsgegenklage) statthafte Klageart.

244. Muss E seinen Verpflichtungsantrag mit einem Anfechtungsantrag, gerichtet auf Aufhebung der Ablehnung der Baugenehmigung, verbinden?

Nein. Der Verpflichtungsantrag enthält *stillschweigend* immer auch den Antrag auf Aufhebung der entgegenstehenden Bescheide (Würtenberger, Rn. 320; Sodan, in Sodan/Ziekow, § 42 VwGO Rn. 31; anders Hufen, § 15 Rn. 3: Die Versagungsgegenklage ist ausschließlich Verpflichtungsklage.). Die Versagungsgegenklage ist also nicht nur eine Leistungsklage, sondern umfasst zugleich auch eine Gestaltungsklage!
In der Praxis wird bei stattgebender Verpflichtungsklage der ablehnende Bescheid aus Gründen der Rechtsklarheit im Urteilstenor in aller Regel aufgehoben.

245. Ist eine Verpflichtungsklage auch als Bescheidungsklage statthaft? Kann also le-

1. Die Zulässigkeit bloßer Bescheidungsurteile ergibt sich aus § 113 Abs. 5 S. 2 VwGO: Wenn die Streitsa-

diglich beantragt werden, die Behörde zur Verbescheidung des klägerischen Antrags unter Beachtung der Rechtsauffassung des Gerichts zu verurteilen?

che *nicht spruchreif* ist, erlässt das Gericht lediglich ein Bescheidungsurteil (hierzu Fragen 265 f.).
2. Ob der Möglichkeit des Erlasses eines Bescheidungsurteils die Bescheidungsklage als statthafter Klageart entspricht, ist streitig. Eine beachtliche Mindermeinung hält die Bescheidungsklage für unzulässig, da sie in der VwGO nicht geregelt sei (Schmitt Glaeser/Horn, Rn. 303). Nach richtiger Ansicht ist die Bescheidungsklage als ein Minus zur Verpflichtungsklage statthaft, weil sich der Kläger mit einem weniger an Rechtsschutz zufrieden gibt. Kostengründe können ihn veranlassen, diesen weniger weitreichenden Rechtsschutz zu wählen: Erhebt der Kläger einen weitergehenden Verpflichtungsantrag auf Erlass des begehrten VA, spricht das Gericht aber nur die Verpflichtung der Behörde zur Bescheidung nach § 113 Abs. 5 S. 2 VwGO aus, so unterliegt der Kläger mit seinem weiterreichenden Verpflichtungsbegehren. Die möglicherweise nachteiligen Kostenfolgen (vgl. § 155 Abs. 1 VwGO) können durch einen Bescheidungsantrag und damit durch eine Bescheidungsklage vermieden werden (Pietzner/Ronellenfitsch, § 10 Rn. 8; Würtenberger, Rn. 321; Ehlers, JURA 2004, 312; Sennekamp, in Fehling/Kastner/Wahrendorf, § 42 VwGO Rn. 32; BVerwG DÖV 2007, 340 ff. zum Streitgegenstand der Bescheidungsklage).

246. Ein Bauantrag des B wird ohne weitere Prüfung mit der Begründung abgewie-

1. Die Anfechtungsklage ist grundsätzlich nur bei Maßnahmen der Eingriffsverwaltung statthafte Klageart. Die Ver-

sen, das Außenbereichsvorhaben verstoße gegen § 35 Abs. 2 und 3 BauGB. Nach erfolglosem Widerspruch möchte B Klage erheben und fragt, ob er die Ablehnung seines Bauantrages mit einer Anfechtungsklage angreifen könne oder Verpflichtungsklage, gerichtet auf Erteilung der Baugenehmigung, erheben müsse.

pflichtungsklage zielt demgegenüber auf den Bereich der leistenden Verwaltung. Dies daher, weil dem Kläger mit der Aufhebung eines sein Leistungsbegehren ablehnenden VA nicht gedient ist. Denn dadurch ist nicht entschieden, ob er auch einen Anspruch auf Erlass des begünstigten VA hat. B müßte vorliegend also eine Verpflichtungsklage erheben.

2. In eng begrenzten Ausnahmefällen wird allerdings eine *isolierte Anfechtungsklage* für zulässig erachtet. Wegen der im Verwaltungsprozess geltenden *Dispositionsmaxime* kann der Kläger sich auf die Anfechtung des sein Leistungsbegehren ablehnenden VA beschränken. Dem lässt sich nicht entgegenhalten, dass der Kläger an der isolierten Anfechtung des ablehnenden VA kein *Rechtsschutzbedürfnis* habe, weil ihm die rechtsschutzintensivere und zu einem Vollstreckungstitel führende Verpflichtungsklage zur Verfügung stehe. Wegen der Bindung der Verwaltung an Gesetz und Recht steht nämlich zu erwarten, dass die Behörde eine erfolgreiche Anfechtungsklage bei ihrer neuerlichen Entscheidung über das Leistungsbegehren gebührend berücksichtigen wird (BVerwGE 38, 99, 101 f.).

Einer isolierten Anfechtungsklage steht allerdings der Gesichtspunkt der *Prozessökonomie* entgegen, wenn sich das Gericht mit derselben Streitsache voraussichtlich mehrfach zu befassen hat. Anders gewendet: Eine isolierte Anfechtungsklage ist unzulässig, wenn sie nicht sämtliche Streitpunkte zwischen den Parteien zu klären vermag und sich in gleicher Streitsache eine neuerliche Inanspruchnahme des VG abzeichnet (so Kröninger/Wahrendorf, in Fehling/Kastner/Wahrendorf, § 113 VwGO Rn. 126; zurückhaltender Schenke, Rn. 283 ff.; zur Frage des Rechtsschutzbedürfnisses: Hufen, § 14 Rn. 21; die Zulässigkeit isolierter Anfechtungsklagen weitgehend bejahend: Laubinger, in: Festschrift für Menger, S. 443 ff.; Würtenberger, Rn. 329). Vorliegend ist eine isolierte Anfechtungsklage zulässig, da der Streit um die bauplanungsrechtliche Zulässigkeit des Vorhabens umfassend geklärt werden kann und alternativ lediglich eine *Bescheidungsklage* in Frage käme, da der Bauantrag von der Behörde nach Klärung der bauplanungsrechtlichen „Vorfragen" erst noch zu bearbeiten wäre, um auch die bauordnungsrechtlichen Voraussetzungen zu klären.

247. E hat ohne Baugenehmigung ein Einfamilienhaus mit Doppelgarage gebaut. Die nachträglich beantragte Baugenehmigung wird ihm erteilt, allerdings
1. unter der „Bedingung"
2. mit der „Auflage"
die Doppelgarage abzureißen, da sie nicht aus feuerfestem Material errichtet sei. Nach erfolglosem Widerspruch möchte E gegen diese Bedingung bzw. Auflage klagen. Klageart?

Problem ist, ob die Bedingung bzw. die Auflage mit einer Anfechtungsklage angegriffen werden kann oder ob mit einer Verpflichtungsklage eine Baugenehmigung ohne Bedingung bzw. Auflage erstrebt werden muss.

Eine vor allem früher vertretene Auffassung (Eyermann-Happ, § 42 VwGO Rn. 45) unterscheidet nach der Art der Nebenbestimmung:

1. Ist der Abriss der Doppelgarage eine *Bedingung* der Baugenehmigung, so ist ihre isolierte Anfechtung unzulässig. Eine Bedingung ist nämlich die Bestimmung, dass „der Eintritt oder der Wegfall einer Vergünstigung oder einer Belastung von dem ungewissen Eintritt eines künftigen Ereignisses abhängt": § 36 Abs. 2 Nr. 2 VwVfG. Eine solche Bedin-

gung ist integrierender, d. h. unselbständiger und untrennbarer Bestandteil des VA (Maurer, § 12 Rn. 8), so dass sie nicht selbständig angefochten und aufgehoben werden kann (BVerwGE 29, 261, 265; 36, 145, 154). E muss daher, wenn er die Bedingung nicht hinnehmen will, mit einer Verpflichtungsklage auf Erlass einer unbedingten Baugenehmigung klagen (anders aber BVerwGE 60, 269, 271, 278).

2. Eine *Auflage* i. S. v. § 36 Abs. 2 Nr. 4 VwVfG ist im Gegensatz zur Bedingung nicht Bestandteil des VA. Sie schafft eine *zusätzliche Verpflichtung* und ist selbst VA. Gleichzeitig ist eine Auflage Nebenbestimmung: Denn sie ist auf einen Hauptverwaltungsakt bezogen und hängt in ihrem Bestand von dessen Wirksamkeit ab. Eine solche Auflage kann isoliert angefochten und aufgehoben werden. Argument ist hier u. a. auch § 113 Abs. 1 Satz 1 VwGO, wonach ein VA aufgehoben wird, *soweit* er rechtswidrig ist.

248. 1. Mit welchen Argumenten wird diese Differenzierung zwischen Bedingung und Auflage bestritten und eine andere Differenzierung eingeführt?
2. Wie ist nach dieser Differenzierung der vorangegangene Fall zu lösen?

1. Gegen die isolierte Aufhebbarkeit von Auflagen, die zu einem *Ermessensverwaltungsakt* hinzutreten, wird eingewendet: Bei stattgebendem Urteil werde der Behörde möglicherweise ein VA aufgezwungen, den sie ohne Auflage nicht erlassen wollte und möglicherweise auch gar nicht erlassen durfte. Das BVerwG hat daher die isolierte Aufhebung von Auflagen abgelehnt, wenn bei einer einheitlichen und unteilbaren Ermessensentscheidung VA und Auflage in untrennbaren Zusammenhang stehen (BVerwGE 55, 135, 137 f.; 56, 254,

256). Hier ist konsequenterweise mit einer Verpflichtungsklage auf Erlass eines VA ohne Auflage zu klagen. Dies ist dahin verallgemeinert worden: Gegen alle Nebenbestimmungen, die zu einem gebundenen VA hinzutreten, ist Anfechtungsklage zu erheben. Eine Verpflichtungsklage auf Erlass eines VA ohne Nebenbestimmung ist zu erheben, wenn, wie bei Ermessensverwaltungsakten, VA und Nebenbestimmung in untrennbaren Zusammenhang stehen.

2. Im vorangegangenen Fall geht es um die Erteilung einer Baugenehmigung, also um einen *gebundenen* VA: § 58 Abs. 1 Satz 1 BW LBO (lesen Sie die entspr. Bestimmung Ihres Landesrechts!). Bei Vorliegen der Genehmigungsvoraussetzungen ist die Baugenehmigung zu erteilen. Dies gebietet im übrigen auch die aus Art. 14 Abs. 1 GG hergeleitete Baufreiheit. E kann daher die Auflage isoliert anfechten.

249. Wie löst die neuere Rechtsprechung des BVerwG die Anfechtbarkeit von Nebenbestimmungen zu VAen?

Nach neuerer Ansicht der Rechtsprechung sind belastende Nebenbestimmungen immer selbständig anfechtbar (BVerwGE 112, 221 m.Bspr. von Hufen, JuS 2001, 926; Schmidt, VBlBW 2004, 81 ff.). Erst in der Begründetheit sei zu klären, ob der begünstigende VA auch ohne Nebenbestimmung sinnvoller- und rechtmäßigerweise bestehen bleiben kann (zu den Folgefragen: Brüning, NVwZ 2002, 1081; Würtenberger, Rn. 325a; Maurer, § 12 Rn. 25). Die Problematik ist damit grundsätzlich in die *Begründetheitsprüfung* verlagert worden.

250. Welche Folgeprobleme ergeben sich aus dieser Rechtsprechung des BVerwG?

Kann der VA ohne Nebenbestimung nicht sinnvoller- und rechtmäßiger Weise fortbestehen, so ist die *Verpflichtungsklage* die statthafte Klageart. Die vom BVerwG grundsätzlich als statthaft erachtete Anfechtungsklage wäre damit als unbegründet abzuweisen. Dieses unbefriedigende Ergebnis lässt sich vermeiden, wenn hilfsweise ein Verpflichtungsantrag gestellt wird (vgl. Labrenz, NVwZ 2007, 161 ff.).

251. E hat die Genehmigung für einen Bungalow mit Flachdach beantragt, erhält aber die Baugenehmigung unter der „Auflage", das Haus mit Giebeldach zu bauen. Mit welcher Klageart kann E nach erfolglosem Widerspruch sein ursprüngliches Begehren durchsetzen?

E muss Verpflichtungsklage erheben, weil der beantragte VA abgelehnt wurde, dafür aber die Baugenehmigung mit einem anderen Inhalt als beantragt gewährt wurde. Im vorliegenden Fall spricht man zwar von einer *modifizierenden Auflage,* weil der beantragte VA mit wesentlich verändertem Inhalt erlassen wurde. Gleichwohl handelt es sich aber um *keine Auflage* i. S. v. § 36 Abs. 2 Nr. 4 VwVfG, da die Baugenehmigung, würde man lediglich die „Auflage" angreifen, keinen Sinn mehr geben würde (BVerwG NVwZ 1984, 366; Würtenberger, Rn. 327; Sennekamp, in Fehling/Kastner/Wahrendorf, § 42 VwGO Rn. 38; Pietzner/Ronellenfitsch, § 9 Rn. 17 f.; Maurer, § 12 Rn. 16). Vorliegend wäre ein Haus ohne Dach zu bauen, würde man die „Auflage" erfolgreich angreifen, sinnlos, so dass mit einer Verpflichtungsklage der Erlass des ursprünglich begehrten VA durchgesetzt werden muss (zur Abgrenzung zwischen modifizierender Auflage und Genehmigungsinhalt: BVerwGE 69, 37, 39).

b) Klagebefugnis

252. Wie hat der Kläger bei der Verpflichtungsklage die Klagebefugnis (§ 42 Abs. 2 VwGO) geltend zu machen?

Im Prinzip gilt gleiches wie bei der Anfechtungsklage. Aus dem Klagevorbringen muss erkennbar werden, dass der Kläger mit seinem Antrag auf Erlass eines VA nicht oder nicht vollständig durchgedrungen ist. Außerdem darf es nicht ausgeschlossen erscheinen, dass die Ablehnung des beantragten VA rechtswidrig ist und den Kläger möglicherweise in seinen Rechten verletzt (Hufen, § 15 Rn. 16 ff.; Würtenberger, Rn. 331).

253. Gibt es einen Anspruch des Bürgers auf fehlerfreie Ermessensentscheidung über ein Leistungsbegehren?

Nein. Es gibt keinen allgemeinen Anspruch des Bürgers auf fehlerfreie Ermessensentscheidung (BVerwGE 39, 235, 237). Ein Anspruch auf fehlerfreie Ermessensentscheidung setzt eine Norm voraus, die der Verwaltung Ermessen einräumt und dem Betroffenen – zumindest auch – ein individuelles Recht einräumen möchte. Nur wenn eine solche *Schutznorm* (Frage 186) gegeben ist, hat der Betroffene einen Anspruch darauf, dass die Behörde überhaupt in die Ermessensabwägung eintritt und ihr Ermessen rechtmäßig gebraucht (Hufen, § 15 Rn. 27 ff.; Wahl/Schütz, in Schoch/Schmidt-Aßmann/Pietzner, § 42 II VwGO Rn. 85; Würtenberger, Rn. 332). Hierbei können die besonderen Umstände des Einzelfalls in Ausnahmefällen eine „Ermessensschrumpfung auf Null“ bewirken, d. h. dass nur eine einzige rechtmäßige Entscheidung denkbar ist.

254. B ist „Schiffsausrüster" und beantragt bei der zuständigen Behörde die Zulassung zum Schleusengelände des Nord-Ostsee-Kanals, um sein Gewerbe in Konkurrenz mit anderen bereits zugelassenen Schiffsausrüstern ausüben zu können. Sein Antrag wird mit der Begründung abgelehnt, er gehöre nicht zum Kreis der „Benutzer" des Schleusengeländes und es gäbe auch keine Norm, die eine Zulassung des B zum Schleusengelände vorsehe. B erhebt nach erfolglosem Widerspruch Verpflichtungsklage. Klagebefugnis?

1. Einen Anspruch auf ermessensfehlerfreie Entscheidung über die Zulassung zur Benutzung hat lediglich, wer die Anstalt (zum Begriff: Maurer, § 23 Rn. 46 ff.) dem Anstaltszweck entsprechend benutzen will oder wer auf Grund einer speziellen Rechtsnorm zur Nutzung berechtigt ist (BVerwGE 39, 235). Beides trifft auf B nicht zu, da er das Schleusengelände nicht entsprechend dem Anstaltszweck zu nutzen beabsichtigt und ihn auch keine Rechtsnorm zur Nutzung zulässt. Ein Anspruch auf ermessensfehlerfreie Entscheidung setzt eben voraus, dass das Ermessen auf Grund von Regeln ausgeübt wird, die zumindest auch individuellen Interessen des Bürgers dienen sollen. B ist damit nicht klagebefugt nach § 42 Abs. 2 VwGO.
2. Bei dieser Argumentation ist vom BVerwG nicht hinreichend gewürdigt, dass bei jeder Ermessensentscheidung das Verbot willkürlicher Ungleichbehandlung zu berücksichtigen ist (Art. 3 Abs. 1 GG). Damit kann zumindest die Verletzung des Grundrechts auf Gleichbehandlung gerügt werden (Erichsen, VerwArch 64 (1973), 299; Hoffmann-Becking, JuS 1973, 615).

255. V und sein Konkurrent K betreiben jeweils Wirtschaftsunternehmen. V erfährt, dass K auf Antrag einen Subventionsbescheid erlangt hat, durch den ihm ein zinsloser Kredit über 500 000 € gewährt werden soll. V macht zutreffend geltend, dass er die Subventionsvoraussetzungen

1. Eine Verpflichtungsklage, die allein den Erlass eines Subventionsbescheides durchsetzen möchte, würde nicht zum angestrebten Erfolg führen. Die letzten 500 000 € aus dem Etat können nur einmal vergeben werden, weitere Mittel sind im Titel des Haushaltsplans nicht verfügbar. V muss deshalb in dieser besonderen Situation einer Konkurrentenklage (Frage 200) auch noch gegen den

besser als K erfüllt. Sein Antrag auf Gewährung der gleichen Summe und auch sein Widerspruch bleiben ohne Erfolg.

1. Wie muss V gerichtlich vorgehen, wenn sich der Subventionsetat durch Auszahlung der 500 000 € an K erschöpft?
2. Ist V klagebefugt?

den K begünstigenden Subventionsbescheid Anfechtungsklage erheben (VGH München DVBl. 1983, 274; Würtenberger, Rn. 330; Ehlers, JURA 2004, 310, 312 f.; Sennekamp, in Fehling/Kastner/Wahrendorf, § 42 VwGO Rn. 38; anders BVerwGE 80, 270, 273: nur Verpflichtungsklage).

2. Was die Klagebefugnis (§ 42 Abs. 2 VwGO) betrifft: V muss geltend machen, dass er durch die Vergabe der Subvention an K und die Nichtvergabe an ihn selbst möglicherweise in seinen Rechten verletzt wird. Im Subventionsbereich fehlt es allerdings vielfach an einfachgesetzlichen Regelungen, auf die eine Rechtsverletzung gestützt werden könnte (Fröhler/Lenz, GewArchiv 1976, 73, 75). Dem Kläger muss es hier erlaubt werden, sich allein auf eine Grundrechtsverletzung zu berufen (BVerwGE 30, 191, 194, 196 ff.; Würtenberger, Rn. 292c). Nach der Rechtsprechung reicht es deshalb aus, wenn der Kläger eine willkürliche Vernachlässigung seiner grundrechtsgeschützten und in der Wettbewerbssituation zu beachtenden Interessen vorträgt. Vorliegend kann sich V hinsichtlich seiner Verpflichtungsklage auf eine mögliche Verletzung von Art. 3 Abs. 1 GG (eventuell i. V. m. Art. 12 GG) berufen. Bei der Anfechtungsklage kann neben Art. 3 Abs. 1 GG auch eine Verletzung des von Art. 2 Abs. 1 GG geschützten Rechts auf Wettbewerbsfreiheit nicht ausgeschlossen werden. V ist somit klagebefugt (Schenke, Rn. 521 ff.).

Zu weiteren Fällen der Konkurrentenklage, insbes. bei Konzessionsvergaben, siehe Würtenberger, Rn. 292a; zur beamtenrechtlichen Konkurrentenklage: Würtenberger, Rn. 330; Schöbener, BayVBl. 2001, 321.

256. In F wurde ein leer stehendes Haus von einer Gruppe von ca. 40 Personen besetzt. Der Hauseigentümer H stellte umgehend Strafantrag und ersuchte die Polizei um alsbaldige Räumung des Anwesens. Diese lehnte eine Räumung mit dem Hinweis ab, eine solche Aktion sei politisch nicht opportun und könne zu Gewalttätigkeiten führen. Nach erfolglosem Widerspruchsverfahren erhebt H Verpflichtungsklage. Klagebefugt?

Es geht um die Frage, ob H ein subjektiv-öffentliches Recht auf polizeiliches Einschreiten haben kann.

1. Durch eine Hausbesetzung wird die öffentliche Sicherheit gestört, so dass polizeiliche Maßnahmen in Form einer Allgemeinverfügung auf Grund der polizeilichen Generalklausel (vgl. §§ 1, 3 BW PolG) zulässig sind. Der Klagebefugnis des H steht das *polizeirechtliche Subsidiaritätsprinzip* (§ 2 Abs. 2 BW PolG; lesen Sie die entsprechende Vorschrift Ihres Landesrechts!) nicht dergestalt entgegen, dass er offensichtlich und eindeutig keinen Anspruch auf polizeiliches Einschreiten haben kann (zur „Möglichkeitstheorie“ Frage 184; zum polizeirechtlichen Subsidiaritätsprinzip: VG Berlin DVBl. 1981, 785; Degenhart, JuS 1982, 330, 331; Würtenberger/Heckmann, Rn. 169 ff.). Beachten Sie zum Aufbau, dass das polizeirechtliche Subsidiaritätsprinzip erst im Rahmen der Begründetheitsprüfung ausführlicher abzuhandeln ist.

2. Nach dem Opportunitätsprinzip trifft die Polizei nach pflichtgemäßem Ermessen die zur Gefahrenabwehr notwendigen Maßnahmen (§ 3 BW PolG). Damit stellt sich die Frage, ob der Bürger, hier der Hauseigentümer H, *überhaupt* einen Anspruch auf ermessensfehlerfreie Entscheidung der Polizei besitzen kann. Früher war allgemeine Ansicht, dass die der Gefahrenabwehr dienenden Er-

mächtigungsnormen nur ein Handeln im öffentlichen Interesse regeln, nicht aber auch dem Interesse des betroffenen Bürgers zu dienen bestimmt seien. Heute ist jedoch wegen der Schutzpflichtenlehre allgemein anerkannt, dass die polizeiliche Generalklausel auch individualschützenden Charakter hat, soweit es um die Abwehr von Gefahren geht, die dem Bürger drohen (Drews/Wacke/Vogel/Martens, Gefahrenabwehr, 9. Aufl. 1986, S. 396 f., 402 f.; Würtenberger/Heckmann, Rn. 498 ff.; BVerwGE 11, 95; OVG Berlin NJW 1980, 2484).

3. Im Rahmen der *Begründetheitsprüfung* ist zu klären, ob der Hauseigentümer H einen Rechtsanspruch auf polizeiliches Einschreiten besitzt. Dies ist der Fall, wenn sich der Ermessensspielraum der Polizei soweit reduziert hat, dass nur die Entscheidung, das Haus zu räumen, ermessensfehlerfrei ist, weil der Bürger auf polizeiliche Hilfe existentiell angewiesen ist (OVG Berlin JZ 1981, 392; VGH Kassel NJW 1984, 2305; zur staatlichen und damit auch der Polizei obliegenden Schutzpflicht bei Grundrechtsgefährdungen von erheblicher Intensität: Drews/Wacke/Vogel/Martens, S. 397 ff. m. Nw.; Würtenberger/Heckmann, Rn. 499; VG Freiburg VBlBW 1987, 349; Degenhart, JuS 1982, 334 f.; Eyermann, UPR 1981, 14 ff., 17).

257. Der arbeitslose Automechaniker A baut, ohne einen Bauantrag gestellt zu haben, seine Doppelgarage zu einer Autowerkstatt mit He-

1. Es geht um die Klagebefugnis bei einer Klage auf bauaufsichtliches bzw. baurechtliches Einschreiten gemäß der baurechtlichen Eingriffsermächtigung, die die Abbruchsanordnung und die

bebühne und Arbeitsgrube um. Als die Lärmbelästigungen durch die Autoreparaturen (Schweißarbeiten, Warmlaufen lassen der Motoren) überhandnehmen, beantragt der Eigentümer des Nachbargrundstücks N – ebenso wie das Grundstück des A in einem reinen Wohngebiet gelegen – ein bauaufsichtliches Einschreiten. Gegen den ablehnenden Bescheid erhebt N nach erfolglosem Vorverfahren Verpflichtungsklage mit dem Antrag, die Baurechtsbehörde solle die baurechtswidrige Nutzungsänderung untersagen. Ist N klagebefugt?

Nutzungsuntersagung regelt (§ 65 BW LBO; lesen Sie die entspr. Vorschrift Ihres Landesrechts!). Bei Normen, die der Behörde Ermessen einräumen (wie § 65 BW LBO), besteht nur dann ein Anspruch des Bürgers auf ermessensfehlerfreie Entschließung, wenn die das Ermessen begründende Rechtsnorm nicht allein im öffentlichen Interesse, sondern auch zum Schutze des Einzelnen erlassen wurde (Würtenberger, Rn. 333; Muckel, JuS 2000, 132, 135 f.; BVerwGE 39, 235, 237; Brodersen, JuS 1983, 400 f. m. w. Nw.). Es gibt eben keinen allgemeinen Anspruch des Bürgers auf fehlerfreie Ermessensausübung (Frage 254).

2. Der Eingriffsermächtigung des § 65 BW LBO kann isoliert betrachtet kein Hinweis darauf entnommen werden, ob sie auch die Rechte der Nachbarn schützen will. Grundlage einer Nutzungsuntersagung können sowohl Verstöße gegen nachbarschützende wie auch gegen nicht nachbarschützende Vorschriften des Bauplanungs- und Bauordnungsrechts sein. § 65 BW LBO begründet nur dann ein subjektives Recht des Nachbarn auf ermessensfehlerfreie Entscheidung über den Erlass einer Nutzungsuntersagung, wenn die vom Bauherrn ggf. verletzten Vorschriften des Baurechts auch die Rechte des Nachbarn schützen wollen (vgl. BVerwGE 37, 112, 113; OVG Bremen DÖV 1979, 723; VGH Mannheim VBlBW 2003, 470 f.). Denn dann hat die Bauaufsichtsbehörde bei Erlass einer Nutzungsuntersagung auch über Rechtspositionen des Nachbarn zu entscheiden. Da letzteres vorliegend nicht auszuschließen ist, ist N klagebefugt.

3. In der *Begründetheitsprüfung* ist auszuführen: Die Nutzungsänderung des A, also die Einrichtung der Kfz-Reparaturwerkstatt, verstößt vorliegend gegen § 3 BauNVO; hiernach dienen reine Wohngebiete ausschließlich dem Wohnen. Eine Kfz-Werkstatt kann nicht als „nicht störender Handwerksbetrieb" i. S. v. § 3 Abs. 3 BauNVO angesehen werden. Solche Festsetzungen der Art der baulichen Nutzung in der BauNVO sind nachbarschützend, da sie die Bewohner in ihrer Ruhe schützen wollen (zum weiterhin zu prüfenden Ermessen der Bauaufsichtsbehörde: Dürr, Baurecht, BW, 11. Aufl. 2004, Rn. 283).

c) *Widerspruchsverfahren*

258. Woraus ergibt sich, dass vor Erhebung einer Versagungsgegenklage (Frage 242) ein Vorverfahren durchzuführen ist?

Aus § 68 Abs. 2 VwGO, wonach vor Erhebung einer Verpflichtungsklage entsprechend § 68 Abs. 1 VwGO ein Widerspruchsverfahren durchzuführen ist. Wegen der Einzelheiten vgl. Fragen 203 ff.

d) *Klagefrist*

259. Bestehen Fristen für die Erhebung einer Versagungsgegenklage?

Ja, nach § 74 Abs. 2 VwGO die gleichen Fristen, wie bei der Anfechtungsklage (vgl. Fragen 227 ff.).

e) *Besondere Voraussetzungen der Untätigkeitsklage*

260. Wo ist die Untätigkeitsklage geregelt? Welchem Zweck dient die Untätigkeitsklage?

Die Untätigkeitsklage ist in § 75 VwGO geregelt. Sie dient der Beschleunigung der Verwaltungsarbeit und des Verwaltungsrechtsschutzes.

261. A beantragt Anfang November beim städtischen Bauamt eine Genehmigung zur Aufstellung einer Plakatwand. Im Dezember erhält er die Mitteilung, dass seine Sache bearbeitet werde, er sich aus organisatorischen Gründen jedoch etwas gedulden müsse. Nachdem sein Antrag bis Mitte April des folgenden Jahres nicht beschieden worden ist, erhebt er Klage mit dem Antrag, die Stadt zu verpflichten, die beantragte Genehmigung zu erteilen. Die beklagte Stadt trägt in der Verhandlung vor, sie habe den Antrag bislang wegen organisatorischer Änderungen im Rathaus und infolge eines Kuraufenthalts des zuständigen Sachbearbeiters noch nicht bescheiden können.

1. Wann ist nach § 75 VwGO eine Untätigkeitsklage zulässig?
2. Ist die Klage des A zulässig?

1. Vorliegend geht es um eine *Untätigkeitsklage,* gerichtet auf Verurteilung zum Erlass eines beantragten, aber nicht verbeschiedenen VA. § 75 VwGO gibt dem Bürger die Möglichkeit, bei Untätigkeit der Behörde sofort zu klagen, ohne die Entscheidung der Behörde über den beantragten VA abwarten zu müssen. Voraussetzung dieser Untätigkeitsklage ist, dass der Kläger der Verwaltung zunächst eine *angemessene Frist* zur Entscheidung gelassen hat. Nach § 75 S. 2 VwGO ist die Klage nicht vor Ablauf einer Sperrfrist von *3 Monaten* seit dem Antrag auf Vornahme des VA zulässig. Wenn besondere Umstände des Falles eine kürzere Frist gebieten, kann jedoch auch eine kürzere Frist geboten sein (Würtenberger, Rn. 337).

Eine nach Ablauf von drei Monaten erhobene Untätigkeitsklage ist auch dann zulässig, wenn dem Erlass des Bescheides ein zureichender Grund entgegensteht (§ 75 S. 3 VwGO; Weides/Bertrams, NVwZ 1988, 673, 674). Dies daher, weil der Bürger den Grund für die Verzögerung der Verwaltungsentscheidung in der Regel nicht zu erkennen oder hinreichend zu bewerten vermag. Bei Vorliegen eines zureichenden Grundes für die Verzögerung setzt das Gericht nach § 75 S. 3 VwGO das Verfahren bis zum Ablauf einer von ihm dem Beklagten gesetzten Frist aus.

2. Die Klage des A ist zulässig, da über seinen Antrag nicht in angemessener Frist sachlich entschieden wurde. Eine bloße Sachstandsmitteilung ist nicht genügend und vermag die der Verwaltung zuzugestehende angemessene Frist zur

Entscheidung über die Sperrfrist des § 75 S. 2 VwGO hinaus nicht zu verlängern. Auch die in der mündlichen Verhandlung vorgetragene Begründung der Behörde für ihre Untätigkeit ist unzureichend. Im Rahmen einer ordnungsgemäßen Verwaltungsführung wäre vorausschauend für Vertretung zu sorgen und die organisatorische Änderung im Rathaus so durchzuführen gewesen, dass die Verwaltungsarbeit nicht unerträglich verzögert wird.

262. Nehmen Sie an, das Verwaltungsgericht habe das Verfahren nach § 75 S. 3 VwGO für drei Monate ausgesetzt. Nunmehr lehnt die zuständige Behörde den Antrag des A ab; in der Rechtsbehelfsbelehrung wird A darauf hingewiesen, dass er innerhalb eines Monats gegen diese Ablehnung Widerspruch einlegen könne. A beharrt auf seinem Verpflichtungsantrag, gerichtet auf Erlass der Genehmigung. In der mündlichen Verhandlung rügt die beklagte Stadt, ohne sich sachlich einzulassen, die mangelnde Zulässigkeit von A's Klage, da er nicht in der notwendigen Frist Widerspruch gegen den Ablehnungsbescheid eingelegt habe. Ist die Klage zulässig?

Die in zulässiger Weise erhobene Untätigkeitsklage schließt die Einlegung des Widerspuchs notwendig mit ein (BVerwGE 42, 108, 114 f.). Ein innerhalb der Aussetzungsfrist des § 75 S. 3 VwGO erlassener Ablehnungsbescheid ist gleichsam schon bei seinem Erlass mit dem in der Untätigkeitsklage vorweggenommenen Widerspruch behaftet. Wird diesem (fingierten) Widerspruch nicht abgeholfen, obliegt es der Behörde, einen Widerspruchsbescheid innerhalb der ihr gesetzten Frist herbeizuführen. Die Stadt hätte also, nachdem sie die Genehmigung des A abgelehnt hatte, die Sache unverzüglich an die Widerspruchsbehörde abgeben müssen. Da die Stadtverwaltung dies unterlassen hatte, hat sie ihrerseits die Entscheidung über den Widerspruch „unangemessen" verzögert, so dass dem A der Klageweg auch ohne Widerspruchsverfahren offenstand (BVerwG aaO.; vgl. weiter Hufen, § 15 Rn. 32).

263. Kann die Untätigkeitsklage nach § 75 VwGO auch

Ja. Nach § 75 S. 1 VwGO braucht auch in diesem Falle der Widerspruchsbe-

dann erhoben werden, wenn eine Widerspruchsbehörde unangemessen lang auf einen (Anfechtungs-) Widerspruchsbescheid warten lässt?

scheid nicht abgewartet werden. Dies gilt auch für einen Widerspruch, mit dem ein VA angefochten wurde.

f) Begründetheit

264. Wann ist die Verpflichtungsklage begründet?

Die Verpflichtungsklage ist begründet, „wenn die Ablehnung oder Unterlassung des VA rechtswidrig" ist „und der Kläger dadurch in seinen Rechten verletzt" wird: § 113 Abs. 5 S. 1 VwGO. Dabei ist nicht darauf abzustellen, ob der das Leistungsbegehren ablehnende VA rechtswidrig ist, sondern darauf, „ob das Unterbleiben des begehrten begünstigenden VA rechtswidrig ist" (Kopp/Schenke, § 113 VwGO Rn. 79; BVerwGE 89, 354 ff.).

265. B hat den Verpflichtungsantrag gestellt, sein Besoldungsdienstalter (BDA) um 2 Jahre zu erhöhen. Es bedarf allerdings noch weiterer Daten und Nachforschungen, um das BDA des B abschließend feststellen zu können. Das VG hält es für unpraktikabel, wenn es diese Daten selbst erforscht; es möchte daher die Behörde verpflichten, den B unter Beachtung der Rechtsansicht des Gerichts erneut zu bescheiden. Darf ein Bescheidungsurteil ergehen?

Ein Bescheidungsurteil ergeht nach § 113 Abs. 5 S. 2 VwGO, wenn die Sache noch nicht spruchreif ist. *Spruchreife* bedeutet, dass nach Klärung der Sach- und Rechtslage eine abschließende Entscheidung über das Klagebegehren möglich ist. Dabei hat das Gericht nach § 86 VwGO alle für die Entscheidung maßgeblichen tatsächlichen und rechtlichen Voraussetzungen des geltend gemachten Anspruchs in eigener Verantwortung festzustellen und die Streitsache i. S. d. § 113 Abs. 5 S. 1 VwGO in vollem Umfang spruchreif zu machen. Zu diesem Zweck kann es u. a. der am Verwaltungsstreitverfahren förderungs- und mitwirkungspflichtigen Behörde die erforderlichen Berechnungen aufgeben (BVerwG NVwZ 1985, 35 f.; zur Grenze dieser

Pflicht: VGH Mannheim NVwZ 1987, 66 f.). Das Gericht muss hier also die entsprechenden Prüfungen und Feststellungen selbst vornehmen und sodann abschließend in der Sache entscheiden (Würtenberger, Rn. 340; Kröninger/Wahrendorf, in Fehling/Kastner/Wahrendorf, § 113 VwGO Rn. 133).

266. In welchen Fällen fehlt es regelmäßig an der Spruchreife?

Spruchreife i. S. d. § 113 Abs. 5 VwGO fehlt regelmäßig, wenn die Entscheidung von weiteren Fragen abhängt, bezüglich derer der Verwaltung ein *Ermessens-* oder *Beurteilungsspielraum* zusteht (Hufen, § 26 Rn. 22 ff.; Wolff, in Sodan/Ziekow, § 113 VwGO Rn. 425; Würtenberger, Rn. 341). Solange die Verwaltung mehrere Entscheidungsmöglichkeiten hat, würde es einen unzulässigen Eingriff in ihren Kompetenzbereich bedeuten, wenn das Gericht abschließend in der Sache entscheiden könnte. Ausnahmsweise kann das Gericht abschließend in der Sache entscheiden, wenn das ursprüngliche Ermessen sich derart verengt hat, dass letztlich nur noch eine Entscheidungsmöglichkeit bleibt (sog. Ermessensverengung auf Null). Dann ist die Sache auch spruchreif.

3. Exkurs: Das Widerspruchsverfahren

267. Wo finden sich Regelungen über das Widerspruchsverfahren?

In erster Linie in den §§ 68 ff. VwGO und den dazu ergangenen jeweiligen Ausführungsgesetzen der Länder (lesen!), ferner in den §§ 79–80 VwVfG.

268. Was leitet der Widerspruch ein?

Mit der Erhebung des Widerspruchs beginnt das Vorverfahren vor Erhebung der Anfechtungs- oder Verpflichtungsklage (§ 69 VwGO).

269. Inwiefern ist der Widerspruch ein außergerichtlicher Rechtsbehelf? Worin liegt die Bedeutung des Widerspruchs?

Er ist ein förmlicher (da form- und fristgebunden) außergerichtlicher Rechtsbehelf des Bürgers im Verwaltungsverfahren, um einen belastenden VA abzuwehren oder um einen begünstigenden VA zu erlangen, der vorher abgelehnt wurde. Bei der Abwehr belastender VAe liegt die Bedeutung des Widerspruchs ferner in der Herstellung aufschiebender Wirkung gemäß § 80 Abs. 1 VwGO, was verhindert, dass der Bürger von der Verwaltung vor „vollendete Tatsachen" gestellt wird (Fragen 405 ff.).

270. Welchem Zweck dient das Widerspruchsverfahren?

Es hat drei Funktionen:

1. Es dient der *Selbstkontrolle der Verwaltung.* Diese hat im Vorverfahren die Gelegenheit, die angegriffene Entscheidung nochmals auf ihre Recht- und Zweckmäßigkeit zu überprüfen, um so Fehlentscheidungen zu vermeiden.

2. Es dient der *Entlastung der Verwaltungsgerichte.* Sofern dem Widerspruch von der Ausgangsbehörde abgeholfen wird oder die Widerspruchsbehörde einen zusprechenden Widerspruchsbescheid erlässt, erübrigt sich eine verwaltungsgerichtliche Klage.

3. Es dient dem *Rechtsschutz des Bürgers.* Die angefochtene Entscheidung der Verwaltung wird in vollem Umfang – auch hinsichtlich der Ausübung des Ermessens – überprüft. Diese Überprüfung geht damit weiter als die der Verwaltungsgerichte, die das von der Verwaltung ausgeübte Ermessen nur auf Er-

	messensfehler überprüfen können (Würtenberger, Rn. 345 ff.).
271. Ist das Widerspruchsverfahren Teil des verwaltungsgerichtlichen Verfahrens? Ist der Bundesgesetzgeber zur Regelung des Widerspruchsverfahrens zuständig?	Nein. Das Widerspruchsverfahren fällt in den Bereich der Verwaltungstätigkeit. Der Bundesgesetzgeber war nach Art. 74 Abs. 1 Nr. 1 GG („das gerichtliche Verfahren") zur Regelung des Widerspruchsverfahrens zuständig, da es Voraussetzung für ein Sachurteil im verwaltungsgerichtlichen Verfahren ist (BVerfGE 35, 65, 72). Es liegt ein Fall der „Kompetenz kraft Sachzusammenhanges" vor.
272. Welche Vorschriften gelten demnach subsidiär, wenn die VwGO und die Ausführungsgesetze der Länder zur VwGO Regelungslücken enthalten?	Da das Widerspruchsverfahren Verwaltungstätigkeit darstellt, gelten nach § 79 2. HS VwVfG subsidiär die Vorschriften des VwVfG und der entsprechenden Ländergesetze.
273. Kann und wenn ja, bis wann, ein einmal eingelegter Widerspruch während des Vorverfahrens zurückgenommen werden?	Ja, schriftlich oder zur Niederschrift der Ausgangs- bzw. Widerspruchsbehörde *bis zum Erlass des Widerspruchsbescheides* (BVerwGE 44, 64, 66). Danach ist die Rücknahme wirkungslos! (Würtenberger, Rn. 299; anders Dolde/Porsch, in Schoch/Schmidt-Aßmann/Pietzner, § 69 VwGO Rn. 13).
274. Kann ein Widerspruch nach Rücknahme erneut eingelegt werden?	Ja, aber nur bis zum Ablauf der Widerspruchsfrist. Die Rücknahme im Widerspruchsverfahren *nach* Ablauf der Widerspruchsfrist führt also unmittelbar zur Unanfechtbarkeit der angefochtenen Entscheidung.

275. In Examensarbeiten wird vielfach ein Gutachten zur Vorbereitung eines Widerspruchsbescheides verlangt. Nach welchem Schema prüfen Sie einen Widerspruch?

Wie auch bei anderen Rechtsbehelfen ist zwischen Zulässigkeit (I.) und Begründetheit (II.) zu unterscheiden:

I. *Zulässigkeit:*

1. Allgemeine Sachentscheidungsvoraussetzungen (entsprechend den Sachurteilsvoraussetzungen der Hauptsache-Klage, wie u. a. Zulässigkeit des Verwaltungsrechtsweges: § 40 VwGO analog; Beteiligtenfähigkeit: § 79 VwVfG i. V. m. § 11 VwVfG; Handlungsfähigkeit: § 79 VwVfG i. V. m. § 12 VwVfG; Zuständigkeit der Widerspruchsbehörde: § 73 VwGO)
2. Statthaftigkeit des Widerspruchsverfahrens (§ 68 VwGO)
   - Gerichtet auf Abwehr oder Erlass eines abgelehnten VA als Voraussetzung der Anfechtungs- oder Verpflichtungsklage (Versagungsgegenklage).
   - Ferner in allen beamtenrechtlichen Streitigkeiten (§ 126 Abs. 3 BRRG).
3. Widerspruchsbefugnis (§ 42 Abs. 2 VwGO analog; im Ermessensbereich auch Beschwer durch Zweckwidrigkeit; Würtenberger, Rn. 359)
4. Form und Frist (§ 70 VwGO)
   - Schriftlich oder zur Niederschrift der Behörde,
   - innerhalb eines Monats nach Bekanntgabe.

II. *Begründetheit:*

Der Widerspruch ist begründet, wenn der angegriffene Verwaltungsakt bzw. die Ablehnung des Antrags auf Vornahme eines Verwaltungsaktes rechtswidrig und/oder unzweckmäßig ist; hierdurch muss der Widerspruchsführer in seinen Rechten verletzt (bzw. beeinträchtigt) sein (entspr. § 113 Abs. 1 S. 1 bzw. Abs. 5 VwGO; Würtenberger, Rn. 361 ff.).

a) Statthaftigkeit

276. X meldet bei der zuständigen Behörde eine für den 16. 6. geplante Demonstration an (§ 14 Abs. 1 VersG). Mit Bescheid vom 15. 6. wird diese Demonstration verboten (§ 15 Abs. 1 VersG). X hält dieses Verbot für rechtswidrig und legt am 18. 6. Widerspruch ein. Ist dieser Widerspruch statthaft?

1. Der Widerspruch ist statthaft, wenn er sich gegen einen VA richtet. Vorliegend richtet sich der Widerspruch des X gegen das Demonstrationsverbot, das als VA zu qualifizieren ist.
2. Der VA, gegen den Widerspruch eingelegt wurde, hat sich allerdings mit Ablauf des 16. 6. erledigt (vgl. Schenke, Jura 1980, 133 ff.). Ein Widerspruch gegen einen erledigten VA ist nach überwiegender Meinung nicht statthaft und damit unzulässig (BVerwG DVBl. 1989, 873, 874). Denn nach Erledigung des VA ist eine Korrektur oder eine Aufhebung des VA, die sich auf den Gang der Verwaltung auswirken könnten, nicht mehr möglich. Eine verbindliche Entscheidung, dass der VA rechtswidrig gewesen sei, ist nicht Aufgabe der Verwaltung, die ihr durch das Vorverfahren zugewiesen ist (zur Begründung und zu den beachtlichen Argumenten der Mindermeinung vgl. Frage 571).

b) Widerspruchsbefugnis

277. Wer ist widerspruchsbefugt?

Aus § 70 Abs. 1 S. 1 VwGO wird gefolgert, dass auch der Widerspruch eine *Beschwer* voraussetzt. Widerspruchsbefugt ist also, wer durch den Erlass eines belastenden VA oder, bei Antrag auf Erlass eines VA, durch dessen (auch nur teilweise) Ablehnung oder durch dessen Erlass mit Nebenbestimmungen (z. B. Bedingungen, Befristungen) beschwert ist. Als Faustregel gilt: Widerspruchsbefugt ist, wer gemäß § 42 Abs. 2 VwGO klagebefugt wäre. Die Beeinträchtigung bloßer wirtschaftlicher oder ideeller Interessen reicht nicht aus, da es ebenso wenig wie eine Popularklage einen „Popularwiderspruch" geben darf. Im Vorverfahren ist über die Rechtmäßigkeit des VA hinaus auch dessen Zweckmäßigkeit zu überprüfen. Für die Widerspruchsbefugnis muss es dementsprechend genügen, wenn der Widerspruchsführer die Möglichkeit dartun kann, durch die Rechtswidrigkeit des VA in seinen Rechten verletzt *oder bei Ermessensakten durch die Zweckwidrigkeit des VA in seinen Rechten beeinträchtigt worden zu sein* (Pietzner/Ronellenfitsch, § 35 Rn. 3).

278. Können auch Behörden widerspruchsbefugt sein?

Nein. Denn sie haben ja *keine Rechte,* sondern üben nur *Kompetenzen* aus. Ausnahmsweise können sie jedoch auf Grund gesetzlicher Regelung widerspruchsbefugt sein (Klagemöglichkeit der Industrie- und Handelskammer nach § 12 Handwerksordnung; vgl. weiter Kopp/Schenke, § 42 VwGO Rn. 181).

279. E hat eine Baugenehmigung erhalten, die gegen naturschutzrechtliche Vorschriften verstößt. Der Nachbar N legt form- und fristgerecht Widerspruch ein. Wie wird die Widerspruchsbehörde entscheiden, wenn die naturschutzrechtlichen Vorschriften a) offensichtlich nicht drittschützend sind bzw. b) wenn ihr drittschützender

1. Die Baugenehmigung ist rechtswidrig. Verstößt sie offensichtlich nicht gegen drittschützende Vorschriften, ist der Widerspruch als unzulässig (weil dem N offensichtlich die Widerspruchsbefugnis fehlt) abzuweisen. Ergibt erst eine nähere Prüfung, dass die naturschutzrechtlichen Vorschriften nicht drittschützend sind, ist der Widerspruch als unbegründet (da N durch die rechtswidrige Baugenehmigung nicht in eigenen subjek-

Charakter umstritten ist? Was wird sie gegebenenfalls veranlassen?

tiv-öffentlichen Rechten verletzt wird), zurückzuweisen (BVerwGE 65, 313, 318 f.; Dürr, Baurecht BW, 11. Aufl. 2004, Rn. 306; Würtenberger, Rn. 382; anders Stollmann, Öffentliches Baurecht, 4. Aufl. 2007, § 21 Rn. 15: ob eine Norm *Drittschutz* verleiht, ist in der Widerspruchsbefugnis zu prüfen, ob die drittschützende Norm *verletzt* ist, aber erst in der Begründetheit).

2. Die Widerspruchsbehörde wird, falls sie zugleich Aufsichtsbehörde ist, den Widerspruch zum Anlass nehmen, die Baugenehmigungsbehörde anzuweisen, durch – soweit möglich – nachträgliche Anordnungen einen rechtmäßigen Zustand herbeizuführen.

c) Form und Frist

Lesen Sie hierzu nochmals Fragen 227 ff.

d) Entscheidung über den Widerspruch

280. Welche Entscheidungen kann die Ausgangsbehörde, bei der Widerspruch eingelegt wurde, im Rahmen des Abhilfeverfahrens nach § 72 VwGO treffen?

Die Ausgangsbehörde hat „ihren“ VA in tatsächlicher und rechtlicher Hinsicht, bei Ermessensentscheidungen auch auf die Zweckmäßigkeit der Ermessensausübung, zu überprüfen.

1. Hält sie danach den Widerspruch für begründet, hilft sie ihm ab (§ 72 VwGO), indem sie den angefochtenen VA aufhebt oder ändert bzw. den beantragten VA erteilt. Diese Abhilfeentscheidung ergeht in einem *Abhilfebescheid.*

2. Hält sie den Widerspruch für *nicht* begründet, und ist sie selbst auch nicht Widerspruchsbehörde, muss sie den Wider-

spruch mit ihren Akten unverzüglich der Widerspruchsbehörde zur Entscheidung vorlegen.

281. Ist der Abhilfebescheid seinerseits Widerspruchsbescheid?

Nein, sondern nur eine Abänderung der ursprünglichen Entscheidung. Es gelten die allgemeinen Vorschriften des VwVfG über den Erlass eines VA. § 73 Abs. 3 VwGO ist nicht anwendbar, so dass der Abhilfebescheid zumindest dann, wenn dem Widerspruch in vollem Umfang abgeholfen wird, ohne Begründung ergehen kann (vgl. § 39 Abs. 2 Nr. 1 VwVfG).

282. Inwiefern ist es bei kommunalen VAen in Selbstverwaltungsangelegenheiten von besonderer Bedeutung, dass die Ausgangsbehörde auch die Zweckmäßigkeit des VA zu überprüfen hat?

Nimmt in Selbstverwaltungsangelegenheiten eine andere als die kommunale Körperschaft die Aufgaben der Widerspruchsbehörde wahr (dies kann nach § 73 Abs. 1 S. 2 Nr. 3 VwGO durch Gesetz bestimmt werden), so ist sie auf die *Prüfung der Rechtmäßigkeit* beschränkt (§ 8 Abs. 1 BW AGVwGO; lesen Sie die entsprechenden Regelungen in Ihrem Landesrecht). Denn bei einer Zweckmäßigkeitsprüfung wäre die Gewährleistung der kommunalen Selbstverwaltung (Art. 28 Abs. 2 GG) verletzt (Würtenberger, Rn. 356). Die von § 68 Abs. 1 VwGO geforderte nochmalige Zweckmäßigkeitsprüfung kann hier nur bei der Gemeinde als Ausgangsbehörde im Rahmen des Abhilfeverfahrens erfolgen.

283. Kann der angegriffene VA während des Widerspruchsverfahrens auch gemäß § 48 VwVfG zurückgenommen bzw. nach § 49 VwVfG widerrufen werden?

Ja, das auf Rücknahme oder Widerruf des VA gerichtete Verfahren ist ein gesondertes Verwaltungsverfahren, das getrennt vom Widerspruchsverfahren abläuft (Kopp/Schenke, § 72 VwGO Rn. 8; Kastner, in Fehling/Kastner/Wahrendorf, § 72 VwGO Rn. 13; Geis, in: Sodan/Ziekow, § 72 Rn. 34 ff.; einschränkend: Redeker/von Oertzen, § 72 VwGO Rn. 5).

284. Welche Bedeutung hat § 50 VwVfG?

Gem. § 50 VwVfG finden die auf Vertrauensschutz des Adressaten gerichteten Bestimmungen der §§ 48, 49 VwVfG keine Anwendung, wenn ein begünstigender VA, der von einem Dritten angefochten worden ist, während des Vorverfahrens oder des verwaltungsgerichtlichen Verfahrens aufgehoben wird, soweit dadurch dem Widerspruch oder der Klage abgeholfen wird.

285. E hat einen im Außenbereich gelegenen Stall ohne Baugenehmigung zu einem Ferienhaus „ausgebaut". Daraufhin erhält E von der Bauaufsichtsbehörde eine Abrissverfügung, die damit begründet wird, dass das Ferienhaus auf Grund mangelnder statischer Berechnungen einsturzgefährdet sei. Im Widerspruchsverfahren legt X ein Gutachten vor, das dem Gebäude eine ausreichende Statik bescheinigt. Daraufhin wird im Widerspruchsbescheid die Abrissverfügung mit der Begründung bestätigt, dass das Ferienhaus nach § 35 Abs. 2 u. 3 BauGB nicht genehmigungsfähig sei, da das Entstehen einer Splittersiedlung befürchtet werde. Durfte die Widerspruchsbehörde die-

Ja. Nach § 68 Abs. 1 S. 1 VwGO überprüft die Widerspruchsbehörde die Entscheidung umfassend auf ihre Recht- und Zweckmäßigkeit. Dabei beschränkt sie sich nicht auf die Überprüfung der Begründung des angefochtenen VA. Sie hat nämlich die Pflicht, den von der Ausgangsbehörde erlassenen VA auch daraufhin zu überprüfen, ob er auf andere (auch zwischenzeitlich hinzugekommene) tatsächliche und rechtliche Gesichtspunkte gestützt werden kann. Anders gewendet: Die Widerspruchsbehörde hat über die Begründetheit des geltend gemachten Aufhebungsanspruches (beim Anfechtungswiderspruch) bzw. des geltend gemachten Erlassanspruchs (beim Verpflichtungswiderspruch) in vollem Umfang und abschließend zu entscheiden (OVG Koblenz AS 13, 291, 293; Pietzner/Ronellenfitsch, § 39 Rn. 1 ff.).

sen neuen rechtlichen Grund nachschieben?

286. Landwirt L beantragt im Außenbereich der Gemeinde G die Baugenehmigung für die Errichtung eines Schweinestalles. Die Gemeinde G verweigert ihr Einvernehmen (§ 36 Abs. 1 BauGB), ohne freilich triftige Gründe für diese Entscheidung angeben zu können. Nur wegen des Fehlens des kommunalen Einvernehmens wird der Antrag des L abgelehnt. L legt Widerspruch ein. Was wird die Widerspruchsbehörde veranlassen?

Die Widerspruchsbehörde müßte an sich den Widerspruch des L als unbegründet zurückweisen. Denn ohne das Einvernehmen der Gemeinde – ein Mitwirkungsrecht, das ihr zur Sicherung ihrer Planungshoheit gewährt ist – dürfen weder die Baugenehmigungsbehörde noch die Widerspruchsbehörde einen Baugenehmigungsantrag positiv bescheiden. Dies gilt selbst dann, wenn die Gemeinde ihr Einvernehmen rechtswidrig versagt hat (BVerwGE 22, 342, 347 f.; BVerwG DÖV 1970, 349 f.). Um nicht an die rechtswidrige Verweigerung kommunalen Einvernehmens gebunden zu sein, wird die Widerspruchsbehörde das Widerspruchsverfahren aussetzen und die Kommunalaufsichtsbehörde um die Ersetzung des kommunalen Einvernehmens im Verfahren der Kommunalaufsicht ersuchen (Pietzner/Ronellenfitsch, § 39 Rn. 10; Dolde/Porsch, in: Schoch/Schmidt-Aßmann/Pietzner, § 68 VwGO Rn. 39).

287. Welches sind die notwendigen Bestandteile des Widerspruchsbescheides?

Tenor, Begründung, Rechtsmittelbelehrung, Kostenentscheidung: § 73 Abs. 3 VwGO.

288. Welches ist der notwendige Inhalt der Begründung des Widerspruchsbescheides?

Aus der Begründung muss hervorgehen, von welchen tatsächlichen Voraussetzungen die Widerspruchsbehörde ausgegangen ist und worauf sie ihre rechtlichen Folgerungen stützt. Anhand der Begründung soll der Widerspruchsführer entscheiden können, ob er den Klageweg beschreiten will.

289. Der Widerspruch des N wird ohne Begründung zurückgewiesen.
1. Kann N auf Aufhebung des Widerspruchsbescheides klagen?
2. Kann die Begründung im Verwaltungsprozess nachgeholt werden?
3. Wird das VG einen nicht begründeten Widerspruchsbescheid in jedem Fall aufheben?

1. Ja. Da die Begründung fehlt, liegt ein wesentlicher Verfahrensmangel vor, nämlich ein Verstoß gegen § 73 Abs. 3 VwGO, der den Widerspruchsbescheid rechtswidrig macht. Dieser Verfahrensmangel berechtigt nach § 79 Abs. 2 S. 2 VwGO zur selbständigen Anfechtung des Widerspruchsbescheides.
2. Ob eine fehlende Begründung im Verwaltungsprozess mit heilender Wirkung nachgeholt werden kann, beurteilt sich nach § 45 Abs. 1 und 2 VwVfG, die auch im Widerspruchsverfahren gelten (Würtenberger, Rn. 366; Geis, in Sodan/Ziekow, § 79 VwGO Rn. 53 ff.). Die Begründung kann damit bis zum Abschluss der letzten Tatsacheninstanz im verwaltungsgerichtlichen Verfahren nachgeholt werden.
3. Nein. Nach § 79 Abs. 2 S. 2 letzter HS VwGO, der § 46 VwVfG im wesentlichen entspricht, sind Verfahrensfehler nur beachtlich, sofern der Widerspruchsbescheid auf der verletzten Verfahrensvorschrift beruht. Damit sind Verfahrensfehler bei gebundenen VAen regelmäßig unbeachtlich (anders Kopp/Schenke, § 79 VwGO Rn. 14), bei Ermessensverwaltungsakten aber regelmäßig beachtlich (Pietzcker, in: Schoch/Schmidt-Aßmann/Pietzner, § 79 VwGO Rn. 15; Kastner, in Fehling/Kastner/Wahrendorf, § 79 VwGO Rn. 12).

290. Welche Folgen hat das Fehlen der Rechtsbehelfsbelehrung?

Der Widerspruchsbescheid ist wirksam. An die Stelle der in § 74 VwGO genannten Klagefrist tritt jedoch die Jahresfrist des § 58 Abs. 2 VwGO.

291. In welchem Verhältnis steht der Widerspruchsbescheid zum ursprünglichen VA?

Wenn er den ursprünglichen VA aufhebt, tritt er an dessen Stelle. Bestätigt er ihn ganz oder teilweise, sind Tenor und Begründung des Widerspruchsbescheides für die endgültige Gestaltung des VA maßgeblich. Der Widerspruchsbescheid bindet die Ausgangsbehörde, mag sie auch die von der Widerspruchsbehörde getroffenen tatsächlichen oder rechtlichen Würdigungen für unrichtig halten (Kopp/Schenke, § 73 VwGO Rn. 26). Ihr ist es jedoch unbenommen, unter gewissen Voraussetzungen nach den §§ 48 ff. VwVfG vorzugehen (zu den Voraussetzungen vgl. Kopp/Schenke, § 73 VwGO Rn. 24 ff.).

e) Die Zulässigkeit der reformatio in peius im Widerspruchsverfahren

292. Was versteht man unter reformatio in peius? Warum ist die reformatio in peius im Verwaltungsprozess unzulässig?

Von einer reformatio in peius oder „Verböserung“ spricht man, wenn innerhalb eines Rechtsbehelfsverfahrens die angefochtene Verwaltungsentscheidung zum Nachteil des Rechtsbehelfsführers verändert wird.

Im Verwaltungsgerichtsverfahren ist die reformatio in peius auf Grund der Dispositionsmaxime (§ 88 VwGO) verboten.

293. Bevor wir im folgenden Fall die äußerst streitige reformatio in peius im Widerspruchsverfahren diskutieren: Kann die Widerspruchsbehörde auch *mehr* gewähren, als der Widerspruchsführer beantragt hat?

Ja. Eine reformatio in melius ist zulässig. Die Widerspruchsbehörde ist im Gegensatz zum Gericht (§ 88 VwGO) nicht an den Antrag des Widerspruchsführers gebunden. Wenn sie hierzu kraft Gesetz verpflichtet ist, muss sie unabhängig vom Antrag mehr zusprechen.

294. A hat auf seinem landwirtschaftlichen Grundstück ein massives Lagerhaus mit Terrassenvordach ohne Baugenehmigung errichtet. Die Bauaufsichtsbehörde weist ihn an, das Terrassenvordach abzureißen. Den hiergegen eingelegten Widerspruch weist die Widerspruchsbehörde zurück und ordnet stattdessen den vollständigen Abriss des Gebäudes an.
Ist eine reformatio in peius im Widerspruchsverfahren überhaupt zulässig? Ist vorliegend ein rechtmäßiger Widerspruchsbescheid ergangen?

Ob die reformatio in peius im Widerspruchsverfahren zulässig ist, ist – soweit nicht ausdrücklich durch Gesetz zugelassen (z. B. § 367 Abs. 2 S. 2 AO) – streitig. Drei Fragen sind auseinanderzuhalten: Besteht schlechthin ein Verbot der reformatio in peius im Widerspruchsverfahren (1.)? Ist eine reformatio in peius verfahrensrechtlich (2.) zulässig? Wenn ja, welchen materiellrechtlichen Einschränkungen unterliegt die reformatio in peius im Widerspruchsverfahren (3.)?

1. Die Zulässigkeit der reformatio in peius wird damit begründet, dass
– der Gesetzgeber die reformatio in peius für das Vorverfahren nicht verboten habe (BVerwGE 14, 175, 178; 51, 310, 313 f.),
– Verwaltungsverfahren und Vorverfahren als Einheit zu betrachten seien und der VA erst im Widerspruchsbescheid seine endgültige Gestalt finde, § 79 VwGO (BVerwGE 14, 175, 180),
– die Widerspruchsbehörde als Herrin des Vorverfahrens zu umfassender Rechts- und Zweckmäßigkeitskontrolle verpflichtet sei (OVG Lüneburg OVGE 21, 367, 370),
– nach § 71 VwGO der Widerspruchsführer zur beabsichtigten Verböserung anzuhören ist (BVerwG NVwZ 1999, 1218 f.), was ihn zur Rücknahme des Widerspruchs veranlassen kann,
– der Widerspruchsbescheid nach § 79 Abs. 1 Nr. 2 VwGO "erstmalig eine Beschwer" und nach § 79 Abs. 2 S. 1 VwGO eine „zusätzliche selbständige Beschwer" enthalten könne.

Demgegenüber wird eingewandt, dass Sinn und Zweck des Vorverfahrens zumindest auch der Rechtsschutz des Bürgers sei (Menger/Erichsen, VerwArch 57 (1966), 270, 283 ff.; 59 (1968), 165, 182). Eine reformatio in peius im Vorverfahren zuzulassen, würde die Rechtsschutzchancen des Bürgers beträchtlich verschlechtern. Aus der Tatsache, dass der Bundesgesetzgeber keine Regelung der reformatio in peius für das Vorverfahren getroffen habe, dürfe zudem nicht gefolgert werden, dass er sie damit zulassen wolle, da er nämlich nur bezüglich der Rechtsschutz- und Entlastungsfunktion des Vorverfahrens die Regelungskompetenz besitze.

Trotz dieser Einwände ist eine reformatio in peius im Widerspruchsverfahren grundsätzlich zulässig (Würtenberger, Rn. 371; Dolde/Porsch, in Schoch/Schmidt-Aßmann/Pietzner, § 68 VwGO Rn. 48 ff.). Das Widerspruchsverfahren ist erst in zweiter Linie Rechtsschutzverfahren. Hauptzweck ist die Selbstkontrolle der Verwaltung, um ein objektiv rechtmäßiges Verwaltungshandeln zu gewährleisten. Die Aufhebung eines als rechtswidrig erkannten VA steht nicht im Ermessen der Widerspruchsbehörde, sondern ist nach §§ 72, 73 VwGO deren Pflicht.

2. Die reformatio in peius im Widerspruchsverfahren ist verfahrensrechtlich zulässig, wenn

a) die Widerspruchsbehörde mit der Ausgangsbehörde identisch ist (BVerwG DÖV 1957, 782) oder

b) die Widerspruchsbehörde ein Recht zum Selbsteintritt besitzt oder über die

Ausgangsbehörde die Fachaufsicht ausübt (BVerwGE 14, 175, 178 f.; BVerwG NVwZ 1987, 215, 216; Kastner, in Fehling/Kastner/Wahrendorf, § 68 VwGO Rn. 19; Würtenberger, Rn. 372).

3. Die Bejahung einer Kompetenz der Widerspruchsbehörde zur reformatio in peius bedeutet jedoch noch nicht, dass dem Widerspruchsführer eine durch den angegriffenen VA bereits gewährte Begünstigung ohne weiteres entzogen werden darf. Ob eine reformatio in peius im Widerspruchsverfahren materiellrechtlich zulässig ist, richtet sich nach dem jeweils anzuwendenden Bundes- oder Landesrecht (BVerwGE 51, 310, 313 f.; 65, 313, 319) und damit, soweit keine Sonderregelungen bestehen, nach den allgemeinen Grundsätzen über die Rücknahme und den Widerruf von VAen (Pietzner/Ronellenfitsch, § 40 Rn. 29; Geis, in Sodan/Ziekow, § 68 VwGO Rn. 228; Würtenberger, Rn. 373; BVerwGE 65, 313, 319). Was insbesondere den Gesichtspunkt des Vertrauensschutzes betrifft: Da der Widerspruchsführer selbst den Eintritt der Bestandskraft des VA verhindert hat, ist sein Vertrauen nicht allzu hoch zu bewerten.

Im vorliegenden Fall hat A durch den angegriffenen VA keine Vergünstigung erhalten. Er musste vielmehr jederzeit mit einem bauaufsichtlichen Einschreiten rechnen. Die reformatio in peius war also zulässig (BVerwGE 51, 310, 315; kritisch Hufen, § 9 Rn. 20).

295. Hätte die Verwaltung im vorigen Fall dem A im Widerspruchsbescheid für den Fall der Nichtbefolgung mit der Auferlegung eines Zwangsgeldes drohen können?

Nein. Die zulässige „Verböserung" umfasst nicht den Erlass eines neuen zusätzlichen und selbständigen VA. Dieser ist durch die Kompetenzerweiterung auf Grund der §§ 68 ff. VwGO nicht mehr gedeckt.

4. Allgemeine Leistungsklage

296. Finden sich in der VwGO Regelungen über die allgemeine Leistungsklage?

Die allgemeine Leistungsklage ist in der VwGO nicht ausdrücklich geregelt. Dass der Gesetzgeber die allgemeine Leistungsklage jedoch als statthaft ansieht, ergibt sich aus den §§ 43 Abs. 2, 111 und 113 Abs. 4 VwGO.

297. Wie wir gesehen haben, ist die Verpflichtungsklage eine besondere Form der verwaltungsprozessualen Leistungsklage. Wo findet sich dann noch Raum für die allgemeine Leistungsklage?

Die auf Verurteilung des Beklagten zum Erlass eines VA gerichtete Verpflichtungsklage deckt nur einen Teil der im Verwaltungsprozess denkbaren Fallkonstellationen der Leistungsklage ab. Es sind darüber hinaus noch andere Leistungsklagen denkbar, die auf Verurteilung des Beklagten zu einem sonstigen Tun, Dulden oder Unterlassen, das nicht als VA qualifiziert werden kann, gerichtet sind. Diese Klagen fasst man üblicherweise unter dem Begriff der „allgemeinen Leistungsklage" zusammen.

298. Wie grenzt man demnach Verpflichtungsklage und allgemeine Leistungsklage voneinander ab?

Mit der allgemeinen Leistungsklage kann der Kläger nur eine Leistung begehren, die nicht Streitgegenstand einer Verpflichtungsklage sein kann. Nur solche Maßnahmen der Verwaltung können eingeklagt werden, die nicht als VAe zu ergehen haben: Es können insbesondere Ansprüche auf Vornahme oder Unterlassung schlichten Verwaltungshandelns, auf Unterlassung künftiger VAe sowie auf Erlass (bzw. Unterlassung) von Rechtsnormen durchgesetzt werden (Würtenberger, Rn. 376).

299. Ist eine solche allgemeine Leistungsklage von der Verfassung geboten?

Ja. Art. 19 Abs. 4 GG gewährleistet jedermann den lückenlosen gerichtlichen Rechtsschutz gegen rechtswidrige Eingriffe der öffentlichen Gewalt in seine Rechte (BVerfGE 22, 106, 110; 58, 1, 40). Daher eröffnet § 40 Abs. 1 VwGO den Verwaltungsrechtsweg in *allen* öffentlich-rechtlichen Streitigkeiten nichtverfassungsrechtlicher Art und nicht nur für Streitigkeiten um Verwaltungsakte (Schenke, Rn. 345). Die allgemeine Leistungsklage erfüllt also die Funktion einer „Auffangklage" gegenüber all jenen Akten der öffentlichen Gewalt, die nicht als VA ergehen (so dass eine Anfechtungsklage nicht zum Ziel führt) oder zu ergehen haben (so dass eine Verpflichtungsklage nicht zum Ziel führt).

a) Sachurteilsvoraussetzungen

300. Muss der Kläger auch bei der allgemeinen Leistungsklage gemäß § 42 Abs. 2 VwGO die Möglichkeit darlegen, in eigenen Rechten verletzt zu sein?

Die Regelung der Klagebefugnis in § 42 Abs. 2 VwGO erfasst nur Anfechtungs- und Verpflichtungsklagen. Ob § 42 Abs. 2 VwGO *analog* auf allgemeine Leistungsklagen anzuwenden ist, ist äußerst streitig, aber zu bejahen.

1. Eine beachtliche Mindermeinung betrachtet § 42 Abs. 2 VwGO nicht als Sachurteilsvoraussetzung für die allgemeine Leistungsklage (Bettermann, DVBl. 1965, 365; Erichsen, JURA 1992, 384, 386). Denn das Erfordernis

der Klagebefugnis in § 42 Abs. 2 VwGO beziehe sich nur auf die Anfechtungs- und Verpflichtungsklage. Die maßgeblichen Erwägungen zur Klagebefugnis seien bei der allgemeinen Leistungsklage im Rahmen des *allgemeinen Rechtsschutzbedürfnisses* und in der *Begründetheit* auszuführen.

2. Demgegenüber ist nach überwiegender Meinung (BVerwGE 36, 192, 199; 100, 262, 271; 101, 157, 159; BVerwG NVwZ 1982, 104; Schenke, Rn. 492; Würtenberger, Rn. 390; Hufen, § 17 Rn. 13 f.) § 42 Abs. 2 VwGO auf die allgemeine Leistungsklage *analog* anzuwenden. Hierfür spricht zunächst, dass die Rechtsweggarantie des Art. 19 Abs. 4 GG gegenüber Akten der öffentlichen Gewalt nur insoweit gegeben ist, als „jemand durch die öffentliche Gewalt in seinen Rechten verletzt ist." Die *Behauptung einer Verletzung* eigener Rechte durch die öffentliche Gewalt gehört damit zu den Voraussetzungen verwaltungsprozessualen Rechtsschutzes. Wenn der Gesetzgeber diese Klagevoraussetzungen erleichtern will, bedarf es einer positiven Regelung. Zudem ist nicht einzusehen, warum gerade die allgemeine Leistungsklage als Popularklage zulässig sein sollte (VGH München BayVBl. 1981, 499, 503). Auch der Kläger der allgemeinen Leistungsklage muss daher die Möglichkeit darlegen, in seinen Rechten verletzt zu sein.

301. Muss vor Einlegung der allgemeinen Leistungsklage ein Widerspruchsverfahren durchgeführt werden?

Unstreitig nicht, da in § 68 VwGO nur Anfechtungs- und Verpflichtungsklage erwähnt sind!

302. Gilt dies auch für Klagen aus dem Beamtenverhältnis?

Nein. Nach der Ausnahmeregel des § 126 Abs. 3 BRRG ist vor allen Klagen aus dem Beamtenverhältnis ein Widerspruchsverfahren durchzuführen, – also auch vor allgemeinen Leistungsklagen aus dem Beamtenverhältnis!

303. Muss eine Klagefrist eingehalten werden?

Nein, die §§ 68–80 VwGO, und damit auch § 74 VwGO, gelten nur für Anfechtungs- und Verpflichtungsklage. Zu beachten bleibt bei Klagen aus dem Beamtenverhältnis wiederum § 123 Abs. 3 BRRG.

304. Sind demnach der Klagemöglichkeit bei der allgemeinen Leistungsklage keinerlei zeitliche Grenzen gesetzt?

Nein. Das Recht zur Erhebung der allgemeinen Leistungsklage kann *verwirkt* werden. Die prozessuale Verwirkung von Rechten ist Ausfluss des auch das Prozessrecht durchziehenden *Grundsatzes von Treu und Glauben.* Voraussetzungen der prozessualen Verwirkung sind, dass

1. der Kläger von der ihm bekannten Möglichkeit, Klage zu erheben, über einen längeren Zeitraum hinweg keinen Gebrauch gemacht hat (Zeitmoment),

2. der Kläger durch sein Verhalten bei der Behörde oder sonstigen Beteiligten den Eindruck erweckt hat, er wolle sein Recht nicht mehr geltend machen und man daher nicht mehr mit einer Klageerhebung rechnen musste (Umstandsmoment),

3. die Behörde sich auf das Verhalten des Klägers so eingestellt hat, dass eine begründete Klage mit unzumutbaren

Nachteilen verbunden wäre (Würtenberger, Rn. 259; Kopp/Schenke, § 74 VwGO Rn. 18 f.).

305. Bedarf es vor Erhebung einer allgemeinen Leistungsklage eines Antrags bei der zuständigen Behörde?

Ja. Solange der Kläger nicht durch einen Antrag bei der zuständigen Behörde versucht hat, sein Leistungsbegehren durchzusetzen, muss ihm in aller Regel das *allgemeine Rechtsschutzbedürfnis* abgesprochen werden (Hufen, § 17 Rn. 17; Würtenberger, Rn. 393; anders Schenke, Rn. 363; Ehlers, JURA 2006, 351, 356).

306. Wie lautet die Entscheidung des Gerichts bei fehlender Spruchreife der Leistungsklage?

Bei fehlender Spruchreife findet § 113 Abs. 5 S. 2 VwGO entsprechende Anwendung (Würtenberger, Rn. 393).

b) Anwendungsbereich

aa) Ansprüche auf Realakte

307. A hat einen Bescheid erhalten, in dem ihm eine Subvention von 10 000 € zugesagt wird. Trotz Anmahnens erfolgt keine Zahlung. A klagt nunmehr auf Zahlung von 10 000 €.
Klageart für dieses Zahlungsbegehren?

Voraussetzung der (allgemeinen) Leistungsklage auf Zahlung ist, dass *unmittelbar* ein Zahlungsanspruch und damit die Auszahlung der 10.000 € als Realakt geltend gemacht wird. Ist jedoch materiellrechtlich der Erlass eines förmlichen Bescheids vorgesehen, in dem die Behörde den Zahlungsanspruch festlegt, so ist eine Verpflichtungsklage auf Erlass dieses VA zu erheben (Hufen, § 17 Rn. 6 f.; Würtenberger, Rn. 377). Da es vorliegend um die Auszahlung des im Subventionsbescheid festgesetzten Betrages geht, ist die allgemeine Leistungsklage statthaft.
Weitere Beispiele für die Zahlungsklage: Zahlungsanspruch aus öffentlich-rechtlichem Vertrag (OVG Münster DÖV

1967, 722), aus (durch VA festgesetztem) öffentlich-rechtlichem Erstattungsanspruch (Maurer, § 29 Rn. 29).

308. Gegen den X wurde wegen des Verdachts einer Straftat nach § 176 StGB ermittelt, wobei die Kriminalpolizei erkennungsdienstliche Unterlagen (Lichtbilder) anfertigte. Nachdem die jugendliche Anzeigerin ihre Aussage gegen X als unwahr zurückgezogen hatte, wurde das Ermittlungsverfahren gegen ihn eingestellt.
1. X verlangt in seiner Klage nunmehr von der Polizei, die erkennungsdienstlichen Unterlagen zu vernichten.
2. X erhält die Mitteilung, die von ihm gefertigten erkennungsdienstlichen Unterlagen würden vernichtet. Nach einigen Monaten erfährt er, die erkennungsdienstlichen Unterlagen seien immer noch nicht vernichtet.
Klageart für das Vernichtungsbegehren?

Zur Eröffnung des Verwaltungsrechtswegs lesen Sie Frage 65.
1. Ob der Anspruch auf Vernichtung erkennungsdienstlicher Unterlagen mit der Verpflichtungs- oder mit der allgemeinen Leistungsklage geltend zu machen ist, ist äußerst umstritten. Zum Teil wird auf die rein tatsächliche Tätigkeit des Vernichtens der Unterlagen abgestellt und eine allgemeine Leistungsklage als statthaft angesehen (Ule, JA 1970, 110, 111; Schenke, JZ 1996, 1103, 1104). Richtig ist demgegenüber, einer Entscheidung der Polizei, die von ihr nach Abschluss eines Ermittlungsverfahrens aufbewahrten Akten zu vernichten, Regelungscharakter zuzusprechen (VGH Mannheim DÖV 1973, 464; Würtenberger, Rn. 379; kritisch Ehlers, JURA 2006, 351, 353 f.). Die rechtlichen Interessen des Beschuldigten (u. a. sein Recht auf informationelle Selbstbestimmung) werden hierbei so stark berührt, dass von einem behördeninternen Vorgang nicht mehr ausgegangen werden kann. Es muss zudem auf Grund einer *Abwägung* zwischen öffentlichen und privaten Interessen durch VA über die Vernichtung entschieden werden (zu diesem nicht unbestrittenen Kriterium: BVerwGE 31, 301, 306). Im übrigen lässt sich argumentieren: Die Anordnung der Anfertigung erkennungsdienstlicher Unterlagen ist ein VA; dann ist aber auch der *actus contrarius*, die Anordnung ihrer Vernichtung, ein VA.

2. Statthafte Klageart ist die allgemeine Leistungsklage. Da über das „ob" der Vernichtung bereits entschieden ist, geht es nur noch um die *Durchführung* der Vernichtung selbst, also um einen Realakt.

bb) Ansprüche auf öffentlich-rechtliche Willens- und Wissenserklärungen

309. Auf Antrag des Ordnungsamtes wurde A von einem Amtsarzt auf seinen Geisteszustand untersucht und in dessen Gutachten als geistesschwach bezeichnet. In späteren Verfahren wurde A wiederholt als geistesschwach bezeichnet, wobei sich das Ordnungsamt auf das amtsärztliche Gutachten berief. A verlangt mit seiner Klage eine Erklärung des Ordnungsamtes, dass es die im Gutachten aufgestellte Behauptung seinerseits widerrufe.
1. Ist der Verwaltungsrechtsweg eröffnet?
2. Ist die allgemeine Leistungsklage statthaft?
3. Ist A klagebefugt?

1. Der Verwaltungsrechtsweg ist eröffnet. Die Klage ist darauf gerichtet, einem Träger öffentlicher Verwaltung ein hoheitliches Handeln – hier: Widerruf einer ehrkränkenden Behauptung seitens eines Hoheitsträgers – zu gebieten. Die zu widerrufende ehrkränkende Äußerung erfolgte bei der Wahrnehmung einer amtlichen Tätigkeit; sie war also, was nach überwiegender Ansicht die Zulässigkeit des Verwaltungsrechtswegs ausschließen würde, nicht nur Ausdruck der persönlichen Meinung eines Amtsträgers (hierzu instruktiv: OVG Koblenz NJW 1987, 1660; Sodan, in Sodan/Ziekow, § 40 VwGO Rn. 426 (mit Fallgruppen) sowie Fragen 46 f.).
2. Bei der Klage handelt es sich um eine allgemeine Leistungsklage, da der Widerruf einer ehrkränkenden Behauptung erstrebt wird.
3. Im Rahmen der Klagebefugnis muss A die Möglichkeit darlegen, dass er einen Anspruch auf Widerruf haben könnte (BVerwG DÖV 1970, 642). Dass es einen Anspruch auf Widerruf ehrkränkender Behauptungen von Amtsträgern gibt, ist unbestritten. Dieser *Folgenbeseitigungsanspruch* wird teils auf das Rechtsstaatsprinzip, teils auf den Grundsatz des Gesetzesvorbehalts und teils auf die Grundrechte (vorliegend vor allem auf

den Schutz des Persönlichkeitsrechts durch Art. 2 Abs. 1 i.V.m. Art. 1 Abs. 1 GG) gestützt (vgl. Maurer, § 30 Rn. 3 ff.; Stern, Rn. 249; VGH Mannheim NJW 1986, 340).

310. Unternehmer U möchte durch Klage den Abschluss eines öffentlich-rechtlichen Vertrages durchsetzen. Ist eine allgemeine Leistungsklage statthaft?

Ja. Ein Anspruch auf Abschluss eines öffentlich-rechtlichen Vertrages kann durch eine allgemeine Leistungsklage, gerichtet auf Abgabe der entsprechenden Willenserklärung, durchgesetzt werden (Friehe, JZ 1980, 516; Würtenberger, Rn. 381).

311. Regierungsrat R wird von zwei Herren des Landesamtes für Verfassungsschutz aufgesucht. Bei der Befragung des R lassen sie durchblicken, dass sie auf Grund einer Anzeige einer Person aus dem Bekanntenkreis des R kommen, ohne deren Namen zu nennen. R klagt auf Auskunftserteilung bezüglich des Informanten. Ist die allgemeine Leistungsklage statthaft?

Richtige Klageart ist nicht die allgemeine Leistungsklage, sondern die *Verpflichtungsklage.* Die allgemeine Leistungsklage ist zwar prinzipiell die statthafte Klageart, wenn die Auskunft aus öffentlichen Registern etc., also ein Realakt, durchgesetzt werden soll. Vorliegend handelt es sich aber beim Landesamt für Verfassungsschutz um eine Behörde, deren Tätigkeit eine weitgehende Geheimhaltung der Ermittlungen erfordert. „Die Auskunft eines Einwohnermeldeamtes aus dem von ihm geführten Register ist mit der Preisgabe des Behördeninformanten durch ein Amt für Verfassungsschutz nicht vergleichbar" (BVerwGE 31, 301, 306; Würtenberger, Rn. 382). Diese Behörde hat vor der Erteilung von Auskünften zu prüfen, ob ein solches Handeln mit ihren gesetzlichen Aufgaben vereinbar ist. Als Maßstab für die *Abwägung* öffentlicher und privater Interessen, die hierbei zu erfolgen hat, zieht das BVerwG § 99 VwGO entsprechend heran. Es liegt somit eine Abwägungsentscheidung der

Behörde und damit ein VA vor, gegen dessen Versagung mit der Verpflichtungsklage vorzugehen ist (str.; a. M. Bettermann, DVBl. 1969, 704; Hufen, § 17 Rn. 4, 7).

cc) Ansprüche auf Abwehr und Folgenbeseitigung

312. Oberamtsrat B ist nach Besuch wissenschaftlicher Fortbildungsveranstaltungen vor zwei Jahren zum Leiter der Naturschutzabteilung ernannt worden. Nunmehr wird er in die Abteilung Lastenausgleich umgesetzt und mit den Aufgaben eines Abteilungsleiters beauftragt. Nach erfolglosem Widerspruch erhebt B Klage und beantragt, die Umsetzungsverfügung aufzuheben und ihn wieder mit den Aufgaben des Leiters der Naturschutzabteilung zu betrauen. Ist diese Klage zulässig?

1. Der *Verwaltungsrechtsweg* ist nach § 126 Abs. 1 BRRG eröffnet.
2. Die *allgemeine Leistungsklage* ist statthafte Klageart. Denn eine Umsetzung ist – anders als etwa Maßnahmen im „Grundverhältnis" wie Versetzung zu einer anderen Behörde oder Beförderung – kein VA. Eine Zuweisung eines anderen Dienstpostens innerhalb der Behörde ist lediglich auf die dienstlichen Verrichtungen des Beamten gerichtet und soll sich als Maßnahme im „Betriebsverhältnis" in ihren Auswirkungen auf die organisatorische Einheit beschränken, der der Beamte angehört. Sein Amt im statusrechtlichen Sinn bleibt unberührt (BVerwGE 60, 144, 146 f.; Maurer, § 9 Rn. 28).
3. Gegenüber innerbehördlichen Organisationsakten, wie etwa Umsetzungen, ist der Kläger *klagebefugt*, wenn er geltend machen kann, durch die organisatorische Maßnahme in seiner individuellen Rechtssphäre verletzt zu sein. Dies wird in der Regel daran scheitern, dass für behördenorganisatorische Maßnahmen ein weiter Ermessensspielraum besteht. Der Kläger ist jedoch dann entsprechend § 42 Abs. 2 VwGO klagebefugt, wenn sich einer Umsetzung der Vorwurf fachlicher Inkompetenz entnehmen lässt und dadurch das Persönlichkeitsrecht (Art. 2 Abs. 1 GG i.V.m.

Art. 1 Abs. 1 GG) verletzt sein kann oder wenn der Ermessensspielraum der Behörde auf Grund von Zusagen oder Absprachen oder auf Grund eines besonderen beruflichen Werdeganges des Beamten eingeschränkt ist (BVerwGE 60, 144, 152 ff.; zur Unterscheidung von Grund- und Betriebsverhältnis: Schmitt Glaeser/Horn, Rn. 42 f.; Schenke, Fälle zum Beamtenrecht, 2. Aufl. 1990, S. 179 ff.).

4. Das nach § 126 Abs. 3 BRRG i. V. m. §§ 68 ff. VwGO erforderliche Widerspruchsverfahren ist durchgeführt.

5. B muss die Klagefrist beachten, die gemäß § 126 Abs. 3 BRRG auch für die allgemeine Leistungsklage gilt (Kopp/Schenke, § 74 VwGO Rn. 1; Redeker/von Oertzen, § 74 VwGO Rn. 1).

313. In eine leer stehende Wohnung des U ist von der zuständigen Behörde eine obdachlose Asylbewerber-Familie eingewiesen worden. Nach Ablauf der Einweisungsfrist machen die „Obdachlosen" keine Anstalten, auszuziehen. Da die Behörde auf das Drängen des U, die Asylbewerber nunmehr auszuquartieren, nicht reagiert, erhebt U Klage vor dem VG. Ist die allgemeine Leistungsklage statthaft?

Der Anspruch auf staatliches Handeln folgt hier aus dem öffentlich-rechtlichen *Folgenbeseitigungsanspruch,* der u. a. aus dem Rechtsstaatsprinzip und den Freiheitsgrundrechten hergeleitet wird. Ob richtige Klageart zur Verfolgung dieses Anspruchs die Verpflichtungsklage oder die allgemeine Leistungsklage ist, hängt davon ab, ob die *Beseitigungshandlung* selbst einen VA oder ein schlicht-hoheitliches Handeln darstellt (Stern, Rn. 248; Würtenberger, Rn. 383; str.). Zu fragen ist vorliegend also, wie die erstrebte Ausquartierung zu qualifizieren ist:

a) Soweit in der Verfügung an die Asylbewerber-Familie, mit der diese in die Wohnung des U eingewiesen wurde, geregelt wurde, dass sie nach Ablauf der Einweisungsfrist die Wohnung wieder zu räumen habe, gilt: Die „Ausquartierung" stellt lediglich den Vollzug dieser Verfügung dar. Erstrebt wird demnach ein Realakt, so dass die allgemeine Leistungsklage die richtige Klageart ist (VG Neustadt NJW 1965, 833).

b) Fehlt eine derartige Regelung, muss der U einen Folgenbeseitigungsanspruch geltend machen, da mit Fristablauf ein rechtswidriger Zustand entstanden ist. Der Folgenbeseitigungsanspruch ist durch Verpflichtungsklage gegen den Träger der Polizeibehörde durchzusetzen, da die Polizeibehörde die eingewiesene Familie durch VA verpflichten muss, die Wohnung zu räumen (Würtenberger/Heckmann, Rn. 480; str.; zum Streit um die dogmatische Begründung dieses Räumungsanspruchs lesen Sie: VGH Mannheim NVwZ 1987, 1101 mit krit. Bespr. von Knemeyer, JuS 1988, 696 und Götz, VBlBW 1987, 424).

dd) Unterlassungsansprüche

314. Wieso kann ein „Unterlassen" Klageziel der allgemeinen „Leistungs"klage sein?

Für den Leistungsbegriff des Verwaltungsrechts gilt gleiches wie im Zivilrecht, also § 241 Abs. 1 S. 2 BGB: „Die Leistung kann auch in einem Unterlassen bestehen".

315. Der Kläger K ist als Arzt Mitglied der beklagten Ärztekammer, die wiederholt zu Fragen allgemeinen politischen Inhalts in den Medien Stellung genommen hat. Er verlangt von der Beklagten Unterlassung jeglicher politischer Tätigkeit, soweit sie den gesetzlichen Aufgabenkreis der Kammer überschreitet.

1. Ja, und zwar als Unterlassungsklage. Diese ist immer dann statthaft, wenn bereits in der Vergangenheit rechtswidrig gehandelt wurde (Würtenberger, Rn. 486).

2. K ist entsprechend § 42 Abs. 2 VwGO klagebefugt. Art. 2 Abs. 1 GG gewährt nicht nur das Recht, vor „unnötiger" Mitgliedschaft in Zwangsverbänden verschont zu bleiben, sondern eröffnet auch ein Abwehrrecht, wenn sich

1. Ist eine allgemeine Leistungsklage statthaft?
2. Ist K klagebefugt?

diese Verbände bei der Wahrnehmung ihrer Aufgaben nicht an ihren legitimen, rechtlich geregelten Kompetenz- und Wirkungskreis halten (Zippelius/Würtenberger, § 27 II 1a; BVerwGE 64, 298, 301 ff.; vgl. weiter Stern, Rn. 239. zur Bestimmtheit des Klageantrags bei vorbeugenden Unterlassungsklagen).

316. Wie unterscheidet sich diese einfache Unterlassungsklage von der vorbeugenden Unterlassungsklage?

Die *vorbeugende* Unterlassungsklage ist im Gegensatz zur einfachen Unterlassungsklage in der vorhergehenden Frage darauf gerichtet, einen *erstmals* drohenden Realakt oder VA zu verhindern (kritisch zu dieser Differenzierung: Sodan, in Sodan/Ziekow, § 42 VwGO Rn. 53 ff.).

317. Ist bei einer vorbeugenden Unterlassungsklage das Rechtsschutzbedürfnis besonders zu prüfen?

Ja. In aller Regel reicht es für die Effektivität des Rechtsschutzes, die belastende hoheitliche Maßnahme abzuwarten und gegen diese vorzugehen. Nur wenn dieser *nachträgliche Rechtsschutz nicht effektiv* ist, ist eine vorbeugende Unterlassungsklage statthaft (VGH Mannheim NVwZ-RR 2004, 709 f.; zu den Fallgruppen Fragen 397 ff.).

ee) Sonderproblem: Die Bürgerverurteilungsklage

318. Der Pkw des S ist, da er verbotswidrig parkte, von der Polizei abgeschleppt und in Verwahrung genommen worden. Von einer Dienstreise zurückgekehrt, erhält S seinen Pkw von der Polizei zurück. Dabei kam es zu einem heftigen Streit zwischen ihm und dem Polizeibeamten P, ob er für die Zeit der Verwahrung

1. Der Verwaltungsrechtsweg ist eröffnet. Zwar werden „vermögensrechtliche Ansprüche aus öffentlich-rechtlicher Verwahrung“ gem. § 40 Abs. 2 S. 1 VwGO in den ordentlichen Rechtsweg verwiesen. Diese Sonderzuweisung ist aber auf Ansprüche des Bürgers gegen den Staat beschränkt, während für Ansprüche des Staates gegen den Bürger der Verwaltungsrechtsweg gegeben ist (Ehlers, in: Schoch/Schmidt-Aßmann/

die rechtlich vorgesehenen Verwahrungskosten bezahlen müsse. S bestritt jegliche Kostentragungspflicht, da die Abschleppmaßnahme rechtswidrig gewesen sei: Der Träger der Polizei nimmt daraufhin den S mit einer verwaltungsgerichtlichen Klage auf Zahlung der Verwahrungskosten in Anspruch. Ist die allgemeine Leistungsklage statthaft?

Pietzner, § 40 VwGO Rn. 520 zur restriktiven Auslegung des § 40 Abs. 2 S. 1 VwGO; Frage 67).

2. Eine allgemeine Leistungsklage ist auch in der Form denkbar, dass die Verwaltung den Verwaltungsrechtsweg beschreitet, um einen Anspruch gegen den Bürger durchzusetzen. Hauptanwendungsfall sind Zahlungsansprüche des Staates gegen den Bürger wie hier aus öffentlich-rechtlicher Verwahrung oder aus öffentlich-rechtlichem Vertrag.

3. Die Klagebefugnis (§ 42 Abs. 2 VwGO analog) des Staates ist bei dieser „Bürgerverurteilungsklage" (nach Holland, DÖV 1965, 411) nicht zu prüfen, da diese Regelung lediglich für den klagenden Bürger die Möglichkeit einer Popularklage ausschließen möchte (Würtenberger, Rn. 388; str.).

4. Problematisch ist jedoch stets das *allgemeine Rechtsschutzbedürfnis*, wenn der Staat – wie in vorliegendem Fall – seinen Anspruch auch im Wege des *Leistungsbescheides* (zur Zulässigkeit des Leistungsbescheides lesen Sie Maurer, § 10 Rn. 7) durchzusetzen vermag. Denn dann kann der Anspruch notfalls im *Verwaltungszwangsverfahren* durchgesetzt werden, – also in einem einfacheren Verfahren, als es das Erstreiten eines gerichtlichen Titels darstellt (zu großzügig BVerwGE 28, 155). Das allgemeine Rechtsschutzbedürfnis lässt sich aber dann bejahen, wenn angesichts der Streitlage *ohnehin mit gerichtlicher Auseinandersetzung* gerechnet werden muss (Würtenberger, Rn. 399; BVerwGE 80, 164, 165 f.; anders Hufen, § 17 Rn. 18). Da S im vorliegenden Fall seine Zahlungspflicht von

Anfang an bestritten hat, ist dies anzunehmen, so dass die allgemeine Leistungsklage zulässig ist.

c) Begründetheit

319. Wann ist eine allgemeine Leistungsklage begründet?

Eine allgemeine Leistungsklage ist begründet, wenn der Kläger die Klage gegen den „richtigen Beklagten" richtet (dieser bestimmt sich nach dem *materiellen Recht* und nicht nach § 78 Abs. 1 VwGO; Brenner, in: Sodan/Ziekow, § 78 VwGO Rn. 11; str.) und einen dem Klageantrag entsprechenden Anspruch auf Leistung oder Unterlassung aus dem öffentlichen Recht herleiten kann (Frotscher, JURA 1980, 1, 10).

5. Feststellungsklage

320. Neben Gestaltungs- und Leistungsklage gibt es als dritte Klageart die Feststellungsklage. Wo ist die Feststellungsklage in der VwGO geregelt?

Die allgemeine Feststellungsklage ist in § 43 VwGO geregelt. § 113 Abs. 1 S. 4 VwGO betrifft die nachträgliche Feststellungsklage, die üblicherweise als „Fortsetzungsfeststellungsklage" bezeichnet wird (hierzu Frage 566). Auch die abstrakte Normenkontrolle nach § 47 VwGO ist der Sache nach ein Feststellungsverfahren (Frage 355).

321. Befassen wir uns mit der allgemeinen Feststellungsklage. Welchen Zwecken dient die allgemeine Feststellungsklage?

Die allgemeine Feststellungsklage erlaubt es dem Kläger, 1. negativ das Nichtbestehen (*negative* Feststellungsklage) oder 2. positiv das Bestehen eines Rechtsverhältnisses (*positive* Feststellungsklage) mitsamt den sich daraus ergebenden rechtlichen Beziehungen oder 3. die Nichtigkeit eines VA feststellen zu lassen.

322. Welche Unterschiede bestehen zwischen positiver und negativer Feststellungsklage im Hinblick auf die Beweislast?

1. Wird mit einer *positiven* Feststellungsklage auf die Feststellung des Bestehens eines Rechtsverhältnisses geklagt, so ist nach allgemeinen Grundsätzen der Beweislastverteilung (Frage 487) der Kläger beweispflichtig.

2. Wird mit einer *negativen* Feststellungsklage auf die Feststellung des Nichtbestehens eines Rechtsverhältnisses geklagt, dessen Bestehen der Beklagte behauptet, so ist der Beklagte beweispflichtig, dass das von ihm behauptete Rechtsverhältnis besteht.

323. Welches ist der Unterschied zwischen einem mit einer Feststellungsklage erstrittenen Urteil auf der einen Seite und einem Gestaltungsurteil oder einem Leistungsurteil auf der anderen Seite?

Das Feststellungsurteil bewirkt keine Rechtsänderung wie das Gestaltungsurteil. Anders als das Leistungsurteil enthält es auch keinen vollstreckbaren Leistungsbefehl. Die Rechtskraft erstreckt sich allein auf die Feststellung des Bestehens oder Nichtbestehens des streitigen Rechtsverhältnisses bzw. der Nichtigkeit des Verwaltungsaktes. Vollstreckbar ist das Feststellungsurteil daher nur hinsichtlich der Kosten.

324. Ist die Feststellungsklage auch in der ZPO geregelt?

Ja. Die entsprechende Regelung findet sich in § 256 ZPO. Die Regelungen sind allerdings nicht vollständig identisch: Die zivilprozessuale Regelung setzt ein rechtliches, § 43 Abs. 1 VwGO hingegen ein berechtigtes Interesse voraus.

325. Erfordert die allgemeine Feststellungsklage ein Vorverfahren?

Vor Erhebung der allgemeinen Feststellungsklage wird kein Vorverfahren durchgeführt, wie sich aus § 68 VwGO ergibt, der sich nach Abs. 1 und 2 auf die Anfechtungs- und Verpflichtungsklage bezieht (Würtenberger, Rn. 417). Es besteht allerdings eine wichtige Ausnahme:

Für alle Klagen aus dem Beamtenverhältnis, und damit auch für die Feststellungsklage, bedarf es eines Vorverfahrens (§§ 126 Abs. 3 BRRG, 172 BBG).

326. Sind bei der allgemeinen Feststellungsklage Fristen einzuhalten?

Nein, die Feststellungsklage ist unbefristet (zur prozessualen Verwirkung: Würtenberger, Rn. 259).

327. Die allgemeinen Sachurteilsvoraussetzungen haben wir unter III, 1–11 erörtert. Nennen Sie nunmehr die besonderen Sachurteilsvoraussetzungen für die allgemeine Feststellungsklage!

1. Es muss die Feststellung des Bestehens oder Nichtbestehens eines Rechtsverhältnisses oder der Nichtigkeit eines VA begehrt werden (§ 43 Abs. 1 VwGO).
2. Für den Kläger darf nicht die Möglichkeit bestehen oder bestanden haben, seine Rechte durch eine Gestaltungs- oder Leistungsklage geltend zu machen. Die Feststellungsklage ist also gegenüber derartigen Klagen *subsidiär* (§ 43 Abs. 2 S. 1 VwGO).
3. Der Kläger muss ein „berechtigtes Interesse an der baldigen Feststellung“ haben (§ 43 Abs. 1 2. HS VwGO).
Zu beachten ist: Gegenstand der Feststellungsklage kann selbstverständlich nur ein Rechtsverhältnis innerhalb einer „öffentlich-rechtlichen Streitigkeit nichtverfassungsrechtlicher Art“ (§ 40 Abs. 1 VwGO) sein.

a) Rechtsverhältnis

328. Der Streit um das Bestehen oder Nichtbestehen eines Rechtsverhältnisses ist also die erste besondere Sachurteilsvoraussetzung der allgemeinen Feststellungsklage. Was ist unter dem Begriff „Rechtsverhältnis“ zu verstehen?

„Rechtsverhältnis“ im Sinne des § 43 Abs. 1 VwGO ist eine rechtliche Beziehung, die sich 1. aus einem konkreten Sachverhalt, 2. auf Grund einer öffentlich-rechtlichen Norm, eines VA oder Vertrags, 3. für das Verhältnis mehrerer Personen zueinander oder einer Person zu einem Gegenstand ergibt (Würtenberger, Rn. 400; Hufen, § 18 Rn. 7). Dieser „dreigliedrige" Begriff des Rechtsverhältnisses gilt ebenfalls im Rahmen des § 256 ZPO. Unter diesen Begriff fallen auch einzelne rechtliche Folgen, Berechtigungen und Pflichten, die sich aus einem Rechtsverhältnis ergeben (z. B. einzelne Forderungen und Ansprüche). Das Rechtsverhältnis muss also nicht als Ganzes Gegenstand der Feststellungsklage sein (Würtenberger, Rn. 401; Hufen, § 18 Rn. 16; Kopp/Schenke, § 43 VwGO Rn. 12).

329. Metzgermeister M betreibt auf seinem Grundstück eine Metzgerei mit eigener Schlachtanlage. Aufgrund einer kommunalen Satzung sieht er sich einem Schlachthofbenutzungszwang ausgesetzt, da ein Schlachten außerhalb des städtischen Schlachthofes verboten ist. M will mit der Feststellungsklage geklärt wissen, ob dies Rechtens ist. Handelt es sich um ein konkretes Rechtsverhältnis?

Hier liegt ein konkretes Rechtsverhältnis vor. M will wissen, ob er den städtischen Schlachthof benutzen muss. Damit geht es nicht um die Klärung einer bloßen Rechtsfrage oder eines abstrakten Rechtsverhältnisses, sondern um die rechtliche Beurteilung eines bestimmten überschaubaren Sachverhalts, der streitig ist (vgl. BVerwG NJW 1983, 2208; Hufen, § 18 Rn. 17 ff.).

330. Die Handwerkskammer hat gegenüber G geäußert, er sei nicht in die Handwerksrolle eingetragen und betreibe sein Handwerk unrechtmäßig. Daraufhin beantragt G die gerichtliche Feststellung, dass er sein Gewerbe ausüben darf, ohne in die Handwerksrolle eingetragen zu sein (vgl.

Ja. Im Streit ist, ob G für die Ausübung seines Gewerbes in die Handwerksrolle eingetragen sein muss. Es liegt ein konkretes Rechtsverhältnis vor (BVerwGE 16, 92, 93).

§§ 6 ff. HandwO). Liegt ein konkretes Rechtsverhältnis vor?

331. Der Handwerksmeister H, dem die Züchtigung eines Lehrlings vorgeworfen wird, ist mit seiner Handwerksinnung so in Konflikt geraten, dass ihm der Innungsvorstand den Ausschluss aus der Innung angedroht hat. Daraufhin erhebt H gegen die Innung vor dem VG Klage und beantragt festzustellen, dass
1. er den Lehrling nicht gezüchtigt habe,
2. der Ausschluss aus einer Innung überhaupt nicht zulässig sei,
3. er nach wie vor Innungsmitglied sei.
Sind diese Anträge zulässig?

1. Nein. § 43 Abs. 1 VwGO sieht die Feststellungsklage nur zur Feststellung des Bestehens oder Nichtbestehens eines *Rechtsverhältnisses* vor. Mit seinem ersten Antrag will H aber nur die Feststellung eines bestimmten Sachverhalts erreichen.
2. Nein. Mit seinem zweiten Antrag will H die Klärung einer abstrakten Rechtsfrage herbeiführen, nicht aber ein Rechtsverhältnis feststellen lassen, aus dem sich konkrete Rechte und Pflichten ergeben.
3. Nein. Zwar ist die Mitgliedschaft bei einer Körperschaft des öffentlichen Rechts ohne Zweifel ein öffentlich-rechtliches Rechtsverhältnis. Bislang hat aber die Innung die Mitgliedschaft des H noch nicht bestritten, so dass es hier am *berechtigten Interesse* einer baldigen Feststellung fehlt (Fragen 344 f.).

332. Frau M ist Studienassessorin und damit Beamtin des Landes L. Der Mann von Frau M möchte aus bestimmten Gründen das Nichtbestehen des Beamtenverhältnisses seiner Frau feststellen lassen. Ist eine Feststellungsklage zulässig?

Das Land L und Frau M sind unmittelbar an dem Beamtenverhältnis als dem strittigen öffentlich-rechtlichen Rechtsverhältnis beteiligt. Die Klage könnte daher unzulässig sein, weil der Mann von Frau M als Kläger an diesem Rechtsverhältnis nicht unmittelbar beteiligt ist. Der Wortlaut des § 43 Abs. 1 VwGO schließt aber die Feststellung des Bestehens oder Nichtbestehens eines Rechtsverhältnisses zwischem dem Beklagten und einem Dritten nicht aus. Die Klage des Mannes ist also statthaft (BVerwG NJW 1970, 2260; Sodan, in Sodan/Ziekow, § 43 VwGO Rn. 37; kritisch Pietzcker, in Schoch/Schmidt-Aßmann/Pietzner, § 43 VwGO Rn. 22 ff.: in Wahrheit sei auch bei solchen Klagen ein Rechtsverhältnis zwischen Kläger und Beklagtem zu klären).

333. Nennen Sie weitere Beispiele für Feststellungsklagen „Drittbetroffener“.

Klage der O-Sekte auf Feststellung der Unzulässigkeit öffentlicher Förderung eines Vereins, dessen Zweck die Aufklärung über Sekten ist (BVerwGE 90, 112, 114); Klage des ausländischen Vaters auf Feststellung, dass sein Kind nicht die deutsche Staatsangehörigkeit besitzt (VG Düsseldorf NJW 1977, 1607 f.).

334. X klagt vor dem Verwaltungsgericht auf Feststellung der Nichtigkeit einer kommunalen Benutzungssatzung. Ist die Klage zulässig?

1. Es geht um die Frage, ob Rechtsnormen mit der allgemeinen Feststellungsklage auf ihre Gültigkeit oder Ungültigkeit überprüft werden können. Diese Frage hat heute nur noch geringe Bedeutung, weil fast alle Länder das Normenkontrollverfahren (§ 47 Abs. 1 Nr. 2 VwGO) eingeführt haben.

2. Die *allgemeine Feststellungsklage* ist *unzulässig*, da das Ziel des Normenkontrollverfahrens mit der Feststellungsklage zu verfolgen eine verkappte Einführung der Normenkontrolle in jenen Ländern wäre, die bewusst von der bundesrechtlichen Regelungsmöglichkeit nach § 47 Abs. 1 Nr. 2 VwGO abgesehen haben (Pietzner/Ronellenfitsch, § 11 Rn. 7; Würtenberger, Rn. 406). Außerdem zielt eine Klage auf *Feststellung der Gültigkeit oder Ungültigkeit einer Rechtsnorm* nicht auf die Feststellung des Bestehens oder Nichtbestehens eines Rechtsverhältnisses i. S. v. § 43 Abs. 1 VwGO (Kopp/Schenke, § 43 VwGO

Rn. 8). Denn Rechtsverhältnisse werden durch und auf Grund von Rechtsnormen begründet oder gestaltet; insofern ist die Frage nach der Gültigkeit oder Ungültigkeit der Rechtsnorm nur eine *Vorfrage,* von deren Beantwortung das Bestehen, Nichtbestehen oder der Inhalt eines konkreten Rechtsverhältnisses abhängt.

Dem wird entgegengehalten: Die Rechtsschutzgarantie des Art. 19 Abs. 4 S. 1 GG fordere eine Überprüfung von untergesetzlichen Rechtsnormen im Wege der allgemeinen Feststellungsklage auch dort, wo der Landesgesetzgeber von der Möglichkeit des § 47 Abs. 1 Nr. 2 VwGO keinen Gebrauch gemacht hat (vgl. Obermayer, DVBl. 1965, 625 ff.; Maurer, in: Festschrift für Kern, 1968, S. 275, 297 ff.). Hier wird verkannt, dass auch ohne diese Klagemöglichkeit ausreichende Rechtsschutzmöglichkeiten bestehen: Es lässt sich abwarten, bis ein auf die Norm gestützter Vollzugsakt ergeht. Bei einer Klage gegen diesen Vollzugsakt überprüft das Gericht inzident die Gültigkeit der untergesetzlichen Norm (Frage 360).

3. Von diesem Streit abgesehen kann dahingehend auf Feststellung geklagt werden, ob die in ihrer Gültigkeit bezweifelte Norm *ein Rechtsverhältnis begründet*, aus dem sich Rechte oder (Duldungs-) Pflichten ergeben (Würtenberger, Rn. 406; Papier, in: Festschrift für Menger, S. 517, 520; BVerwG NJW 1983, 2208 f.). Im Rahmen dieser allgemeinen Feststellungsklage kann das Gericht die umstrittenen Rechtsnormen inzident auf ihre Gültigkeit überprüfen

(BVerwGE 111, 276, 278: Feststellungsklage gegen Fluglärmverordnung; BVerfG JZ 2006, 1021 f.; Schenke, Rn. 394).

b) Feststellung der Nichtigkeit eines Verwaltungsaktes

335. Welchem Zweck dient die Klage auf Feststellung der Nichtigkeit eines VA?

Zunächst könnte man die Regelung des § 43 Abs. 1 2. Alt. VwGO für überflüssig halten, da ein nichtiger VA unwirksam ist (vgl. § 43 Abs. 3 VwVfG) und deshalb keine Rechtswirkungen entfaltet. Die Regelung erlaubt es aber dem von einem nichtigen VA Betroffenen, den von diesem VA möglicherweise ausgehenden Rechtsschein zu beseitigen.

336. Kann der Kläger dieses Ziel auch mit einer anderen Klageart erreichen?

Ja, mit der Nichtigkeits-Anfechtungsklage. Diese ist nach allgemeiner Meinung ebenfalls statthaft (vgl. § 43 Abs. 2 S. 2 VwGO), obwohl ein nichtiger VA keinerlei Rechtswirkungen entfaltet und eine Aufhebung durch das Gericht (§ 113 Abs. 1 S. 1 VwGO) nicht möglich ist. Denn auch von einem nichtigen VA geht der Rechtsschein der Gültigkeit aus und oft ist es nur schwer festzustellen, ob ein VA nichtig oder lediglich aufhebbar ist (BSG NVwZ 1989, 902; Würtenberger, Rn. 408; hierzu Fragen 180 f.).

337. Welche Rechtsschutzerweiterung besteht bei der Nichtigkeits-Feststellungsklage im Vergleich zur Nichtigkeits-Anfechtungsklage?

Die Nichtigkeits-Feststellungsklage ist – anders als die Nichtigkeits-Anfechtungsklage – nicht fristgebunden (Hufen, § 18 Rn. 51) und setzt kein Widerspruchsverfahren voraus.

338. Der Kläger begehrt die Feststellung der Nichtigkeit

Ja. Die Zulässigkeit einer Feststellungsklage setzt gem. § 43 Abs. 1 VwGO

einer immissionsschutzrechtlichen Genehmigung. Muss er nach § 42 Abs. 2 VwGO klagebefugt sein?

zwar lediglich voraus, dass der Kläger ein eigenes berechtigtes Interesse an der baldigen Feststellung hat (hierzu sogleich bei Frage 344). Dies bedeutet aber nicht, dass eine Nichtigkeitsfeststellungsklage auch dann erhoben werden kann, wenn der nichtige VA Rechte des Klägers gar nicht beeinträchtigen kann. Um eine Popularklage zu vermeiden, ist eine Feststellungsklage auf Nichtigkeit eines VA nur zulässig, wenn die Klagebefugnis nach § 42 Abs. 2 VwGO analog gegeben ist (BVerwG NJW 1982, 2205; Hufen, § 18 Rn. 46; Würtenberger, Rn. 426).

339. Der Beamte B erhebt eine Klage mit dem Antrag nach § 43 Abs. 1 2. Alt. VwGO auf Feststellung, dass seine Beamtenernennung nicht nichtig, also gültig ist. Ist die Klage statthaft? Wenn nein, was ist B zu raten?

1. Zum Teil wird die Klage als statthaft angesehen, weil es sich um die Kehrseite der kraft Gesetzes ausdrücklich zugelassenen Klage auf Feststellung der Nichtigkeit eines VA handelt (vgl. z. B. Schenke, Rn. 412).

Die Statthaftigkeit einer „Gültigkeits-Feststellungsklage" wird überwiegend aber wegen des klaren gesetzlichen Wortlauts abgelehnt. Auch der Zweck von § 43 Abs. 1 2. Alt. VwGO fordert keine Erweiterung, da dem Betroffenen lediglich die Möglichkeit gegeben werden soll, einen dem nichtigen VA anhaftenden *Rechtsschein* zu beseitigen. Dies ist aber bei einer Klage auf Feststellung, dass der VA nicht nichtig ist oder einen bestimmten Inhalt hat, keineswegs der Klagezweck.

2. Die Klage des B, gerichtet auf Feststellung der Gültigkeit seiner Ernennung zum Beamten, ist also unzulässig. Gleichwohl kann B, wenn er seinen Klageantrag abändert, eine gemäß § 43 Abs. 1 1. Alt. VwGO statthafte Feststellungsklage erheben. In seiner Behauptung, der VA sei gültig, ist auch das Feststellungsbegehren enthalten, dass ein bestimmtes, durch VA geregeltes Rechtsverhältnis, nämlich das Beamtenverhältnis besteht (Würtenberger, Rn. 411; Hufen § 18 Rn. 45). B kann also auf Feststellung des Bestehens des Beamtenverhältnisses klagen.

c) Subsidiarität

340. Was ist der Grund für den Ausschluss der Feststellungsklage in den in § 43 Abs. 2 S. 1 VwGO genannten Fällen?

Zum einen besteht *kein Rechtsschutzinteresse* für eine Feststellungsklage, wenn durch eine Anfechtungsklage eine Gestaltungswirkung oder durch eine Verpflichtungsklage bzw. durch eine allgemeine Leistungsklage ein vollstreckungsfähiger Leistungstitel, also eine *weitergehende Rechtsschutzmöglichkeit,* zur Verfügung steht. Der Kläger soll die am weitestgehende Rechtsschutzmöglichkeit wählen, damit das Gericht nicht ein zweites Mal mit der Sache zu befassen ist, wenn der Beklagte aus dem nicht vollstreckbaren Feststellungsurteil keine Konsequenzen zieht *(Prozessökonomie).* Zum anderen soll die *Umgehung* der besonderen (einschränkenden) Sachentscheidungsvoraussetzungen von Anfechtungs- und Verpflichtungsklage, nämlich § 68 VwGO (Vorverfahren) und § 74 VwGO (Klagefrist), durch Erhebung einer Feststellungsklage verhindert werden (Würtenberger, Rn. 412 f.).

341. Eine Ausnahme von dem in § 43 Abs. 2 S. 1 VwGO zum Ausdruck kommenden Grundsatz der Subsi-

Die in § 43 Abs. 2 S. 1 VwGO geregelte Subsidiarität der Feststellungsklage spräche eigentlich dafür, dass der Beamte B lediglich eine Leistungsklage auf das sei-

diarität ist in § 43 Abs. 2 S. 2 VwGO geregelt. Weitere Ausnahmen wollen wir anhand von zwei Fällen behandeln: Der Beamte B möchte feststellen lassen, dass er der Besoldungsgruppe A 14 angehört und die dementsprechende Besoldung zu beanspruchen hat. Ist eine Feststellungsklage zulässig oder muss er im Wege der Leistungsklage die ihm zustehende Besoldung einklagen?

ner Besoldungsgruppe entsprechende Gehalt erheben kann. Von diesem Grundsatz wird aber eine Ausnahme gemacht, wenn die Leistungsklage keinen umfassenden Rechtsschutz gewährt (B müßte jeden Monat sein Gehalt nach A 14 einklagen). Der Beamte kann in diesem Fall nicht auf die Leistungsklage verwiesen werden (BVerwGE 32, 333, 335; 37, 243, 247).

342. B möchte feststellen lassen, dass die Gemeinde verpflichtet ist, ihn in die Wählerverzeichnisse für Bundestagswahlen aufzunehmen. Ist eine Feststellungsklage zulässig?

1. Die Aufnahme in ein Wählerverzeichnis ist ein *Realakt*, so dass an sich eine allgemeine Leistungsklage zu erheben ist.
2. Nach Ansicht der Rechtsprechung besteht entgegen der gesetzlichen Formulierung eine Ausnahme vom Grundsatz der Subsidiarität, wenn die Feststellungsklage gegen den Bund, die Länder oder andere Körperschaften des öffentlichen Rechts erhoben wird und wenn alternativ eine allgemeine Leistungsklage in Frage kommen würde. Dies begründet man mit der *Homogenität des Prozessrechts*. Die zivilrechtliche Rechtsprechung geht nämlich seit langem von der Zulässigkeit der Feststellungsklagen anstelle von Leistungsklagen aus, wenn diese sich gegen öffentlich-rechtliche Körperschaften richten (RGZ 92, 376, 378; BAGE 12, 290, 292). Von diesen Körperschaften sei die Beachtung von Gerichtsurteilen auch ohne Vollstreckungsdruck zu erwarten, da sie verfassungsmäßig an Recht und Gesetz gebunden sind. Entsprechend dem Leit-

gedanken des § 173 VwGO, wonach zivilprozessuale Regeln im Verwaltungsprozess entsprechend angewandt werden können, will man die Subsidiaritätsfrage im Verwaltungsprozess wie im Zivilprozess handhaben, wenn eine Umgehung der für Anfechtungs- und Verpflichtungsklagen geltenden Sonderregeln nicht in Betracht kommt. Demnach kann B statt einer allgemeinen Leistungsklage eine Feststellungsklage erheben (BVerwGE 36, 179, 181 f.; 51, 69, 75).

3. Dieser Rechtsprechung lässt sich der *klare Wortlaut* des § 43 Abs. 2 S. 1 VwGO entgegenhalten. Auf dieses Argument repliziert die Rechtsprechung, § 43 Abs. 2 S. 1 VwGO wolle nur verhindern, dass die besonderen Sachentscheidungsvoraussetzungen für andere Klagearten unterlaufen werden. Dem lasse sich dadurch Rechnung tragen, dass alternativ auf die Feststellungsklage nur dann und insoweit zurückgegriffen werden kann, als die allgemeine Leistungsklage (wie meist und vom Beamtenrecht abgesehen) nicht selbst fristgebunden sei.

Aber auch diese *teleologische Reduktion* des § 43 Abs. 2 S. 1 VwGO ist nicht überzeugend. Wie bereits ausgeführt (Frage 340), dient der Subsidiaritätsgrundsatz auch der Verwirklichung möglichst effektiven Rechtsschutzes sowie der Prozessökonomie. Bei allgemeinen Leistungsklagen Ausnahmen von der Subsidiaritätsklausel des § 43 Abs. 2 S. 1 VwGO zu machen, ist daher nicht zulässig (Würtenberger, Rn. 416; Hufen § 18 Rn. 10 f.; von Mutius, VerwArch

63 (1972), 229 ff.; Redeker/von Oertzen, § 43 VwGO Rn. 26; Kopp/Schenke, § 43 VwGO Rn. 28). Vor allem ist es keineswegs mehr der Fall, dass *alle* öffentlich-rechtlichen Körperschaften stets die Gerichtsurteile beachten!

d) Feststellungsinteresse

343. Die Feststellungsklage erfordert das Feststellungsinteresse als besonderes Rechtsschutzbedürfnis. Unterscheiden Sie das allgemeine von diesem besonderen Rechtsschutzbedürfnis!

Das allgemeine Rechtsschutzbedürfnis ist nicht ausdrücklich in der VwGO geregelt. Es lässt sich aus dem Verbot des Missbrauchs prozessualer Rechte herleiten (Frage 167). Das allgemeine Rechtsschutzbedürfnis liegt im Normalfall vor, das besondere Rechtsschutzbedürfnis dagegen nicht. Das besondere Rechtsschutzbedürfnis ist in § 43 Abs. 1 (und in § 113 Abs. 1 S. 4) VwGO geregelt. Es ist also lediglich auf bestimmte Klagearten zugeschnitten und anders als das allgemeine Rechtsschutzbedürfnis, das nur in Ausnahmefällen zu problematisieren ist, immer besonders zu prüfen.

344. Was ist unter Feststellungsinteresse zu verstehen?

Der Kläger besitzt ein *berechtigtes Interesse* an der Feststellung, wenn nach vernünftigen Erwägungen ein durch die Sachlage gerechtfertigtes Interesse vorliegt, das auch tatsächlicher, wirtschaftlicher oder ideeller Art sein kann. Diese Definition erlaubt allerdings keine trennscharfen Abgrenzungen. Es ist daher wichtig, sich vor Augen zu halten, dass einerseits eine Popularklage durch dieses Kriterium ausgeschlossen sein muss und andererseits ein *rechtliches* Interesse nicht erforderlich ist (Würtenberger, Rn. 419; Hufen, § 18 Rn. 21 ff.).

345. Welche weiteren Anforderungen sind an das besondere Feststellungsinteresse zu stellen?

1. Erforderlich ist, dass das Rechtsverhältnis oder die Nichtigkeit des VA umstritten sind. Für die Feststellung der Nichtigkeit eines VA liegt das Feststellungsinteresse erst dann vor, wenn ein Antrag des Klägers nach § 44 Abs. 5 VwVfG bei der zuständigen Behörde gestellt worden und erfolglos geblieben ist (str.).

2. Für das Vorliegen eines berechtigten Interesses muss auch ein Bedürfnis des Klägers nach *baldiger* Feststellung gegeben sein, was aber meist durch die Gründe, die für ein berechtigtes Interesse sprechen, dargetan werden kann.

346. Der Kläger wendet sich gegen ein Gefährderschreiben der Polizei, das ihm nahelegt, sich nicht an einer Demonstration aus Anlass eines EU-Gipfels zu beteiligen. Mit dem Schreiben sollte vermieden werden, dass sich der Kläger einer polizeilichen Gewahrsamnahme bei der Anreise zur Demonstration aussetze. Welche Klageart ist statthaft? Besteht ein Feststellungsinteresse?

1. Eine Anfechtungsklage ist nicht statthaft. Denn das Gefährderschreiben ist kein VA. Es setzt keine verbindliche Rechtsfolge, sondern orientiert nur über künftige Maßnahmen der Polizei.

2. Das Gefährderschreiben begründet ein nach § 43 Abs. 1 Alt. 1 VwGO feststellungsfähiges Rechtsverhältnis (OVG Lüneburg NJW 2006, 391 m. Bspr. von Waldhoff, JuS 2006, 276). Bei dem Gefährderschreiben handelt es sich um ein schlicht hoheitliches Handeln der Polizei, das einen konkreten Sachverhalt (Teilnahme an der Demonstration) betraf, auf Grund Polizeirechts verfasst wurde und die durch Art. 8 Abs. 1 GG geschützte Rechtssphäre des Klägers betraf. Es war nämlich darauf gerichtet, den Kläger dazu zu veranlassen, nicht an der Demonstration teilzunehmen.

3. Das Feststellungsinteresse lässt sich bejahen, da es um den von Art. 8 Abs. 1 GG gewährleisteten Schutz geht, frei darüber zu entscheiden, ob man sich an einer Demonstration beteiligt (Schübel-Pfister, JuS 2007, 24, 27).

347. Ist § 42 Abs. 2 VwGO auf die Feststellungsklage nach § 43 VwGO analog anzuwenden?

1. Die Rechtsprechung wendet § 42 Abs. 2 VwGO analog auf die allgemeine Feststellungsklage an. Mit dieser Analogie sollen *Popularklagen* ausgeschlossen werden (BVerwGE 100, 262, 271; 111, 276, 279 ff.; VGH Mannheim VBlBW 2004, 185 f.).

2. Dies ist verfehlt, weil keine Regelungslücke besteht. Popularklagen werden bereits dadurch ausgeschlossen, dass zwischen Kläger und Beklagtem ein Rechtsverhältnis bestehen muss. Außerdem werden Popularklagen durch das Erfordernis des Feststellungsinteresses ausgeschlossen.

Für die Feststellungsklage reicht nach dem eindeutigen Wortlaut des Gesetzes bereits „ein berechtigtes Interesse an der baldigen Feststellung“: § 43 Abs. 1 VwGO (Hufen, § 18 Rn. 26 f.; Würtenberger, Rn. 425).

3. Zu beachten sind aber die Ausnahmen u. a. im Kommunalverfassungsstreitverfahren (Frage 583), bei der Klage auf Bestehen oder Nichtbestehen eines Drittrechtsverhältnisses und bei der Nichtigkeitsfeststellungsklage (Frage 338).

348. S will festgestellt wissen, dass er nach dem „Gesetz über die unentgeltliche Beförderung von Kriegs- und Wehrdienstbeschädigten sowie von anderen Behinderten im Nahverkehr“ Anspruch auf unentgeltliche Beförderung auf den Linien der Beklagten gehabt

1. Ein Feststellungsinteresse ist nur dann anzunehmen, wenn die verwaltungsgerichtliche Feststellung für den Zivilprozess *entscheidungserheblich* ist. Das ist insbesondere bei der vorliegend gegebenen *Bindungswirkung* des verwaltungsgerichtlichen Urteils der Fall (BVerwGE 37, 243, 246 f.; Schmitt Glaeser/Horn, Rn. 345).

habe. Nach dieser Feststellung beabsichtigt er, das bereits gezahlte Fahrgeld notfalls im Klagewege zurückzuverlangen. Diese Klage wäre, da das Beförderungsverhältnis privatrechtlich gestaltet ist, beim ordentlichen Gericht zu erheben. Besteht für den Kläger ein Feststellungsinteresse?

2. Gegen ein Feststellungsinteresse lässt sich einwenden, dass Zivilgerichte im Rahmen eines Zivilprozesses öffentlichrechtliche Vorfragen mitentscheiden. Dies schließt möglicherweise ein Interesse an einem verwaltungsgerichtlichen Feststellungsurteil aus (so VGH Mannheim VerwRspr. 10 Nr. 67; BVerwG DÖV 1989, 641).

Dem lässt sich entgegenhalten: Die Kompetenz der Zivilgerichte zur selbständigen Entscheidung über verwaltungsgerichtliche Vorfragen nimmt dem Kläger nicht das Feststellungsinteresse: Die größere *Sachnähe* der Verwaltungsgerichte und damit verbunden die höhere Wahrscheinlichkeit für sachlich richtige Entscheidungen sprechen dafür, dass dem Kläger bei Bestehen von zwei Rechtswegen die Möglichkeit der Wahl des sachnächsten Gerichts offen stehen muss (Schmitt Glaeser/Horn, Rn. 345; str.).

3. Der Zulässigkeit einer Feststellungsklage vor dem Verwaltungsgericht steht jedoch die Subsidiaritätsklausel des § 43 Abs. 2 S. 1 VwGO entgegen. Diese gilt *rechtswegübergreifend*. Wenn der Kläger sein Klagebegehren mit einer Leistungsklage vor den ordentlichen Gerichten durchsetzen kann, ist eine verwaltungsprozessuale Feststellungsklage subsidiär, mit der lediglich eine Vorfrage geklärt wird (Würtenberger, Rn. 423; BVerwG NVwZ 2000, 1411 f.).

Für diese erweiternde Auslegung der Subsidiaritätsklausel streitet zudem der Grundsatz der *Prozessökonomie*. Mit einer Streitsache sollen nicht zwei unterschiedliche Gerichtszweige befasst werden.

4. Zu beachten ist: Begehrt der Kläger die Feststellung, dass ein mittlerweile erledigter VA rechtswidrig gewesen sei, und will er im Anschluss an den verwaltungsgerichtlichen Prozess auf Schadensersatz vor den Zivilgerichten klagen, dann ist das kein Fall des § 43 VwGO, sondern der Fortsetzungsfeststellungsklage nach § 113 Abs. 1 S. 4 VwGO (Fragen 570 ff.).

349. Der Kläger hat gleich nach Zugang eines nichtigen VA Feststellungsklage erhoben und begehrt die Feststellung dessen Nichtigkeit. Wie wird das VG entscheiden?

Die Feststellungsklage wird als unzulässig abgewiesen. Sie ist zwar statthafte Klageart. Es fehlt aber das *allgemeine Rechtsschutzbedürfnis*. Der Kläger hätte zunächst bei der Behörde den Antrag nach § 44 Abs. 5 VwVfG stellen müssen. Dies ist der einfachere Weg, um zu dem erstrebten Rechtsschutz zu gelangen (Würtenberger, Rn. 420; a.A. Schenke, Rn. 576).

e) Sonderfälle

350. Die Feststellungsklage wird verschiedentlich herangezogen, um Sonderfälle zu erfassen. Nennen Sie die Sonderfälle!

1. Zum Teil wird die Feststellungsklage auf Normenerlass für zulässig gehalten, weil § 47 VwGO nicht einschlägig sei und der Normenerlassanspruch als Rechtsverhältnis im Sinne von § 43 Abs. 1 VwGO verstanden wird; hierzu Frage 591.

2. Bei Organstreitverfahren nicht verfassungsrechtlicher Art (z. B. Kommunalverfassungsstreitverfahren) kommt grundsätzlich die allgemeine Feststellungsklage in Betracht; hierzu Fragen 586 f.

3. Eine vorbeugende Feststellungsklage ist grundsätzlich statthaft, aber nach nicht unbestrittener Ansicht subsidiär

gegenüber der vorbeugenden Unterlassungsklage; hierzu Frage 400 und folgender Fall:

351. Die klagende Gemeinde G wendet sich gegen die beabsichtigte Aufstellung eines Bebauungsplans in der Nachbargemeinde N, die an der gemeinsamen Gemeindegrenze ein Industriegebiet vorsieht, während die Klägerin hier ein reines Wohngebiet in ihrem Flächennutzungsplan ausgewiesen hat. Sie rügt eine Verletzung des Abstimmungsgebotes (§ 2 Abs. 2 BauGB) und beantragt die Feststellung, dass die beklagte Gemeinde N nicht berechtigt ist, das Planungsverfahren im genannten Bereich zu betreiben. Ist die Feststellungsklage statthaft?

1. Es geht um die Feststellung des Bestehens eines konkreten Rechtsverhältnisses, nämlich der Beachtung des sich aus § 2 Abs. 2 BauGB ergebenden Abstimmungsgebotes seitens der Beklagten gegenüber der Klägerin.
2. Die Klägerin hat an der alsbaldigen Feststellung dieses Rechtsverhältnisses auf den ersten Blick auch ein berechtigtes Interesse. Vorliegend handelt es sich allerdings um eine *vorbeugende Feststellungsklage,* da eine rechtswidrige Aufstellung des Bebauungsplans verhindert werden soll. An einer vorbeugenden Feststellungsklage hat die Klägerin dann *kein Rechtsschutzinteresse,* wenn sie in zumutbarer Weise auf den von der VwGO grundsätzlich als ausreichend angesehenen *nachträglichen* Rechtsschutz verwiesen werden kann. Hier kann die Klägerin gegen den verabschiedeten Bebauungsplan einen Normenkontrollantrag stellen (§ 47 Abs. 1 Nr. 1, Abs. 2 VwGO) und einen faktischen Planvollzug durch eine einstweilige Anordnung nach § 47 Abs. 6 VwGO verhindern (anders BVerwGE 40, 323, 326 zu § 47 VwGO a. F.).
3. Die Zulässigkeit scheitert zudem an der *Subsidiaritätsklausel* des § 43 Abs. 2 S. 1 VwGO, da die klagende Gemeinde ihr Ziel nicht nur im Wege der Feststellungs-, sondern auch im Wege der vorbeugenden Unterlassungsklage, also durch eine allgemeine Leistungsklage, verfolgen konnte (Würtenberger, Rn.

485; Kopp/Schenke, § 43 VwGO Rn. 28; anders Bosch/Schmidt, § 29 I, 2; zur Vertiefung: Pappermann, JuS 1973, 689, 693 ff.).

f) Begründetheit

352. Wann ist die Feststellungsklage begründet?

Eine *positive* Feststellungsklage ist begründet, wenn das behauptete (öffentlich-rechtliche) Rechtsverhältnis besteht; eine *negative* Feststellungsklage hat Erfolg, wenn das streitige Rechtsverhältnis nicht besteht. Eine *Nichtigkeitsfeststellungsklage* ist begründet, wenn der angegriffene VA nichtig ist.

353. Und wie ist zu entscheiden, wenn kein feststellungsfähiges Rechtsverhältnis gegeben ist oder es am Feststellungsinteresse fehlt?

Dann ist die Feststellungsklage durch Prozessurteil als *unzulässig* abzuweisen.

354. Wer ist bei der allgemeinen Feststellungsklage passiv legitimiert?

1. Passiv legitimiert ist derjenige, der das im Streit stehende Rechtsverhältnis bestreitet (positive Feststellungsklage) bzw. bejaht (negative Feststellungsklage) (zur analogen Anwendung des Rechtsträgerprinzips: Würtenberger, Rn. 429). Nicht erforderlich ist, dass das streitige Rechtsverhältnis unmittelbar zwischen den streitenden Parteien besteht (hierzu Fragen 332 f.).
2. Richtet sich die Klage auf Feststellung der Nichtigkeit eines VA, dann erfolgt die Bestimmung der Passivlegitimation in Anlehnung an § 78 Abs. 1 VwGO.

6. Normenkontrollverfahren

355. Welchen Verfahrenscharakter hat die Normenkontrolle nach § 47 VwGO?

Die – von einem konkreten Fall losgelöste – Normenkontrolle nach § 47 VwGO ist ein besonders geartetes *Feststellungsverfahren*, bei dem es um die Feststellung der Ungültigkeit einer im Range unter dem Gesetzesrecht stehenden Rechtsnorm geht (§ 47 Abs. 1 und 5 S. 2 VwGO). Man bezeichnet diese vom Einzelfall losgelöste Normenkontrolle als *prinzipale* im Gegensatz zur *inzidenten* Normenkontrolle (hierzu Fragen 359 f.).

356. Kommt es für den Anwendungsbereich des § 47 VwGO darauf an, in welchem Bundesland eine Normenkontrolle vor dem OVG begehrt wird?

Es ist zwischen § 47 Abs. 1 Nr. 1 und Nr. 2 VwGO zu unterscheiden:
1. Satzungen nach den Vorschriften des BauGB (insbesondere §§ 10, 16, 34 Abs. 4, 35 Abs. 6, 132, 142 Abs. 3, 205 Abs. 1) und Rechtsverordnungen auf Grund des § 246 Abs. 2 BauGB sind nach § 47 Abs. 1 Nr. 1 VwGO in *allen* Bundesländern mit einem Normenkontrollantrag angreifbar (für Hamburg lesen Sie BVerfGE 70, 35, 55 ff.).
2. Für die untergesetzlichen landesrechtlichen Rechtsvorschriften nach § 47 Abs. 1 Nr. 2 VwGO kommt es demgegenüber darauf an, ob der Landesgesetzgeber im AGVwGO die abstrakte verwaltungsgerichtliche Normenkontrolle eingeführt hat. Dies ist in fast allen Bundesländern der Fall (vgl. Hufen, § 19 Rn. 24; Würtenberger, Rn. 443).

357. Worin liegt die Bedeutung der Normenkontrolle durch das OVG?

Die verwaltungsgerichtliche Überprüfung hoheitlichen Handelns wird auf Akte der Rechtsetzung erweitert und damit Recht auf seine Gültigkeit überprüft. Wird die Unwirksamkeit einer Norm durch gerichtliche Entscheidung festgestellt, so soll nach Ansicht mancher von der Judikative in einem negativen Sinn Recht gesetzt werden. Von einem streng dogmatischen Standpunkt aus ist dies allerdings unzutreffend, da rechtswidrige Normen eo ipso unwirksam (nichtig) sind, ihre Unwirksamkeit somit nur festgestellt werden kann. Dies lässt sich keinesfalls als Rechtsetzung qualifizieren (Würtenberger, Rn. 434).

358. Welchen Zielen dient die Normenkontrolle?

1. Als *objektives Rechtsbeanstandungsverfahren* dient die Normenkontrolle der Verwirklichung des Rechtsstaatsprinzips. Sie garantiert (wie auch die verfassungsgerichtliche abstrakte Normenkontrolle nach Art. 93 Abs. 1 Nr. 2 GG), dass das unterrangige, meist von der Verwaltung gesetzte Recht im Einklang mit dem höherrangigen Recht steht. Sie dient weiterhin der *Rechtssicherheit* und der *Einheitlichkeit* der Rechtsanwendung.

2. Die Normenkontrolle ist aber auch – wie die Normierung der Antragsbefugnis in § 47 Abs. 2 S. 1 VwGO zeigt – als *Rechtsschutzverfahren* ausgestaltet und dient damit unmittelbar dem Individualinteresse.

3. Die Normenkontrolle dient „der *ökonomischen Gestaltung des Prozessrechts,* da sie zahlreichen Einzelprozessen vorbeugt“, in denen jeweils um die Gültigkeit einzelner Rechtsnormen gestritten wird (BVerwGE 56, 172, 178). Dies entlastet die Verwaltungsgerichtsbarkeit.

359. Welche Rechtsschutzmöglichkeiten gegen untergesetzliche Normen i. S. v. § 47 Abs. 1 Nr. 1 u. 2 VwGO bestehen noch?

1. Die Inzidentkontrolle einer untergesetzlichen Norm im Rahmen eines anhängigen gerichtlichen Verfahrens (hierzu die folgende Frage).
2. Feststellungsklage auf Feststellung der sich aus der Norm für den Kläger ergebenden Rechte und Pflichten im konkreten Fall (hierzu Frage 334 a. E.).
3. Die Verfassungsbeschwerde nach Erschöpfung des Rechtsweges – zu dem auch die Normenkontrolle nach § 47 VwGO gezählt wird – gem. § 90 Abs. 2 S. 1 BVerfGG.

360. E möchte sein großes Mietshaus künftig als Bürogebäude nutzen. Die beantragte Nutzungsänderung wird abgelehnt, da sie den Festsetzungen im Bebauungsplan widerspreche. E hält den Bebauungsplan für unwirksam. Welche Rechtsschutzmöglichkeiten stehen ihm zur Verfügung?

1. E kann nach § 47 Abs. 1 Nr. 1 VwGO einen Normenkontrollantrag beim OVG stellen.
2. E kann nach erfolglosem Widerspruch Verpflichtungsklage erheben. Bei der Entscheidung über das Verpflichtungsbegehren wird das VG von Amts wegen *inzident* überprüfen, ob der Bebauungsplan gültig ist, so dass er Rechtsgrundlage für die abgelehnte Nutzungsänderung sein kann. Dabei wird die Befugnis der Verwaltungsgerichte zur inzidenten Normenkontrolle durch einen etwaigen Ablauf der Antragsfrist nach § 47 Abs. 2 S. 1 VwGO nicht berührt (VGH Mannheim VBlBW 1999, 343). Einem derartigen richterlichen Prüfungsrecht steht die Bindung der rechtsprechenden Gewalt an Gesetz und Recht (Art. 20 Abs. 3 GG) nicht entgegen. Diese ist nämlich nur an gültige Rechtssätze gebunden. Rechtswidrige Rechtssätze sind aber ipso iure unwirksam, so dass sie keine rechtliche Wirkung zu entfalten vermögen und bei gerichtlichen Entscheidungen außer

Betracht zu lassen sind (Papier, in: Festschrift für Menger, S. 517; Würtenberger, Rn. 438 f.).

361. Wie wäre es, wenn das VG zu dem Ergebnis gelangen würde, dass ein Abwägungsfehler vorliege, der aber nicht geheilt sei, weil die Fristvorschrift des § 215 Abs. 1 Nr. 3 BauGB verfassungswidrig sei.

Die Unbeachtlichkeits-, Verfristungs- und Heilungsvorschriften der §§ 214, 215 BauGB sind im Hinblick auf das Rechtsstaatsprinzip, die Rechtsschutzgarantie des Art. 19 Abs. 4 GG und Art. 14 GG nicht unbedenklich (Battis/Krautzberger/Löhr, BauGB, 9. Aufl. 2005, Vorb. §§ 214–216 BauGB, Rn. 11 m. Nw.). Das VG kann, wenn es sich diesen Bedenken anschließt, derartiges nachkonstitutionelles, parlamentsbeschlossenes Gesetzesrecht gleichwohl nicht aus eigener Kompetenz für verfassungswidrig erklären und im konkreten Streitfall unbeachtet lassen, sondern hat das *Verwerfungsmonopol des BVerfG* zu beachten. Hier ist gemäß Art. 100 Abs. 1 GG das Verfahren auszusetzen und die Entscheidung des Bundesverfassungsgerichts einzuholen (Würtenberger, Rn. 113 ff.; Zippelius/Würtenberger, § 49 III 1; BVerfGE 1, 184, 189 ff.; 2, 124, 128 ff.; 68, 352, 359; 70, 126, 129).

a) Eröffnung des Verwaltungsrechtswegs

362. Wie ist das Tatbestandsmerkmal „im Rahmen seiner Gerichtsbarkeit“ (§ 47 Abs. 1 VwGO) zu verstehen?

Es begrenzt den Umfang der Normenkontrolle des OVG auf den sachlichen Zuständigkeitsbereich der Verwaltungsgerichte und verweist damit auf die Generalklausel des § 40 VwGO. Die Kontrolle des OVG bezieht sich nur auf solche Normen, aus deren *Vollzug* verwaltungsgerichtliche Prozesse entstehen können. (Würtenberger, Rn. 441;

VGH Mannheim NVwZ-RR 1989, 443 zur Normenkontrolle gegen Sperrbezirksverordnungen; Ziekow, in: Sodan/Ziekow, § 47 VwGO Rn. 39 ff.).

363. Eine Polizeiverordnung sieht vor, dass Zuwiderhandlungen mit einem Bußgeld geahndet werden können. X hält diese Regelung für unwirksam. Ist ein Normenkontrollantrag statthaft?

Nein. Aus der Bußgeldregelung können sich keine verwaltungsgerichtlichen Streitigkeiten ergeben. Um sie wird in einem Ordnungswidrigkeitenverfahren vor den ordentlichen Gerichten gestritten (BVerwGE 99, 88, 96 f.).

b) Statthaftigkeit: Richtiger Antragsgegenstand

364. A parkt im Halteverbot. Nach § 12 Abs. 1 Nr. 6 a i. V. m. § 49 Abs. 1 Nr. 12 StVO und § 24 Abs. 2 StVG wird ihm deshalb von der zuständigen Stelle ein Bußgeld auferlegt. A möchte die StVO mit einem Normenkontrollantrag angreifen. Mit Aussicht auf Erfolg?

Das Verfahren ist nur statthaft, wenn die StVO tauglicher Antragsgegenstand ist. Dann müßte es sich bei der StVO um eine Norm i. S. d. § 47 Abs. 1 Nr. 2 VwGO handeln; sie müßte also im Range unter dem formellen *Landesgesetz* stehen. Das ist jedoch bei einer von einem *Bundesorgan* erlassenen Verordnung wie der StVO (Ermächtigungsnorm ist § 6 Abs. 1 StVG) gerade nicht der Fall. Der Antrag ist mangels statthaftem Antragsgegenstand als unzulässig zurückzuweisen.

365. Aufgrund des § 30 GastG erlässt die bayerische Staatsregierung eine Gaststättenverordnung. Wird der VGH München über einen Normenkontrollantrag gegen die Gaststättenverordnung entscheiden?

Ja. Rechtsverordnungen, die von Landesorganen auf Grund bundesrechtlicher Ermächtigung gem. Art. 80 Abs. 1 S. 1 GG erlassen worden sind, sind *Landesrecht*. Dies lässt sich mit zwei Argumenten begründen:

1. Der Staat kann zurechenbar nur durch seine Organe handeln. Landesorgane üben Landesstaatsgewalt aus und setzen Landesrecht.

2. Gerade dadurch, dass der Bund seine Befugnis zur materiell-rechtlichen Sach-

regelung nicht vollständig in Anspruch genommen hat, hat er die Entstehung von Landesrecht nicht ausgeschlossen (BVerfGE 18, 407, 414 ff.; Würtenberger, Rn. 446).
Die Gaststättenverordnung ist daher im Rahmen der abstrakten Normenkontrolle vor dem VGH überprüfbar.

366. X erhebt Normenkontrolle gegen eine RVO, die
1. zwar beschlossen ist, aber noch nicht veröffentlicht wurde, weil die aufsichtsbehördliche Genehmigung noch nicht erfolgt war,
2. am 1. 2. veröffentlicht wurde, aber erst am 1. 12. in Kraft tritt,
3. inzwischen aufgehoben ist, gleichwohl aber in der Vergangenheit liegende Sachverhalte noch nach dieser RVO zu entscheiden sind.
Ist der Normenkontrollantrag zulässig?

1. Nein. Ein Normenkontrollantrag ist erst statthaft, wenn die RVO erlassen, also veröffentlicht ist. Dies daher, weil § 47 Abs. 1 sowie Abs. 5 S. 2 VwGO eine *bestehende* Norm als Grundlage der Normenkontrolle voraussetzt. Solange das Normsetzungsverfahren nicht durch Veröffentlichung der Norm abgeschlossen ist, kann die Norm noch geändert werden, so dass das OVG möglicherweise unnötig in Anspruch genommen worden wäre.
2. Der Normenkontrollantrag ist statthaft, weil „der Norminhalt im Zeitpunkt der Verkündung der Norm endgültig festliegt und einer Änderung im laufenden Normsetzungsverfahren durch den Normgeber entzogen ist" (VGH München BayVBl. 1986, 497, 498; BVerwG NVwZ 1992, 1088 f.).
3. Der Normenkontrollantrag ist zulässig. Zwar kann eine außer Kraft getretene und damit nicht mehr „gültige" RVO nicht mehr Gegenstand eines Normenkontrollverfahrens sein. Eine Ausnahme gilt aber dann, wenn der Antragsteller ein *Rechtsschutzinteresse* daran hat, dass die Ungültigkeit außer Kraft getretener Rechtsvorschriften festgestellt wird. Dies ist vorliegend zu bejahen, da die angegriffene Norm nach wie vor Rechts-

wirkungen entfaltet (BVerwGE 56, 172, 176 ff.; 68, 12, 14 ff.; Würtenberger, Rn. 449).

367. A streitet um die Erteilung einer naturschutzrechtlichen Genehmigung. Durch Änderungsbeschluss des Präsidiums des VG wird der Geschäftsverteilungsplan geändert und das anhängige Verfahren zusammen mit anderen gleichartigen Streitigkeiten einer anderen Kammer zugewiesen. A sieht seine Prozesschancen schwinden und fragt, ob er den Präsidiumsbeschluss nach § 47 VwGO vom OVG überprüfen lassen kann. Dabei will er sich insbesondere auf Art. 101 Abs. 1 S. 2 GG berufen.

1. Der (geänderte) Geschäftsverteilungsplan müßte eine Rechtsvorschrift i. S. d. § 47 Abs. 1 Nr. 2 VwGO sein. Dies ist abzulehnen, da Geschäftsverteilungspläne nicht als Rechtsvorschriften in Kraft gesetzt werden und ihnen zudem die Außenwirkung fehlt (OVG Lüneburg NJW 1984, 627; anders Kopp/Schenke, § 47 VwGO Rn. 20).
2. Auch Art. 101 Abs. 1 S. 2 GG gibt dem gerichtlichen Geschäftsverteilungsplan keinen Rechtssatzcharakter, etwa indem so für A der „gesetzliche Richter" konkretisiert wird. Da sich dieser ohnehin nicht vollständig durch Gesetz bestimmen lässt, reicht es in verfassungsrechtlicher Hinsicht aus, dass die Geschäftsverteilung autonom und von einer in richterlicher Unabhängigkeit handelnden und mit Richtern besetzten Stelle beschlossen wird. Mithin unterliegt der fragliche Justizhoheitsakt keiner Normenkontrolle nach § 47 VwGO (vgl. Frage 16; anders Gerhardt/Bier, in Schoch/Schmidt-Aßmann/Pietzner, § 47 VwGO Rn. 29).

368. X beantragt beim OVG, eine Verwaltungsvorschrift für nichtig zu erklären, die ihn von der Vergabe von Subventionen ausschließt. Liegen die Voraussetzungen des § 47 Abs. 1 Nr. 2 VwGO vor?

Dies ist streitig. Verwaltungsvorschriften sind zwar keine Rechtssätze. Die mittlerweile überwiegende Ansicht will aber einen Normenkontrollantrag gegen Verwaltungsvorschriften zulassen, weil sie über die *Selbstbindung der Verwaltung* (Art. 3 GG) quasi Außenwirkung erhalten und „nach Inhalt und Funktion die allgemeine Rechtsordnung ergänzen"

(Ossenbühl, DVBl. 1969, 526, 529; Maurer, § 24 Rn. 20 ff.; Würtenberger, Rn. 447; BVerwGE 100, 262, 269; 119, 217, 222).

369. Können Darstellungen des Flächennutzungsplans Gegenstand eines Normenkontrollverfahrens nach § 47 VwGO sein?

Nicht nach der wohl noch überwiegenden Meinung. Der Flächennutzungsplan wird anders als der Bebauungsplan nach § 10 BauGB nicht als Satzung erlassen. Er ist vielmehr eine hoheitliche Maßnahme eigener Art und damit keine „Rechtsvorschrift", die in einem förmlichen Rechtsetzungsverfahren erlassen wird und verbindliche Regelungen trifft (BVerwG NVwZ 1991, 262 mit Bespr. von Brodersen JuS 1991, 611 f.).
Dagegen wendet eine beachtliche Mindermeinung ein, der Flächennutzungsplan entfalte über § 35 Abs. 3 S. 1 Nr. 1 und S. 3 BauGB *normative Wirkungen*; daher könne er ebenso wie ein Bebauungsplan Gegenstand eines Normenkontrollverfahrens sein (OVG Koblenz NVwZ 2006, 1442; Kment, NVwZ 2004, 314 ff.; Schenke, NVwZ 2007, 134 ff.; ähnlich BVerwGE 119, 217, 225).

370. Eine Rechtsverordnung des Innenministeriums des Landes X ist durch ein vom Landtag beschlossenes Gesetz ergänzt worden.
1. Ist dies statthaft?
2. Gegen die vom Landtag ergänzte Vorschrift in der Rechtsverordnung möchte A mit einer verwaltungsgerichtlichen Normenkontrolle vorgehen. Statthaft?

1. Es ist zweifelhaft, ob es in der Gestaltungsmacht eines Parlaments liegt, Normen nicht in der Rechtsform des (Parlaments-) Gesetzes, sondern als Rechtsverordnung zu erlassen. Nach überwiegender Ansicht streitet das Bedürfnis einer *flexiblen* und *kooperativen* Normsetzung für diese politische Praxis (vgl. BVerfG DÖV 2006, 165, 169 mit Bspr. von Sachs, JuS 2006, 263 ff.).
2. Parlamentsgesetzlich geändertes Verordnungsrecht hat in der *Normenhierar-*

chie den Rang einer Rechtsverordnung. Vor allem aber streitet das Gebot des effektiven Rechtsschutzes (Art. 19 Abs. 4 GG) dafür, die verwaltungsgerichtliche Normenkontrolle auch für jene parlamentarische Rechtsetzung zu eröffnen, die die Rechtsform der Rechtsverordnung wählt. Denn für den Betroffenen ist nicht klar ersichtlich, ob und welche Teile einer Rechtsverordnung von der Verwaltung und von dem Parlament stammen (BVerwGE 117, 313, 317 ff.; VGH München DÖV 2007, 79 f.; Würtenberger, Rn. 444a). Eine *Vorlagepflicht nach Art. 100 Abs. 1 GG* besteht nicht, da diese nur zur Anwendung gelangt, wenn das Parlament Rechtsnormen im Rang des (Parlaments-) Gesetzes erlassen hat (BVerwGE 117, 313, 320; BVerfG DÖV 2006, 165, 169).

c) Antragsbefugnis

371. Die „Benutzungssatzung für das städtische Hallenbad" von Abenhausen sieht vor:
§ 15: Bei Benutzung des Schwimmbeckens ist eine Badekappe zu tragen.
Rentner R, seit einigen Jahren sämtlichen Haupthaares beraubt, hält § 15 dieser Satzung für unwirksam. Ist er nach § 47 Abs. 2 S. 1 VwGO antragsbefugt?

R ist nach § 47 Abs. 2 S. 1 VwGO antragsbefugt, wenn er geltend machen kann, durch die Anwendung der „Benutzungssatzung für das städtische Hallenbad" in seinen Rechten verletzt zu sein oder in absehbarer Zeit verletzt zu werden. Für das „Geltendmachen" müssen hinreichend substantiierte Tatsachen vorgetragen werden, die eine Verletzung eines subjektiv-öffentlichen Rechts als möglich erscheinen lassen; es gilt also auch hier die zu § 42 Abs. 2 VwGO entwickelte Möglichkeitstheorie (Würtenberger, Rn. 451; weitergehend VGH München BayVBl. 2005, 722, 724). Im Hinblick auf § 15 Abs. 1 Benutzungssatzung kann R geltend machen, diese

Vorschrift beschränke ihn möglicherweise in seiner *allgemeinen Handlungsfreiheit* (Art. 2 Abs. 1 GG) und verstoße vor allem gegen das *Verhältnismäßigkeitsprinzip*.

372. X betreibt eine Tankstelle. Nunmehr tritt ein Bebauungsplan in Kraft, nach dem der Betrieb von Tankstellen unzulässig ist. Antragsbefugnis des X gegen diesen Bebauungsplan?

X ist nach § 47 Abs. 2 S. 1 VwGO antragsbefugt, wenn er durch den Bebauungsplan möglicherweise in seinen Rechten verletzt wird. Dies ist der Fall, wenn durch den Bebauungsplan die bauliche Nutzbarkeit des Grundstücks beschränkt oder erheblich erschwert wird. Denn Nutzungsmöglichkeiten eines Grundstücks dürfen nur durch *wirksame* Normen beschränkt werden, so dass Grundeigentümer gegen Bebauungspläne immer antragsbefugt sind, wenn sie Inhalt und Schranken ihres Grundeigentums regeln (Würtenberger, Rn. 453; BVerwGE 91, 318).

373. Unternehmer U betreibt seit dreißig Jahren im Außenbereich der Gemeinde G eine Ziegelei. Im Zuge der Ortserweiterung wird ein Bebauungsplan verabschiedet, der ein reines Wohngebiet um die Ziegelei ausweist. U sieht durch diesen Bebauungsplan den Bestand seines Unternehmens gefährdet: Sein Gebiet für den Abbau von Tonerde liegt nämlich nunmehr im Geltungsbereich des Bebauungsplanes; die Erweiterung von Lehmgruben auf Grundstücken, die er zu pachten beabsichtige, würde in Zukunft

U ist nach § 47 Abs. 2 S. 1 VwGO antragsbefugt, wenn er durch den Vollzug des Bebauungsplans möglicherweise in seinen Rechten verletzt wird. Vorliegend geht es nicht darum, wie im vorangegangenen Fall, dass die Nutzungsmöglichkeit von Grundstücken des U beschränkt wird. Es geht vielmehr um die Frage, ob ein Verstoß gegen die in § 2 Abs. 3 BauGB geregelte Ermittlungspflicht oder gegen das in § 1 Abs. 7 BauGB geregelte Abwägungsgebot zu einer Verletzung subjektiv-öffentlicher Rechte i.S.v. § 47 Abs. 2 S.1 VwGO führen kann.

1. Nach einer Mindermeinung regeln § 1 Abs. 7 und § 2 Abs. 3 BauG lediglich das im Rechtsstaat verwurzelte Ge-

nicht mehr genehmigt werden können. Die Folge wäre, dass er seinen Betrieb einstellen müsse. Vor allem aber rügt U, was zutrifft, seine Belange seien im Gemeinderat nicht diskutiert worden, als der Bebauungsplan verabschiedet worden sei.
Ist ein Normenkontrollantrag zulässig?

bot einer sachgerechten und willkürfreien Planung, gewähren aber kein subjektiv-öffentliches Recht, dass die privaten Belange und Interessen angemessen bei der Beschlussfassung über den Bebauungsplan berücksichtigt werden (so der Wille des den § 47 Abs. 2 VwGO neu fassenden Gesetzgebers: BT-Drs. 13/3993, S. 9 f.)
2. Die ganz überwiegende Meinung hält § 1 Abs. 7 und § 2 Abs. 3 BauGB für drittschützende Normen. Sie vermitteln das subjektiv-öffentliche Recht auf fehlerfreie Berücksichtigung und Abwägung privater Belange im Bauplanungsverfahren. Diese Subjektivierung des Abwägungsgebotes gestattet es dem Antragsteller, Tatsachen vorzutragen, die es als möglich erscheinen lassen, dass seine Belange nicht entsprechend ihres Gewichts in die Abwägung eingestellt und sodann bei der Abwägung berücksichtigt wurden (Würtenberger, Rn. 454; BVerwGE 107, 215, 220 ff.; VGH München BayVBl. 2006, 45 f.).
3. Schließt man sich der ganz überwiegenden Meinung an, ist U antragsbefugt. Bei der Bauleitplanung erfasst das notwendige Abwägungsmaterial alle Belange, die nach Lage der Dinge in die Abwägung eingestellt werden müssen (BVerwGE 34, 301, 309). Dazu gehören nach § 1 Abs. 5 sowie Abs. 6 Nr. 8a BauGB auch die von U vorgetragenen *privaten* Belange, die schutzwürdig sind und vorliegend für den Planungsträger erkennbar waren.

374. Können auch Mieter oder Pächter gegen einen Be-

Im Grundsatz nein. Denn das Bauplanungsrecht regelt nur die „Eigentümer-

bauungsplan antragsbefugt sein?

interessen" an der Nutzung von Grundstücken. Obligatorisch Berechtigte sind damit grundsätzlich nicht antragsbefugt. Ihre Antragsbefugnis wird aber dann bejaht, wenn sie ihr *Recht auf Gesundheit* (Art. 2 Abs. 2 S. 2 GG) oder ihren auf dem gemieteten bzw. gepachteten Grundstück ausgeübten *Gewerbebetrieb* (Art. 14 Abs. 1 GG) beeinträchtigt sehen (Würtenberger, Rn. 455; BVerwG NVwZ 2000, 807 f.).

375. Mit dem Normenkontrollantrag soll ein Bebauungsplan der Stadt S überprüft werden, der ein Sondergebiet für einen Verbrauchermarkt festsetzt. Wer von den im folgenden Genannten ist antragsbefugt?
1. Das Landratsamt durch seine Baurechtsbehörde, die den Plan zu genehmigen hatte, oder durch seine Rechtsaufsichtsbehörde?
2. Ein mit der Sache befasstes Verwaltungsgericht?
3. Die Nachbargemeinde N?

1. Behörden sind nach § 47 Abs. 2 S. 1 letzter HS VwGO grundsätzlich antragsbefugt. Sie sollen nicht gezwungen sein, Recht anzuwenden, von dessen Ungültigkeit sie überzeugt sind. Dies wäre mit der Bindung der Verwaltung an Gesetz und Recht unvereinbar.
Vorliegend ist jedoch das Rechtsschutzbedürfnis problematisch. § 47 Abs. 2 S. 1 VwGO soll nur den schützen, der an der Feststellung der Ungültigkeit einer Rechtsnorm, über die er selbst *nicht* verfügen darf, ein Interesse hat. Könnten die Baurechts- oder Rechtsaufsichtsbehörden den Bebauungsplan außer Kraft setzen, bedürfte es nicht der Inanspruchnahme gerichtlichen Rechtsschutzes.
Die Baurechtsbehörde kann allerdings nicht über die kommunalen Bebauungspläne verfügen und hat kein Verwerfungsrecht (VGH München BayVBl. 1982, 654).
Die Rechtsaufsichtsbehörde kann zwar mit rechtsaufsichtlichen Maßnahmen auf eine Aufhebung des ungültigen Bebauungsplans hinwirken. Sie kann aber durch rechtsaufsichtliche Maßnahmen nur eine Aufhebung des Bebauungsplans

ex nunc erreichen. Durch eine Normenkontrolle kann sie darüber hinaus *allgemeinverbindlich* veranlassen, dass der beanstandete Bebauungsplan *ex tunc* für ungültig erklärt wird (VGH München BayVBl. 1982, 654, 655; BVerwG NVwZ 1990, 57 f.; Schmitt Glaeser/Horn, Rn. 428). Das Landratsamt ist also antragsbefugt.

2. Ein mit der Sache befasstes Verwaltungsgericht ist nicht antragsbefugt, da es sich bei Gerichten nicht um Behörden (vgl. auch die Legaldefinition des § 1 Abs. 4 VwVfG) handelt.

3. Als Körperschaft des öffentlichen Rechts ist die Gemeinde N juristische Person und damit antragsbefugt nach § 47 Abs. 2 S. 1 VwGO, wenn sie in ihren Rechten verletzt ist oder in absehbarer Zeit verletzt zu werden droht, was näher zu untersuchen wäre. Zur Frage, ob die Nachbargemeinde N zugleich auch als Behörde antragsbefugt sein kann, sogleich im folgenden Fall!

376. Die Gemeinde G greift in ihrer Eigenschaft als Behörde mit einem Normenkontrollantrag die Bestimmung einer Vorrangfläche für den Kiesabbau auf ihrem Gebiet im Regionalplan an. Ist der Normenkontrollantrag zulässig?

1. Ein Regionalplan (der nach § 12 Abs. 7 BW LPlanG durch Satzung festgestellt wird: lesen Sie die entspr. Vorschrift Ihres Landesrechts!) ist eine untergesetzliche Rechtsvorschrift i. S. v. § 47 Abs. 1 Nr. 2 VwGO. Dies auch dann, wenn der Regionalplan, wie in einigen Bundesländern, nicht als Satzung oder RVO in Kraft gesetzt wird (VGH München NVwZ 1985, 502; Weidemann, DVBl. 1984, 767, 768 f.; Kopp/Schenke, § 47 VwGO Rn. 33 m. Nw.).

2. „Eine Gemeinde kann die Prüfung der Gültigkeit einer von ihr zwar nicht erlassenen, aber in ihrem Gebiet geltenden

Rechtsvorschrift i. S. d. § 47 Abs. 1 Nr. 2 VwGO stets beantragen, wenn sie die Vorschrift als *Behörde* zu beachten hat" (BVerwG DVBl. 1989, 662). Die zu beachtende Rechtsvorschrift muss die Gemeinde also nicht in ihrem Recht auf Selbstverwaltung konkret beeinträchtigen. Denn § 47 Abs. 2 S. 1 VwGO unterscheidet zwischen natürlichen und juristischen Personen einerseits und Behörden als möglichen Antragstellern andererseits. Als Körperschaft des öffentlichen Rechts ist die Gemeinde juristische Person, zugleich ist sie aber auch Behörde (vgl. § 1 Abs. 4 VwVfG). Behörden brauchen zwar keine Rechtsverletzung i. S. v. § 47 Abs. 2 S. 1 VwGO darzulegen, um antragsbefugt zu sein. Behörden sind aber nicht gegen jede Rechtsvorschrift antragsbefugt, sondern nur dann, wenn sie ein *besonderes Beanstandungsinteresse* besitzen. Dies ist immer dann der Fall, wenn sie die beanstandete Rechtsvorschrift (mit-)auszuführen haben, ohne diese aufheben oder ändern zu können (BVerwG DVBl. 1989, 662, 663; Papier, in: Festschrift für Menger, S. 517, 526 f.; Kopp/Schenke, § 47 VwGO, Rn. 82, 94).

Dass die Gemeinde die auf ihr Gebiet bezogenen Festsetzungen im Regionalplan zu vollziehen hat, ergibt sich aus § 4 Abs. 1 i. V. m. § 3 Nr. 2 BROG (Sartorius Nr. 340). Die Gemeinde ist gehalten, ihre Bauleitplanung den landesplanerischen Zielsetzungen anzupassen (§ 1 Abs. 4 BauGB).

d) Frist

377. Eine Beitragssatzung der Gemeinde G ist am 1.6. 2006 in Kraft getreten. Der am 1.8.2007 neu in die Gemeinde G gezogene X hält diese Beitragssatzung für unvereinbar mit Art. 3 Abs. 1 GG. Ist ein Normenkontrollantrag statthaft? Welche Rechtsbehelfe sind sonst noch statthaft?

1. Ein Normenkontrollantrag ist unzulässig, da die Jahresfrist des § 47 Abs. 2 S. 1 VwGO versäumt wurde.
2. Ein Antrag auf *Wiedereinsetzung in den vorigen Stand* nach § 60 Abs. 1 VwGO hat keine Aussicht auf Erfolg. Denn bei der Frist des § 47 Abs. 2 S. 1 VwGO handelt es sich um eine *Ausschlussfrist* (Würtenberger, Rn. 450; str.).
3. Er kann den an ihn ergehenden Beitragsbescheid anfechten. In diesem Verfahren prüft das Verwaltungsgericht inzident, ob die Beitragssatzung mit Art. 3 Abs. 1 GG vereinbar ist (Frage 360).

378. Können Einwendungen gegen einen Bebauungsplan oder gegen eine Satzung nach § 34 Abs. 4 S. 1 Nr. 2 und 3 sowie nach § 35 Abs. 6 BauGB präkludiert werden?

Ja. Nach § 47 Abs. 2a VwGO ist ein Normenkontrollantrag gegen einen Bebauungsplan oder gegen Innen- und Außenbereichssatzungen nur im Hinblick auf solche Einwendungen zulässig, die der Antragssteller bereits anlässlich der förmlichen Beteiligung nach §§ 3 Abs. 2 bzw. nach § 13 Abs. 2 Nr. 2 oder nach § 13a Abs. 2 Nr. 1 BauGB rechtzeitig geltend gemacht hat; auf die Rechtsfolge der Präklusion muss im Rahmen der Beteiligung allerdings förmlich hingewiesen werden.

379. X hat seine Einwendungen im Bebauungsplanverfahren nicht (fristgerecht) vorgebracht, so dass sein Normenkontrollantrag nach § 47 Abs. 2a VwGO unzulässig ist. Er erhebt allerdings Anfechtungsklage gegen die dem

Ja. Die Präklusionsregel des § 47 Abs. 2a VwGO gilt *nur* für das Normenkontrollverfahren. Im Rahmen der Anfechtungsklage kann nach wie vor die Gültigkeit des Bebauungsplans inzidenter überprüft werden (Krautzberger/Stüer, DVBl. 2007, 168).

N erteilte Baugenehmigung mit der Begründung, der Bebauungsplan sei unwirksam, so dass die Baugenehmigung rechtswidrig sei. Mit Aussicht auf Erfolg?

e) Verfassungsvorbehalt und Konkurrenz zu verfassungsgerichtlichen Verfahren

380. X hält eine Rechtsverordnung der Landesregierung wegen Verstoßes gegen eine Vorschrift der Landesverfassung für nichtig. Ist das OVG zur Überprüfung dieser RVO zuständig, wenn diese in dem betreffenden Bundesland auch vom Landesverfassungsgericht überprüft werden kann?

Diese Frage lässt sich nicht mit einem Ja oder Nein beantworten. Das OVG ist zur Überprüfung der RVO auf die Vereinbarkeit mit Landesverfassungsrecht nur insoweit nicht zuständig, als auf Grund gesetzlicher Regelung eine *ausschließliche* Prüfungskompetenz des Landesverfassungsgerichts vorgesehen ist: § 47 Abs. 3 VwGO. Solche landesverfassungsgerichtlichen Vorbehaltsklauseln finden sich in Art. 132 Hess Verf (VGH Kassel NVwZ 1991, 1098 f.) und in Art. 98 S. 4 Bay Verf (BayVerfGH BayVBl. 1984, 235, 236; 460; kritisch Wolff, BayVBl. 2003, 321, 323 ff.).

381. Wie wäre es, wenn X, statt einen Normenkontrollantrag beim OVG zu stellen, sogleich Verfassungsbeschwerde zum Bundesverfassungsgericht erheben würde?

Das Verhältnis der verwaltungsgerichtlichen Normenkontrolle zur Verfassungsbeschwerde ist ebenso zu beurteilen wie das Verhältnis anderer verwaltungsgerichtlicher Verfahren zur Verfassungsbeschwerde. „Das Normenkontrollverfahren nach § 47 VwGO (ist) ein Rechtsweg i. S. d. § 90 Abs. 2 BVerfGG ..., so dass die Verfassungsbeschwerde erst nach Erschöpfung dieses Rechtsweges erhoben werden kann, m. a. W. das Normenkontrollverfahren nach § 47 der Verfassungsbeschwerde nach Art. 93 Abs. 1 Nr. 4 a GG vorgeht" (Schmitt Glaeser/Horn, Rn. 439; BVerfGE 70, 35, 53 ff.). Im Hinblick auf § 90 Abs. 2 BVerfGG ist die Erhebung einer Verfassungsbeschwerde also unzulässig.

f) Entscheidungsmöglichkeiten und Entscheidungswirkungen

382. Ist das OVG von der Ungültigkeit der angefochtenen Norm überzeugt, erklärt es sie gem. § 47 Abs. 5 S. 2 HS 1 VwGO für unwirksam. Welche Wirkung hat diese Entscheidung?

Die Entscheidung ist allgemeinverbindlich (§ 47 Abs. 5 S. 2 HS 2 VwGO). Sie wirkt *inter omnes* und nicht nur zwischen den Parteien (inter partes) wie bei der Inzidentkontrolle (Frage 360). Die Unwirksamkeit der Norm wird also gegenüber jedermann festgestellt. Weder Behörden noch Gerichte dürfen diese Vorschrift weiter anwenden. Eine Rechtsnorm mit gleichem Inhalt darf, solange sich die Verhältnisse nicht ändern, nicht erneut erlassen werden.

Die Unwirksamkeitserklärung wirkt grundsätzlich *ex tunc*, d. h. rückwirkend auf den Zeitpunkt des Normerlasses bzw. des späteren Ereignisses, das die Unwirksamkeit zur Folge hatte (BGH NJW 1983, 1795 f.; VGH München BayVBl. 1982, 654, 656).

Im übrigen bleiben nicht mehr anfechtbare *Entscheidungen der Verwaltungsgerichte*, die auf der für nichtig erklärten Norm beruhen, unberührt (§§ 47 Abs. 5 S. 3, 183 VwGO; Würtenberger, Rn. 473).

383. Welche Wirkung hat demgegenüber die Entscheidung des Gerichts über die Erfolglosigkeit (Unzulässigkeit oder Unbegründetheit) des Antrags?

Sie entfaltet Rechtskraftwirkung nur für die beteiligten Parteien, also *inter partes*. Dritten bleibt es unbenommen, bislang erfolglos angefochtene Rechtsnormen erneut mit einem Normenkontrollantrag anzugreifen.

384. Kann auch die Rechtswidrigkeit einer Rechtsverordnung festgestellt werden?

Ja, als Minus zur Unwirksamkeitserklärung in Ausnahmefällen, wenn die Unwirksamkeitserklärung zu *schweren Störungen des Gemeinwohls* führen würde. Hier erhält die Normsetzungsinstanz innerhalb einer Übergangsfrist Gelegenheit, rechtlich korrekte Regelungen zu erlassen (vgl. OVG Berlin NVwZ 1983, 416 f. und Kopp/Schenke, § 47 VwGO Rn. 126). Beachte die verfassungsprozessuale Parallele zu den Entscheidungsmöglichkeiten des BVerfG: BVerfGE 58, 257, 280 f.; 73, 280, 297 f.

385. Kann eine Rechtsnorm auch nur für teilweise nichtig erklärt werden?

Ja. Sind nur einzelne Bestimmungen einer Satzung oder RVO nichtig, so ist *analog § 139 BGB* eine Teilnichtigkeit zu bejahen, wenn auch ohne die nichtigen Vorschriften eine sinnvolle Regelung verbleibt (*Grundsatz der Teilbarkeit*). Außerdem muss anzunehmen sein, dass der Normgeber die Satzung bzw. RVO auch ohne die nichtigen Vorschriften erlassen hätte (Grundsatz der Achtung des mutmaßlichen Willens des Normgebers; BVerwG DVBl. 1978, 536 f.; BVerwGE 82, 225, 230; Würtenberger, Rn. 468).

386. Welche Auswirkungen hat die Unwirksamkeitserklärung einer Rechtsnorm auf einen bestandskräftigen VA, der auf diese Norm gestützt war?

Nach § 47 Abs. 5 S. 3 i. V. m. § 183 VwGO, der auf bestandskräftige VAe entsprechend angewendet wird, bleibt der bestandskräftige VA unberührt (BVerwGE 56, 172, 176; Würtenberger, Rn. 473).

g) Rechtsmittel

387. Nach Zurückweisung seines Normenkontrollantrags will A beim BVerwG Rechtsmittel gegen die Entscheidung des OVG einlegen. Welches Rechtsmittel ist statthaft?

Die Zulassungsrevision nach § 132 VwGO.

h) Vorläufiger Rechtsschutz

388. An welche Vorschrift lehnt sich § 47 Abs. 6 VwGO an?

An § 32 BVerfGG. Die dazu entwickelten Grundsätze sind auch hier anzuwenden. Insbesondere ist ein strenger Maßstab anzulegen (zur sog. Doppelhypothese: Würtenberger, Rn. 476 m. Nw.).

389. A besitzt ein Baugrundstück im Geltungsbereich eines Bebauungsplans, der für das Nachbargrundstück des N eine Garagenfläche an der Grundstücksgrenze vorsieht. Mit Bescheid der zuständigen Behörde wurde dem N der Garagenbau genehmigt. Hiergegen legt A Widerspruch ein und stellt einen Antrag auf Anordnung der aufschiebenden Wirkung seines Widerspruchs nach § 80 a Abs. 3 VwGO, was wegen § 212a Abs. 1 BauGB erforderlich ist. Zugleich stellt er einen Normenkontrollantrag und beantragt zudem eine einstweilige Anordnung des Inhalts, „dass

1. Der Antrag nach § 80 a Abs. 3 VwGO ist vom Verwaltungsgericht erster Instanz zu entscheiden.
2. Die Voraussetzungen für den Erlass einer einstweiligen Anordnung nach § 47 Abs. 6 VwGO sind nicht erfüllt, wenn vorläufiger Rechtsschutz nach § 80 oder § 123 VwGO möglich und zumutbar ist. Vorliegend hat A einen Antrag nach § 80 a Abs. 3 VwGO gestellt. Nach dieser Vorschrift erhält A ausreichenden einstweiligen Rechtsschutz. Eines weitergehenden Rechtsschutzes aus § 47 Abs. 6 VwGO bedarf es nicht. Der Antrag des A auf Erlass einer einstweiligen Anordnung ist damit als unzulässig zurückzuweisen (Papier in FS für Menger, S. 531; a. A. Kopp/Schenke, § 47 VwGO Rn. 149; VGH Kassel NVwZ-RR 1991, 588, 591).

der strittige Garagenbau bis zur Entscheidung im Normenkontrollverfahren unterbleibt". Wird das OVG über diese Anträge entscheiden?

3. Im übrigen würde der Erlass einer einstweiligen Anordnung nach § 47 Abs. 6 VwGO dem A vorliegend nichts nützen, da nur die Aussetzung des Vollzugs oder der Anwendung der angegriffenen Rechtsnorm möglich ist. Bereits ergangene VAe, wie hier die Baugenehmigung, bleiben aber von dem Erlass einer einstweiligen Anordnung unberührt (Würtenberger, Rn. 477; VGH München BayVBl 1992, 245).

i) Begründetheit

390. Wann ist die Normenkontrolle begründet?

Wenn der richtige Antragsgegner gewählt ist und die zur Überprüfung gestellte Rechtsvorschrift wegen Verstoßes gegen höherrangiges Recht ungültig (nichtig) ist. Zu prüfen ist in *formellrechtlicher Hinsicht* die Zuständigkeit zum Erlass der Norm sowie die Einhaltung von Verfahren und Form der Normsetzung, und in *materiellrechtlicher Hinsicht,* dass kein Verstoß gegen höherrangiges Recht vorliegt.
Nicht zu prüfen ist aber, ob der Antragsteller durch die Norm oder ihren Vollzug in seinen Rechten verletzt wird.

391. R hält die Benutzungssatzung des kommunalen Schwimmbades der Stadt X für ungültig. Gegen wen ist der Normenkontrollantrag zu richten?

Antragsgegner ist die Körperschaft, Anstalt oder Stiftung des öffentlichen Rechts, die die Norm erlassen hat: § 47 Abs. 2 S. 2 VwGO. Der Normenkontrollantrag ist also gegen die Stadt X zu richten.

392. A beruft sich in seinem Normenkontrollantrag auf die Unvereinbarkeit der angegriffenen Satzung mit Bundes-

1. Das Bundesrecht (also das Grundgesetz sowie die Gesetze und Rechtsverordnungen des Bundes) ist Prüfungsmaßstab.

recht, insbesondere mit dem Grundgesetz, mit Grundrechten in der Landesverfassung sowie mit Normen des primären und sekundären Gemeinschaftsrechts. Wird das OVG alle diese Normen als Prüfungsmaßstab heranziehen?

2. Das Landesrecht (also die Landesverfassung sowie die Gesetze und die Rechtsverordnungen höherrangiger Landesinstanzen) ist ebenfalls Prüfungsmaßstab, soweit nicht die Vorbehaltsklausel des § 47 Abs. 3 VwGO zur Anwendung gelangt (Frage 380).

3. Normen des primären und sekundären Gemeinschaftsrechts werden von der überwiegenden Meinung ebenfalls als Prüfungsmaßstab anerkannt.

a) Eine Kollision mit Gemeinschaftsrecht hat wegen dessen Geltungsvorrang lediglich die *Unanwendbarkeit* der deutschen Satzung bzw. RVO, nicht aber deren Unwirksamkeit zur Folge. Als minus zur Unwirksamkeitserklärung nach § 47 Abs. 5 S. 2 HS 1 VwGO kann das OVG Normen auch für unanwendbar erklären.

b) Die *europarechtlichen* prozessrechtlichen Vorgaben fordern nicht, dass Normen des Gemeinschaftsrechts Prüfungsmaßstab im Normenkontrollverfahren sind. Denn dem gemeinschaftsrechtlichen Effizienzgebot (effet utile) ist dadurch genügt, dass im Rahmen der *Inzidentprüfung* die Konformität von unterrangigem Recht mit Gemeinschaftsrecht geklärt werden kann (zur Inzidentprüfung: Frage 360).

In *analoger Anwendung* des Prüfungsmaßstabs des § 47 VwGO lassen sich auch die Normen des primären und sekundären Gemeinschaftsrechts in das Normenkontrollverfahren einbeziehen. Es besteht ein erhebliches Interesse daran, dass die Gemeinschaftswidrigkeit unterrangigen Rechts allgemeinverbindlich festgestellt werden kann (Würtenberger, Rn. 467; Dünchheim, DÖV 2004, 137 ff.).

393. Welche besonderen Rechtsvorschriften sind bei der Prüfung der Begründetheit eines Normenkontrollantrags gegen Bebauungspläne zu beachten?

Zu beachten sind die §§ 214 und 215 BauGB, die die gerichtliche Kontrollkompetenz von Verfahrensfehlern und von materiellen Fehlern einschränken (Würtenberger, Rn. 465; Battis/Krautzberger/Löhr, NVwZ 2007, 127 f.).

394. Gibt es auch im Kommunalrecht Rechtsvorschriften, die die gerichtliche Kontrollkompetenz von Form- und Verfahrensfehlern einschränken?

Ja, zum Beispiel in § 4 Abs. 4 BWGO (lesen Sie die entsprechende Vorschrift in Ihrem Landesrecht!).

395. An der Beschlussfassung über eine Gemeindesatzung hat Gemeinderatsmitglied G mitgewirkt, das nach § 18 Abs. 1 BWGO befangen war (lesen Sie die entsprechende Vorschrift in Ihrem Landesrecht!). Innerhalb welcher Frist muss dieser Verfahrensfehler gerügt werden?

Nach § 4 Abs. 4 S. 1 BWGO innerhalb einer Jahresfrist. Nach Ablauf dieser Frist gilt die gemeindliche Satzung als von Anfang an gültig zustande gekommen. Die Verletzung von Form- und Verfahrensvorschriften muss innerhalb der Jahresfrist gegenüber der Gemeinde geltend gemacht werden (§ 4 Abs. 4 S. 2 Nr. 2 BWGO).

V. Vorbeugender und vorläufiger Rechtsschutz

396. Wie lassen sich vorbeugender und vorläufiger Rechtsschutz unterscheiden? Wo ist der vorläufige Rechtsschutz geregelt?

Beim vorbeugenden Rechtsschutz wendet sich der Kläger gegen *zukünftiges* Handeln der Verwaltung, von dem er Rechtsverletzungen befürchtet (Würtenberger, Rn. 479). Beim vorläufigen Rechtsschutz wird der Vollzug eines bereits erlassenen VA unterbunden (§§ 80, 80 a VwGO) oder eine vorläufige gerichtliche Regelung im Hinblick auf einen konkreten Rechtsstreit erstrebt (§§ 47 Abs. 6, 123 VwGO).

1. Der vorbeugende Rechtsschutz

397. Die beklagte Behörde bewilligte einem Nachbarn des Klägers von Fall zu Fall für einzelne Nächte eine Verlängerung der Polizeistunde für seine Diskothek. Wegen der damit verbundenen erhöhten Lärmbelästigung erhebt der Kläger eine vorbeugende Unterlassungsklage. Er beantragt, Sperrstundenverlängerungen in Zukunft nicht mehr zu gewähren. Ist dieser Antrag zulässig?

Dass Unterlassungsklagen und auch vorbeugende Unterlassungsklagen gegen *reales* Verwaltungshandeln grundsätzlich zulässig sind, ist allgemein anerkannt (Fragen 316 f.). Auch gegen *künftige VAe* sind vorbeugende Unterlassungsklagen, die sog. *Verwaltungsaktsverhütungsklagen*, zulässig (OVG Lüneburg DVBl. 1971, 421; Würtenberger, Rn. 482; anders aber Bettermann in: 10 Jahre VwGO (1970), S. 194: die VwGO gewährt ausreichenden Rechtsschutz gegen belastende VAe).

Dies allerdings nur ausnahmsweise: Für die Inanspruchnahme vorbeugenden Rechtsschutzes gegenüber VAen bedarf es eines *besonderen Rechtsschutzinteresses* (BVerwGE 40, 326; 51, 69, 74 f.; Würtenberger, Rn. 484). In der Regel besteht für eine solche Klage nämlich kein Bedürfnis, weil der Suspensiveffekt (§ 80

Abs. 1 VwGO) bzw. die Aussetzung der Vollziehung des VA (§ 80 Abs. 5, § 80 a Abs. 3 i. V. m. § 80 Abs. 5 VwGO) ausreichenden Rechtsschutz bieten. Eine vorbeugende Unterlassungsklage ist deshalb nur dann zulässig, wenn der vorläufige Rechtsschutz der VwGO zu Defiziten im Rechtsschutz führt. Dies ist insbesondere bei strafbewehrten, sich kurzfristig erledigenden oder vollendete Tatsachen schaffenden VAen der Fall; ein besonderes Rechtsschutzinteresse besteht auch dann, wenn in unzumutbarer Weise gegen eine Vielzahl von zu erwartenden VAen geklagt werden müßte (Dreier, JA 1987, 415, 422 ff.; Peine, JURA 1983, 285, 292 ff.).

Vorliegend bietet die VwGO dem Kläger keinen anderweitigen wirksamen Rechtsschutz gegen die sich jeweils kurzfristig erledigenden Sperrstundenverlängerungen. Er kann zwar gegen jede einzelne Sperrstundenverlängerung vorgehen; es wird aber immer nur im Rahmen einer Fortsetzungsfeststellungsklage (Fragen 566) festgestellt, dass *einzelne* Sperrstundenverlängerungen rechtswidrig waren. Diese Klageart bietet also keinen wirksamen Schutz vor zukünftigen gleichartigen Maßnahmen (BVerwGE 32, 333, 335; anders Dreier, JA 1987, 415, 423).

398. Bedarf es bei einer vorbeugenden Unterlassungsklage gegen Verwaltungsakte eines Vorverfahrens?

Eine vorbeugende Unterlassungsklage gegen einen VA ist ohne vorherige Durchführung eines Vorverfahrens zulässig. Denn als Ausformung der allgemeinen Leistungsklage ist die vorbeugende Unterlassungsklage weder Verpflichtungs- noch Anfechtungsklage

(BVerwG DÖV 1971, 639; Peine, JURA 1983, 285, 294).

399. Der Kläger wohnt in einem reinen Wohngebiet. Die Gemeinde G will durch Änderung des Bebauungsplanes die Gebietsstruktur ändern und hier ein Gewerbegebiet ausweisen. K klagt auf Unterlassung der Planänderung.

Auch der Erlass von untergesetzlichen Rechtsnormen kann Gegenstand einer verwaltungsgerichtlichen vorbeugenden Unterlassungsklage sein. Allerdings fehlt einer solchen Klage in aller Regel das bei vorbeugenden Unterlassungsklagen zu fordernde besondere Rechtsschutzbedürfnis. Durch einstweilige Anordnung kann der Vollzug eines möglicherweise nichtigen Bebauungsplanes unterbunden werden (§ 47 Abs. 6 VwGO), so dass es keines vorbeugenden Rechtsschutzes bedarf.
Im Übrigen fehlt es im Allgemeinen auch an einem *materiellen Anspruch* auf Unterlassung der Normsetzung und damit an der Klagebefugnis entsprechend § 42 Abs. 2 VwGO (Würtenberger, Rn. 488). Vorliegend gibt es kein Recht auf Unterlassung der Änderung eines Bebauungsplanes (vgl. § 1 Abs. 3 S. 2 BauGB; BVerwGE 54, 211 ff. erörtert dies allerdings im Rahmen der Begründetheitsprüfung).

400. Hätte im Fall 397 mit einer vorbeugenden Feststellungsklage die Feststellung der Rechtswidrigkeit künftiger Sperrstundenverlängerungen, im Fall 399 die Feststellung der Nichtigkeit der beabsichtigten Normänderung beantragt werden können?

Eine vorbeugende Feststellungsklage wird in der verwaltungsgerichtlichen Praxis immer dann für zulässig erachtet, wenn auch eine vorbeugende Unterlassungsklage als zulässig angesehen wird. Über die Subsidiaritätsklausel des § 43 Abs. 2 VwGO setzt man sich hinweg: Zweck des § 43 Abs. 2 VwGO sei allein, eine Umgehung der Sonderregelungen für Anfechtungs- und Verpflichtungsklagen zu verhindern. Dies aber sei bei einer vorbeugenden Feststellungsklage gegenüber VAen nicht der Fall (Dreier, JA 1987, 415, 424 f.; Peine, JURA 1983, 285, 295 f.). Dem kann jedoch nicht zugestimmt werden. Die Subsidiaritätsklausel des § 43 Abs. 2 VwGO dient der Verwirklichung möglichst effektiven Rechtsschutzes (Frage 342; Hufen, § 18 Rn. 34; Würtenberger, Rn. 485).

2. Der vorläufige Rechtsschutz

401. Was gewährt vorläufiger Rechtschutz?

Die Verfahren vorläufigen (bzw. einstweiligen) Rechtsschutzes sichern Rechtspositionen solange, bis eine endgültige Entscheidung erfolgt ist. Ihr Ziel ist damit eine *interimistische Befriedung* und *vorläufige Sicherung*, aber nicht endgültige Regelung und Befriedigung eines Anspruchs.

402. Welche beiden Arten vorläufigen Rechtsschutzes kennt die VwGO?

1. Die aufschiebende Wirkung von Widerspruch und Anfechtungsklage (§ 80 Abs. 1 VwGO) sowie ggf. die gerichtliche Anordnung oder Wiederherstellung der aufschiebenden Wirkung (§§ 80 Abs. 5, 80 a Abs. 3 VwGO).
2. Der Erlass einer einstweiligen Anordnung durch das Gericht der Hauptsache: §§ 123, 47 Abs. 6 VwGO.

403. Worin ist der wesentliche Unterschied im Anwendungsbereich der §§ 80, 80 a und § 123 VwGO zu sehen?

§§ 80, 80 a VwGO finden Anwendung, wenn im Hauptsacheverfahren eine Anfechtungsklage zu erheben ist, § 123 VwGO in allen übrigen Fällen, also bei Verpflichtungsklagen, allgemeinen Leistungsklagen oder Feststellungsklagen (§ 123 Abs. 5 VwGO).

404. Dem X wird durch VA eine Subvention gewährt, die zum 1.11. auszuzahlen ist. Nunmehr wird der Subventionsbescheid zurückgenommen. Wie kann er die fristgerechte Auszahlung der Subvention durchsetzen?

Die Rücknahme des Subventionsbescheides ist ein VA. Die gegen diesen VA gerichteten Rechtsbehelfe haben *aufschiebende Wirkung*, so dass X, legt er Widerspruch ein, über § 80 Abs. 1 VwGO vorläufigen Rechtsschutz erhält. Die Rücknahme des Subventionsbescheids darf nach Einlegung des Widerspruchs nicht vollzogen werden, so dass die Leistungen entsprechend der ursprünglichen Bewilligung zu gewähren sind.

405. Haben die Regelungen über den vorläufigen Rechtsschutz eine verfassungsrechtliche Grundlage?

Art. 19 Abs. 4 GG gebietet einen effektiven gerichtlichen Rechtsschutz gegen jeden Akt der Exekutive, der in Rechte des Bürgers eingreift. Darüber hinaus will die Rechtsschutzgarantie verhindern, dass das „normale" Verfahren gerichtlichen Rechtsschutzes wegen langer Verfahrensdauer dem Kläger Steine statt Brot gibt. Daher sind irreparable Folgen, „wie sie durch die sofortige Vollziehung einer hoheitlichen Maßnahme eintreten können, soweit als möglich auszuschließen" (BVerfGE 35, 263, 274 – zu § 80 VwGO). § 123 VwGO garantiert effektiven gerichtlichen Rechtsschutz gegen schwere und unzumutbare Nachteile, die entstehen, wenn die Verwaltung einem Leistungsbegehren nicht entspricht, und die durch eine spätere Entscheidung in der Hauptsache nicht mehr ohne weiteres zu beseitigen sind (BVerfGE 46, 166, 178 f.; BVerfG NJW 1989, 827; Würtenberger, Rn. 480; Hufen, § 31 Rn. 1 ff.).

406. Am 31. Juli, einem Samstag, ging K eine bauauf-

Nein. Art. 19 Abs. 4 GG garantiert, dass „die Inanspruchnahme der zur Verfü-

sichtliche Abbruchverfügung zu, mit der ihm aufgegeben wurde, eine Mauer bis Montag, 2. August, 8 Uhr, abzureißen; bei Nichtbefolgung ist für den 2. August Ersatzvornahme angedroht. Ist diese Verfügung rechtmäßig?

gung gestellten Rechtsschutzeinrichtungen durch die Art und Weise behördlichen Vorgehens nicht behindert wird" (BVerwGE 16, 292). Zur Befolgung des Abbruchgebotes war dem K eine *angemessene Frist* zu setzen, innerhalb derer er nicht nur seiner Verpflichtung nachkommen (sog. Erzwingungsfrist; lesen Sie die dem § 13 Abs. 1 S. 2 BVwVG entsprechende Vorschrift Ihres Landesrechts), sondern auch den mit der Rechtsmittelerhebung verbundenen Suspensiveffekt vor Beginn der Vollziehung des VA herbeiführen konnte. Liegt zwischen Zustellung des VA und Vollzug lediglich ein „arbeitsfreies Wochenende", wird das Gebrauchmachen der verfassungsrechtlich garantierten Rechtsschutzmöglichkeiten praktisch unmöglich. Ein Verstoß gegen Art. 19 Abs. 4 GG würde lediglich bei *Eilmaßnahmen*, etwa bei Gefahr im Verzug, nicht gegeben sein.

a) §§ 80, 80 a VwGO

407. Befassen wir uns zunächst mit § 80 VwGO. Was ist die Funktion dieser Vorschrift?

Durch die aufschiebende Wirkung von Widerspruch und Anfechtungsklage soll verhindert werden, dass vor Eintritt der Unanfechtbarkeit eines VA vollendete Tatsachen geschaffen werden. Die sofortige Vollziehung eines noch anfechtbaren VA könnte nachfolgenden gerichtlichen Rechtsschutz schmälern, weil die durch den Vollzug geschaffenen vollendeten Tatsachen nur schwer oder überhaupt nicht rückgängig gemacht werden könnten.

aa) Zum Eintritt der aufschiebenden Wirkung

408. Wann tritt die aufschiebende Wirkung ein?

Die aufschiebende Wirkung tritt mit Einlegung des Widerspruchs oder Erhebung der Anfechtungsklage ein: § 80 Abs. 1 VwGO. Dies kraft Gesetzes; es bedarf keines Antrages.

409. Für welchen Zeitpunkt tritt aufschiebende Wirkung ein?

Die aufschiebende Wirkung von Widerspruch und Anfechtungsklage tritt „ex tunc" ein, wirkt also auf den Zeitpunkt des Erlasses des VA zurück (Würtenberger, Rn. 504).

410. Erstreckt sich die aufschiebende Wirkung auch auf den Zeitraum zwischen Bekanntgabe des Widerspruchsbescheides und der Einlegung der Anfechtungsklage?

Die Dauer der aufschiebenden Wirkung ist in § 80b VwGO geregelt. Die aufschiebende Wirkung des Widerspruchs endet nicht mit dessen Zurückweisung, sondern erst mit *Ablauf der Klagefrist* bzw. mit *Rechtskraft* des erstinstanzlichen Urteils. Wird die Anfechtungsklage im ersten Rechtszug abgewiesen, trifft § 80b Abs. 1 VwGO weitere Regelungen der Fortdauer der aufschiebenden Wirkung.

411. W legt nach Ablauf der Widerspruchsfrist gegen eine baurechtliche Verfügung Widerspruch ein. Die Versäumung der Widerspruchsfrist wird von ihm mit einer Erkrankung begründet. Ob eine Wiedereinsetzung in den vorigen Stand (§ 60 Abs. 1 VwGO) zu erfolgen hat, ist zwischen W und der zuständigen Behörde streitig. Tritt aufschiebende Wirkung ein?

1. Es geht um folgendes Problem: Setzt die aufschiebende Wirkung die *Zulässigkeit des Rechtsbehelfs* voraus oder tritt sie ohne Rücksicht auf die Zulässigkeit des Rechtsbehelfs ein? Nach einer Mindermeinung kommt grundsätzlich nur *zulässigen* Rechtsbehelfen aufschiebende Wirkung zu. Von einer vermittelnden Ansicht wird danach unterschieden, ob der Verwaltungsrechtsweg eröffnet ist, ob ein VA vorliegt und ob die Widerspruchsbefugnis gegeben ist (Schoch, JURA 2001, 675); denn auf Grund seiner systematischen Stellung verlange

§ 80 VwGO, dass diese Voraussetzungen für den Eintritt der aufschiebenden Wirkung unzweifelhaft vorliegen müssen. Es widerspricht jedoch dem Gebot effektiven Rechtsschutzes, bei Streit über die Zulässigkeit des Rechtsbehelfs dessen aufschiebende Wirkung abzulehnen. Richtigerweise räumt man daher auch unzulässigen Rechtsbehelfen aufschiebende Wirkung ein. Dies gilt allerdings dann nicht, wenn es ganz *offensichtlich* an der Widerspruchs- bzw. Klagebefugnis fehlt oder kein Zweifel an der Fristversäumung bestehen kann (BVerwG DVBl. 1993, 256, 258; Würtenberger, Rn. 505).

2. Vorliegend wird darüber gestritten, ob eine Wiedereinsetzung in den vorigen Stand in Betracht kommt (§§ 60, 70 Abs. 2 VwGO). Daher ist der verspätet eingelegte Widerspruch nicht offensichtlich unzulässig, so dass aufschiebende Wirkung eintritt.

bb) Zur Wirkung des Suspensiveffekts

412. Worin besteht die Wirkung des Suspensiveffektes?

1. Nach der *Vollziehbarkeitstheorie* bedeutet aufschiebende Wirkung i. S. v. § 80 Abs. 1 VwGO *Vollzugshemmung*: Sie verhindert also Maßnahmen, die von der Verwaltung oder von Dritten (§ 80 Abs. 1 S. 2 VwGO mit dem Hinweis auf die Verwaltungsakte mit Doppelwirkung) zum Zwecke der Vollziehung des VA getroffen werden (BVerwGE 13, 1, 8). Für die Vollziehbarkeitstheorie spricht der Wortlaut von § 80 Abs. 2 S. 1 Nr. 4 und Abs. 4 S. 1 VwGO, der den Begriff „Vollziehung" verwendet (Pietzner/Ronellenfitsch, § 53 Rn. 1 ff.).

2. Nach der *Wirksamkeitstheorie* erfasst die aufschiebende Wirkung die Wirksamkeit des VA schlechthin. Bis zum Wegfall des Suspensiveffektes ist der VA als noch nicht wirksam zu behandeln (Würtenberger, Rn. 508). Damit dürfen weder die Behörde, der Adressat des VA noch irgendein Dritter vom Vorliegen eines wirksamen VA ausgehen, wenn Widerspruch oder Anfechtungsklage erhoben sind. Der VA wird erst dann (ex nunc) wirksam, wenn nach der Klärung der Rechtslage die aufschiebende Wirkung entfällt.

3. Nach einer vermittelnden Theorie bedeutet Suspensiveffekt nur *vorläufige Wirksamkeitshemmung*, dass also während der Dauer der aufschiebenden Wirkung niemand den VA vollziehen oder von ihm Gebrauch machen darf, dass aber nach abschließender Klärung der Rechtslage die aufschiebende Wirkung rückwirkend wieder entfällt (Kopp/Schenke, § 80 VwGO Rn. 22; Schoch, NVwZ 1991, 1121 f.).

413. Beamter B ist aus dem Staatsdienst entlassen worden. Nach Widerspruch gegen die Entlassungsverfügung verlangt er Fortzahlung der Dienstbezüge. Mit Recht?

Sowohl nach der Wirksamkeits- als auch nach der Vollziehbarkeitstheorie führt der Suspensiveffekt des Widerspruchs dazu, dass die Dienstbezüge fortzuzahlen sind, bis über die Rechtmäßigkeit der Entlassungsverfügung abschließend entschieden ist: Nach der *Wirksamkeitstheorie* entfaltet die Entlassungsverfügung keine Rechtswirkung. Nach der *Vollziehbarkeitstheorie* wird der Vollzug der Entlassungsverfügung durch den Widerspruch gehemmt. Dieser Suspensiveffekt ergreift auch die vollziehbaren Nebenfolgen wie etwa die Sperrung der Bezüge (BVerwGE 13, 8).

414. Nehmen Sie an: B wurde zu Recht entlassen. Kann er die nach Einlegung des Widerspruchs erhaltenen Dienstbezüge behalten?

Die Vollziehbarkeitstheorie sowie die vermittelnde Variante der Wirksamkeitstheorie gelangen zu einem zutreffenden Ergebnis: Durch den Widerspruch gegen die Entlassungsverfügung wird lediglich deren Vollziehung gehemmt bzw. tritt nur eine *vorläufige Wirksamkeitshemmung* ein. Sollte sich herausstellen, dass B zu Recht entlassen wurde, hat er die zu viel gezahlten Dienstbezüge zurückzuerstatten, weil das Beamtenverhältnis durch die Entlassungsverfügung wirksam aufgelöst wurde. Soweit B seine Dienstpflichten nach Einlegung des Widerspruchs weiterhin faktisch erfüllt hat, kann ihm aus Billigkeitsgründen (§ 12 Abs. 2 S. 3 BBesG) ein Teil der Dienstbezüge belassen werden (BVerwG DÖV 1983, 898, 899 mit Ausführungen zum „faktischen Beamtenverhältnis").

Zum entgegengesetzten Ergebnis führt die Wirksamkeitstheorie: Während der Dauer der aufschiebenden Wirkung ist die Entlassungsverfügung unwirksam, – und werden die Dienstbezüge mit Rechtsgrund gezahlt. Der öffentlich-rechtliche Erstattungsanspruch gegen B aus § 12 Abs. 2 S. 1 BBesG i. V. m. §§ 820 Abs. 1, 818 Abs. 4 BGB würde daran scheitern, dass die Bezüge an B während der Zeit des Widerspruchsverfahrens „mit Rechtsgrund" geleistet wurden. Dieses Ergebnis ist unrichtig, da der Suspensiveffekt lediglich eine Schmälerung der Rechtsposition des Widerspruchsführers vor endgültiger Klärung der Rechtslage verhindern, nicht aber Vorteile, die ihm nach materiellem Recht nicht zustehen, gewähren soll

(BVerwGE 24, 92, 98 ff.; Würtenberger, Rn. 510).

415. B erhält von der Baurechtsbehörde eine Baugenehmigung für eine Disco mit der Auflage, zehn Handfeuerlöschgeräte „sichtbar und gut zugänglich" aufzustellen. Er erhebt gegen diese „Auflage" Widerspruch, möchte gleichwohl aber sogleich mit dem Bau beginnen.

Hier stellt sich folgendes Problem: Entfaltet ein Widerspruch gegen eine Auflage, die – selbst VA – einem den Adressaten begünstigenden VA hinzugefügt ist, auch im Hinblick auf den begünstigenden VA aufschiebende Wirkung? Bejahendenfalls hätte B auf Grund seines Widerspruchs gegen die Auflage keine wirksame bzw. vollziehbare Baugenehmigung. Grundsätzlich gilt: Die aufschiebende Wirkung des Widerspruchs gegen eine belastende Auflage beeinflusst nicht den begünstigenden VA. Ausnahme: Der begünstigende VA steht mit der belastenden Auflage derart in *untrennbarem Zusammenhang,* dass der begünstigende VA ohne die Auflage nicht rechtmäßigerweise bestehen kann und damit die Behörde die Begünstigung nicht ohne die belastende Auflage gewährt hätte (hierzu Frage 249). Dann erstreckt sich die aufschiebende Wirkung des Widerspruchs gegen die Auflage auch auf den begünstigenden Grundverwaltungsakt.

Vorliegend hätte die Baurechtsbehörde aus feuerpolizeilichen Gründen die Baugenehmigung nicht ohne Nebenbestimmung gewährt. Belastung und Begünstigung sind untrennbar miteinander verknüpft. Der Widerspruch gegen die Auflage hebt daher auch die Vollziehbarkeit bzw. Wirksamkeit der Baugenehmigung insgesamt auf (VGH Mannheim GewArch 1972, 236 f.; Schmitt Glaeser/Horn, Rn. 252; Pietzner/Ronellenfitsch, § 52 Rn. 6).

cc) Ausschluss des Suspensiveffekts durch § 80 Abs. 2 VwGO

416. In welchen Fällen entfällt die aufschiebende Wirkung des Widerspruchs?

In den Fällen des § 80 Abs. 2 S. 1 Nr. 1–4 sowie S. 2 VwGO (lesen!).

417. Was ist der Sinn des § 80 Abs. 2 S. 1 Nr. 1 VwGO?

§ 80 Abs. 2 S. 1 Nr. 1 VwGO soll verhindern, dass die ordnungsgemäße Haushaltsplanung der öffentlichen Verwaltung durch die aufschiebende Wirkung von Widerspruch und Anfechtungsklage gegen Abgaben- und Kostenbescheide gestört wird (Würtenberger, Rn. 514).

418. Was sind demzufolge „öffentliche Abgaben und Kosten?"

Aus dem Sinn der Regelung des § 80 Abs. 2 S. 1 Nr. 1 VwGO folgt, dass der Begriff auf diejenigen Geldleistungslasten zu beschränken ist, „die nach allgemeingültigen, im Voraus festgelegten, also normativen Sätzen erhoben werden, um den öffentlichen Finanzbedarf zu decken" (Pietzner/Ronellenfitsch, § 54 Rn. 3). „Abgaben" ist hierbei der Oberbegriff für Steuern, Gebühren und Beiträge. „Öffentliche Kosten" sind die in einem förmlichen Verwaltungsverfahren einschließlich des Vorverfahrens entstandenen Gebühren und Auslagen.

419. Ist die Auferlegung eines Zwangsgeldes zur Vollstreckung eines belastenden VA trotz Einlegung eines Widerspruchs sofort vollziehbar?

Nicht nach § 80 Abs. 2 S. 1 Nr. 1 VwGO: Geldleistungen, die dem Pflichtigen im Rahmen der Verwaltungsvollstreckung auferlegt werden (Zwangsgelder), unterfallen nicht § 80 Abs. 2 S. 1 Nr. 1 VwGO. Denn sie dienen weder unmittelbar der Deckung des öffentlichen Finanzbedarfs, noch werden sie nach festen Sätzen erhoben, sondern wollen Verwaltungsbefehle erzwingen

(Würtenberger, Rn. 514; Schoch, JURA 2001, 671, 677).

420. Für das Abschleppen eines Pkw werden durch Leistungsbescheid die Kosten der Ersatzvornahme eingefordert. Hat ein Widerspruch aufschiebende Wirkung?

Ja. Die Kosten einer (polizeirechtlichen) Ersatzvornahme unterfallen nicht § 80 Abs. 2 Nr. 1 VwGO (Würtenberger, Rn. 514; Schoch, JURA 2001, 671, 677; anders VGH München NVwZ - RR 1994, 471 f.). Sie unterfallen auch nicht dem § 80 Abs. 2 S. 1 Nr. 3 i. V. m. den entsprechenden landesrechtlichen Regelungen des Verwaltungsvollstreckungsrechts. Denn die Anforderung von Kosten einer Ersatzvornahme ist keine Maßnahme *in* der Verwaltungsvollstreckung, sondern stellt einen neuen Vollstreckungstitel dar (Pietzner/Ronellenfitsch, § 54 Rn. 21).

421. Haben Widersprüche gegen wirtschaftslenkende *Sonderabgaben* – z. B. Ausgleichsabgaben für Milch, Abwasserabgaben – aufschiebende Wirkung?

Grundsätzlich ja. Da sie nicht in erster Linie der Deckung des öffentlichen Finanzbedarfs, sondern der *Wirtschaftslenkung* dienen, unterfallen Sie nicht der Zwecksetzung, die mit dem Begriff „Abgabe“ in § 80 Abs. 2 S. 1 Nr. 1 VwGO verfolgt wird (Hufen, § 32 Rn. 11; Kopp/Schenke, § 80 VwGO Rn. 61; str.).

422. Welchen Sinn hat § 80 Abs. 2 S. 1 Nr. 2 VwGO?

§ 80 Abs. 2 S. 1 Nr. 2 VwGO trägt dem Bedürfnis der polizeilichen Praxis Rechnung, unaufschiebbare Maßnahmen sofort durchführen zu können.

423. Wer gehört zu den Polizeivollzugsbeamten?

§ 80 Abs. 2 S. 1 Nr. 2 VwGO meint die Vollzugspolizei im institutionellen Sinn, also die Schutz-, Kriminal-, Wasserschutz-, Bereitschafts- und Grenzpolizei. Nicht hierher gehören die Ordnungsbehörden.

424. Was bedeutet „unaufschiebbar" i. S. d. § 80 Abs. 2 S. 1 Nr. 2 VwGO?

Es muss sich um *besonders dringliche Maßnahmen* der Polizeivollzugsbeamten handeln. Im Übrigen deckt sich der Begriff „unaufschiebbar" mit den Voraussetzungen, nach denen das Polizeirecht die Zuständigkeit der Vollzugspolizei gegenüber den Ordnungsbehörden begründet. Es muss „Gefahr im Verzug" bestehen, so dass ein Eingreifen der zuständigen Ordnungsbehörde nicht mehr rechtzeitig möglich erscheint (Würtenberger, Rn. 515).

425. A entdeckt eines Morgens, dass vor seinem Haus das Zeichen 286 zu § 41 StVO („eingeschränktes Halteverbot") aufgestellt wurde. Da er seinen „Laternenparkplatz" auch künftig nicht missen möchte, erhebt er Widerspruch. Darf er für die Dauer des Widerspruchsverfahrens seinen Wagen vor dem Parkverbotsschild abstellen?

Nein. Verkehrszeichen sind nach h. M. *Allgemeinverfügungen* i. S. d. § 35 S. 2 VwVfG (BVerwGE 59, 221). Da sie *funktionsgleich* mit den Anordnungen eines Polizeivollzugsbeamten sind und die in ihnen verkörperten Ge- und Verbote ihrer Natur nach auch keinen Aufschub dulden, gilt § 80 Abs. 2 S. 1 Nr. 2 VwGO analog auch für sie (BVerwG NJW 1978, 656; Würtenberger, Rn. 516).

426. Grenzen Sie § 80 Abs. 2 S. 1 Nr. 3 und Abs. 2 S. 2 VwGO voneinander ab!

1. Nach § 80 Abs. 2 S. 1 Nr. 3 VwGO kann für den Bereich des Landesrechts durch Landesgesetz geregelt werden, dass die aufschiebenden Wirkungen von Widerspruch und Klage entfallen; hierzu gehören u.a. Maßnahmen, die in der Verwaltungsvollstreckung von VAen getroffen werden, die auf Grund von Landesrecht ergingen.

2. § 80 Abs. 2 S. 2 VwGO ermöglicht es den Ländern darüber hinaus zu regeln, dass Rechtsbehelfen keine aufschiebende Wirkung zukommt, wenn sie sich gegen Maßnahmen richten, die in der Ver-

waltungsvollstreckung durch die Länder auf Grund von Bundesrecht getroffen wurden.
Von dieser Ermächtigung haben die Länder in ihrem Verwaltungsvollstreckungsrecht in aller Regel Gebrauch gemacht (vgl. § 12 BW VwVG; lesen Sie die entsprechende Regelung in Ihrem Landesrecht!). So hat z.B. der Widerspruch gegen ein in der Verwaltungsvollstreckung verhängtes Zwangsgeld nach § 80 Abs. 2 S. 1 Nr. 3 bzw. nach § 80 Abs. 2 S. 2 VwGO i.V.m. der entsprechenden landesrechtlichen Norm keine aufschiebende Wirkung.

427. In welchen Fällen kann eine Verwaltungsbehörde nach § 80 Abs. 2 S. 1 Nr. 4 VwGO die sofortige Vollziehbarkeit eines VA von sich aus anordnen?

Gemäß § 80 Abs. 2 Nr. 4 VwGO nur dann, wenn die sofortige Vollziehung im *öffentlichen Interesse* oder im *überwiegenden Interesse eines Beteiligten* liegt.

428. Wie muss das „öffentliche Interesse" an der sofortigen Vollziehung beschaffen sein?

Der Suspensiveffekt in § 80 Abs. 1 VwGO ist als Ausprägung der verfassungsrechtlichen Rechtsschutzgarantie „fundamentaler Grundsatz des öffentlich-rechtlichen Prozesses" (BVerfGE 35, 263, 272). Die aufschiebende Wirkung von Widerspruch und Anfechtungsklage muss daher die *Regel* sein, die Anordnung der sofortigen Vollziehung aber die Ausnahme bleiben (BVerfGE 35, 402). Daher muss die Anordnung der sofortigen Vollziehung im jeweiligen Einzelfall mit einem *besonderen* öffentlichen Interesse begründet werden (BVerwG NJW 1974, 1294; Würtenberger, Rn. 520), das über das für den Vollzug eines belastenden VA notwendige allgemeine öffentliche Interesse hinausgeht.

429. Wie muss das „überwiegende Interesse eines Beteiligten" beschaffen sein?

Die Anordnung der sofortigen Vollziehbarkeit kann im überwiegenden Interesse eines Beteiligten liegen, wenn der den Adressaten begünstigende VA einen Dritten belastet (VA mit Drittwirkung, wie etwa eine gaststätten- oder immissionsschutzrechtliche Genehmigung). Hier ist eine *Abwägung* zwischen dem Interesse des Adressaten an der baldigen Verwirklichung seiner Erlaubnis und dem Interesse des Dritten und Widerspruchsführers an der Erhaltung der aufschiebenden Wirkung vorzunehmen. Das bei der Anordnung der sofortigen Vollziehung im öffentlichen Interesse zu beachtende Regel-Ausnahmeverhältnis kann hier, wo es um die Abwägung zwischen privaten Belangen geht, nicht die tragende Bedeutung haben, wie in der ersten Alternative von § 80 Abs. 2 S. 1 Nr. 4 VwGO. Für die Annahme eines überwiegenden Vollzugsinteresses genügt es daher schon, wenn der Rechtsbehelf des Belasteten mit erheblicher Wahrscheinlichkeit erfolglos bleiben würde und eine Fortdauer der aufschiebenden Wirkung dem Begünstigten gegenüber unbillig erscheinen müßte (BVerwG DVBl. 1966, 274; Pietzner/Ronellenfitsch, § 55 Rn. 29 ff.; Würtenberger, Rn. 520).

430. X erhält eine gaststättenrechtliche Genehmigung, die nach § 80 Abs. 2 S. 1 Nr. 4 VwGO für sofort vollziehbar erklärt wird. Das besondere

1. Nach § 80 Abs. 3 S. 1 VwGO muss das besondere Interesse an der sofortigen Vollziehbarkeit schriftlich begründet werden. Eine fehlende (oder nicht ausreichende) Begründung macht die Voll-

Interesse an der sofortigen Vollziehbarkeit der gaststättenrechtlichen Genehmigung ist allerdings nicht schriftlich begründet worden. Welche Rechtsfolge? Hat ein Widerspruch des Nachbarn N aufschiebende Wirkung?

ziehbarkeitsanordnung rechtswidrig (Kopp/Schenke, § 80 VwGO Rn. 87; anders Renck, BayVBl. 1994, 165: Nichtigkeit der Vollziehbarkeitsanordnung).

2. Umstritten ist, ob der Mangel der Begründung nach § 45 Abs. 1 Nr. 2, Abs. 2 VwVfG in analoger Anwendung geheilt werden kann (bejahend Tietje DVBl. 1998, 124, 127 ff.). Überwiegend wird angenommen, dass die Sonderregelung des § 80 Abs. 3 VwGO die verwaltungsverfahrensrechtlichen Heilungsmöglichkeiten verdrängt (Schoch, JURA 2001, 671, 679).

3. Da die Anordnung der sofortigen Vollziehbarkeit der gaststättenrechtlichen Genehmigung rechtswidrig ist, hat ein Widerspruch des N aufschiebende Wirkung nach § 80 Abs. 1 S. 2 VwGO.

431. War N im vorangegangenen Fall vor der Anordnung der sofortigen Vollziehbarkeit zu hören?

Dies wird von der überwiegenden Ansicht verneint:

1. § 28 VwVfG ist nicht anwendbar, da die Anordnung der sofortigen Vollziehbarkeit *kein VA*, sondern eine *verfahrensrechtliche Nebenentscheidung* ist (Würtenberger, Rn. 519).

2. Eine analoge Anwendung des § 28 VwVfG scheidet aus, da keine Regelungslücke vorliegt. Denn der Gesetzgeber hat bewusst nur die Begründungspflicht, aber keine Anhörungspflicht geregelt. Außerdem hat der betroffene Nachbar bereits im Verwaltungsverfahren die Möglichkeit gehabt, seine Einwendungen gegen die beantragte Genehmigung vorzubringen.

dd) Aussetzung der Vollziehbarkeit eines VA nach § 80 Abs. 4 VwGO

432. Gem. § 80 Abs. 4 VwGO können sowohl Ausgangs- wie Widerspruchsbehörde die Vollziehbarkeit eines VA in den Fällen des § 80 Abs. 2 VwGO aussetzen. Ab welchem Zeitpunkt beginnt und endet die Zuständigkeit der beiden Behörden?

1. Die Befugnis der Ausgangsbehörde zur Aussetzung der Vollziehung ist Ausdruck ihrer *Vollstreckungsherrschaft*. Die Ausgangsbehörde ist daher schon vor Einlegung eines Widerspruchs bis zum Eintritt der Bestandskraft des Verwaltungsaktes zur Aussetzung befugt (Schoch, in: ders/Schmidt-Aßmann/Pietzner, § 80 VwGO Rn. 207 ff.).
2. Der *Devolutiveffekt* legt es an sich nahe, den Beginn der Aussetzungskompetenz der Widerspruchsbehörde mit dem Beginn ihrer Sachherrschaft im Widerspruchsverfahren gleichzusetzen (so Schenke, Rn. 988). Dagegen spricht indessen, dass § 80 Abs. 4 VwGO die Ausgangs- und die Widerspruchsbehörde *alternativ* nebeneinander stellt und die Aussetzung durch die Ausgangsbehörde bereits vor Einlegung des Widerspruchs zulässig ist. Die Widerspruchsbehörde ist daher ebenso gem. § 80 Abs. 4 VwGO von Erlass des Verwaltungsaktes an bis zum Ende ihrer Sachherrschaft (also Abschluss des Widerspruchsverfahrens) zur Aussetzung befugt (Schoch, NVwZ 1991, 1121, 1122 f.; Hufen, § 32 Rn. 24).

433. Kann die Widerspruchsbehörde im Rahmen des § 80 Abs. 4 VwGO von einer Entscheidung der Ausgangsbehörde abweichen? Was gilt im umgekehrten Fall?

Die Frage beantwortet sich danach, ob im Verhältnis zwischen Ausgangs- und Widerspruchsbehörde das *Prioritätsprinzip* (Pietzner/Ronellenfitsch, § 56 Rn. 2) oder das *hierarchische Prinzip* (Kopp/Schenke, § 80 VwGO Rn. 111) gilt. Nach dem Prioritätsprinzip wird die jeweils andere Behörde bei gleich bleibender Sach- und Rechtslage durch die erfolgte Aussetzung der Vollziehung gebunden; nach dem hierarchischen Prinzip sind die Entscheidungen der Widerspruchsbehörde für die Ausgangsbehörde verbindlich. Für das hierarchische Prinzip spricht, dass auch sonst Entscheidungen der Widerspruchsbehörde für die Ausgangsbehörde rechtlich bindend sind (zur Problematik der Regelung: Schoch, NVwZ 1991, 1121, 1123). Danach ist die Entscheidung der Widerspruchsbehörde maßgeblich, die nicht durch eine Entscheidung der Ausgangsbehörde abgeändert werden kann. Anderes gilt nur bei geänderter Sach- oder Rechtslage (Pietzner/Ronellenfitsch, § 56 Rn. 4; str.).

ee) Vorläufiger Rechtsschutz nach § 80 Abs. 5 VwGO

434. Auch bei einem Antrag nach § 80 Abs. 5 VwGO ist zwischen Zulässigkeit und Begründetheit zu unterscheiden. Welche Sachentscheidungsvoraussetzungen sind zu beachten?

Abgesehen von den allgemeinen Sachentscheidungsvoraussetzungen, die nur bei konkretem Anlass zu prüfen sind, sind dies:

1. Ordnungsgemäße Antragstellung entspr. §§ 81, 82 VwGO,
2. Eröffnung des Verwaltungsrechtswegs im Hauptsacheverfahren (§ 40 VwGO),
3. Statthaftigkeit der Anfechtungsklage im Hauptsacheverfahren (vgl. § 123 Abs. 5 VwGO),
4. Zuständigkeit des angerufenen Gerichts (das Gericht der Hauptsache: § 80 Abs. 5 S. 1 VwGO),
5. Antragsbefugnis entsprechend § 42 Abs. 2 VwGO,
6. Antrag vor Erhebung der Anfechtungsklage statthaft (§ 80 Abs. 5 S. 2 VwGO)
7. Einlegung eines Rechtsbehelfs, der zur aufschiebenden Wirkung führen kann (kein Fristablauf!),

8. Beteiligungs- und Prozessfähigkeit des Antragstellers (§§ 61 f. VwGO).

435. Bauherr B hat eine Baugenehmigung erhalten, gegen die ein Widerspruch wegen § 212a Abs. 1 BauGB keine aufschiebende Wirkung hat (vgl. § 80 Abs. 2 S. 1 Nr. 3 VwGO). N beantragt beim Verwaltungsgericht, nach § 80 Abs. 5 S. 1 VwGO die aufschiebende Wirkung anzuordnen. Statthaft?

Nein. Schon vom *Wortlaut* her setzt § 80 Abs. 5 S. 1 VwGO voraus, dass vor dem Antrag nach § 80 Abs. 5 VwGO oder zumindest gleichzeitig ein Rechtsbehelf gegen den VA eingelegt sein muss, der zur aufschiebenden Wirkung führen kann. Nach vielfach vertretener Ansicht kann der Antrag ausnahmsweise auch vor Einlegung des Widerspruchs gestellt werden, um einen *unmittelbaren und irreparablen Vollzug* des VA zu verhindern (Schenke, Rn. 998).

436. Worauf richtet sich das Rechtsschutzbegehren eines Antrags nach § 80 Abs. 5 VwGO?

1. Nach § 80 Abs. 5 S. 1 VwGO entweder auf die *Anordnung* der aufschiebenden Wirkung des Widerspruchs in den Fällen des § 80 Abs. 2 S. 1 Nr. 1–3 VwGO oder auf die Wiederherstellung der aufschiebenden Wirkung des Widerspruchs im Falle des § 80 Abs. 2 S. 1 Nr. 4 VwGO.

2. Zudem kann nach § 80 Abs. 5 S. 3 VwGO beantragt werden, unmittelbare Folgen von Vollzugshandlungen rückgängig zu machen (Würtenberger, Rn. 527).

3. Bei *drohender faktischer Vollziehung* kann das Verwaltungsgericht in analoger Anwendung des § 80 Abs. 5 S. 1 VwGO feststellen, dass dem Widerspruch aufschiebende Wirkung zukommt (Würtenberger, Rn. 526).

437. Wann ist ein Antrag nach § 80 Abs. 5 S. 1 VwGO begründet?

Der inhaltliche Maßstab der gerichtlichen Entscheidung ist § 80 Abs. 2 S. 1 Nr. 4 und Abs. 4 VwGO zu entnehmen. Der Antrag ist begründet, wenn die sofortige Vollziehung eines VA nicht im öffentlichen Interesse oder im überwiegenden Interesse eines Beteiligten (Fragen 428 f.) liegt. Bei öffentlichen Abgaben soll – was sich durchaus verallgemeinern lässt – die Vollziehung des VA nach Einlegung des Widerspruchs ausgesetzt werden, wenn „ernstliche Zweifel" an dessen Rechtmäßigkeit bestehen oder dessen Vollziehung eine „unbillige, nicht durch überwiegende öffentliche Interessen gebotene Härte zur Folge hätte" (§ 80 Abs. 4 S. 1, 3 VwGO). Bei der gebotenen *Interessenabwägung* sind die Nachteile, die dem Betroffenen durch den Vollzug des möglicherweise rechtswidrigen VA entstehen können, jenen Nachteilen gegenüberzustellen, die aus einem verspäteten Vollzug des angegriffenen VA entstehen können. Abzuwägen ist also zwischen dem Grad der Dringlichkeit eines sofortigen Vollzuges des VA und der Schwere der Folgen für den Betroffenen, sollte der vollzogene VA sich nachträglich als rechtswidrig erweisen. Bei dieser Abwägung ist zu berücksichtigen, dass das Interesse des Betroffenen an vorläufigem Rechtsschutz nur gering ist, wenn der VA aller Voraussicht nach rechtmäßig ist, während das Interesse des Betroffenen an vorläufigem Rechtsschutz überwiegt, wenn der VA aller Voraussicht nach rechtswidrig ist (Würtenberger, Rn. 532; Hufen, § 32 Rn. 39 ff.; Erichsen, JURA 1984, 478, 484 ff.; OVG Münster NJW 1989, 2343).

438. Eine von der K-Partei geplante Demonstration ist

Der Widerspruch hat aufschiebende Wirkung (§ 80 Abs. 1 S. 1 VwGO);

von der Polizei wegen zu befürchtender Ausschreitungen durch Gegendemonstranten verboten worden. Als die K-Partei Widerspruch einlegt, teilt ihr die Widerspruchsbehörde mit, sie behalte sich vor, die Verbotsverfügung kurz vor Beginn der Versammlung nach § 80 Abs. 2 S. 1 Nr. 4 VwGO für sofort vollziehbar zu erklären. Wie kann die K-Partei sicherstellen, dass sie die Demonstration durchführen kann?

§ 80 Abs. 2 S. 1 Nr. 2 VwGO gelangt nicht zur Anwendung, weil das Versammlungsverbot nicht von Polizeivollzugsbeamten ausgesprochen wurde. Würde die Widerspruchsbehörde ihre Ankündigung wahr machen, käme ein Antrag der K-Partei, die aufschiebende Wirkung gem. § 80 Abs. 5 VwGO wiederherzustellen, möglicherweise zu spät. Um dem Gebot der Rechtsschutzeffektivität zu genügen, muss man in entsprechender Anwendung des § 80 Abs. 5 VwGO einen *Antrag auf Feststellung* zulassen, dass die Widerspruchsbehörde nicht berechtigt ist, den Sofortvollzug des Demonstrationsverbotes anzuordnen (BezG Erfurt LKV 1992, 306 f.; zur vergleichbaren Situation der *drohenden faktischen Vollziehung* unter Missachtung der aufschiebenden Wirkung von Widerspruch bzw. Anfechtungsklage: Würtenberger, Rn. 526; Schoch, JURA 2002, 37, 40).

ff) Die aufschiebende Wirkung und der vorläufige Rechtsschutz bei VAen mit Doppelwirkung

439. Wo ist die aufschiebende Wirkung von Widerspruch und Anfechtungsklage gegen VAe mit Doppelwirkung geregelt?

In den §§ 80 Abs. 1 S. 2, 80a, 80b VwGO.

440. X legt gegen die dem N erteilte immissionsschutzrechtliche Genehmigung Widerspruch ein, weil er unzumutbare Lärmbeeinträchtigungen und damit einen Verstoß gegen den nachbarschützenden § 5 Abs. 1 Nr. 1

1. Wegen des Suspensiveffektes des Widerspruchs darf N von seiner immissionsschutzrechtlichen Genehmigung keinen Gebrauch machen: § 80 Abs. 1 S. 2 letzte Var. VwGO.

2a. N kann nach § 80a Abs. 1 Nr. 1 VwGO bei der Ausgangs- oder Widerspruchsbehörde beantragen, nach § 80

BImschG befürchtet. Welche Folge hat dieser Widerspruch? Was kann N veranlassen, um möglichst umgehend von seiner immissionsschutzrechtlichen Genehmigung Gebrauch machen zu können?

Abs. 2 S. 1 Nr. 4 VwGO die sofortige Vollziehbarkeit seiner immissionsschutzrechtlichen Genehmigung anzuordnen.
b. N kann nach § 80a Abs. 3 S. 1 letzte Var., S. 2 VwGO i.V.m. § 80 Abs. 5 VwGO beim Verwaltungsgericht beantragen, die sofortige Vollziehbarkeit seiner ihn begünstigenden immissionsschutzrechtlichen Genehmigung anzuordnen.

441. In welchem Verhältnis stehen die soeben genannten Rechtsbehelfe der §§ 80a Abs. 1 Nr. 1 i.V.m. 80 Abs. 2 S. 1 Nr. 4 und 80a Abs. 3 S. 1 letzte Variante, S. 2 VwGO zueinander?

Es stellt sich die Frage, ob für einen Antrag an das Verwaltungsgericht dann das *Rechtsschutzbedürfnis* fehlt, wenn nicht zunächst und ohne Erfolg bei der Ausgangs- oder Widerspruchsbehörde der entsprechende Antrag gestellt wurde. Die Antwort ergibt sich aus § 80a Abs. 3 S. 1 VwGO, der auf § 80 Abs. 6 VwGO verweist. Hier wird ein Vorrang der Behördenentscheidung nur für die Anforderung von öffentlichen Abgaben und Kosten begründet. Im Umkehrschluss gilt, dass in allen anderen Fällen die Zulässigkeit des Antrages an das Verwaltungsgericht nicht einen vorherigen und erfolglosen Antrag an die Behörde voraussetzt (Würtenberger, Rn. 512a; Hufen, § 32 Rn. 37, 50; anders VGH München BayVBl. 1991, 723).

442. N legt gegen die dem B erteilte Baugenehmigung Widerspruch ein. Welche Folge hat dieser Widerspruch? Was kann N veranlassen, um den Beginn der Bauarbeiten verhindern zu können?

1. Nach § 212a Abs. 1 BauGB hat der Widerspruch keine aufschiebende Wirkung. B kann damit trotz des Widerspruchs mit den Bauarbeiten beginnen.
2a. N kann nach § 80a Abs. 1 Nr. 2 VwGO i.V.m. § 80 Abs. 4 VwGO beantragen, die Vollziehbarkeit der Baugenehmigung auszusetzen.

b. Ein entsprechender Antrag kann auch beim Verwaltungsgericht nach § 80a Abs. 3 VwGO i.V.m. § 80 Abs. 5 VwGO gestellt werden.

443. Welche Form des einstweiligen Rechtsschutzes gelangt zur Anwendung, wenn N ohne vorherige Baugenehmigung zu bauen beginnt?

Da B keine Baugenehmigung erteilt wurde, liegt kein Fall der §§ 80, 80 a VwGO vor. Gem. § 123 Abs. 5 VwGO wird der vorläufige Rechtsschutz beim Schwarzbau daher über die einstweilige Anordnung abgewickelt.

444. Auf Betreiben des Nachbarn N wird dem Gaststättenbesitzer G zur „Auflage" gemacht, seine Fenster ab 20 Uhr geschlossen zu halten. Welche Möglichkeiten einstweiligen Rechtsschutzes hat N, wenn G hiergegen Widerspruch einlegt?

1. Der Widerspruch des G hat aufschiebende Wirkung: § 80 Abs. 1 S. 2 VwGO. N, der durch den den G belastenden VA begünstigt wird, kann nach § 80 a Abs. 2 VwGO beantragen, dass die Behörde nach § 80 Abs. 2 S. 1 Nr. 4 VwGO die sofortige Vollziehbarkeit der „Auflage" anordnet.

Beachte: In § 80 a Abs. 1 VwGO ist der Adressat des VA der Begünstigte; in § 80 a Abs. 2 VwGO ist der Adressat des VA der Belastete, ein Dritter wird gleichzeitig begünstigt.

2. N kann diesen Antrag auch bei Gericht stellen: § 80 a Abs. 3 VwGO i. V. m. § 80 Abs. 5 VwGO.

gg) Beschwerde gegen Entscheidungen nach § 80 Abs. 5 VwGO

445. Welcher Rechtsbehelf besteht, wenn das VG auf Antrag des Betreibers B die vom Nachbarn N angefochtene immissionsschutzrechtliche Genehmigung für sofort vollziehbar erklärt?

1. Das VG entscheidet über diesen Antrag des B nach § 80 a Abs. 3 i. V. m. § 80 Abs. 5 VwGO durch Beschluss. Der Rechtsträger der Genehmigungsbehörde bzw. der Widerspruchsbehörde als Antragsgegner (zur Passivlegitimation: Würtenberger, Rn. 530) und der Nachbar N als notwendig Beigeladener (vgl. Frage 130) können nach § 146 Abs. 1 VwGO grundsätzlich Beschwerde zum OVG einlegen.

2. N ist *beschwerdebefugt* (Kopp/Schenke, § 146 VwGO Rn. 8), weil er durch die Anordnung der sofortigen Vollziehbarkeit der immissionsschutzrechtlichen Genehmigung in seinen Rechten berührt wird.
3. Die weiteren Zulässigkeitsvoraussetzungen dieser Beschwerde sind in § 146 Abs. 4 VwGO geregelt.

b) § 123 VwGO

446. Welche Arten einstweiliger Anordnungen gibt es?

§ 123 Abs. 1 S. 1 VwGO regelt – entsprechend § 935 ZPO – die einstweilige Anordnung zur Sicherung eines Individualanspruchs: Sicherungsanordnung. § 123 Abs. 1 S. 2 VwGO betrifft – entsprechend § 940 ZPO – die einstweilige Anordnung zur Wahrung des Rechtsfriedens: Regelungsanordnung.

aa) Zur Abgrenzung von Sicherungs- und Regelungsanordnung

447. Wie lassen sich Sicherungs- und Regelungsanordnung voneinander abgrenzen?

1. Mit einer *Sicherungsanordnung* nach § 123 Abs. 1 S. 1 VwGO soll einer Änderung der Situation in Bezug auf das Objekt des Streites („Streitgegenstand" i. S. d. § 123 Abs. 1 S. 1 VwGO) vorgebeugt werden. „Rechte des Antragstellers", deren Verwirklichung gesichert werden soll, können u. a. sein: Anspruch auf Übertragung eines bestimmten Gegenstandes, Anspruch auf Zahlung einer bestimmten Geldsumme (Redeker/von Oertzen, § 123 VwGO Rn. 5; VGH Mannheim VerwRspr 27, 956).
2. Mit einer *Regelungsanordnung* nach § 123 Abs. 1 S. 2 VwGO sollen „durch Regelung eines vorläufigen Zustandes in Bezug auf ein streitiges Rechtsverhältnis" wesentliche Nachteile oder drohen-

de Gewalt abgewendet werden. Hier muss also zwischen den Beteiligten ein regelungsbedürftiges und regelungsfähiges Rechtsverhältnis bestehen. Die Auslegung des Begriffs „Rechtsverhältnis" in § 123 Abs. 1 S. 2 VwGO orientiert sich an § 43 Abs. 1 VwGO (hierzu Frage 328).

448. Ist eine Sicherungs- oder Regelungsanordnung zu erlassen:
1. Wenn E die Aussetzung der Versteigerung seines nach Polizeirecht sichergestellten Pkw verlangt?
2. Wenn N ohne Baugenehmigung zu bauen beginnt und E die Baurechtsbehörde zum Einschreiten veranlassen möchte?
3. Wenn S meint, zu Unrecht nicht versetzt worden zu sein, und um „vorläufige" Zulassung zum Unterricht der nächsthöheren Klasse nachsucht?

1. Eine Sicherungsanordnung, da es um die Sicherung des Anspruchs auf Herausgabe einer Sache geht.
2. Es geht um eine einstweilige Anordnung „zur Regelung eines vorläufigen Zustandes in Bezug auf ein streitiges Rechtsverhältnis". Ob N zum Bauen berechtigt ist oder nicht, ist auch eine Frage des Nachbarrechtsverhältnisses. Es handelt sich also um eine Regelungsanordnung.
3. Eine Regelungsanordnung, da es sich um einen Streit aus dem Schulverhältnis als rechtlich geordnetem Lebensverhältnis handelt; eine Sicherungsanordnung ließe sich damit begründen, dass der Anspruch auf Versetzung in die höhere Klasse „gesichert" werden soll.

449. Wie behilft man sich bei Zweifeln, ob § 123 Abs. 1 S. 1 oder 2 VwGO anzuwenden ist?

In Rechtsprechung und Literatur bemüht man sich nicht um eine subtile Abgrenzung zwischen Regelungs- und Sicherungsanordnung. Man sieht § 123 Abs. 1 VwGO vielmehr als einheitliche Generalnorm einstweiligen Rechtsschutzes an. Ob eine Regelungs- oder Sicherungsanordnung im Einzelfall vorliegt, wird offengelassen und, ohne auf die Differenzierungen zwischen § 123 Abs. 1 S. 1 und 2 VwGO näher einzugehen, sogleich geprüft, ob der Antrag zulässig und begründet ist (Hufen, § 33 Rn. 2; Bender, in: Festschrift Menger, S. 657, 658 ff.; kritisch Schoch, JURA 2002, 318, 321)).

bb) Zur Zulässigkeit eines Antrags auf Erlass einer einstweiligen Anordnung

450. Auch im Verfahren der einstweiligen Anordnung ist zwischen Zulässigkeit und Begründetheit zu unterscheiden. Welche Sachentscheidungsvoraussetzungen müssen vorliegen, damit der Antrag auf Erlass einer einstweiligen Anordnung zulässig ist?

1. Wie auch sonst im Erkenntnisverfahren: Bestehen der deutschen Gerichtsbarkeit, Zulässigkeit des Verwaltungsrechtsweges (sonst Verweisung des Rechtsstreites nach § 17a Abs. 2, 4 GVG an das zuständige Gericht; Würtenberger, Rn. 542), Beteiligten- und Prozessfähigkeit, Fehlen einer rechtskräftigen Entscheidung in gleicher Sache oder anderweitiger Rechtshängigkeit.
2. Folgende besonderen Sachentscheidungsvoraussetzungen sind zu beachten:
a) Sachliche und örtliche Zuständigkeit des Gerichts nach § 123 Abs. 2 VwGO,
b) Statthaftigkeit des Antrags auf Erlass einer einstweiligen Anordnung im Hinblick auf das Hauptsacheverfahren: § 123 Abs. 5 i. V. m. § 80 VwGO,
c) Ordnungsgemäße Antragstellung: § 81 VwGO bzw. § 123 Abs. 3 VwGO i. V. m. § 920 Abs. 3 ZPO,
d) Die Sollvorschrift des § 123 Abs. 3 VwGO i. V. m. § 920 Abs. 1 ZPO: Bezeichnung von Anordnungsanspruch und Anordnungsgrund,
e) Allgemeines Rechtsschutzbedürfnis: Antrag auf behördliches Entscheiden und Handeln, dem nicht entsprochen wurde, und/oder in Aussicht stehende Klageerhebung, – hierzu folgender Fall:

451. N baut ohne die erforderliche Baugenehmigung einen Anbau, wobei nachbar-

Ja. Das Verfahren nach § 123 VwGO hat nicht notwendig zur Voraussetzung, dass die zuständige Behörde vorher mit

schützende Vorschriften verletzt werden. E will im Wege einer einstweiligen Anordnung die Einstellung der Bauarbeiten erreichen. Ist der Antrag zulässig, bevor bei der Baurechtsbehörde baurechtliches Einschreiten beantragt wurde und Klage in der Hauptsache erhoben ist?

der Sache befasst wurde oder das Hauptsacheverfahren bereits bei Gericht anhängig ist. Der Antrag auf einstweilige Anordnung ist immer dann zulässig, wenn gerichtlicher Schutz erforderlich erscheint, um das Schaffen vollendeter Tatsachen zu verhindern.

Am *Rechtsschutzbedürfnis* für einen Antrag auf Erlass einer einstweiligen Anordnung fehlt es jedoch, wenn der Antragsteller in weniger eilbedürftigen Fällen als dem vorliegenden nicht vorher der zuständigen Behörde sein Anliegen vorgetragen hat (Würtenberger, Rn. 544).

Der Antrag auf Erlass einer einstweiligen Anordnung wird nachträglich unzulässig, wenn der Antragsteller das Hauptsacheverfahren, also zunächst die Antragstellung bei der Behörde – hier: auf baurechtliches Einschreiten – und sodann die Verpflichtungsklage nicht zügig betreibt (OVG Münster OVGE 33, 208).

cc) Zur Begründetheit eines Antrags auf Erlass einer einstweiligen Anordnung

452. Unter welchen Voraussetzungen ist einem Antrag auf einstweilige Anordnung stattzugeben, weil er begründet ist?

Es muss sowohl bei der Regelungs- wie auch bei der Sicherungsanordnung

1. der *Anordnungsanspruch*, d. h. der im Hauptsacheverfahren zu verfolgende materielle Anspruch, glaubhaft gemacht sein bzw. die Hauptsache-Klage Aussicht auf Erfolg haben,

2. der *Anordnungsgrund* glaubhaft gemacht sein.

453. Was bedeutet Glaubhaftmachung des Anordnungsanspruches?

Der Antragsteller muss das Bestehen des von ihm behaupteten Rechts oder Rechtsverhältnisses glaubhaft machen (§ 123 Abs. 3 VwGO i. V. m. §§ 920 Abs. 2, 294 ZPO).

454. Was bedeutet Glaubhaftmachung des Anordnungsgrundes? Wo ist dieses Erfordernis geregelt?

Dass der Anordnungsgrund glaubhaft zu machen ist, ergibt sich aus § 123 Abs. 1 und 3 VwGO i. V. m. § 920 Abs. 2 ZPO. Glaubhaft zu machen ist die Gefahr einer Vereitelung oder wesentlichen Erschwerung der Rechtsverwirklichung (§ 123 Abs. 1 S. 1 VwGO) bzw. das Erfordernis einer Abwendung wesentlicher Nachteile oder drohender Gewalt oder das Vorliegen anderer Gründe (§ 123 Abs. 1 S. 2 VwGO), die zur Sicherung effizienten Rechtsschutzes den Erlass einer einstweiligen Anordnung erfordern. Wie dies glaubhaft gemacht werden kann, ergibt sich aus § 294 ZPO.

455. Wird das VG bei der Entscheidung über den Erlass der einstweiligen Anordnung die Erfolgsaussichten der Hauptsache-Klage berücksichtigen? Wie ist zu verfahren, wenn der Ausgang des Hauptsachestreits ungewiss ist?

Bei der Entscheidung über den Erlass einer einstweiligen Anordnung ist einerseits auf den Gedanken des effektiven Rechtsschutzes abzustellen, sind andererseits aber auch die Erfolgsaussichten der Klage in der Hauptsache *summarisch* zu berücksichtigen. Der Erlass einer einstweiligen Anordnung kommt nicht in Betracht, wenn die Hauptsache-Klage offensichtlich unbegründet ist, wird in aller Regel aber ergehen, wenn die Hauptsache-Klage offensichtlich begründet erscheint. Lässt sich kein eindeutiges Bild über die Erfolgsaussichten in der Hauptsache gewinnen, so sind die betroffenen privaten und öffentlichen Interessen gegeneinander abzuwägen. Zu berücksichtigen ist u. a., ob es dem Antragsteller zumutbar ist, die Entscheidung in der Hauptsache abzuwarten, oder ob öffentliche Interessen erheblich gefährdet werden, wenn dem Antrag auf Erlass einer einstweiligen Anordnung stattgegeben wird (Würtenberger, Rn.

548 f.; Hufen, § 33 Rn. 15; gegen eine abwägende Entscheidung Schoch, JURA 2002, 318, 323: wenn Anordnungsanspruch und -grund zu bejahen sind, *muss* die einstweilige Anordnung ergehen).

456. In der vorigen Frage wurde entwickelt, dass das Verwaltungsgericht die Erfolgsaussichten in der Hauptsacheklage „summarisch" zu prüfen habe. Was ist hierunter zu verstehen?

Summarisch bedeutet keinesfalls oberflächlich oder kursorisch. In der zur Verfügung stehenden knappen Zeit ist vielmehr unter Berücksichtigung der möglicherweise umstrittenen tatsächlichen Fragen eine möglichst verlässliche Prognose über den Ausgang des Rechtsstreits zu geben. Dabei ist eine möglichst umfassende Klärung der Rechtsfragen geboten (Würtenberger, Rn. 548; weitergehend Schoch, JURA 2002, 318, 323).

457. Was bedeutet dies für Klausuren?

Die umstrittenen Rechtsfragen sind nicht summarisch und oberflächlich, sondern umfassend zu klären.

458. Die Entscheidung in der Hauptsache darf durch den Erlass einer einstweiligen Anordnung nicht vorweggenommen werden. Diesem Grundsatz, der nicht ausnahmslos gilt, wollen wir uns nun zuwenden: A hat eine Baugenehmigung beantragt, die abgelehnt wurde. Er legt Widerspruch ein; außerdem beantragt er eine einstweilige Anordnung des Inhalts, ihm die Baugenehmigung „vorläufig" zu erteilen. Wird das Gericht eine einstweilige Anordnung erlassen?

Nein. Eine einstweilige Anordnung dient nur der Sicherung der Rechte des Antragstellers, nicht ihrer Befriedigung. Wird eine Baugenehmigung im Wege der einstweiligen Anordnung vorläufig erteilt, führt dies zur Errichtung des Gebäudes. Durch einstweilige Anordnung hätte der Antragsteller erreicht, was er durch Verpflichtungsklage erlangen möchte (OVG Münster BauR 2004, 313; Hufen, § 33 Rn. 16 f.; Würtenberger, Rn. 550).

459. A beantragt eine Gaststättenerlaubnis, die ihm versagt wird. Er legt Widerspruch ein; außerdem beantragt er eine einstweilige Anordnung des Inhalts, ihm die Gaststättenerlaubnis „vorläufig" zu erteilen. Kann das Gericht eine einstweilige Anordnung erlassen?

Ja. Zwar erreicht A durch die einstweilige Anordnung, was er durch die Verpflichtungsklage erlangen möchte. Gleichwohl führt der Erlass der einstweiligen Anordnung nicht zur Befriedigung des A. Denn die Regelungswirkung der einstweiligen Anordnung kann ohne Schwierigkeiten beendet werden, wenn die Verpflichtungsklage des A auf Erteilung der Gaststättenerlaubnis abgewiesen wird (Redeker/von Oertzen, § 123 VwGO Rn. 13; str.).

460. Warum wird in den beiden letzten Fällen unterschiedlich entschieden?

Wird auf Grund einer einstweiligen Anordnung eine Baugenehmigung erteilt und ein Haus gebaut, so können die Folgen dieser einstweiligen Anordnung bei Unterliegen im Hauptsacheverfahren kaum mehr rückgängig gemacht werden. Es steht zu befürchten, dass einer Abbruchverfügung mit Aussicht auf Erfolg das Verhältnismäßigkeitsprinzip entgegengehalten wird. Lässt sich aber die durch die einstweilige Anordnung bewirkte Regelung nach Abschluss des Hauptsacheverfahrens ohne weiteres rückgängig machen, kann man dem Antragsteller vorläufig bereits jene Stellung einräumen, die er in der Hauptsache zu erstreiten sucht.

461. 1. Die politische Partei P beantragt eine einstweilige Anordnung, um die Stadthalle der Stadt S für einen Parteitag nutzen zu können.
2. S ist nicht in die nächsthöhere Klasse versetzt worden. Er legt Widerspruch ein und beantragt mit einer einstweili-

Ja. Es handelt sich zwar nicht um bloß vorläufige Regelungen. Denn wenn der Parteitag nach Erlass der einstweiligen Anordnung stattgefunden hat, hat sich das Klagebegehren der Hauptsache-Klage erledigt. Und wenn S das Klassenziel der nächsthöheren Klasse erfolgreich erreicht hat, ist die Hauptsache-Klage, sollte über diese nicht mittlerweile

gen Anordnung die Gestattung der Teilnahme am Unterricht dieser Klasse. Haben diese Anträge Aussicht auf Erfolg?

rechtskräftig entschieden sein, ebenfalls gegenstandslos geworden (str.; vgl. Redeker/von Oertzen, § 123 VwGO Rn. 14 a). Gleichwohl zwingt die Pflicht zur Gewährung effektiven Rechtsschutzes bei Vorliegen der sonstigen Voraussetzungen zum Erlass einer einstweiligen Anordnung. Denn vorliegend würde die Entscheidung in der Hauptsache so spät kommen, dass für den Antragsteller ein obsiegendes Urteil wertlos wäre. Es handelt sich nämlich um Entscheidungen im Bereich von *termingebundenen Ansprüchen* bzw. von Ausbildung und Prüfung, die für die Existenz bzw. für den Lebensweg der Antragsteller wichtig sind (VGH Kassel, VGH Mannheim NVwZ 1983, 427 f.; Mückl, JA 2000, 329, 334; Würtenberger, Rn. 551). Diese Fallkonstellationen handelt man bisweilen unter dem Oberbegriff der *Leistungsanordnung* ab.

462. Unter welcher Voraussetzung wird das Gericht ausnahmsweise durch Erlass einer einstweiligen Anordnung die Hauptsache vorwegnehmen?

Nur wenn auch hinreichende Wahrscheinlichkeit besteht, dass der Antragsteller auch im Hauptsacheverfahren obsiegen wird (BVerwGE 63, 110, 112; Würtenberger, Rn. 551 m.Fn. 117).

dd) Ersatzansprüche

463. A hat im Wege der einstweiligen Anordnung erwirkt, dass
1. die Bundeswehr auf dem Nachbargrundstück keine LKWs abstellen darf,
2. es der Baurechtsbehörde untersagt wird, dem Nachbarn N eine Baugenehmigung für eine Schreinerei zu erteilen.

1. Die Bundeswehr hat einen Schadensersatzanspruch nach § 123 Abs. 3 VwGO i. V. m. § 945 ZPO.
2. Äußerst fraglich ist, ob N gegen A einen Schadensersatzanspruch aus § 123 Abs. 3 VwGO i. V. m. § 945 ZPO geltend machen kann. Ein solcher Schadensersatzanspruch kann im Prinzip nur zwischen den Verfahrensbeteiligten entstehen, also zwischen A und dem Rechts-

In beiden Hauptsacheverfahren unterliegt A. Für die Dauer der einstweiligen Anordnung musste die Bundeswehr ein Grundstück anmieten; infolge der Verzögerung der Baugenehmigung und mittlerweile erheblich gestiegener Baupreise hat sich der Bau der Schreinerei verteuert. Können die Bundeswehr bzw. N von A Schadensersatz verlangen?

träger der Bauaufsichtsbehörde; diesem ist aber kein Schaden entstanden. Dass Schadensersatzansprüche nur im Verhältnis von Antragsteller und Antragsgegner entstehen können, ergibt sich aus dem Wortlaut des § 945 ZPO, wonach dem „Gegner" ggf. der aus der Vollziehung der einstweiligen Anordnung entstehende Schaden zu ersetzen ist. Dieser Argumentation lässt sich entgegenhalten, dass N im Verfahren des § 123 VwGO beizuladen sei, er dadurch Beteiligter werde und er „materiell" Gegner im Verfahren sei, da seine Bauabsichten durch den Antragsteller unterbunden würden (Grunsky, JuS 1982, 177, 179 ff.). Eine derartige Argumentation führt aber zu Wertungswidersprüchen und ist abzulehnen: Wenn nämlich A, was der Regelfall ist, die den N begünstigende Baugenehmigung durch Widerspruch und Anfechtungsklage angreift und nach § 80 Abs. 5 VwGO durch das Gericht einstweiligen Rechtsschutz erhält, entstehen de lege lata keine Ersatzansprüche. Dann aber ist es systemwidrig, dem N Ersatzansprüche einzuräumen, wenn bei Nachbarklagen ausnahmsweise über § 123 VwGO einstweiliger Rechtsschutz gewährt wurde (BGHZ DVBl. 1981, 28; Würtenberger, Rn. 555; str.).

464. In welchem Rechtsweg sind Ansprüche aus § 123 Abs. 3 i. V. m. § 945 ZPO, etwa der Bundeswehr im vorigen Fall, zu verfolgen?

Ersatzansprüche sind nicht im Verfahren nach § 123 VwGO, sondern durch Klage in einem besonderen Verfahren geltend zu machen. Streitig ist, ob der Verwaltungsrechtsweg (so wohl BVerwGE 18, 72, 77 f.) oder der ordentliche Rechtsweg (BGHZ 78, 127; Würtenberger, Rn. 554) eröffnet ist. Geht man davon aus, der Ersatzanspruch gehöre akzessorisch jenem Rechtsgebiet an, in dem der Hauptanspruch wurzelt, so wäre in aller Regel der Verwaltungsrechtsweg eröffnet. Dem lässt sich entgegenhalten: § 945 ZPO ist ein *quasi-deliktischer Anspruch*, der darauf beruht, dass das Ersuchen um einstweiligen Rechtsschutz nach § 123 VwGO grundsätzlich dem Gefahrenbereich des Antragstellers zugerechnet wird. Wenn der Bürger von der Möglichkeit des § 123 VwGO Gebrauch macht, so ist er für jenen Schaden zivilrechtlich verantwortlich, der dem Antragsgegner durch Überschreiten seiner Rechtssphäre entstanden war und den der Antragsgegner wegen des summarischen Verfahrens nicht abwehren konnte (Lemke, DVBl. 1982, 989 ff.; Erichsen, JURA 1984, 644, 655).

VI. Das verwaltungsgerichtliche Verfahren

1. Verfahrensgrundsätze

465. Nennen Sie die Verfahrensgrundsätze, die das verwaltungsgerichtliche Verfahren bestimmen.

Das verwaltungsgerichtliche Verfahren muss, wie auch andere Gerichtsverfahren, das Gebot des gesetzlichen Richters sowie den Grundsatz des rechtlichen Gehörs, der Öffentlichkeit des Verfahrens, der Mündlichkeit und der Unmittelbarkeit des Verfahrens beachten.

466. Was fordert der Grundsatz des rechtlichen Gehörs?

Der verfassungsrechtlich verankerte Grundsatz des rechtlichen Gehörs (Art. 103 Abs. 1 GG) verlangt, dass die an einem gerichtlichen Verfahren Beteiligten die Möglichkeit erhalten, die ihnen wichtig erscheinenden Angriffs- und Verteidigungsmittel vorzubringen, und verlangt umgekehrt vom Gericht, die Ausführungen der Beteiligten zur Kenntnis zu nehmen und sich mit ihnen auseinanderzusetzen. Zur Gewährung rechtlichen Gehörs gehört sowohl ein Tatsachengespräch als auch ein Rechtsgespräch zwischen dem Gericht und den am Prozess Beteiligten (Würtenberger, Rn. 89 f.).

467. Welche Bestimmungen der VwGO konkretisieren den in Art. 103 Abs. 1 GG verfassungsrechtlich gewährleisteten Anspruch auf rechtliches Gehör?

1. Nach § 86 Abs. 3 VwGO (vgl. § 139 ZPO!) hat der Vorsitzende eine *Hinweis- und Aufklärungspflicht*: Die Verfahrensbeteiligten sollen nicht aus Unerfahrenheit oder aus mangelnder Rechtskenntnis gehindert sein, sachdienliche Anträge zu stellen, umfassende tatsächliche Angaben zu machen und den Sach-

verhalt zutreffend zu würdigen. Diese Hinweispflicht soll zu einer dem Gesetz entsprechenden, gerechten Entscheidung des Gerichts beitragen und dient der Verwirklichung des Anspruchs der Beteiligten auf rechtliches Gehör.

2. Nach § 103 Abs. 3 VwGO erhalten die Beteiligten in der mündlichen Verhandlung das Wort, um ihre Anträge zu stellen und zu begründen.

3. Nach § 104 Abs. 1 VwGO hat der Vorsitzende die Streitsache mit den Beteiligten tatsächlich und rechtlich zu erörtern. Hierbei erhalten die Beteiligten Gelegenheit, ihren Vortrag auf die für die Beurteilung der Klage wesentlichen Fragen einzustellen.

4. Nach § 97 VwGO ist die Beweiserhebung parteiöffentlich. Das Recht der Beteiligten, den Zeugen und Sachverständigen sachdienliche Fragen zu stellen, dient der Wahrung des rechtlichen Gehörs.

5. Nach § 108 Abs. 2 VwGO darf das Urteil „nur auf Tatsachen und Beweisergebnisse gestützt werden, zu denen die Beteiligten sich äußern konnten". Außerdem hat das Gericht das Vorbringen der Beteiligten zur Kenntnis zu nehmen und bei seiner Entscheidung zu berücksichtigen (BVerwG DVBl. 1989, 874).

468. In einer gegen den Dekan der juristischen Fakultät gerichteten Klage beantragt S, die Bewertung einer Klausur in den Übungen im Öffentlichen Recht von 3 auf 4 Punkte „anzuheben". Nachdem zur Sache mündlich verhandelt

Nein. Eine derartige *Überraschungsentscheidung* verstößt gegen §§ 86 Abs. 3, 104 Abs. 1 und § 108 Abs. 2 VwGO, die den Grundsatz des rechtlichen Gehörs konkretisieren. Der Vorsitzende hatte die Beteiligten darauf hinzuweisen, dass die Passivlegitimation fraglich sei, und hierüber mit den Parteien ein

wurde, wird die Klage wegen fehlender Passivlegitimation abgewiesen. Ist dies prozessual zulässig?

„Rechtsgespräch" zu führen. Dabei ist weder Rechtsberatung noch Auskunft über die Rechtsauffassung der Kammer Aufgabe des Vorsitzenden. Es ist nur zu verhindern, dass die Entscheidung auf einen Gesichtspunkt gestützt wird, mit dem die Beteiligten nicht rechneten und auch nicht zu rechnen brauchten (Kopp/Schenke, § 104 VwGO Rn. 3; BVerfGE 86, 133, 144 f.).

469. X ist der Ansicht, in dem Revisionsverfahren vor dem BVerwG sei gegen den Grundsatz des rechtlichen Gehörs verstoßen worden, weil er keine Möglichkeit gehabt habe, auf einen Schriftsatz des Klagegegners seinerseits mit einem Schriftsatz zu erwidern. Welcher Rechtsbehelf ist statthaft?

Es ist die *Anhörungsrüge* nach § 152a Abs. 1 VwGO statthaft. Voraussetzung ist zum einen, dass ein Rechtsmittel gegen die Entscheidung des BVerwG nicht gegeben ist; dies ist bei einer revisionsgerichtlichen und damit letztinstanzlichen Entscheidung der Fall. Zum anderen muss der Anspruch des X auf rechtliches Gehör in *entscheidungserheblicher Weise* verletzt sein.

470. War die Einführung einer Anhörungsrüge durch § 152a VwGO verfassungsrechtlich geboten?

Ja. Früher war bei Verletzung des rechtlichen Gehörs eine Verfassungsbeschwerde nach Art. 93 Abs. 1 Nr. 4a GG statthaft. In einer Plenarentscheidung hat das BVerfG entschieden, dass bei Verletzung des rechtlichen Gehörs ein Rechtsschutzverfahren vor den Fachgerichten gegen die gerichtliche Entscheidung gewährt werden muss (BVerfGE 107, 395, 411 f. m. Bspr. von Sachs, JuS 2003, 914 ff.; Würtenberger, Rn. 90). Eine solche Möglichkeit fachgerichtlicher Abhilfe ist vom Grundsatz der Effektivität des Rechtsschutzes, aber auch zur Entlastung des BVerfG geboten. Die Fachgerichtsbarkeit hat dafür zu sorgen, dass Rechtsanwendungsfehler, die auf einem fehlerhaften gerichtlichen Verfahren beruhen, nach Möglichkeit vermieden werden.

471. Lässt sich § 152a VwGO analog auch auf einen Verstoß gegen das Gebot des gesetzlichen Richters (Art. 101 Abs. 1 S. 2 GG) anwenden?

Dies wird überwiegend bejaht (Würtenberger, Rn. 90; VGH Mannheim DÖV 2005, 349). Denn auch hier handelt es sich um einen Verfassungsverstoß im gerichtlichen Verfahren, gegen den eine Abhilfemöglichkeit im fachgerichtlichen Verfahren gewährt werden muss. Beachte aber: Im Verfahren nach § 152a VwGO kann nicht gerügt werden, dass die letztinstanzliche Entscheidung mit dem *materiellen Recht* nicht in Einklang steht. § 152a VwGO erfasst nur die Verletzung von Prozessgrundrechten (OVG Frankfurt/Oder NVwZ 2005, 1213 f.).

472. Was fordert und welchen Zwecken dient der Grundsatz der Öffentlichkeit des Verfahrens?

Die Verhandlungen vor dem Verwaltungsgericht sind nach § 55 VwGO i. V. m. § 169 GVG öffentlich. Der Grundsatz der Öffentlichkeit des Verfahrens fordert, dass unbeteiligte Personen sich über Zeit und Ort der Gerichtsverhandlungen Kenntnis verschaffen können und ihnen der Zutritt eröffnet ist. Historisch gesehen sollte durch diesen Grundsatz die Kontrolle der Öffentlichkeit gegenüber der Justiz gestärkt, eine Geheimjustiz unterbunden und die Objektivität der Rechtsprechung gesichert werden.

473. Welchen Beschränkungen unterliegt der Grundsatz der Öffentlichkeit des Verfahrens?

Folgende Beschränkungen der Öffentlichkeit des Verfahrens sind zu nennen:
1. Die Öffentlichkeit kann nur im Rahmen der räumlichen Möglichkeiten zugelassen werden, die allerdings so beschaffen sein müssen, dass mehrere

Zuhörer in zumutbarer Weise im Sitzungssaal Platz finden können (BGHSt 5, 75, 83; Bay OblG NJW 1982, 395 f.).
2. Durch die Zulassung der Öffentlichkeit darf das Recht auf Wahrung der *Intimsphäre* nicht beeinträchtigt werden. Die stärkere Betonung des Persönlichkeitsrechts führt zu einer zunehmenden Beschränkung der Öffentlichkeit des Verfahrens (vgl. § 171b GVG; Köbl, in: Festschrift für Schnorr von Carolsfeld 1973, S. 235 ff.).
3. Die Öffentlichkeit kann u. a. dann ausgeschlossen werden, wenn eine Gefährdung der Staatssicherheit zu besorgen ist (§ 172 Nr. 1 GVG) oder wenn eine Person unter 16 Jahren vernommen wird (§ 172 Nr. 4 GVG).

474. Was fordert und welchen Zwecken dient der Grundsatz der Mündlichkeit des Verfahrens?

Nach dem Grundsatz der Mündlichkeit des Verfahrens ist allein das mündlich Vorgetragene Entscheidungsgrundlage. Dieses Prinzip sollte das Schriftlichkeitsprinzip (quod non est in actis, non est in mundo) mit dem Ziel ablösen, das Verfahren zu beschleunigen und den Rechtsschutz der Beteiligten zu verbessern.

475. In einem Verwaltungsprozess hält das Gericht eine mündliche Verhandlung für überflüssig. Kann es im schriftlichen Verfahren entscheiden?

In der Regel entscheidet das Gericht nach § 101 Abs. 1 VwGO auf Grund mündlicher Verhandlung. Ausnahmen sind:
1. wenn alle Beteiligten (§ 63 VwGO) sich mit einer Entscheidung ohne mündliche Verhandlung einverstanden erklären (§ 101 Abs. 2 VwGO),
2. wenn es sich um eine Entscheidung (Beschluss) handelt, die nicht Urteil ist und eine mündliche Verhandlung nicht

vorgeschrieben ist (§ 101 Abs. 3 VwGO),
3. wenn nach § 84 Abs. 1 VwGO über die Klage durch Gerichtsbescheid entschieden wird.

476. In einem Normenkontrollverfahren (§ 47 VwGO) wird darüber gestritten, ob ein Bebauungsplan die Eigentumsrechte des Grundstückseigentümers G in rechtmäßiger Weise einschränkt. Bedarf es einer öffentlichen und mündlichen Verhandlung?

1. Nach § 47 Abs. 5 S. 1 VwGO entscheidet das OVG über den Normenkontrollantrag durch *Beschluss*, wenn es eine *mündliche* (und damit auch eine öffentliche) Verhandlung nicht für erforderlich hält.
2. Allerdings muss nach Art. 6 Abs. 1 EMRK *öffentlich* verhandelt werden, wenn vorliegend um zivilrechtliche Ansprüche im Sinne dieser Regelung gestritten wird. Der *konventionsrechtliche Begriff* der zivilrechtlichen Ansprüche orientiert sich nicht an der (deutschen) Abgrenzung zwischen Zivil- und Öffentlichem Recht, die nicht in allen Rechtsordnungen der Konventionsstaaten geläufig ist. Entscheidend ist vielmehr, dass um Vermögensrechte oder um vermögenswerte subjektiv-öffentliche Rechte gestritten wird. Dies ist der Fall, wenn, wie vorliegend, in einem Normenkontrollverfahren um Eigentumsrechte gestritten wird (Würtenberger, Rn. 80c, g; BVerwGE 110, 203, 206 ff. m. Bspr. von Hufen, JuS 2000, 1126 ff.).

477. Was fordert und welchem Zweck dient der Grundsatz der Unmittelbarkeit des Verfahrens?

Der Grundsatz der Unmittelbarkeit des Verfahrens fordert, dass die mündliche Verhandlung sowie die Beweiserhebung im Interesse der Wahrheitsfindung und Prozessbeschleunigung unmittelbar vor dem erkennenden Gericht und nicht vor einer anderen Instanz zu erfolgen haben

(§ 96 Abs. 1 VwGO). Das Gericht soll also auf Grund eines „unvermittelten" Eindrucks des Sach- und Rechtsvortrags der Parteien sowie der Beweiserhebung seine Entscheidung treffen (Würtenberger, Rn. 565). In geeigneten Fällen kann allerdings auch eine Beweiserhebung durch den beauftragten oder ersuchten Richter (zur Unterscheidung: Lüke, § 5 Rn. 65 f.) erfolgen: § 96 Abs. 2 VwGO.

478. Wie unterscheiden sich Untersuchungsgrundsatz und Offizialmaxime einerseits und Verhandlungsgrundsatz und Dispositionsmaxime andererseits?

1. *Untersuchungsgrundsatz* (Inquisitionsmaxime) bedeutet, dass das Gericht den Sachverhalt von Amts wegen erforscht. Dabei ist es nicht an die Beweisanträge und das Vorbringen der Beteiligten gebunden. Der Untersuchungsgrundsatz ist in § 86 Abs. 1 VwGO geregelt. Er beherrscht im übrigen alle Verfahren, in denen es um die Durchsetzung öffentlicher Belange geht (z. B. das staatsanwaltschaftliche Ermittlungsverfahren: § 160 StPO, die strafgerichtliche Hauptverhandlung: § 244 StPO, das zivilprozessuale Verfahren in Ehe- und Kindschaftssachen: §§ 616, 640 ZPO).

2. Im Gegensatz hierzu steht der *Verhandlungsgrundsatz,* der im Zivilprozess zur Anwendung gelangt. Hier bestimmen die Parteien, welchen Sachverhalt sie dem Gericht zur Verhandlung und Entscheidung vortragen.

3. Bei der *Offizialmaxime,* die im Strafprozess Anwendung findet, sind der Streitgegenstand und das gerichtliche Verfahren der Disposition der am Prozess Beteiligten entzogen: § 152 StPO.

4. Im Gegensatz hierzu steht die *Dispositionsmaxime* (der *Verfügungsgrundsatz*). Hier können die Prozessbeteiligten über den Streitgegenstand und damit über Beginn und Ende des gerichtlichen Verfahrens verfügen. Verhandlungsgrundsatz und Dispositionsmaxime wurzeln in der auf *Privatautonomie* gegründeten Privatrechtsordnung.

479. Und welche Prinzipien gelten im Verwaltungsprozess?

Im Verwaltungsprozess gelten der Untersuchungsgrundsatz und die Dispositionsmaxime (Hufen, § 35 Rn. 21 ff., 24 ff.; Würtenberger, Rn. 566 ff.).

480. Besteht zwischen Untersuchungs- und Verhandlungsgrundsatz ein scharfer Gegensatz?

Keinesfalls. Der zivilprozessuale Verhandlungsgrundsatz ist u. a. durch die richterliche Fragepflicht (§ 139 ZPO) und die von Amts wegen zulässige Anordnung des Augenschein-, Sachverständigen- und Urkundenbeweises (§§ 142, 143, 144, 273 ZPO) eingeschränkt (vgl. weiter Lüke, § 2 Rn. 21 ff.).

481. Können Sie weiter präzisieren, ob und inwiefern Offizialmaxime, Dispositionsmaxime, Untersuchungsgrundsatz und Verhandlungsgrundsatz im Straf-, Zivil- und Verwaltungsprozess Anwendung finden?

1. Im *Strafprozess* gelten Offizialmaxime und Untersuchungsgrundsatz. Streitgegenstand und Verfahren sind der Disposition der Verfahrensbeteiligten entzogen. Das Gericht ist für die Tatsachenermittlung verantwortlich und erforscht den Sachverhalt von Amts wegen.

2. Im *Zivilprozess* gelten Dispositionsmaxime und Verhandlungsgrundsatz. Die Beteiligten können über den Streitgegenstand und damit auch über Beginn und Ende des Gerichtsverfahrens verfügen. Sie entscheiden darüber, welche Tatsachen zum Gegenstand der gerichtlichen Verhandlung gemacht werden (Lüke, § 2 Rn. 6 ff., 18 ff.).

3. Im *Verwaltungsprozess* gelten Dispositionsmaxime und Untersuchungsgrundsatz. Die Beteiligten bestimmen zwar

den Gegenstand des Streits (§ 88 VwGO) und können das Verfahren durch Klagerücknahme (Frage 550), Anerkenntnis (Frage 511) oder Prozessvergleich (Frage 551) beenden. Im Rahmen des Streitgegenstands ist aber das Gericht zur Ermittlung der „Wahrheit" verpflichtet: Es ist nicht an Vorbringen und Beweisanträge der Parteien gebunden (§ 86 Abs. 1 S. 2 VwGO) und hat – wie im Zivilprozess – eine prozessuale Fürsorgepflicht (§ 86 Abs. 3 VwGO).

482. Eine Frage zum Verständnis: Warum gelten im Verwaltungsprozess Dispositionsmaxime und Untersuchungsgrundsatz, obwohl es an sich gegenläufige Prinzipien sind?

Sie gelten, weil das verwaltungsgerichtliche Verfahren in erster Linie auf *Rechtsschutz* des Bürgers zielt. Dann aber muss es dem Bürger überlassen bleiben, ob und in welchem Umfang er seine subjektiv-öffentlichen Ansprüche geltend macht. Das verwaltungsgerichtliche Verfahren soll aber gleichzeitig auch die *Bindung der Verwaltung an das Gesetz* durchsetzen helfen (Art. 20 Abs. 3 GG). Daher muss das Gericht von Amts wegen den Sachverhalt erforschen, der der Rechtsanwendung zugrundezulegen ist. M. a. W.: Die Parteien können nicht über den Sachverhalt durch Beschränkung des Sachvortrages disponieren.

483. Der Antrag des B auf Erteilung einer Baugenehmigung wurde abgelehnt, sein Widerspruch blieb erfolglos. B ist der Ansicht, die Genehmigungsbehörde habe es versäumt, die im Bebauungsplan eingeräumten Ausnahmemöglichkeiten (vgl. § 31 Abs.

Nein. Es kann lediglich den Beklagten verpflichten, den B erneut zu bescheiden. Denn es ist auf Grund der Dispositionsmaxime an den vom Kläger B zulässigerweise gestellten Bescheidungsantrag gebunden. Nach § 88 VwGO darf das Gericht über das Klagebegehren nicht hinausgehen; es darf danach weder mehr (hier: Verpflichtung zur Erteilung der

1 BauGB) in Betracht zu ziehen. Er klagt mit dem Antrag, den Beklagten zu verurteilen, ihn (B) unter Aufhebung des ablehnenden Bescheids und des Widerspruchsbescheids erneut über seinen Bauantrag unter Beachtung der Rechtsauffassung des Gerichts zu bescheiden. Das VG gelangt zu der Überzeugung, dass dem B die erstrebte Baugenehmigung zu erteilen sei. Kann es dementsprechend entscheiden?

Genehmigung) noch etwas anderes („aliud") zusprechen.

484. Zwischen K und der beklagten Behörde wird anlässlich der Anfechtung einer Bodensanierungsmaßnahme darum gestritten, ob erhöhte Bleiwerte im Erdreich von K's Grundstück zu einer Gefährdung des Grundwassers führen. Sowohl der Kläger als auch der Beklagte machen ihren Standpunkt durch Zitate wissenschaftlicher Veröffentlichungen plausibel. Das Gericht schließt sich ohne nähere Begründung dem Vortrag der beklagten Behörde an und weist die Anfechtungsklage ab. War dies zulässig?

Nein. Das Gericht hat die Pflicht verletzt, den Sachverhalt von Amts wegen zu erforschen. Vorliegend erfordert die tatsächliche Würdigung des Sachverhalts eine besondere Sachkunde darüber, ob Blei im Boden mobil und im Grundwasser löslich ist. Aus den Ausführungen des Gerichts muss sich ergeben, dass es sich im Hinblick auf diese chemisch-naturwissenschaftliche Frage sachkundig gemacht hat. War es hierzu nicht in der Lage, hätte es ein Sachverständigengutachten einholen müssen (BVerwG NVwZ 1987, 47, 48).

2. Beweiserhebung und Beweislast

485. Welcher Beweismittel kann sich das VG zur Ermittlung des Sachverhalts bedienen?

1. Nach § 99 VwGO sind alle Behörden, d. h. nicht nur die Behörden, die am Rechtsstreit beteiligt sind, zur Vorlage von Urkunden oder Akten, zur Übermittlung elektronischer Dokumente und zu Auskünften verpflichtet. Dies erleichtert entscheidend die Beweisbeschaffung.

2. Im übrigen verfügt das VG über alle Beweismittel, die den Zivilgerichten nach der ZPO zur Verfügung stehen. Dies ergibt sich aus dem Verweis auf die ZPO durch §§ 98, 96 Abs. 1 S. 2 VwGO:

a) Augenschein: §§ 371–372 a ZPO
b) Vernehmung von Zeugen: §§ 373–401 ZPO
c) Vernehmung von Sachverständigen: §§ 402–413 ZPO und von sachverständigen Zeugen: § 414 ZPO
d) Urkundenbeweis: §§ 415–444 ZPO
e) Vernehmung von Beteiligten: §§ 445–455 ZPO.

3. Nach § 95 VwGO kann das persönliche Erscheinen eines Beteiligten angeordnet werden. Diese Vorschrift bietet zwar keine Grundlage für eine Beweisaufnahme, kann aber der Klärung des Sachverhalts durchaus dienlich sein.

486. Hat der verwaltungsprozessuale Untersuchungsgrundsatz Auswirkungen auf die Beweislast der Beteiligten?

Man muss unterscheiden:

1. Im Verwaltungsprozess muss der Kläger keinen Beweis führen und keine Beweisanträge stellen. Denn eine prozessuale Beweislast oder *Beweisführungslast* (Gottwald, JURA 1980, 225, 226) kann es unter der Geltung der Untersuchungsmaxime nicht geben: Wenn das Gericht den Sachverhalt von Amts wegen zu erforschen hat, kann es nicht darauf ankommen, dass die Beteiligten Beweise anbieten. Dies werden sie allerdings zur besseren Wahrung ihrer Interessen in der Regel tun (§ 86 Abs. 2 VwGO).

2. Dagegen gibt es Regeln über die materielle Beweislast auch im Verwaltungsprozess. Man braucht eben in jeder Verfahrensart Regeln darüber, wie zu entscheiden ist, wenn die Beweiserhebung zu einem non liquet führt (Würtenberger, Rn. 577).

487. In den folgenden Fällen sind die bestrittenen Tatsachenbehauptungen trotz Beweisaufnahme nach Auffassung des Gerichts weder erwiesen noch widerlegt. Wer trägt die Beweislast?

1. A klagt auf Widerruf einer ehrverletzenden Äußerung, die vom Beklagten bestritten wird.

2. B klagt auf Feststellung der deutschen Staatsangehörigkeit, das beklagte Land bestreitet, dass – wie B vorträgt – einer seiner Elternteile Deutscher gewesen sei.

3. C greift mit einer Anfechtungsklage die Verfügung, ein Autowrack zu beseitigen, an; er bestreitet, Eigentümer, Halter oder Fahrer gewesen zu sein.

4. D greift die Rücknahme des Abiturzeugnisses an, weil er

1. und **2.** Bei der allgemeinen Leistungsklage und Feststellungsklage gilt die aus dem Zivilprozessrecht bekannte *Günstigkeitsregel* bzw. das *Normbegünstigungsprinzip:* Wer ein Recht in Anspruch nimmt, hat den Beweis zu erbringen, dass der Sachverhalt vorliegt, an den das Gesetz die Entstehung dieses Rechts knüpft (Würtenberger, Rn. 578; Gottwald, JURA 1980, 225, 227; kritisch Berg, in: Festschrift für Menger, S. 537, 548 ff.). Die Unerweislichkeit von Tatsachen, aus denen eine Partei eine ihr günstige Rechtsfolge herleitet, geht zu ihren Lasten (es sei denn, durch Rechtssatz ist eine besondere Beweislastverteilung getroffen worden: BVerwGE 18, 168, 170 f.; 41, 53, 58 m. Anm. Berg, NJW 1973, 1093). Kann sich das VG hiervon nicht überzeugen (Untersuchungsgrundsatz), so ist gegen den Kläger zu entscheiden. Die Klagen von A und B sind also abzuweisen.

3. Nach dem soeben entwickelten zivilprozessualen Grundsatz würde der Klä-

nicht – wie die Schulbehörde vorträgt – Klausurleistungen durch Täuschung erschlichen habe.

5. E erstrebt mit einer Verpflichtungsklage die Gewährung einer Subvention, wobei vom Beklagten bestritten wird, dass das vorgesehene Produktionsverfahren – wie in den Subventionsrichtlinien vorgesehen – bestimmten Arbeitsschutzbedingungen genüge.

6. F erstrebt mit einer Verpflichtungsklage eine gewerberechtliche Erlaubnis, wobei Vorfälle, die F als unzuverlässig erscheinen lassen, bestritten sind.

ger bei Anfechtungsklagen die Beweislast tragen. Dies ist auch in einer frühen Entscheidung des BVerwG (E 3, 245 f.) so entschieden worden. Demgegenüber trägt nach zutreffender Ansicht der Beklagte bei Anfechtungsklagen die Beweislast für das Vorliegen jenes Sachverhalts, auf den der angegriffene VA in tatsächlicher Hinsicht gestützt wurde (Hufen, § 37 Rn. 17; Würtenberger, Rn. 580). Denn der Verwaltung bei Eingriffen in Freiheit und Eigentum die Beweislast abzunehmen, begegnet erheblichen rechtsstaatlichen Bedenken. Die Eingriffsvoraussetzungen sind nicht nur durch Gesetz zu regeln, sondern ihre tatbestandlichen Voraussetzungen auch von der Verwaltung zu beweisen. Andernfalls könnte die Verwaltung bereits auf „Verdacht" in die Rechtssphäre des Bürgers eingreifen.

4. Da es sich um eine Anfechtungsklage handelt, liegt die Beweislast beim Beklagten.

5. Bei Verpflichtungsklagen trägt nach der Günstigkeitsregel bzw. dem Normbegünstigungsprinzip (s. o.) grundsätzlich der Kläger die Beweislast (Würtenberger, Rn. 578).

6. Dieser unter 5. genannte Grundsatz begegnet jedoch bei Verboten mit Erlaubnisvorbehalt Bedenken: Der Gesetz- oder Verordnungsgeber darf nicht durch Einführung von Verboten mit Erlaubnisvorbehalt die Beweislast ohne zureichenden Grund auf den Bürger abwälzen. Der Kläger muss lediglich die allgemeinen, für die Aufnahme des Gewerbes erforderlichen Voraussetzungen nachweisen. Die Behörde trägt dagegen

– entsprechend der Beweislastverteilung im Zivilprozess – die Beweislast für rechtshindernde Ausnahmen (Würtenberger, Rn. 580; Gottwald, JURA 1980, 225, 229 ff.; Kopp/Schenke, § 108 VwGO Rn. 14: Bei der Klage auf Ernennung zum Beamten trägt der Kläger die Beweislast für das Vorliegen der rechtlichen Voraussetzungen, der Dienstherr für Zweifel an der Verfassungstreue, str.; zur Sphärenverantwortung bei der Verteilung der Beweislast: Hufen, § 37 Rn. 17).

3. Das Nachschieben von Gründen

488. Die Gemeinde G hat gegen K einen Erschließungsbeitragsbescheid (§§ 127 ff. BauGB) erlassen, gegen den K nach erfolglosem Widerspruch Klage erhebt. Das VG weist die Beklagte darauf hin, dass der Bescheid nicht begründet war. Mit Schriftsatz schiebt die Gemeinde eine fehlerfreie Begründung nach.
1. Wie unterscheidet sich das „Nachschieben von Gründen" von der Frage nach dem maßgeblichen Zeitpunkt für die gerichtliche Beurteilung der Rechtmäßigkeit eines VA?
2. Wird das VG die nachgeschobene fehlerfreie Begründung bei seiner Entscheidung berücksichtigen?

1. Bei der Frage nach dem *maßgeblichen Zeitpunkt für die gerichtliche Beurteilung der Rechtmäßigkeit* des angefochtenen (oder begehrten) VA geht es darum, inwieweit auch Veränderungen der Rechts- und Sachlage zu berücksichtigen sind, die *nach Erlass* des umstrittenen (*oder* der *Verweigerung* des begehrten) VA eingetreten sind. Dagegen geht es bei der Frage des *Nachschiebens von Gründen* darum, ob tatsächliche oder rechtliche Umstände, die bereits *bei Erlass* des VA vorgelegen haben, aber von der Behörde damals nicht geltend gemacht worden sind, nunmehr bei der gerichtlichen Entscheidung berücksichtigt werden dürfen (Redeker/von Oertzen, § 108 VwGO Rn. 28; Würtenberger, Rn. 617; BVerwG NVwZ 1989, 471).

2. Das VG muss die nachgeschobene fehlerfreie Begründung berücksichtigen. Zwar war der Beitragsbescheid wegen Fehlens der Begründung rechtswidrig (§ 39 Abs. 1 VwVfG). Dieser Verfah-

rensfehler konnte aber, wie vorliegend, bis zum Abschluss der letzten Tatsacheninstanz eines verwaltungsgerichtlichen Verfahrens durch Nachholen der Verfahrenshandlung geheilt worden (§ 45 Abs. 1 Nr. 2, Abs. 2 VwVfG; zur Vertiefung: Schoch, Die Heilung von Anhörungsmängeln im Verwaltungsverfahren, JURA 2007, 28 ff.).

489. Nehmen Sie an: Der Erschließungsbeitragsbescheid war unzutreffend begründet. Im verwaltungsgerichtlichen Verfahren trägt die Beklagte Gründe vor, die zur Rechtmäßigkeit des Beitragsbescheides führen. Wird das VG dies berücksichtigen?

Hier fordert der verwaltungsprozessuale *Untersuchungsgrundsatz* (§ 86 Abs. 1 VwGO), dass das VG jene Gründe berücksichtigt, die zur Rechtmäßigkeit des VA führen. Denn Aufgabe der Verwaltungsgerichtsbarkeit ist es, die Bindung der Verwaltung an Gesetz und Recht (Art. 20 Abs. 3 GG) zu kontrollieren. Dies gestattet es auch, sogar jene Gründe heran zu ziehen, die nicht von der Behörde vorgetragen sind, aber gleichwohl einen angefochtenen VA zu rechtfertigen vermögen (Hufen, § 24 Rn. 22; Würtenberger, Rn. 618).

490. Wie wäre es, wenn die Gemeinde G im Prozess erklärt, sie habe sich im Grundstück getäuscht, und den Erschließungsbeitragsbescheid für ein anderes Grundstück des K aufrechterhalten möchte?

Hier ist ein Nachschieben von Gründen unzulässig, weil der angefochtene Bescheid durch das Nachschieben von Gründen eine wesentliche inhaltliche Veränderung erfährt. Anders gewendet: Durch ein Nachschieben von Gründen kann nicht der *Streitgegenstand* (Frage 154) des Anfechtungsprozesses geändert werden (BVerwGE 64, 356, 358).

491. E hat ohne Baugenehmigung im Außenbereich ein Holzhaus errichtet. Gegen die Abbruchverfügung, die auf § 35 Abs. 3 BauGB (Gefahr

Nein. Bei der angefochtenen Abbruchverfügung handelt es sich um eine Ermessensentscheidung (§ 64 S. 1 BW LBO; lesen Sie die entsprechende Vorschrift Ihres Landesrechts!). Im Ermes-

des Entstehens einer Splittersiedlung) gestützt war, wendet E ein, in einer Vielzahl vergleichbarer Fälle werde von der zuständigen Behörde nicht eingeschritten. In der mündlichen Verhandlung vor dem VG erklärt der Behördenvertreter, durch den Schwarzbau werde nicht gegen § 35 Abs. 3 BauGB verstoßen; die Abbruchverfügung werde nunmehr auf die Verletzung von Brandschutzvorschriften gestützt, da das aus nicht feuersicherem Material gebaute Holzhaus sehr brandgefährdet sei und ein etwaiger Brand leicht auf die nahe liegenden Waldungen übergreifen könne. Wird das VG diesen Vortrag bei seiner Entscheidung berücksichtigen?

sensbereich begrenzt § 114 S. 2 VwGO das Nachschieben von Gründen. Ermessenserwägungen dürfen nur „ergänzt" werden. Das Nachschieben von *erstmaligen* Ermessenserwägungen ist nicht gestattet. Dies soll verhindern, dass die Rechtsverteidigung des Klägers durch das Nachschieben neuer Ermessenserwägungen stark beeinträchtigt wird (Würtenberger, Rn. 619).

4. Klageänderung

492. Wo ist die Klageänderung in der VwGO geregelt? Was ist unter Klageänderung zu verstehen?

1. Die Klageänderung ist in § 91 VwGO geregelt.
2. Unter Klageänderung versteht man eine Änderung des *Streitgegenstandes* (zum Begriff vgl. Frage 154) innerhalb eines anhängigen verwaltungsgerichtlichen Verfahrens. Dies kann dadurch geschehen,
a) dass der Kläger anstelle des mit der Klage geltend gemachten Anspruchs einen *anderen* geltend macht,
b) oder dass der Kläger den mit der Klage geltend gemachten Anspruch auf einen *anderen Lebenssachverhalt* stützt,

c) oder dass der Kläger neben dem ursprünglich geltend gemachten Anspruch einen *weiteren* Anspruch geltend macht,
d) oder dass auf Kläger- oder Beklagtenseite die Parteien wechseln (str.).

493. Welcher Funktion dient die Klageänderung?

Im Interesse der *Prozessökonomie* kann der Streitgegenstand eines anhängigen Prozesses verändert werden.

494. Handelt es sich um eine Klageänderung i. S. v. § 91 VwGO, wenn
1. der Kläger zunächst 500 € eingeklagt hat und in der ersten mündlichen Verhandlung den Klageantrag auf 1000 € erweitert?
2. der Kläger zunächst mit einer Verpflichtungsklage eine behördliche Leistung erstrebt hat, im Prozess aber feststellt, dass nicht durch VA über sein Verpflichtungsbegehren zu entscheiden ist, und nunmehr auf eine allgemeine Leistungsklage (oder auf eine Feststellungsklage) übergeht?

1. Eine Klageänderung liegt nicht vor, da der Klagegrund gleich bleibt und der Klageantrag nur erweitert wird: § 264 Nr. 2 ZPO i. V. m. § 173 VwGO (Kopp/Schenke, § 91 VwGO Rn. 9; BVerwGE 62, 11, 14).
2. Eine Klageänderung liegt nicht vor. Zum einen bleibt der „Streitgegenstand in seinem Wesensgehalt unverändert“ (BVerwGE 30, 46, 50; 49, 259, 264; VGH München BayVBl. 1985, 146). Zum anderen kommt es im Verwaltungsprozess nicht auf die Fassung des Klageantrages, sondern auf das Klagebegehren an: § 88 VwGO.

495. Wann ist eine Klageänderung i. S. v. § 91 VwGO zulässig?

Eine Klageänderung ist nach § 91 Abs. 1 VwGO nur zulässig, wenn die übrigen Beteiligten einwilligen oder das Gericht die Änderung für sachdienlich hält.

496. Müssen auch der einfache oder notwendig Beigeladene der Klageänderung zustimmen?

Selbstverständlich. Sie sind Beteiligte i. S. d. § 63 VwGO.

497. Wann wird das VG eine Klageänderung, der einer der Beteiligten widersprochen hat, für sachdienlich halten?

Eine Klageänderung ist sachdienlich, wenn ein zu erwartender weiterer Prozess vermieden und die endgültige Beilegung des Streites zwischen den Parteien gefördert wird (Würtenberger, Rn. 585).

498. Ist eine Klageänderung auch in der Berufungs- und Revisionsinstanz zulässig?

Nach § 125 Abs. 1 i. V. m. § 91 VwGO ist die Klageänderung im Berufungsverfahren zulässig, nach § 142 VwGO jedoch im Revisionsverfahren unzulässig.

499. Ausländer A klagt auf Erteilung einer Aufenthaltserlaubnis zu Studienzwecken in Deutschland (§ 16 AufenthaltG). In der Berufungsinstanz ändert er seinen Vortrag dahingehend, er habe inzwischen eine Deutsche geheiratet und beanspruche nunmehr eine Aufenthaltserlaubnis aus Gründen des Familiennachzugs (§ 27 AufenthaltG). Der Beklagte widerspricht diesem Wechsel des Klageantrags.
1. Handelt es sich um eine Klageänderung?
2. Wird das OVG diese Klageänderung als sachdienlich zulassen?

1. Es handelt sich um eine Klageänderung. Zwar wird der Klageantrag nicht geändert; es wird aber der *Streitgegenstand der Klage* geändert, „weil anstelle des bisher dem Klagebegehren zugrunde liegenden Lebenssachverhalts ein anderer zur Grundlage des zur Entscheidung gestellten Anspruchs gemacht wird" (BVerwG DÖV 1984, 299). Denn der Zweck des Aufenthalts ist für die Entscheidung über die Aufenthaltserlaubnis von wesentlicher Bedeutung, so dass eine Änderung des Klagegrundes gegeben ist.
2. Ob eine Klageänderung *sachdienlich* ist, entscheidet das Gericht nach pflichtgemäßem Ermessen (BVerwG DÖV 1984, 299, 300). Sie ist dann nicht sachdienlich, wenn ein völlig neuer Streitstoff in das Verfahren eingeführt wird. Umgekehrt ist eine Klageänderung sachdienlich, wenn das Ergebnis der bisherigen Prozessführung auch für die geänderte Klage von Bedeutung ist. Was eine Klageänderung in der Berufungsinstanz betrifft: Dass der Prozessgegner durch die Klageänderung eine zweite Tatsacheninstanz verliert, ist dann nicht von Bedeutung, wenn der vorgetragene Sachverhalt weitgehend unstreitig ist.

Das OVG wird diese Grundsätze bei der Beurteilung der Klageänderung als sachdienlich zu berücksichtigen haben.

500. E wohnt in der zum Landkreis L gehörigen kleinen Gemeinde G. Für den geplanten Umbau seines Einfamilienhauses reicht E die erforderlichen Baupläne bei der Gemeinde ein, um die für das geplante Vorhaben erforderliche Baugenehmigung zu erhalten. Die Gemeinde, die für die Genehmigung selbst nicht zuständig ist, legt die Pläne des E dem Landratsamt vor, das dem E wenig später einen negativen Bescheid erteilt. Nachdem sein Widerspruch fast ein ganzes Jahr lang unbearbeitet blieb, erhebt E Untätigkeitsklage (§ 75 VwGO) gegen die Gemeinde G mit dem Antrag, diese zur Erteilung der Baugenehmigung zu verurteilen. Während der mündlichen Verhandlung erkennt E, dass G die falsche Beklagte ist und richtet seine Klage nunmehr gegen das Land. Der Prozessvertreter der Gemeinde G widerspricht dieser Klageänderung.

1. Ist eine Klageänderung in Form eines Parteiwechsels zulässig?

2. Wie wird das VG entscheiden, wenn es die Klageänderung

1 a) Eine Klageänderung kann auch dadurch erfolgen, dass auf Grund einer prozessualen Erklärung des Klägers an die Stelle des Beklagten ein anderer Beklagter tritt oder ein weiterer Beklagter in den Prozess hineingezogen wird (Würtenberger, Rn. 583; Kopp/Schenke, § 91 VwGO Rn. 2; str.). Dies daher, weil die Angabe des Beklagten zum Hauptinhalt der Klageschrift nach § 82 Abs. 1 VwGO gehört und damit Teil der Klage ist, die geändert wird. Zudem können Gründe der Prozessökonomie für eine Klageänderung durch Parteiwechsel sprechen (a. M. Franz, NJW 1972, 1743 ff.: Parteiwechsel als *eigenes Institut des Prozessrechts*).

b) Da die beklagte Gemeinde G der Klageänderung widersprochen hat, muss das VG über die *Sachdienlichkeit* der Klageänderung (§ 91 Abs. 1 VwGO) befinden. Vorliegend ist Sachdienlichkeit anzunehmen, da der Streitstoff im Wesentlichen gleich bleibt und eine endgültige Beilegung des Streites gefördert wird (Kopp/Schenke, § 91 VwGO Rn. 19).

Zu beachten ist: Eine Klageänderung *durch Parteiwechsel* im Berufungsverfahren ist in der Regel nicht sachdienlich, weil dem Beklagten eine Tatsacheninstanz genommen würde (Kopp/Schenke, § 91 VwGO Rn. 20).

2 a) Hält das VG die Klageänderung für sachdienlich und damit für zulässig, so entscheidet es über die geänderte Klage

a) für sachdienlich,
b) für nicht sachdienlich hält?

und damit zur Sache. Zuvor ist allerdings den Beteiligten rechtliches Gehör zur Frage der Klageänderung zu gewähren. In den Urteilsgründen wird die Zulässigkeit der Klageänderung näher ausgeführt.

b) Ist die Klageänderung nicht sachdienlich, wird die geänderte Klage durch Prozessurteil als unzulässig verworfen. Soweit der ursprüngliche Antrag nicht mehr (hilfsweise) aufrechterhalten wird, ist über ihn auch nicht mehr zu entscheiden (vgl. § 88 VwGO).

c) Soweit *zweifelhaft* ist, ob eine Klageänderung vorliegt oder statthaft ist, kann nach § 173 VwGO i. V. m. § 303 ZPO ein Zwischenurteil ergehen (Kopp/Schenke, § 91 VwGO Rn. 25).

501. E hat einen Antrag auf Baugenehmigung gestellt, der abgelehnt wurde. Im Widerspruchsbescheid war er ordnungsgemäß dahin belehrt worden, dass gegen das Land X Klage zu erheben sei. Einen Tag vor Ablauf der Klagefrist klagt E gegen seine Heimatgemeinde H auf Erteilung der Baugenehmigung. Auf den Hinweis des Gerichts, dass die Klage offensichtlich unzulässig sei, ändert E seine Klage dahin, dass er nunmehr das Land X verklagt. Wie wird das VG entscheiden?

Wird die Klageänderung als zulässig erachtet, sind die Sachurteilsvoraussetzungen der geänderten Klage gesondert zu prüfen (Kopp/Schenke, § 91 VwGO Rn. 31). Im Rahmen dieser Prüfung erscheint es durchaus vertretbar, die Klage durch Prozessurteil als unzulässig zu verwerfen. Denn die Ablehnung der Baugenehmigung ist dadurch bestandskräftig geworden, dass nicht in zulässiger Weise Klage erhoben wurde. Würde E zum Zeitpunkt der Klageänderung Klage erheben, müsste diese infolge des Fehlens einer Sachurteilsvoraussetzung – hier der Einhaltung der Klagefrist – als unzulässig abgewiesen werden. Diese Klage kann nicht dadurch wieder zulässig werden, dass sie auf Grund einer Klageänderung dem Gericht zur Entscheidung unterbreitet wird (BVerwGE 40, 25, 32 f.). Demgegenüber hält es die wohl überwiegende Ansicht für ausreichend, dass gegen den ursprünglichen Beklagten fristwahrend Anfechtungsklage erhoben wurde; dass der neue Beklagte erst nach Ablauf der Klagefrist in den Prozess hineingezogen wurde, soll damit nicht entscheidend sein (Kopp/Schenke, § 91 VwGO Rn. 32; anders Hufen, § 36 Rn. 32).

502. E klagt in der Revisionsinstanz gegen eine Abrissverfügung. Nachdem E an den Folgen eines Herzinfarkts verstorben ist, möchte sein Sohn S, der Alleinerbe ist, als Kläger in den Prozess eintreten. Zulässig?

Ja. Zwar sind Klageänderungen in der Revisionsinstanz nach § 142 VwGO unzulässig. Ein Parteiwechsel auf Grund einer *gesetzlichen Rechtsnachfolge* ist aber keine Klageänderung i. S. v. § 91 VwGO, sondern richtet sich nach § 173 VwGO i. V. m. §§ 239 ff. ZPO (BVerwGE 44, 148, 150; Würtenberger, Rn. 583).

Zu beachten ist, dass von der prozessualen Frage der Zulässigkeit der Klageänderung die materiell-rechtliche Frage des Übergangs der Polizei- oder Ordnungspflicht zu unterscheiden ist (hierzu Würtenberger, Rn. 213 ff.).

5. Aussetzung des Verfahrens

503. Wo sind die Aussetzung, die Unterbrechung und das Ruhen des Verfahrens geregelt?

Gemäß § 173 VwGO gelten die §§ 239–251 ZPO über Aussetzung, Unterbrechung und Ruhen des Verfahrens auch im Verwaltungsprozess, soweit sie nicht dem Wesen des verwaltungsgerichtlichen Verfahrens – wie etwa § 239 Abs. 4 ZPO: Verstoß gegen den Untersuchungsgrundsatz – widersprechen. Weitere Regelungen finden sich in §§ 47 Abs. 4, 51, 75 S. 3 und 93a Abs. 1 S. 1 VwGO. § 94 VwGO regelt die Aussetzung des Verfahrens, wenn die Entscheidung des Rechtsstreits von der Beurteilung einer *Vorfrage* abhängt, die in einem anderen anhängigen Rechtsstreit zu klären oder von einer Verwaltungsbehörde zu entscheiden ist.

504. Welchen Zweck verfolgt § 94 VwGO?

Es sollen widersprüchliche Entscheidungen in derselben Sache vermieden werden.

505. X ist als Eigentümer eines die öffentliche Sicherheit störenden Pkw in Anspruch genommen worden. Im verwaltungsgerichtlichen Verfahren ergibt sich, dass in einem Zivilverfahren zwischen X und D geklärt wird, wer Eigentümer des Pkw sei. Wie wird das VG verfahren?

Es wird das Verfahren nach § 94 VwGO aussetzen. Ob X Störer ist, hängt vorliegend davon ab, ob X oder D Eigentümer ist, was in einem anderen, anhängigen Rechtsstreit geklärt wird.

506. A hat wegen einer ihm verweigerten Bauerlaubnis Verpflichtungsklage erhoben. Die beklagte Stadt X beantragt Aussetzung des Verfahrens bis zur Entscheidung eines anderen Prozesses, weil gegen den Bebauungsplan, auf Grund dessen die Erlaubnis verweigert worden sei, Normenkontrollantrag nach § 47 VwGO gestellt worden sei.

§ 94 VwGO ist nicht direkt anwendbar, weil die Frage nach der Gültigkeit oder Ungültigkeit einer Norm nicht mit der nach dem Bestehen oder Nichtbestehen eines konkreten Rechtsverhältnisses, wie es § 94 VwGO voraussetzt, identisch ist. § 94 VwGO ist aber analog anwendbar, da das Interesse an einer ökonomischen und widersprechende Entscheidungen ausschließenden Verfahrensgestaltung eine Aussetzung des Verfahrens rechtfertigen kann (OVG Bremen DÖV 1986, 980; Würtenberger, Rn. 590; str.).

VII. Die Beendigung des Verfahrens

507. Wie finden verwaltungsgerichtliche Verfahren ihren formellen Abschluss?

Verwaltungsgerichtliche Verfahren werden durch eine Entscheidung des Gerichts beendigt. Die Form dieser Entscheidung hängt von der jeweiligen Verfahrensart ab:

1. Nach § 107 VwGO wird im Klageverfahren durch *Urteil* entschieden. Das gilt allerdings nur, „soweit nichts anderes bestimmt ist".

2. In Antragsverfahren bzw. auf Grund besonderer gesetzlicher Regelung (§§ 80 Abs. 5, 80 a Abs. 3, 123 Abs. 4, 124a Abs. 5 S. 1, 125 Abs. 2 S. 2, 133 Abs. 5, 144 Abs. 1 VwGO) wird das Verfahren durch Beschluss beendet (sog. *streitentscheidende Beschlüsse*).

3. In Normenkontrollverfahren entscheidet das OVG durch *Urteil* oder, wenn es eine mündliche Verhandlung nicht für erforderlich hält, durch *Beschluss* (§ 47 Abs. 5 S. 1 VwGO).

4. Im Falle der Beendigung des Verfahrens durch Klagerücknahme oder übereinstimmender Erklärung der Erledigung der Hauptsache (Fragen 556 ff.) spricht das Gericht die Einstellung des Verfahrens durch *(deklaratorischen) Beschluss* aus (§§ 92 Abs. 2 S. 4, Abs. 3 bzw. 161 Abs. 2 i. V. m. 92 Abs. 3 VwGO analog: Kopp/Schenke, § 161 VwGO Rn. 15). Bei der Beendigung des Verfahrens durch gerichtlichen Vergleich nach § 106 VwGO ist die Verfahrenseinstellung (entsprechend § 92 Abs. 3 VwGO) nicht erforderlich.

5. In rechtlich und tatsächlich nicht besonders schwierigen Fällen und bei geklärtem Sachverhalt kann durch *Gerichtsbescheid* entschieden werden: § 84 Abs. 1 VwGO.

1. Durch Urteil

a) Die Arten verwaltungsgerichtlicher Urteile

508. 1. Inwiefern kann man zwischen Prozess- und Sachurteilen unterscheiden?
2. Ergeht auch bei Unzulässigkeit des Rechtswegs sowie bei sachlicher bzw. örtlicher Unzuständigkeit des Gerichts ein Prozessurteil?

1. Die Trennung zwischen *Prozessurteilen* und *Sachurteilen* ist für die Rechtskraft von Bedeutung: Prozessurteile ergehen bei Fehlen einer Sachurteilsvoraussetzung (Frage 28) und sind materieller Rechtskraft nicht fähig. Beim Sachurteil wird dagegen über die (zulässige) Klage in der Sache entschieden (Würtenberger, Rn. 592).
2. Bei Unzulässigkeit des Rechtswegs sowie bei sachlicher bzw. örtlicher Unzuständigkeit des Gerichts ergeht jedoch kein Prozessurteil, sondern wird die Sache von Amts wegen an das zuständige Gericht verwiesen (§ 17a Abs. 1 GVG; § 83 VwGO i.V.m. §§ 17-17b GVG; hierzu Fragen 74, 85).

509. Inwiefern kann man die Urteilswirkungen nach den Klagearten unterscheiden?

Entsprechend den *Klagearten* unterscheidet man Gestaltungs-, Leistungs- und Feststellungsurteile. Gestaltungsurteile begründen, ändern oder heben Rechtsverhältnisse *unmittelbar* auf. Leistungsurteile verpflichten den Beklagten, eine bestimmte Leistung (z. B. Erlass eines VA bei Verpflichtungsklagen) an den Kläger zu erbringen. Feststellungsurteile klären rechtsverbindlich das Bestehen oder Nichtbestehen eines Rechtsverhältnisses.

510. Inwiefern kann man Urteile nach dem Umfang der von ihnen getroffenen Sachentscheidung unterscheiden?

Entsprechend dem *Umfang der Entscheidung in der Sache* kann man unterscheiden zwischen:

1. instanzabschließenden *Endurteilen,* die über die Zulässigkeit der Klage und – wenn diese gegeben – über den Streitgegenstand entscheiden (§ 173 VwGO i. V. m. § 300 ZPO).

2. *Zwischenurteilen:*

a) nach § 109 VwGO über die Zulässigkeit der Klage. Wird z.B. über die Wahrung der Klagefrist gestritten, kann ein Zwischenurteil ergehen. Über die Zulässigkeit des Rechtswegs und über die örtliche bzw. sachliche Zuständigkeit ist jedoch nicht durch Zwischenurteil, sondern im Verfahren nach § 17a GVG bzw. nach § 83 VwGO i.V.m. § 17a GVG zu entscheiden.

b) nach § 111 VwGO bei Vorabentscheidung über den Grund eines Anspruchs (sog. „*Grundurteil*"). Sie ergehen nur im Rahmen von Leistungsklagen, bei denen Grund *und* Höhe des Anspruchs streitig sind. Dies kann bei allgemeinen Leistungsklagen, die unmittelbar einen Zahlungsanspruch geltend machen, der Fall sein. Soweit über ein Zahlungsbegehren durch Verpflichtungsklage zu entscheiden ist, kann ebenfalls durch Zwischenurteil über den Grund des Anspruchs entschieden werden (Redeker/von Oertzen, § 111 VwGO Rn. 1; anders BVerwGE 24, 253, 259 f.).

c) Zwischenurteile nach § 173 VwGO i. V. m. § 303 ZPO über andere als die in §§ 109, 111 VwGO genannten Zwischenstreitigkeiten. Hier lassen sich einzelne prozessuale, den Fortgang des Verfahrens betreffende Fragen (z. B. Streit über Zulässigkeit einer Klageänderung) klären.

3. *Teilurteilen* nach § 110 VwGO bei *abtrennbarem Teil* des Streitgegenstandes. Die getroffene Entscheidung darf nicht davon abhängen, wie die Entscheidung über den Rest ausgehen wird (Kopp/Schenke, § 110 VwGO Rn. 2). Dies ist u. a. der Fall, wenn die Voraussetzungen einer Trennung nach § 93 VwGO gegeben sind, wie etwa bei objektiver oder subjektiver Klagenhäufung (Fragen 141 ff.).

4. *Vorbehaltsurteilen* nach § 173 VwGO i. V. m. § 302 ZPO, wenn die Verhandlung über eine Forderung des Klägers zur Entscheidung reif ist, während es zur Entscheidung über das Bestehen der Gegenforderung des Beklagten noch weiterer Aufklärung bedarf (siehe den – nicht nur insofern interessanten – „Magermilchpulverfall", BVerwGE 66, 218, 223).

5. *Abänderungsurteilen* (§ 173 VwGO i. V. m. § 323 ZPO; vgl. VGH München BayVBl. 1978, 53, 54 für den Fall, dass sich einer der Vergleichspartner auf den Wegfall der Geschäftsgrundlage des Vergleichs beruft).

511. A ist mit der Höhe eines Gebührenbescheides nicht einverstanden. Nach erfolglosem Widerspruch erhebt er Anfechtungsklage. Der Beklagte erkennt das Anfechtungsbegehren an.

1. Könnte auch während des Anfechtungsprozesses der VA zurückgenommen werden?

1. Ein rechtswidriger VA kann unter den Voraussetzungen des § 48 VwVfG bzw. spezieller Rücknahmevorschriften stets zurückgenommen werden, – auch wenn er angefochten oder unanfechtbar geworden ist (Schwerdtfeger, Öffentliches Recht in der Fallbearbeitung, 12. Aufl. 2004, Rn. 178 ff.).

2. Nachdem der Beklagte das Klagebegehren anerkannt hat, ist zu klären, ob

2. Wird das VG ein Anerkenntnisurteil erlassen?
3. A bleibt bei seinen Klageantrag und beharrt auf dem Erlass eines streitigen Urteils. Dagegen wendet nun der Beklagte ein, dem A fehle das Rechtsschutzbedürfnis. Zu Recht?

im Verwaltungsprozess der Erlass eines Anerkenntnisurteils statthaft ist. Nach § 173 VwGO i. V. m. § 307 ZPO ist auch im Verwaltungsprozess ein Anerkenntnisurteil möglich, da der Verfügungsgrundsatz (Dispositionsmaxime, Frage 481) gilt (Würtenberger, Rn. 593; Redeker/von Oertzen, § 107 VwGO Rn. 6; BVerwG NVwZ 1997, 576). Die Entscheidungsform Anerkenntnisurteil (bzw. Verzichtsurteil) ist im Verwaltungsprozess grundsätzlich möglich, weil die Beteiligten auch hier über Beginn und Ende des Streits (und im Falle des Vergleichs auch inhaltlich über den Gegenstand des Streits) verfügen können. Letztlich spricht auch § 156 VwGO (Kostentragung bei sofortiger Anerkenntnis) für die Möglichkeit von Anerkenntnisurteilen.
Dieser Argumentation ist allerdings entgegenzuhalten: Die Kostenregelung des § 156 VwGO besagt noch nichts über Form und Inhalt der Hauptsacheentscheidung. Der Hinweis auf die auch im Verwaltungsprozess herrschende Dispositionsmaxime ist wegen der ebenfalls herrschenden Untersuchungsmaxime zu relativieren. Das Gericht wäre bei einem Anerkenntnisurteil möglicherweise gezwungen, eine Entscheidung zu treffen, die der objektiven Rechtslage offensichtlich widerspricht, und damit – mit der Verwaltung – gegen Art. 20 Abs. 3 GG zu verstoßen. Denn das Gericht müsste bei einem Anerkenntnisurteil entsprechend § 307 ZPO ohne Prüfung der materiellen Rechtslage (Thomas/Putzo, § 307 ZPO Anm. 4 a) eine Rechtsfolge hinsichtlich des ursprünglich angefoch-

tenen/begehrten VA aussprechen, die es nach Überprüfung der Rechtslage (wozu es nach § 86 Abs. 1 VwGO vor der Urteilsfindung verpflichtet ist), nicht treffen würde. Ob hier durch den Rückgriff auf die Dispositionsmaxime in Analogie zu § 307 ZPO öffentlich-rechtliche Ansprüche derart zur freien Verfügung des Beklagten gestellt werden dürfen, dass das Gericht den Inhalt seiner Entscheidung in der Hauptsache an einem Anerkenntnis auszurichten hat, erscheint mehr als fraglich. So gesehen ist im Verwaltungsprozess ein Anerkenntnisurteil unzulässig, wenn die Behörde bei ihrem Anerkenntnis *offensichtlich* gegen Gesetz und Recht verstößt (zu den Grenzen des Anerkenntnisurteils: Mezger, Das Verzichtsurteil und das Anerkenntnisurteil im Verwaltungsprozess, 1996, S. 165 f.). Auch im Verwaltungsprozess gilt daher der im Zivilprozessrecht entwickelte Grundsatz, dass durch Anerkenntnisurteil „ein gesetzlich verbotener Anspruch nicht zugesprochen werden kann" (BGHZ 10, 333, 335; Quaritsch, in: Gedächtnisschrift für W. Martens, 1987, S. 407 ff., 409).

3. Aus dem Zivilprozessrecht ist die Problematik bekannt, wie zu verfahren ist, wenn der Kläger bei Anerkenntnis des Beklagten den nach § 307 ZPO erforderlichen Antrag auf Erlass eines Anerkenntnisurteils nicht stellt: Nach überwiegend vertretener Meinung ist der Beklagte gleichwohl gemäß seinem Anerkenntnis zu verurteilen (BGHZ 10, 333, 338 f.; Thomas/Putzo, § 307 ZPO Anm. 4; Rosenberg/Schwab/Gottwald, § 133 IV, 5 b; str.).

512. K klagt auf Erteilung einer Baugenehmigung. Obwohl ordnungsgemäß geladen, erscheint er nicht zur mündlichen Verhandlung. Wird der Vertreter des beklagten Landes Antrag auf Versäumnisurteil stellen?

Nein. Im Verwaltungsprozess gibt es keine Versäumnisurteile. Denn anders als im Zivilprozess gilt nicht der Verhandlungsgrundsatz, sondern der Untersuchungsgrundsatz (§ 86 Abs. 1 VwGO). Die Beteiligten sind allerdings nach § 102 Abs. 2 VwGO in der Ladung darauf hinzuweisen, dass bei ihrem Ausbleiben auch ohne sie verhandelt werden kann. Das gebietet der Grundsatz des rechtlichen Gehörs.

b) Form und Inhalt des Urteils

513. Wo finden Sie in der VwGO Form und Inhalt des Urteils geregelt? Wie hat das Urteil demnach auszusehen?

In § 117 VwGO werden Form und Inhalt des Urteils bestimmt (vgl. auch § 313 ZPO). Das Urteil ist immer schriftlich abzufassen. Es ergeht „Im Namen des Volkes" und wird mit „Urteil" überschrieben. Es enthält das sog. Rubrum: § 117 Abs. 2 Nr. 1 und Nr. 2 VwGO. Dies soll eine hinreichende Bestimmtheit gewährleisten und etwaige Identitätszweifel ausräumen (Muster bei Pietzner/Ronellenfitsch, § 20 Rn. 67). Danach folgt die Urteilsformel (der „Tenor"; § 117 Abs. 2 Nr. 3 VwGO), d. h. die Entscheidung über das Klagebegehren, die Kostentragung und die Vollstreckbarkeit des Urteils. Dann folgt unter der Überschrift „Tatbestand" (§ 117 Abs. 2 Nr. 4 VwGO) die Darstellung des Sach- und Streitstandes, wozu auch die Darstellung des Vortrags der Beteiligten und der für das gerichtliche Verfahren wesentlichen Tatsachen (die sog. Prozessgeschichte) gehören (§ 117 Abs. 3 VwGO). Daran schließt sich unter der Überschrift „Entscheidungsgründe" (§ 117 Abs. 2 Nr. 5 VwGO) die Darlegung der für die richterliche Überzeugung, die dem Urteil zugrunde liegt, maßgeblichen Gründe an. Dies sind insbesondere die in Betracht gezogenen Rechtsnormen und ihre Anwendung auf den Fall, die Würdigung des Beteiligtenvorbringens sowie eventueller Beweiserhebungen (zum Umfang der Begründungspflicht: BVerwG NVwZ 2007, 216, 218).

Nach § 117 Abs. 2 Nr. 6 VwGO hat das Urteil am Ende eine Rechtsmittelbelehrung zu enthalten. Es wird durch die Unterschriften der Richter, die an der dem Urteil zugrundeliegenden mündlichen Verhandlung mitgewirkt haben (§§ 112, 117 Abs. 1 S. 2 VwGO), abgeschlossen. Dabei bedarf es der Unterschriften der ehrenamtlichen Richter allerdings nicht (§ 117 Abs. 1 S. 4 VwGO).

c) Verkündung und Zustellung des Urteils

514. Das VG hat beschlossen, die Klage des A abzuweisen und das Urteil zuzustellen. Noch bevor die Geschäftsstelle des VG die Zustellung bewirken konnte, fragt der Kläger A bei ihr an, wie in seiner Sache entschieden worden sei.
1. Wie kann ein verwaltungsgerichtliches Urteil ergehen und wirksam werden?
2. Darf die Geschäftsstelle des VG dem A im vorliegenden Fall Auskunft erteilen?
3. Wofür ist der Erlass des Urteils von Bedeutung?

1. Das Urteil ergeht (d. h. wird existent, „erlassen"), wenn es den inneren Geschäftsbereich des Gerichts mit dessen Willen und Wissen verlassen hat; es wird wirksam, wenn es den Beteiligten in der gesetzlich vorgesehenen Weise bekanntgegeben worden ist (VGH Mannheim NVwZ 1984, 528; VGH München BayVBl. 1978, 671). Für die Bekanntgabe bestehen verschiedene Möglichkeiten:

a) Das Urteil kann, wenn eine mündliche Verhandlung geschlossen wird, verkündet werden (§ 116 Abs. 1 S. 1 VwGO 1. Alt.). Es kann aber auch ein besonderer Verkündungstermin anberaumt werden (§ 116 Abs. 1 S. 1 VwGO 2. Alt.). Die Verkündung erfolgt dadurch, dass der Vorsitzende die Urteilsformel (den Tenor: § 117 Abs. 2 Nr. 3 VwGO) verliest. Das vollständig abgefasste Urteil bedarf dann noch der Zustellung nach § 116 Abs. 1 S. 2 VwGO.

b) Es liegt im Ermessen des Gerichts, statt der Verkündung nach § 116 Abs. 1 VwGO die Zustellung des Urteils nach § 116 Abs. 2 VwGO zu beschließen. Zuzustellen ist das ganze Urteil, nicht nur die Urteilsformel.

2. Durch das Verfahren nach § 116 Abs. 2 VwGO wird die Verkündung des Urteils (bei der ja lediglich der Urteilstenor bekanntgegeben wird) ersetzt. Die Rechtsprechung hält es für gerechtfertigt, dass in diesem Fall die Beteiligten schon vor der Zustellung auf Anfrage Kenntnis davon erhalten, welches Urteil der Geschäftsstelle übergeben worden ist (BVerwGE 38, 220, 223 f.). Dem A darf also die begehrte Auskunft erteilt werden.

3. Mit der Verkündung nach § 116 Abs. 1 VwGO bzw. Zustellung nach § 116 Abs. 2 VwGO wird das Urteil existent: Es ist mit Wissen und Wollen des Gerichts aus dessen innerem Geschäftsbereich nach außen gelangt. Ab diesem Zeitpunkt können daher *Rechtsmittel* eingelegt werden. Die *Rechtsmittelfristen* beginnen erst mit der Zustellung des vollständigen Urteils zu laufen: §§ 124a Abs. 2 S. 1, 139 Abs. 1 S. 1 VwGO.

Gemäß § 173 VwGO i. V. m. § 318 ZPO ist das Gericht ab Erlass der Entscheidung an diese gebunden. *Berichti-*

gungen bzw. *Ergänzungen* sind nur noch im Rahmen der §§ 118–120 VwGO möglich.

515. Ein Urteil des OVG wird am 1. 2. verkündet, das Urteil mit vollständigen Entscheidungsgründen wird den Beteiligten aber erst nach mehr als einem Jahr zugestellt.
1. Gegen welche Vorschrift ist verstoßen?
2. Handelt es sich bei einer verspäteten Verkündung des Urteils um einen absoluten Revisionsgrund?

1. In der Regel muss das Gericht sein Urteil in dem Termin verkünden, in dem die mündliche Verhandlung geschlossen wird; in besonderen Fällen kann das Urteil in einem sofort anzuberaumenden Termin verkündet werden, der nicht über zwei Wochen hinaus angesetzt werden soll (§ 116 Abs. 1 S. 1 VwGO). Bei der Verkündung muss das Urteil noch nicht vollständig abgefasst sein. In diesem Fall ist vor Ablauf von zwei Wochen, vom Tag der Verkündung an gerechnet, das vollständig abgefasste Urteil der Geschäftsstelle zu übergeben (§ 117 Abs. 4 S. 1 VwGO). Kann dies ausnahmsweise nicht geschehen, so sind Tatbestand, Entscheidungsgründe und Rechtsmittelbelehrung *alsbald* nachträglich abzufassen und von den Richtern unterschrieben der Geschäftsstelle zu übergeben.
Hier stellt sich die Frage, in welchem Zeitraum das Gericht das Urteil vollständig abzufassen und der Geschäftsstelle zu übergeben hat. Diese Frage ist darum von Bedeutung, weil ein zu spät abgefasstes Urteil gemäß den §§ 117 Abs. 2 Nr. 5, 138 Nr. 6 VwGO als ein Urteil angesehen wird, das nicht mit Gründen versehen ist. Das Erfordernis eines alsbaldigen Abfassens der Urteilsgründe möchte gewährleisten, dass die Urteilsgründe zuverlässig jene Gründe wiedergeben, die bei der Beratung im Anschluss an die mündliche Verhandlung für die richterliche Überzeugung leitend gewesen sind. Wird der Zeitraum

zwischen Beratung des Gerichts und Abfassen der Urteilsgründe allzu großzügig bemessen, so steht zu befürchten, dass möglicherweise wegen „Erinnerungslücken" nachberaten wird oder das Urteil die Beratungsgründe nicht mehr wiederzuspiegeln vermag. Während früher ein Zeitraum von einem Jahr noch hinnehmbar schien (BVerwG NJW 1989, 730), sieht man nunmehr einen Zeitraum von 5 Monaten als äußerste Grenze für das Abfassen der Entscheidungsgründe an (GmS OGB BVerwGE 92, 367). Denn ein späteres Abfassen der Entscheidungsgründe lässt äußerst zweifelhaft erscheinen, ob die Urteilsbegründung noch der in der letzten mündlichen Verhandlung gewonnenen Überzeugung der Richter entspricht, dies insbesondere auch darum, weil mit fortschreitender Zeit das Erinnerungsvermögen kontinuierlich nachlässt, so dass Beratungsinhalt und Urteilsbegründung zwangsläufig divergieren und das Ergebnis „nachberatend" begründet wird. Letztlich erscheint bei verspäteter Entscheidungsbegründung nicht mehr gewährleistet, dass das schriftliche und mündliche Vorbringen der Beteiligten ausreichend berücksichtigt wird.
2. Ja. Nach § 138 Nr. 6 VwGO.

d) Allgemeine Probleme der Begründetheitsprüfung

aa) Passivlegitimation

516. Was ist unter Passivlegitimation zu verstehen?

Passivlegitimation ist die Sachbefugnis des Beklagten. Hier geht es um die Frage: Ist der gewählte Klagegegner auch Verpflichteter aus dem streitigen Rechtsverhältnis?

517. Wo ist die Passivlegitimation geregelt?

§ 78 VwGO regelt die Passivlegitimation für Anfechtungs- und Verpflichtungsklagen. Demgegenüber finden sich in der VwGO keine Regelungen über die Passivlegitimation bei der Feststellungsklage oder der allgemeinen Leistungsklage (hierzu Fragen 319, 354).

518. Ist die Passivlegitimation bei den Sachurteilsvoraussetzungen zu prüfen oder ist sie eine Frage der Begründetheit?

Die Passivlegitimation gehört – wie auch im Zivilprozess – nicht zu den Sachurteilsvoraussetzungen, sondern zur Begründetheit der Klage: Mit der Passivlegitimation wird bestimmt, ob der Beklagte aus dem materiellen Rechtsverhältnis verpflichtet ist. Damit gehört die Passivlegitimation zur materiellrechtlichen Sachbegründung (Würtenberger, Rn. 597; Schmitt Glaeser/Horn, Rn. 82, 238; a. A. Ehlers, in: Festschrift für Menger, S. 379, 384; Hufen, § 12 Rn. 39 ff.; Schenke, Rn. 545 f.: § 78 VwGO regelt die *Prozessführungsbefugnis* auf Seiten des Beklagten).

519. Darf in einer Klausur oder einem Rechtsgutachten problematisiert werden, wo die Passivlegitimation zu prüfen ist?

Keinesfalls. Der Streit um den Standort der Passivlegitimation im Prüfungsaufbau ist akademischer Natur und ohne praktische Relevanz. Gleichgültig wo die Passivlegitimation geprüft wird, entscheidend ist: Der Beklagte muss zutreffend bestimmt werden.

520. Zu den beiden Schritten bei der Prüfung der Passivlegitimation folgender Fall: Die Gemeinde G hat einen Antrag des X auf ordnungsbehördliches Einschreiten abgelehnt. X möchte nunmehr mit einer Verpflichtungsklage gegen die

In einem *ersten* Schritt ist der Rechtsträger zu bestimmen, dessen Behörde den unterlassenen VA abgelehnt hat (§ 78 Abs. 1 Nr. 1 VwGO). Dies ist vorliegend die Gemeinde G.
In einem *zweiten* Schritt ist zu fragen, ob der beklagte Rechtsträger auch materiellrechtlich aus dem streitigen Rechts-

G vorgehen. Über das ordnungsbehördliche Einschreiten hätte an sich aber das Landratsamt als zuständige untere Verwaltungsbehörde entscheiden müssen.

verhältnis verpflichtet ist. Die Klage wird als unbegründet abgewiesen, da die Gemeinde G für die Entscheidung auf ordnungsbehördliches Einschreiten nicht zuständig ist.

521. Welches Prinzip beherrscht § 78 Abs. 1 Nr. 1 VwGO?

Das sog. *Rechtsträgerprinzip.* Beklagter ist grundsätzlich der Rechtsträger, also die juristische Person des öffentlichen Rechts, dem die Behörde nach Organisationsrecht angehört.

522. Genügt in der Klageschrift die Angabe der Behörde zur Bezeichnung des Beklagten?

Ja. Nach § 78 Abs. 1 Nr. 1 2. HS VwGO. Diese Vorschrift modifiziert § 82 Abs. 1 VwGO, der die Angabe des Beklagten in der Klageschrift fordert. Dem Kläger wird nicht zugemutet, die oftmals schwierige Frage zu klären, wer Rechtsträger einer Behörde ist. Wenn er den falschen Rechtsträger verklagt, wäre seine Klage ohne weitere Sachprüfung als unbegründet abzuweisen.

523. Kann vorgesehen werden, dass Behörden für Anfechtungs- und Verpflichtungsklagen passiv legitimiert sind?

Ja. Nach § 78 Abs. 1 Nr. 2 VwGO durch *Landesrecht.* Prüfen Sie, ob und in welchem Umfang das Landesrecht Ihres Bundeslandes von dieser Ermächtigung Gebrauch gemacht hat! Auch der *Bundesgesetzgeber* kann bestimmen, dass Klagen gegen Bundesbehörden gerichtet werden können. Seine allgemeine Gesetzgebungszuständigkeit (Art. 74 Nr. 1 GG) ermöglicht ihm ein Abweichen vom Prinzip des § 78 Abs. 1 VwGO.

524. Welche prozessualen Konsequenzen hat es, wenn die Klage zulässigerweise ge-

Kann zulässigerweise gegen eine Behörde Klage erhoben werden, handelt es sich um einen Fall der *Prozessstandschaft*

gen eine Behörde gerichtet werden kann?

(hierzu allgemein Lüke, Rn. 99; Hartmann, in Baumbach/Lauterbach, Grdz § 50 ZPO Rn. 26). Die Behörde handelt im Prozess für den Rechtsträger, dem sie angehört. Eine solche Prozessstandschaft wäre in der Zulässigkeit der Klage zu prüfen (OVG Münster NJW 1979, 1057; Würtenberger, Rn. 600).

525. Bürgermeister B hat in einem Schreiben mit dem Briefkopf der Gemeinde G den Baulöwen L beleidigt. Wer ist für die Unterlassungsklage des L passiv legitimiert?

Die Gemeinde G, nicht aber ihr Bürgermeister B ist passiv legitimiert. B hat seine beleidigende Äußerung nicht als Privatperson, sondern im Rahmen seiner dienstlichen Stellung als Bürgermeister abgegeben. Diese beleidigende Äußerung wird der Stadt als Organträger zugerechnet (VGH München BayVBl. 1990, 111, 112).

526. Die Gemeinde G hat gegen A
1. einen Bescheid nach dem Kommunalabgabengesetz (KAG) erlassen,
2. als Ordnungsbehörde eine Polizeiverfügung erlassen.
Gegen wen sind nach erfolglosem Widerspruch die Anfechtungsklagen zu erheben?

Gegen die Gemeinde G. Sowohl bei Erfüllung von Selbstverwaltungsangelegenheiten wie auch von Aufgaben im übertragenen Wirkungskreis ist immer die Gemeinde als Gebietskörperschaft richtige Beklagte. Grund ist: Die Verfügungen werden von Behörden getroffen, deren *Rechtsträger* die Gemeinde als Gebietskörperschaft ist (Wahl, VBlBW 1984, 123, 125; Hufen, § 12 Rn. 46; anders aber im Falle einer *Organleihe*: Schmidt-Aßmann, Kommunalrecht in: ders. (Hg.), Besonderes Verwaltungsrecht, 13. Aufl. 2005, Rn. 40).

527. 1. Das Landratsamt (bzw. die Kreisverwaltung) hat den Antrag des A auf Erteilung einer Baugenehmigung abgelehnt.

Das Landratsamt (bzw. die Kreisverwaltung) ist in den meisten Bundesländern eine „*Doppelbehörde*“, zum einen Staatsbehörde, zum anderen Behörde der Gebietskörperschaft Landkreis (Wahl,

2. Das Landratsamt (bzw. die Kreisverwaltung) hat in einem gegen A erlassenen Abgabenbescheid eine Kreissteuer festgesetzt.
Gegen wen muss A nach erfolglosem Widerspruch Klage erheben?

VBlBW 1984, 123 ff.; Schenke, Rn. 549; anders aber in Niedersachsen; vgl. Maurer, § 22 Rn. 23 ff.).
1. Das Landratsamt (bzw. die Kreisverwaltung) hat als Bauaufsichtsbehörde und damit als untere staatliche Verwaltungsbehörde gehandelt. Zu klagen ist gegen das Land.
2. Kreissteuern werden im Rahmen der den Landkreisen zugebilligten Selbstverwaltung erhoben (vgl. Art. 28 Abs. 2 S. 2 GG). Zu klagen ist daher gegen den Landkreis als Gebietskörperschaft. Der Landkreis ist Rechtsträger der Behörde Landratsamt (bzw. Kreisverwaltung), soweit es sich um die Erfüllung von Aufgaben – wie hier – des *eigenen* Wirkungskreises oder des *übertragenen* Wirkungskreises handelt (Würtenberger, Rn. 602).

528. Der Stadt S ist nach der LBO die Bauaufsicht übertragen. Gegen wen muss B klagen, wenn er gegen eine Abrissverfügung vorgehen will?

Passiv legitimiert ist nach § 78 Abs. 1 Nr. 1 VwGO die Stadt S, nicht das Land. Das Bauaufsichtsamt, deren Rechtsträger die Stadt S ist, ist nicht Staatsbehörde, wenn von der Stadt Aufgaben der Kreisverwaltungsbehörde als unterer staatlicher Verwaltungsbehörde wahrgenommen werden.

529. Der Bauernhof des B ist an einer Gemeindestraße gelegen. B beantragt die Genehmigung von Obst- und Gemüseständen auf der Straße vor seinem Hof. Die Gemeinde lehnt ab. B wendet sich an die kommunale Aufsichtsbehörde, die die ablehnende Verfügung der Gemeinde bean-

1. Es handelt sich um einen VA mit Doppelwirkung: Die Ersatzvornahme der Kommunalaufsichtsbehörde betrifft sowohl die Gemeinde G als auch N. Passiv legitimiert ist das die Ersatzvornahme verfügende Land.
2. Mit folgenden Argumenten wird angenommen, N müsse gegen die Gemeinde G klagen: Nach dem Wortlaut der kommunalen Ersatzvornahmebestim-

standet und den Erlass der Sondernutzungsgenehmigung anordnet. Durch Ersatzvornahme seitens der Kommunalaufsichtsbehörde erhält B die Genehmigung.
1. Richtiger Beklagter bei der Klage der Gemeinde gegen die Ersatzvornahme?
2. Nachbar N befürchtet eine Blockierung seiner Hofeinfahrt bei „Vollzug" der Sondernutzungsgenehmigung. Gegen wen ist die Klage gegen die durch Ersatzvornahme erlassene Sondernutzungsgenehmigung zu richten?

mungen (vgl. § 123 RhPf GO; lesen Sie die entsprechende Vorschrift in Ihrer GO!) hat die Rechtsaufsichtsbehörde die notwendige Maßnahme *„anstelle"* der Kommune zu treffen. Sieht man hierin eine *„Aufsichtsvertretung"*, erfolgt die kommunalaufsichtliche Ersatzvornahme *in Vertretung* der Gemeinde: Die im Wege der Kommunalaufsicht erlassene Verfügung sei daher der Gemeinde *zuzurechnen*. Diese rechtliche Zurechnung entspricht auch der kommunalrechtlichen Aufgabenverteilung: Der von der kommunalen Aufsichtsbehörde erlassene VA fällt materiell in den *Wirkungskreis der Gemeinde* (VGH München BayVBl. 1976, 48 f.; Schnapp, Die Ersatzvornahme in der Kommunalaufsicht, 1972, S. 104).

Die Ansicht, dass die Gemeinde passiv legitimiert sei, vermag gleichwohl nicht zu überzeugen. Dies zum einen aus einem sehr pragmatischen Grund: Die Gemeinde wird im Prozess kein großes Interesse zeigen, den ihr durch Ersatzvornahme aufgedrängten VA zu verteidigen. Zum anderen wäre es schlechthin unverständlich, wenn die Gemeinde gegen das Land, der Bürger aber gegen die Gemeinde klagen müsste, wenn Streitgegenstand in beiden Fällen allein der durch Ersatzvornahme verfügte VA ist. Eine solche Aufspaltung der Prozesse würde zu erheblichen Schwierigkeiten führen.

Näher liegt es daher, den Träger der kommunalen Aufsichtsbehörde als passiv legitimiert anzusehen. Denn der kommunalaufsichtlich verfügte VA wurde eben von der kommunalen Aufsichtsbehörde erlassen. Bei deren Kommunalaufsicht geht es letztlich um die *Durchsetzung des Legalitätsprinzips* gegenüber der Gemeinde. Die Kommunalaufsichtsbehörde wird also in dem ihr *übertragenen Wirkungskreis* tätig. Man kann hier auch von einem Selbsteintritt der Aufsichtsbehörde aus eigener Kompetenz sprechen (Würtenberger, Rn. 603; Hufen, § 12 Rn. 47; Knemeyer, BayVBl. 1977, 129, 131).

530. X hat seinen Pkw beim TÜV vorgeführt, aber keine Prüfplakette erhalten. Gegen wen muss X auf Erteilung der Prüfplakette klagen?

Fraglich ist, ob im Falle einer Beleihung gegen den Beleihenden, also das jeweilige Land (bzw. den Bund), oder gegen den Beliehenen oder eventuell sogar gegen dessen Bedienstete zu klagen ist. Lesen Sie zunächst zur Beleihung: Maurer, § 23 Rn. 56 ff.

Nach § 29 Abs. 1 StVZO müssen die Halter von Kraftfahrzeugen in regelmäßigen Abständen überprüfen lassen, ob die Fahrzeuge den Vorschriften der StVZO entsprechen. Ist das Fahrzeug in einem verkehrsmäßigen Zustand, erhalten sie eine Prüfplakette, die von der Zulassungsstelle oder von einer zur Durchführung von Hauptuntersuchungen berechtigten Person zuzuteilen ist (§ 29 Abs. 2 S. 2 StVZO). Soweit der TÜV diese Aufgaben übernimmt, ist er Beliehener. Die Zuteilung der Prüfplakette ist VA.

Bei Beleihung ist nicht gegen den Beleihenden (hier das Land), sondern gegen den *Beliehenen* (hier den TÜV) zu klagen. Der TÜV (oder der einzelne Beliehene) ist als *Körperschaft* i. S. d. § 78 Abs. 1 Nr. 1 VwGO zu qualifizieren. Der Begriff der Körperschaft ist hier weit zu interpretieren und umfasst jeden

Rechtsträger. Der Beliehene ist zu verklagen, da er die ihm übertragenen Aufgaben nicht als Behörde eines anderen Rechtsträgers wahrnimmt, sondern bei Wahrnehmung der ihm übertragenen Aufgabe als *eigenständiger Rechtsträger* handelt. Der Beliehene handelt im eigenen Namen, unter eigener Verantwortung und in eigener Rechtsträgerschaft (Maurer, § 23 Rn. 56 ff.; Hufen, § 12 Rn. 50; anders VG München, BayVBl. 1984, 410, 411 f.: die Klage ist gegen das Land zu richten).

531. Gegen wen ist zu klagen, wenn der Rechtsträger der Ausgangsbehörde und der Widerspruchsbehörde nicht identisch ist, wenn z. B. über den Widerspruch gegen einen VA der Gemeinde durch eine Behörde des Landes entschieden wird?

Wird – in der Regel – der Widerspruchsbescheid zusammen mit dem Ausgangsbescheid angegriffen, ist der Rechtsträger der Ausgangsbehörde (im Beispiel die Gemeinde) Beklagter. Dies ergibt sich aus dem Wortlaut des § 78 Abs. 1 Nr. 1 VwGO (Hufen, § 12 Rn. 53; Würtenberger, Rn. 605).

532. Die Stadtverwaltung S hat einen Bauantrag des B abgewiesen. Auf Widerspruch des B wird die Baugenehmigung von der (staatlichen) Widerspruchsbehörde erteilt. N ist der Ansicht, diese Baugenehmigung verletze nachbarschützende Vorschriften. Gegen welchen Bescheid und gegen wen muss er klagen?

Wird ein Dritter – hier N – durch den Widerspruchsbescheid erstmalig beschwert (§ 79 Abs. 1 Nr. 2 VwGO), kann er ohne ein weiteres Widerspruchsverfahren allein gegen den Widerspruchsbescheid Anfechtungsklage erheben: § 68 Abs. 1 S. 2 Nr. 2 VwGO. Zu klagen ist gegen den Rechtsträger der Behörde, die den Widerspruchsbescheid erlassen hat: § 78 Abs. 2 VwGO, – hier also gegen das Land (BVerwG DVBl. 1987, 238; Würtenberger, Rn. 606).

533. Die Stadtverwaltung S verlangt von B die Errichtung von Stützmauern, um den

1. Da B als Widerspruchsführer durch den Widerspruchsbescheid im Vergleich zum ursprünglichen VA zusätzlich be-

Einsturz des ihm gehörenden und von ihm bewohnten Hauses zu verhindern. Auf Widerspruch des B ändert die (staatliche) Aufsichtsbehörde diese Verfügung ab und erlässt eine Abrissverfügung. Nunmehr möchte B die Ausgangsverfügung nicht mehr angreifen, sich aber gleichwohl gegen den Widerspruchsbescheid wenden.

1. Was ist ihm prozessual zu raten?

2. Gegen wen richtet sich die Klage, wenn B erst in der mündlichen Verhandlung sein Klagebegehren auf die ihm durch den Widerspruchsbescheid auferlegte, zusätzliche Beschwer beschränkt?

schwert wird, kann – und sollte – er vorliegend die Anfechtungsklage auf den Widerspruchsbescheid beschränken: § 79 Abs. 2 S. 1 VwGO. In diesem Fall gilt gemäß § 79 Abs. 2 S. 3 VwGO der § 78 Abs. 2 VwGO entsprechend. Dieser Verweis stellt klar, dass der Rechtsträger der Widerspruchsbehörde auch in diesem Fall richtiger Beklagter ist (Würtenberger, Rn. 606).

2. Wenn der Kläger „zunächst den VA in der Gestalt, die er durch den Widerspruchsbescheid gefunden hat, in vollem Umfang angefochten und sodann ... die Klage auf die erst durch den Widerspruchsbescheid auferlegte zusätzliche Beschwer beschränkt hat", bleibt der *Rechtsträger der Ausgangsbehörde* der richtige Beklagte (BVerwG DVBl. 1987, 238; Hufen, § 12 Rn. 53). Nach einer beachtlichen Mindermeinung (Meissner, in: Schoch/Schmidt-Aßmann/Pietzner, § 78 VwGO Rn. 44; Juhnke, BayVBl. 1991, 136, 140) ist die auf den Widerspruchsbescheid beschränkte Klage *mittels Klageänderung* gegen den Rechtsträger der Widerspruchsbehörde zu richten. Diese Klageänderung durch gewillkürten Wechsel des Beklagten ist sachdienlich, da der Streitstoff derselbe bleibt (§ 91 Abs. 1 VwGO; Frage 497). Dies erscheint sinnvoll, weil nur der Rechtsträger der Widerspruchsbehörde im Prozess die „reformatio in peius" im Widerspruchsverfahren sachgerecht vertreten kann. Andernfalls würde dem Rechtsträger der Ausgangsbehörde ein Verfahren aufgezwungen, das er für sachlich nicht gerechtfertigt hält (Würtenberger, Rn. 607).

bb) Maßgeblicher Zeitpunkt für die Beurteilung der Sach- und Rechtslage

534. Worauf zielt die Frage nach dem maßgeblichen Zeitpunkt für die Beurteilung der Sach- und Rechtslage?

Hier geht es darum, auf welchen Sachverhalt und auf welches Recht das Gericht bei seiner Entscheidung abzustellen hat. Die Beantwortung dieser Frage bereitet Schwierigkeiten, wenn z. B. während des Prozesses eine entscheidungserhebliche Norm zu Gunsten oder zu Lasten des Klägers geändert wird bzw. neue Ereignisse die Sachlage verändern.

535. Gibt es ein einheitliches Prinzip, nach dem der Zeitpunkt für die Beurteilung der Sach- und Rechtslage zu beurteilen ist?

Nein. Die Bestimmung des maßgeblichen Zeitpunkts richtet sich nach unterschiedlichen Prinzipien, die zum Teil miteinander kollidieren können (zu diesen allgemeinen Prinzipien: Würtenberger, Rn. 609 ff.).

536. Welches ist bei einer Anfechtungsklage der maßgebliche Zeitpunkt für die Beurteilung der Sach- und Rechtslage?

Gegenstand der Anfechtungsklage ist der VA in der Gestalt, die er durch den Widerspruchsbescheid gefunden hat (§ 79 Abs. 1 Nr. 1 VwGO). Maßgeblicher Zeitpunkt für die Beurteilung der Sach- und Rechtslage ist daher die Sach- und Rechtslage, die die *Behörde* bei ihrer letzten Behördenentscheidung zu berücksichtigen hatte (Hufen, § 24 Rn. 8; Würtenberger, Rn. 613).

537. Dem K wird die Ausübung des Stukkateurgewerbes nach § 35 Abs. 1 S. 1 GewO untersagt, weil er seinen steuerlichen Verpflichtungen nicht nachkommt. Nach erfolglosem Widerspruch und Erhebung der Anfechtungsklage gewinnt K 500 000,– € im Lotto, be-

Hier geht es um die Problematik der Bestimmung des maßgeblichen Zeitpunktes für die Beurteilung der Sach- und Rechtslage bei *Dauerverwaltungsakten*. Die in die Zukunft wirkende Gewerbeuntersagung nach § 35 Abs. 1 GewO setzt die Unzuverlässigkeit des Gewerbetreibenden voraus. Unzuverlässig ist ein Gewerbetreibender, der nach dem Gesamteindruck seines Verhaltens nicht die

gleicht seine Steuerrückstände und versichert, nunmehr sein Gewerbe solide zu betreiben. Wird das VG diese Entwicklung bei seiner Entscheidung berücksichtigen?

Gewähr dafür bietet, dass er sein Gewerbe künftig ordnungsgemäß betreiben werde. Fraglich ist hier, ob die letzte Behördenentscheidung oder die letzte mündliche Verhandlung des Gerichts der maßgebliche Zeitpunkt für die Beurteilung dieser Unzuverlässigkeit ist. Die frühere Rechtsprechung (BVerwGE 22, 16; 28, 202; BVerwG GewArch 1973, 164) ging von einer *ständigen* behördlichen *Kontrollpflicht* hinsichtlich des Dauerverwaltungsaktes „Untersagungsverfügung" aus und forderte das Vorliegen der Untersagungsvoraussetzungen noch im Zeitpunkt der letzten mündlichen Verhandlung. Nach Inkrafttreten des § 35 Abs. 6 GewO ist diese Rechtsprechung ausdrücklich aufgegeben worden (BVerwG NVwZ 1982, 503; BVerwGE 65, 1; OVG Lüneburg NVwZ 1995, 185; kritisch Hufen, § 24 Rn. 11; Schenke, WiVerw 1988, 145, 166 ff.). Da nunmehr die *Wiedergestattung der Gewerbeausübung* von einem an die Behörde zu richtenden Antrag abhängt, bedarf es somit eines *besonderen Wiedergestattungsverfahrens,* das im Anfechtungsprozess nicht ersetzt werden kann. Maßgebend ist daher im vorliegenden Fall der Zeitpunkt der letzten Behördenentscheidung (Erlass des Widerspruchsbescheides).

538. Kann von dem Prinzip ausgegangen werden: Bei Anfechtung von Dauerverwaltungsakten ist der Zeitpunkt der letzten mündlichen Verhandlung maßgeblich?

Dies ist äußerst umstritten.
1. Stellt man auf die durch das *Gewaltenteilungsprinzip gebotene Aufgabenverteilung* ab, so gilt: Die Verwaltungsgerichtsbarkeit hat die Entscheidung der Verwaltung zu kontrollieren, nicht aber zu überprüfen, ob sich die Behörde auch

noch nach Abschluss des Verwaltungsverfahrens rechtmäßig verhält. Eine solche „begleitende" Verwaltungskontrolle würde zu verwaltungsgerichtlichen Entscheidungen führen, die an sich zunächst von der Verwaltung in einem neuen Verwaltungsverfahren zu treffen wären (z.B. bei Anfechtung des Entzugs der Fahrerlaubnis die verwaltungsverfahrensrechtliche Entscheidung über die Wiedererteilung bei angeblichem späterem „Wohlverhalten"; BVerwG NVwZ 1990, 654; Würtenberger, Rn. 614).

2. Stellt man jedoch auf die *Prozessökonomie* und auf die *Effektivität des Rechtsschutzes* ab, so gilt: Es vermeidet spätere Prozesse und verbessert die Rechtsschutzmöglichkeiten des Anfechtungsklägers, wenn bei Dauerwaltungsakten die Sach- und Rechtslage zum Zeitpunkt der letzten mündlichen Verhandlung maßgeblich ist (Schenke, Rn. 791 ff; Hufen, § 24 Rn. 9).

3. Welches dieser beiden gegenläufigen Prinzipien vorzugswürdig ist, lässt sich nicht abstrakt, sondern nur fallorientiert entscheiden. Dabei können Regelungen des materiellen Rechts, der gebotene Grundrechtsschutz oder europarechtliche Vorgaben entscheidungsleitend sein. Diese Kriterien werden in den folgenden Fällen entwickelt.

539. Der Ukrainer J ist aus der Bundesrepublik ausgewiesen worden, weil er wegen mehrerer Straftaten rechtskräftig verurteilt wurde (§ 54 Nr. 1 AuslG). Gegen die Ausweisungsverfügung erhebt er

1. Allgemein gilt: Die Anfechtungsklage hat den von der Behörde erlassenen VA (in der Gestalt, die er durch den Widerspruchsbescheid gefunden hat, § 79 Abs. 1 Nr. 1 VwGO) zum Gegenstand. Ihr Ziel ist die Kassation dieses VA. Aufgabe des Verwaltungsgerichts ist es da-

nach erfolglosem Widerspruchsverfahren Anfechtungsklage. Während des schwebenden Gerichtsverfahrens heiratet er die deutsche Staatsangehörige Berta und meint, der besondere Ausweisungsschutz des § 56 Abs. 1 S. 1 Nr. 4, S. 4 AufenthG müsse nun bei der gerichtlichen Entscheidung berücksichtigt werden. Zu Recht?

bei, die *getroffene* Verwaltungsentscheidung auf ihre Rechtmäßigkeit zu überprüfen und ggf. aufzuheben (§ 113 Abs. 1 S. 1 VwGO). Rechtlicher und tatsächlicher Maßstab ist dabei grundsätzlich die Sach- und Rechtslage, die die Verwaltung bei *Erlass* ihrer Entscheidung zu berücksichtigen hatte (Frage 536).

2. Auch bei einer Anfechtungsklage gegen einen Dauerverwaltungsakt – wie hier gegen die Ausweisungsverfügung – ist die Sach- und Rechtslage zum Zeitpunkt der letzten Behördenentscheidung maßgeblich. Die während des schwebenden Gerichtsverfahrens geschlossene Ehe hat für die Beurteilung der Entscheidung der Behörde außer Betracht zu bleiben (BVerwGE 60, 133; 113, 55, 65 f.; BVerwG NVwZ 2005, 220 f.). Denn die Rechtmäßigkeit dieser Entscheidung kann nicht von der späteren Entwicklung der tatsächlichen Verhältnisse abhängen. Erst nach der Heirat einer deutschen Staatsangehörigen muss die Ausländerbehörde den durch Art. 6 Abs. 1 GG gewährten Schutz in ihre Überlegungen einbeziehen und die von § 56 Abs. 1 S. 4 AufenthG gebotene *Ermessensentscheidung* treffen (dazu BVerfGE 51, 386, 396). Dies führt dazu, dass die Anfechtung der Ausweisung keine gerichtliche Entscheidung über das nach Eintritt einer neuen Sachlage zu betätigende Ermessen ermöglicht. Es ist also deutlich zwischen der Ausweisungsverfügung, die gerichtlicher Kontrolle unterstellt ist, und einem *nachfolgenden Verwaltungsverfahren* zu unterscheiden, für welches bei der Behörde zunächst der

entsprechende Antrag zu stellen ist (zu dem nachfolgenden Befristungsverfahren vgl. BVerwG NVwZ 2005, 220 f.; anders Schenke, Rn. 791: Prozessökonomie und Rechtsschutzeffektivität zwingen dazu, auf den Zeitpunkt der letzten mündlichen Verhandlung vor dem VG abzustellen).

540. Wie wäre es, wenn G, ein griechischer Staatsbürger, ausgewiesen würde, weil er wegen mehrerer Straftaten rechtskräftig verurteilt wurde und im Anfechtungsverfahren vorträgt, er sei nach einer psychotherapeutischen Behandlung völlig resozialisiert?

1. Hier ist § 6 Freizügigkeitsgesetz/EU anzuwenden. G als freizügigkeitsberechtigter Unionsbürger (§ 2 Freizügigkeitsgesetz/EU) kann nur ausgewiesen werden, wenn sein Verhalten eine *gegenwärtige Gefährdung* der öffentlichen Ordnung darstellt. Aus *europarechtlichen Gründen*, nämlich der effektiven Durchsetzung des Grundsatzes der Freizügigkeit nach Art. 39 EGV, ist damit die Sach- und Rechtslage im Zeitpunkt der letzten mündlichen Verhandlung des über die Tatsachen entscheidenden Gerichts maßgeblich (EuGH NVwZ 2004, 1099; BVerwG NVwZ 2005, 220, 222 f.; Würtenberger, Rn. 614).

2. Sind vom Tatsachengericht *neue* Tatsachen zu berücksichtigen, die die Ermessensentscheidung der Ausländerbehörde beeinflussen können, so stellt sich folgendes Problem: § 114 S. 2 VwGO verbietet, neue Ermessenserwägungen in das verwaltungsgerichtliche Verfahren einzuführen. In gemeinschaftsrechtskonformer Auslegung des § 114 S. 2 VwGO ist der Ausländerbehörde gleichwohl Gelegenheit zur Aktualisierung der Ermessensentscheidung zu geben (BVerwG NVwZ 2005, 220, 223 f.).

541. 1. Gegen X ergeht eine Abrissverfügung, weil er sein Wohnhaus ohne Baugenehmigung im Außenbereich gebaut hat. Während des gerichtlichen Anfechtungsverfahrens ergeht ein Bebauungsplan für das Gebiet, wonach dort nun ein allgemeines Wohngebiet festgesetzt ist.
2. Nachbar N erhebt gegen die dem Z erteilte Baugenehmigung Widerspruch. **a)** Während des Widerspruchsverfahrens, **b)** während der anhängigen Anfechtungsklage des N wird der Bebauungsplan geändert, so dass das Vorhaben des Z nun nicht mehr genehmigungsfähig wäre. Maßgeblicher Zeitpunkt für die gerichtliche Beurteilung der Sach- und Rechtslage?

Einen ausnahmslos geltenden verwaltungsprozessualen Grundsatz des Inhalts, dass bei der *Anfechtungsklage* die Rechtmäßigkeit des VA *stets* nach der Sach- und Rechtslage im Zeitpunkt der letzten Behördenentscheidung zu beurteilen sei, gibt es *nicht.* Vielmehr bestimmen der Grundrechtsschutz und das einschlägige materielle Recht, auf welche Sach- und Rechtslage es ankommt (BVerwG DÖV 1983, 469, 470; BVerwGE 64, 218).
1. Würde auf die Sach- und Rechtslage zum Zeitpunkt der letzten Behördenentscheidung abgestellt, wäre die Anfechtungsklage des X abzuweisen. X müsste mit vollstreckungsrechtlichen Rechtsbehelfen die Vollstreckung der durch das klageabweisende Urteil bestandskräftig gewordenen Abrissverfügung zu verhindern suchen (Frage 677). Hier wäre verkannt, dass X nach der materiellen Rechtslage einen Anspruch auf Baugenehmigung hat. Ihn in solcher Situation auf eine *Vollstreckungsabwehrklage* zu verweisen, wäre mit Art. 19 Abs. 4 GG schwerlich vereinbar und prozessökonomisch unsinnig. Es entspricht zudem den Grundsätzen des *baurechtlichen Bestandsschutzes* (Finkelnburg/Ortloff, Öffentliches Baurecht, Bd. II, 5. Aufl. 2005, S. 201 ff.), wenn in Fällen wie dem vorliegenden die Sach- und Rechtslage bei der letzten mündlichen Gerichtsverhandlung für die Entscheidung über die Rechtmäßigkeit der Abrissverfügung maßgeblich ist (BVerwGE 5, 351; BVerwG NJW 1986, 1187).
2. Im Rahmen eines Widerspruchsverfahrens hat die Widerspruchsbehörde

grundsätzlich die Sach- und Rechtslage im Zeitpunkt ihrer Entscheidung zugrundezulegen. Das entspricht der Kontrollfunktion dieses Verwaltungsverfahrens.

a) Im Baurecht fordert dieser Grundsatz aber bei der Entscheidung über Nachbarwidersprüche eine Ausnahme. Denn dem Bauherrn soll die zunächst zu Recht eingeräumte Rechtsposition, hat ein Nachbar Widerspruch eingelegt, nicht mehr auf Grund später veränderter Umstände entzogen werden können (BVerwG NJW 1979, 995). Im Bodenrecht sind die dem Bauherrn eingeräumten Rechtspositionen trotz Rechtsveränderung zu belassen. Hier kommt es also auf die Sach- und Rechtslage zum Zeitpunkt des Erlasses des VA an, also des Wirksamwerdens der Baugenehmigung durch Bekanntgabe an den Bauherrn (BVerwG DÖV 1970, 135, 137; VGH München BayVBl. 2005, 726; Würtenberger, Rn. 614; str.).

b) Der nach a) maßgebliche Zeitpunkt ist ebenfalls der Entscheidung des Gerichts zugrundezulegen (VGH Mannheim VBlBW 2007, 20 f.).

542. B beantragt für ein Grundstück innerhalb des im Zusammenhang bebauten Ortsteils (§ 34 BauGB) die Genehmigung zum Bau mehrerer mehrstöckiger Wohnhäuser. Das Gelände grenzt an einer Seite an ein Mischgebiet an, im übrigen ist im näheren Umkreis eine unterschiedliche Bebauung erfolgt. Der Bauan-

Bei der Entscheidung über die *Verpflichtungsklage* kommt es grundsätzlich auf die Sach- und Rechtslage zum Zeitpunkt der letzten mündlichen Verhandlung an (BVerwGE 1, 291, 294 ff., std. Rspr.; Würtenberger, Rn. 615). Für die Sachlage ist also u. U. die letzte mündliche Verhandlung in der Berufungsinstanz maßgeblich, während eine neue Rechtslage noch in der Revisionsinstanz berücksichtigt werden kann (BVerwGE 41,

trag wird abgelehnt. Nach erfolglosem Widerspruch erhebt B Verpflichtungsklage. Nunmehr erlässt die Gemeinde einen Bebauungsplan, wonach für das betreffende Gebiet die Nutzung als Gewerbegebiet festgesetzt wird. Welcher Zeitpunkt ist für die Beurteilung der Sach- und Rechtslage maßgeblich?

227 ff.). Im Unterschied zur Anfechtungsklage steht bei der Verpflichtungsklage das vom Bürger erstrebte Verwaltungshandeln – zu dem das Urteil des Verwaltungsgerichts den Leistungsbefehl geben soll – noch aus. Der geltend gemachte Genehmigungsanspruch des Klägers ist daher „auf der Höhe der Zeit" (Breuer, DVBl. 1981, 300 f.) zu beurteilen. Wenn er z. B. nach jetzt geltendem Recht nicht mehr besteht, ist das Gericht an diese Rechtslage gebunden. Es kann nicht die Behörde zum Erlass eines VA verpflichten, der der geltenden Rechtslage zuwiderläuft. Im vorliegenden Fall wird das Gericht den während des gerichtlichen Verfahrens zustandegekommenen Bebauungsplan bei der Entscheidung über die Verpflichtungsklage des B berücksichtigen. Da das Vorhaben des Klägers nach dessen Inhalt nicht zulässig ist, wird es die Klage abweisen (Hufen, § 24 Rn. 15).

543. X hat nach einem Gesetz zur Subventionierung der Landwirtschaft für das Jahr 2006 einen Anspruch auf Subventionierung. Der von ihm gestellte Antrag auf Subventionsleistung wird aber zurückgewiesen; das Widerspruchsverfahren bleibt erfolglos. Das Subventionsgesetz wurde zum 1. 1. 2007 aufgehoben. Über die zulässige Klage des X wird im Juni 2007 mündlich verhandelt. Maßgebliche Rechtslage?

Abweichungen vom oben dargestellten Grundsatz zum maßgeblichen Zeitpunkt bei der Verpflichtungsklage können sich aus dem zeitlichen Geltungswillen des Gesetzes ergeben (BVerwGE 97, 79, 81 ff.; Würtenberger, Rn. 615). So geht es im Rahmen der vorliegenden Verpflichtungsklage um Leistungen für einen bestimmten Zeitraum, die nach dem für diesen Zeitraum geltenden Recht zu beurteilen sind. Dies hat das Gericht zu berücksichtigen und wird die gesetzliche Lage des Jahres 2006 zugrunde legen.

544. Welcher Zeitpunkt ist für die Beurteilung der Sach- und Rechtslage bei der allgemeinen Leistungsklage maßgeblich?

Es gelten die für die Verpflichtungsklage genannten Grundsätze. Maßgeblich ist also in der Regel der Zeitpunkt der letzten mündlichen Verhandlung.

545. Welcher Zeitpunkt ist für die Beurteilung der Sach- und Rechtslage bei der Feststellungsklage maßgeblich?

Da hier weder ein Leistungsbefehl noch eine Gestaltungswirkung gegenüber der Verwaltung angestrebt wird, bestimmt sich der maßgebliche Zeitpunkt der Feststellungsklage *stets nach dem Antrag des Klägers.* Dies wird in der Regel der Zeitpunkt der letzten mündlichen Verhandlung sein. Denkbar ist jedoch auch, dass der Antragsteller lediglich Feststellung für einen in der Vergangenheit liegenden Zeitraum beantragt. Bei der Klage auf Feststellung der *Nichtigkeit eines VA nach § 43 Abs. 2 VwGO* gilt: Es kommt auf die Sach- und Rechtslage zum Zeitpunkt des Erlasses an, da ein nichtiger VA von seinem Erlass an ungültig ist und auch durch eine Änderung der Sach- oder Rechtslage nicht wirksam werden kann (Hufen, § 24 Rn. 18).

546. Welcher Zeitpunkt ist für die Beurteilung der Sach- und Rechtslage bei der Fortsetzungsfeststellungsklage maßgeblich?

Geht man davon aus, dass eine Fortsetzungsfeststellungsklage nach § 113 Abs. 1 S. 4 VwGO eine Anfechtungsklage fortsetzt, so ist der Zeitpunkt des letzten Behördenentscheidung maßgeblich (Hufen, § 24 Rn. 18). Dem Klageantrag und dem Rechtsschutzbegehren des Klägers entspricht es jedoch in der Regel eher, auf den Zeitpunkt des erledigten Ereignisses abzustellen (Würtenberger, Rn. 616).

cc) Umdeutung von Verwaltungsakten

547. Der Kläger hat gegen einen VA Anfechtungsklage erhoben. Das VG gelangt zu dem Ergebnis, der angefochtene VA sei zwar rechtswidrig, könne aber in einen anderen, rechtmäßigen VA umgedeutet werden. Ist das VG zur Umdeutung befugt?

Seit der Regelung der Umdeutung in § 47 VwVfG ist äußerst streitig, ob das *VG* einen angefochtenen VA, den es für fehlerhaft hält, in einen anderen VA umdeuten darf. Eine beachtliche Mindermeinung sieht in § 47 VwVfG eine Vorschrift, die allein die Ausgangs- und Widerspruchsbehörde bei Vorliegen der Umdeutungsvoraussetzungen zum Erlass eines rückwirkenden, rechtsgestaltenden VA ermächtigt (Windthorst/Lüdemann, NVwZ 1994, 244, 245; Schenke, Rn. 824). Für diese Ansicht spricht, dass § 47 VwVfG die Umdeutung auf den ersten Blick in das *Ermessen der Behörde* stellt und damit dem verwaltungsgerichtlichen Kompetenzbereich entzieht.

Dem werden aber zu Recht die *Entstehungsgeschichte* des § 47 VwVfG (Anknüpfung an die überkommene Rechtsprechung, die vor Inkrafttreten des Verwaltungsverfahrensgesetzes eine Umdeutung im verwaltungsgerichtlichen Verfahren zuließ) und der *Zweck der Umdeutung* (die Aufrechterhaltung einer rechtlichen Regelung, solange sie dem materiellen Recht entspricht und der Vertrauensschutz des Betroffenen gewährleistet ist) entgegengehalten. Umdeutung ist damit kein nur der Behörde vorbehaltener *Entscheidungsakt,* sondern ein *Erkenntnisakt:* Denn „liegen die Voraussetzungen der Umdeutung vor, dann besteht der VA kraft Gesetzes mit seinem „neuen Inhalt" (Maurer, § 10 Rn. 44; BVerwG NVwZ 1984, 645; VGH Mannheim NVwZ 1985, 349 f.). Zudem ist unter *Kompetenzaspekten* nur schwer zu begründen, dass landesverwaltungsverfahrensrechtliche Regelungen die prozessualen Entscheidungsbefugnisse begrenzen könnten (Osterloh, JuS 1986, 73 m. Nw.). Damit ist das VG zur Umdeutung befugt.

e) Rechtskraft

548. Zur formellen und materiellen Rechtskraft lesen Sie nochmals Fragen 150 ff.
Gemeinde G hat die Benutzung eines kommunalen Badeweihers durch Allgemeinverfügung geregelt. Hierin war vorgesehen, dass Baden nur mit Badekappe erlaubt sei. Auf Klage des U wurde dieser Passus in der Allgemeinverfügung durch rechtskräftiges Urteil des Verwaltungsgerichts aufgehoben.
Welche Rechtsfolgen ergeben sich für die anderen Benutzer des kommunalen Badeweihers?

Vorliegend konnte die Gemeinde G Angelegenheiten ihres kommunalen Wirkungskreises durch eine Allgemeinverfügung nach § 35 S. 2 letzte Variante VwVfG regeln: Es handelt sich um die Benutzung einer im Eigentum der Gemeinde stehenden Sache durch die Allgemeinheit.
1. Wird eine Allgemeinverfügung durch Gestaltungsurteil aufgehoben, stellt sich das Problem der Reichweite der Rechtskraft- und Gestaltungswirkung nach § 121 VwGO: Diese tritt nach h. M. nur inter partes ein, so dass alle anderen – nicht durch Beiladung in die Rechtskraft des Gestaltungsurteils einbezogenen – Adressaten an die Allgemeinverfügung gebunden bleiben und die Allgemeinverfügung ihnen gegenüber auch zwangsweise durchgesetzt werden kann (Schenke, Rn. 631; Kopp/Schenke, § 121 VwGO Rn. 23 m. Nw.). Allerdings soll die gerichtliche Aufhebung der Allgemeinverfügung „faktisch“ auch anderen in ihren Rechten betroffenen Personen zugute kommen. Wie diese „faktischen“ Wirkungen des Gestaltungsurteils rechtlich geltend gemacht werden können, wird freilich nicht ausgeführt. Und dass die Behörde nach dem

nur inter partes wirkenden Gestaltungsurteil die Allgemeinverfügung aufhebt oder ändert, mag zwar die Regel sein, ist aber nicht zwingend (zu optimistisch BVerwGE 59, 221, 227).

2. Demgegenüber ist – wie im Zivilprozess – bei Gestaltungsurteilen zwischen Rechtskraft- und Gestaltungswirkung zu unterscheiden: Die Rechtskraftwirkung tritt zwar nur zwischen den Prozessparteien ein, die Gestaltungswirkung des Urteils richtet sich aber gegen jeden, den es angeht (Schack, NJW 1988, 865 f.). Die Auflösung einer OHG durch Urteil gilt für und gegen jedermann. Dies muss auch im Verwaltungsprozess gelten: Wenn ein Demonstrationsverbot durch Urteil aufgehoben wird, dürfen nicht allein die Kläger, sondern alle, die an der Demonstration teilnehmen wollen, demonstrieren. Gleiches gilt für die Aufhebung einer Allgemeinverfügung vorliegenden Inhalts: Auf dieses Urteil kann sich jeder, den es angeht, berufen (Maurer, VBlBW 1987, 361, 364; Würtenberger, Rn. 623).

2. Durch streitentscheidenden Beschluss

549. Wo und wie regelt die VwGO Form und Inhalt von streitentscheidenden Beschlüssen?

Nach § 122 Abs. 1 VwGO gelten die §§ 88, 108 Abs. 1 S. 1, 118–120 VwGO entsprechend für Beschlüsse. Die Bestimmung ist § 329 ZPO nachgebildet und ähnlich lückenhaft. Insbesondere für die streitentscheidenden Beschlüsse (wie etwa über einen Normenkontrollantrag nach § 47 VwGO oder bei einer Anordnung nach § 80 Abs. 5 VwGO) gelten grundsätzlich alle im 9. und 10. Abschnitt der VwGO genannten Vorschriften, so auch § 117 VwGO. Hier entfällt allerdings der Ausspruch „Im Namen des Volkes". Die Darstellung von Tatbestand und Entscheidungsgründen erfolgt unter der gemeinsamen Überschrift „Gründe".

3. Ohne Sachentscheidung

a) Klagerücknahme

550. Nach Klageerhebung gelangt K zu der Erkenntnis, dass es besser sei, den Prozess nicht fortzuführen. Kann er – auch ohne Einwilligung des Beklagten – die Klage zurücknehmen?

Grundsätzlich ja. Wegen der im Verwaltungsprozess geltenden Dispositionsmaxime kann der Kläger bis zur Rechtskraft des Urteils die Klage zurücknehmen, § 92 Abs. 1 S. 1 VwGO. Die Einwilligung des Beklagten ist erst erforderlich, wenn in der mündlichen Verhandlung die Anträge bereits gestellt sind, § 92 Abs. 1 S. 2 VwGO.

b) Prozessvergleich

551. Was ist ein Prozessvergleich? Welcher Unterschied besteht zum außergerichtlichen Vergleich?

Der Prozessvergleich ist ein *Vertrag*, durch den die Beteiligten den Rechtsstreit durch gegenseitiges Nachgeben beenden. Der Prozessvergleich beendet den Rechtsstreit unmittelbar, während es bei einem – selbstverständlich zulässigen – *außergerichtlichen Vergleich* einer verfahrensbeendenden Erklärung der Beteiligten (Rücknahme der Klage oder Erledigungserklärung) bedarf.

552. Inwiefern besitzt der Prozessvergleich eine Doppelnatur?

Der Prozessvergleich ist zum einen ein öffentlich-rechtlicher Vertrag und zum anderen Prozesshandlung:

1. Als öffentlich-rechtlicher Vertrag muss der Prozessvergleich den §§ 54 ff.

VwVfG entsprechen; vor allem aber setzt er die Verfügungsbefugnis der Vertragspartner über den Gegenstand des Vergleichs voraus (§ 106 S. 1 VwGO).
2. Als Prozesshandlung muss der Prozessvergleich zur Niederschrift des Gerichts oder des beauftragten oder ersuchten Richters erklärt werden (§ 106 VwGO).

553. E hat einen Schwarzbau errichtet, gegen den die zuständige Behörde eine Beseitigungsanordnung erlassen hat. Im Prozess wird ein Vergleich ausgehandelt, nach dem die Behörde die Beseitigungsanordnung widerruft und E im Gegenzug einen besonders störenden Anbau abreißen soll. Wird das VG diesen Prozessvergleich zu Protokoll nehmen?

Ja. Dieser Prozessvergleich entspricht den Voraussetzungen des § 106 VwGO: Der Rechtsstreit wird durch ein gegenseitiges Nachgeben beendet. E kann über den Ausbau (durch Abriss) verfügen, die zuständige Behörde kann über ihre Abrissverfügung verfügen. Für baurechtliche Abrissverfügungen gilt nämlich das Opportunitätsprinzip (vgl. § 64 BW LBO: lesen Sie die entsprechende Vorschrift in Ihrem Landesrecht!). Die Behörde kann also nach *pflichtgemäßem Ermessen* entscheiden, ob und in welchem Umfang sie ihre Verfügung aufrechterhält. Zudem ist der Widerruf belastender VAe, zu deren Erlass die Behörde nicht verpflichtet ist, jederzeit möglich: § 49 Abs. 1 VwVfG.

554. E hat für sein im Außenbereich der Gemeinde G gelegenes Grundstück beantragt, die Errichtung einer Tennishalle mit 8 Feldern zu genehmigen. Sein Bauantrag war abgelehnt worden, nachdem die Gemeinde G ihr Einvernehmen verweigert hatte. Im Prozess wird ein Vergleich ausgehandelt, nach dem die Be-

Nein. Die Baurechtsbehörde kann nicht selbständig über den Gegenstand der Klage verfügen. Da die Gemeinde G für Außenbereichsvorhaben ihr Einvernehmen geben muss (§ 36 Abs. 1 BauGB), muss sie zu dem Prozessvergleich – soll er wirksam sein – als notwendig Beigeladene ebenfalls ihr Einvernehmen geben (§ 58 VwVfG; zur weiteren Begründung vgl. Frage 131).

hörde eine Tennishalle mit 4 Feldern genehmigt. Die beigeladene Gemeinde G bleibt bei ihrer ablehnenden Haltung. Wird das VG diesen Vergleich protokollieren?

555. Wie wäre es, wenn das VG gleichwohl diesen Vergleich protokolliert und der Prozessvertreter der Gemeinde G einige Wochen später in einem Schriftsatz die Wirksamkeit des Prozessvergleichs bestreitet?

Bei Streit über die Wirksamkeit eines Prozessvergleichs setzt das Gericht das Verfahren fort, um zunächst diese Frage zu klären. Da vorliegend der Prozessvergleich unwirksam ist, ist das Verfahren durch eine Sachentscheidung, hier Klageabweisung, abzuschließen (zur Weiterführung des alten Prozesses: Lüke, Rn. 255).
Kommt das Gericht zu dem Ergebnis, der Vergleich sei wirksam, stellt es durch Urteil die Beendigung des Verfahrens fest (OVG Münster OVGE 9, 177).

VIII. Sonderprobleme

1. Erledigung der Hauptsache

556. Was versteht man ganz allgemein unter Erledigung?

Erledigung bedeutet ganz allgemein, dass ein Rechtsakt, der auf Verwirklichung zielt, das beabsichtigte Ziel erreicht oder (endgültig) verfehlt hat oder die Verwirklichung sinnlos geworden ist.

557. Was versteht man unter Erledigung eines VA und unter Erledigung der Hauptsache im Verwaltungsprozess?

1. Für den Hauptanwendungsfall im Verwaltungsrecht, den VA, findet sich eine materiell-rechtliche Regelung in § 43 Abs. 2 VwVfG. Danach hat sich ein VA erledigt, wenn er aufgehoben (zurückgenommen, widerrufen) wurde oder sich inhaltlich durch Zeitablauf erschöpft hat. „Auf andere Weise" kann sich ein VA durch Tod des Adressaten bei höchstpersönlichen oder durch Untergang der Sache bei sachbezogenen Verwaltungsakten erledigen. Ob sich ein VA erledigt hat, kann mitunter streitig sein (hierzu Schenke, Rn. 310 ff.).
2. „Die Hauptsache" erledigt sich im Verwaltungsprozess demzufolge, wenn das klägerische Begehren gegenstandslos wird, also sich der streitbefangene VA entweder erledigt hat oder das sonstige Leistungsbegehren prozessual sinnlos geworden ist (BVerwG DVBl. 1991, 756 ff.).

558. Welche prozessualen Folgen sind bei der Erledigung der Hauptsache zu unterscheiden?

Der Vorgang der Erledigung bedarf der prozessualen Reaktion der Parteien. Weil der Kläger mit seinem Antrag den Streitgegenstand bestimmt, hat er den weiteren Prozessverlauf in der Hand: Er kann die Beendigung des (für ihn sinnlos gewordenen) Prozesses durch Abgabe einer Erledigungserklärung anstreben (hierzu im Folgenden unter 1 a); unter bestimmten Voraussetzungen kann er aber auch mit einem Feststellungsantrag gemäß § 113 Abs. 1 S. 4 VwGO den Prozess weiterführen (hierzu im folgenden unter 1 b).

a) Die gerichtliche Entscheidung bei Erledigung des Rechtsstreits in der Hauptsache

559. Vor den letzten Kommunalwahlen im Land L begehrte die X-Partei die Überlassung der stadteigenen Halle für eine Wahlveranstaltung, wie sie auch anderen Parteien gewährt wurde. Die Stadt S lehnte dies unter Hinweis auf deren angeblich verfassungsfeindlichen Ziele ab. Daraufhin erhob die X-Partei beim zuständigen VG Klage auf Erteilung der Nutzungserlaubnis. Noch während des Prozesses fand die Wahl statt, ohne dass die Halle genutzt werden konnte. Die X-Partei erklärt daraufhin den Rechtsstreit in der Hauptsache für erledigt. Die beklagte Stadt S stimmt der Erledigungserklärung zu.

1. Wird das VG prüfen, ob sich der Rechtsstreit tatsächlich in der Hauptsache erledigt hat? Welche gerichtliche Entscheidung ergeht?

1. Fraglich ist, ob das VG an die Parteierklärungen gebunden ist oder ob es noch prüfen darf bzw. muss, inwieweit tatsächlich eine Erledigung eingetreten ist. Während § 91 a ZPO allein auf die (gemeinsame) Erledigungs*erklärung* der Parteien abstellt, scheint § 161 Abs. 2 VwGO von der *tatsächlichen Erledigung* auszugehen, die vom VG festzustellen wäre. Der Wortlaut des § 161 Abs. 2 VwGO ist indes nicht entscheidend, weil die Materialien zur VwGO zeigen, dass der Gesetzgeber vom zivilprozessualen Leitbild des § 91 a ZPO ausgegangen ist. Zudem enthält § 161 Abs. 2 VwGO – betrachtet man den Standort – eine reine Kostenregelung, die nichts über die Voraussetzungen dieser Art der Prozessbeendigung aussagt.
Auch der den Verwaltungsprozess beherrschende *Untersuchungsgrundsatz* spricht nicht gegen die Bindung des Gerichts an die Erledigungserklärung der Beteiligten. Dieser Grundsatz schließt nämlich die *Dispositionsmaxime* als verwaltungsprozessualen Verfahrensgrund-

2. Wem wird das VG die Kosten auferlegen?

satz nicht aus (Fragen 478 ff.), die den Parteien das Recht gibt, den Prozess auch ohne Sachentscheidung zu beenden. Daher ist in der übereinstimmenden Erledigungserklärung eine gemeinsame Bewirkungshandlung der Parteien zu sehen, welche die Rechtshängigkeit der Hauptsache konstitutiv beendet und dem Gericht jede Entscheidungsbefugnis entzieht. Das VG darf also nicht prüfen, ob sich der Rechtsstreit tatsächlich in der Hauptsache erledigt hat, weil die Parteien *übereinstimmend* den Rechtsstreit in der Hauptsache für erledigt erklärt haben. Nach übereinstimmenden Erledigungserklärungen stellt das VG *deklaratorisch* fest, dass sich der Rechtsstreit erledigt hat (§ 92 Abs. 3 VwGO analog; Würtenberger, Rn. 634).

2. Das Gericht kann also die Erledigung deklaratorisch feststellen, um sodann über die Kosten des Rechtsstreits nach billigem Ermessen unter Berücksichtigung des bisherigen Sach- und Streitstandes zu entscheiden: § 161 Abs. 2 VwGO. Vorliegend ist offenkundig, dass die Stadt S bei der Ablehnung der Nutzungserlaubnis Art. 21 Abs. 2 S. 2 GG (das sog. Parteienprivileg) missachtet hat: Weil über die Verfassungswidrigkeit einer Partei allein das BVerfG entscheidet, sind staatliche Maßnahmen, die an angeblich verfassungsfeindliche Zielsetzungen anknüpfen, unzulässig. Nach § 5 PartG in Verbindung mit Art. 3 Abs. 1 GG hat jede Partei einen Gleichbehandlungsanspruch gegenüber anderen Parteien, so dass die Ablehnung der Überlassung der Stadthalle rechtswidrig war (Zippelius/Würtenberger,

§ 11 II 9b). Es entspricht daher billigem Ermessen, der Beklagten die Kosten des Rechtsstreits aufzuerlegen.

560. Wäre es zulässig, nach Erledigung der Hauptsache Beweis zu erheben oder schwierige Rechtsfragen zu klären, um die Kosten angemessen zu verteilen?

Nein. Der Beschluss über die Kosten berücksichtigt den bisherigen Sach- und Streitstand. Eine weitere (aufwändige) Beweisaufnahme ist unzulässig, vielmehr sind die Erfolgsaussichten der Klage prognostisch zu beurteilen. Schwierige Rechtsfragen müssen nicht gelöst werden (BVerwGE 46, 215, 218; Kopp/Schenke, § 161 VwGO Rn. 15).

561. Welche prozessualen Konsequenzen hat es, wenn S der Erledigungserklärung der X-Partei widerspricht?

Widerspricht die Beklagte der Erledigungserklärung der Klägerin, kommt es zum sog. *Erledigungsfeststellungsrechtsstreit,* der zu den umstrittensten Problembereichen des Verwaltungsprozessrechts gehört (hierzu Burgi, Die Erledigung des Rechtsstreits in der Hauptsache als Problem der verwaltungsprozessualen Dogmatik, DVBl. 1991, 193; Würtenberger, Rn. 635 ff.; BVerwGE 20, 146; 73, 312). In diesem Erledigungsfeststellungsrechtsstreit wird in einer allgemeinen Feststellungsklage (§ 43 VwGO) über die Tatsache der Erledigung gestritten. Weitgehende Einigkeit besteht über folgende prozessuale Konsequenzen:

1. Weil mangels zustimmender Erledigungserklärung des Beklagten die Rechtshängigkeit der Klage nicht beendet ist, der Kläger aber an seinem ursprünglichen Klageantrag nicht festhält, hat sich der Streitgegenstand geändert.

2. In der Erledigungserklärung ist eine (privilegierte) Klageänderung zu sehen, für die es gem. §§ 91, 173 VwGO, 264

Nr. 3 ZPO nicht der Einwilligung des Beklagten bedarf (Eyermann-Schmidt, § 113 VwGO Rn. 113; BVerwG NVwZ 1989, 862).

3. Es wird nunmehr über die Tatsache der Erledigung gestritten, wobei das VG bei Vorliegen der Sachurteilsvoraussetzungen für *diese* (neue) Klage (Rechtsweg, Zuständigkeit, Partei- und Prozessfähigkeit) ein Sachurteil erlässt, in dem es entweder die Erledigung (konstitutiv!) feststellt oder die Klage abweist, weil kein erledigendes Ereignis vorgelegen hat (BVerwG NVwZ 1989, 862 zur Prüfung der Sachurteilsvoraussetzungen der ursprünglichen Klage).

562. Muss das VG im Rahmen der Sachentscheidung über die Erledigung auch die Zulässigkeit und die Begründetheit der ursprünglichen Klage berücksichtigen?

Diese Frage ist außerordentlich umstritten. Bejahendenfalls würde die (geänderte) Klage, nämlich der Erledigungsantrag des Klägers, auch dann abgewiesen, wenn zwar ein erledigendes Ereignis vorliegt, die *ursprüngliche* Klage aber unzulässig und/oder unbegründet war. Eine Mindermeinung zieht diese Parallele zum Zivilprozess (Lüke, Rn. 247), in dem die Erledigung (begrifflich) auch die Zulässigkeit und Begründetheit der Klage im Zeitpunkt des erledigenden Ereignisses voraussetzt (Schmitt Glaeser/Horn, Rn. 517; Manssen, Die einseitige Erledigungserklärung im Verwaltungsprozess, NVwZ 1990, 1018; a. A. Kopp/Schenke, VwGO § 161 Rn. 23 ff.). Dies wird damit begründet, dass der Kläger im Erledigungsstreit nach wie vor die Zulässigkeit und Begründetheit seiner (ursprünglichen) Klage behaupte, weil sonst nur eine Klagerücknahme in Betracht käme. Außerdem seien schutzwürdige Interessen des Beklagten, nämlich Kosten- und Sachentscheidungsinteressen, verletzt, wenn man nur auf die tatsächliche Erledigung abstellen würde.

Diese Argumentation ist bereits im Ansatz nicht überzeugend. Ihr steht entgegen, dass im Verwaltungsprozess (im Gegensatz zum Zivilprozess) die Fortsetzung des Verfahrens besonders geregelt (§ 113 Abs. 1 S. 4 VwGO) und dabei an besondere Voraussetzungen (berechtigtes Interesse) geknüpft ist. Wenn im Verwaltungsprozess also *nur* bei berechtigtem Interesse und bei entsprechendem Antrag des Klägers über den *ursprünglichen Streitgegenstand* und damit über den ursprünglichen Klageantrag entschieden wird, erscheint es systemwidrig, wenn im (bloßen) Erledigungsstreit über die Prüfung der Begründetheit der ursprünglichen Klage der erledigte Streitgegenstand en passant wieder eingeführt wird. Das VG stellt also bei einseitiger Erledigungserklärung die Erledigung des Rechtsstreits in der Hauptsache bereits fest, wenn ein erledigendes Ereignis vorliegt, unabhängig davon, ob die erledigte Klage begründet oder unbegründet war. Nach überwiegender, aber nicht unbestrittener Ansicht müssen ebenso wenig die Prozessvoraussetzungen der „erledigten" Klage vorliegen (BVerwGE 73, 312, 313; 87, 62, 65 f.; Hufen, § 36 Rn. 36; Würtenberger, Rn. 638.; anders BVerwGE 82, 40, 43: *Zulässigkeit* der ursprünglichen Klage als Voraussetzung für die antragsgemäße Feststellung der Erledigung der Hauptsache).

Vorliegend hat sich der Rechtsstreit erledigt, woran auch die verweigerte Erledigungserklärung der beklagten Stadt nichts ändert. Denn durch die zwischenzeitlich erfolgte Wahl verliert die Nutzung der Halle für eine Wahlveranstaltung ihren Sinn und entfällt das Rechtsschutzinteresse. Damit stellt das Gericht die Erledigung durch Sachurteil fest.

563. Wem sind in diesem Fall die Kosten aufzuerlegen?

Nach wohl überwiegender Ansicht folgt die Kostentragung im Erledigungsfeststellungsrechtsstreit der allgemeinen Regel des § 154 Abs. 1 VwGO. Hiernach trägt die unterliegende Partei die Kosten des Rechtsstreits (BVerwG NVwZ 1989, 862, 863; Bosch/Schmidt, § 46 III). Die Gegenmeinung wendet § 161 Abs. 2 VwGO analog an (Würtenberger, Rn. 639). Für diese zweite Ansicht spricht die größere *Kostengerechtigkeit*, da § 161 Abs. 2 VwGO es ermöglicht, bei der Kostenentscheidung die (Un)Zulässigkeit bzw. (Un)Begründetheit der ursprünglichen Klage zu berücksichtigen (zur Differenzierung zwischen den Kosten des Erledigungsrechtsstreits, die der Regelung des § 154 Abs. 1 VwGO folgen, und den Kosten des Ausgangsverfahrens, die der Regelung des § 161 Abs. 2 VwGO unterfallen: Kopp/Schenke, § 161 VwGO Rn. 31).

564. Wie sind das Kosten- und das Sachentscheidungsinteresse als schutzwürdige Interessen des Beklagten zu beurteilen, die zur Begründung dafür vorgetragen werden,

1. Was das *Kosteninteresse* betrifft, so kann es gar nicht vorkommen, dass der Beklagte bei einer ursprünglich unbegründeten Klage nach Erledigung nunmehr mit den Kosten belastet würde. Ist tatsächlich Erledigung eingetreten, wird

dass im Erledigungsstreit auch die Begründetheit der ursprünglichen Klage zu prüfen sei?

der Beklagte der Erklärung des Klägers zustimmen, so dass im Rahmen des Kostenbeschlusses nach § 161 Abs. 2 VwGO der bisherige Sach- und Streitstand entscheidende Bedeutung erlangt (BVerwG DVBl. 1989, 874, 876).

Liegt hingegen keine Erledigung vor (so dass die Erledigungserklärung des Klägers der Sache nach eine „verschleierte Klagerücknahme" ist), wird der Beklagte widersprechen, so dass der Erledigungsantrag des Klägers mit der Kostenfolge aus § 154 Abs. 1 VwGO abgewiesen wird.

Ist es einmal fraglich, ob sich der Rechtsstreit überhaupt erledigt hat, sollte der Beklagte vorsichtshalber der Erledigungserklärung zustimmen, weil er anderenfalls das Prozessrisiko einer Kostenbelastung im Erledigungsstreit trägt.

2. Problematischer ist hingegen das *Sachentscheidungsinteresse.* Nach Ansicht der Gegenmeinung gibt § 92 Abs. 1 VwGO dem Beklagten ein *Recht auf Klageabweisung,* weil der Kläger an der Klagerücknahme gehindert sei, wenn der Beklagte nicht einwilligt. Durch diesen *Anspruch auf ein rechtskraftfähiges klageabweisendes Urteil* werde der Beklagte – ähnlich wie im Zivilprozess – davor geschützt, sich gegen denselben Anspruch möglicherweise erneut verteidigen zu müssen. Dann aber sei es zwingend erforderlich, auch noch nach Eintritt des erledigenden Ereignisses bei einseitiger Erledigungserklärung des Klägers die Begründetheit der ursprünglichen Klage zu prüfen, damit dem Interesse des Beklagten an Klageabweisung genügt werden kann. Anders gewendet:

Der Kläger darf sich einer Klageabweisung nicht dadurch entziehen, dass er den Eintritt eines erledigenden Ereignisses zum Anlass nimmt, die Hauptsache für erledigt zu erklären.
Dieser Einwand lässt sich mit zwei Argumenten entkräften:
a) Das behauptete Sachentscheidungsinteresse besteht nicht. Denn wenn gerichtlich festgestellt wird, „dass der erhobene Anspruch während des Rechtsstreits durch ein erledigendes Ereignis gegenstandslos geworden ist", ist „eine neue Klage mit demselben Anspruch nicht mehr zulässig" (BVerwGE 20, 146, 152).
b) Bei der Erledigung beeinflusst im Gegensatz zur Klagerücknahme ein Ereignis den Prozessverlauf, das der Kläger in aller Regel nicht steuern kann, so dass der Klagegegner keinem willkürlichen Verhalten ausgesetzt ist: Der „verschleierten Klagerücknahme" lässt sich dadurch begegnen, dass im Erledigungsfeststellungsrechtsstreit die Tatsache der Erledigung zu klären ist.

565. Ändert sich etwas, wenn S als Beklagte der Erledigungserklärung widerspricht, aber den Antrag stellt, festzustellen, dass sie die stadteigene Halle nicht der X-Partei überlassen musste, weil sie sich durch eine Entscheidung in der Sache Klarheit über die Verpflichtungen der Stadt gegenüber der X-Partei, insbesondere für zukünftige Begehren, erhofft?

1. Nach § 113 Abs. 1 S. 4 VwGO kann *allein* der Kläger bei entsprechendem Rechtsschutzinteresse einen erledigten Rechtsstreit mit der Fortsetzungsfeststellungsklage fortsetzen. Fraglich ist, ob ein Interesse der Beklagten an einer Prüfung der Rechtmäßigkeit der Versagung der Nutzungserlaubnis analog § 113 Abs. 1 S. 4 VwGO zu einer Fortsetzung des alten Verfahrens zu führen vermag. Die weit überwiegende Ansicht gestattet nicht nur dem Kläger, sondern auch dem Beklagten in analoger Anwendung des

§ 113 Abs. 1 S. 4 VwGO den erledigten Rechtsstreit fortzusetzen. Dies daher, weil auf Grund dieser Vorschrift der richtige Standort der Rechtmäßigkeitsprüfung nicht der Erledigungsfeststellungsrechtsstreit, sondern die Fortsetzungsfeststellungsklage ist (BVerwGE 87, 62, 67 f.; Redeker/von Oertzen, § 107 VwGO Rn. 21a).

2. Indessen fehlt es für eine Analogie zu § 113 Abs. 1 S. 4 VwGO an einer Vergleichbarkeit der Sachverhalte: Der Beklagte (in aller Regel ein Hoheitsträger) hat kein schutzwürdiges Sachentscheidungsinteresse. Im Gegensatz zum Bürger, welcher der staatlichen Rechtsmacht untergeordnet ist, bedarf die Behörde aus Gründen prozessualer Waffengleichheit nicht gleichfalls der gerichtlichen Feststellung, dass ihr Verwaltungshandeln rechtmäßig war. Das Gericht hätte in diesem Fall eine bloße *Gutachterfunktion,* die mit dem Wesen der Rechtsprechung unvereinbar ist. Die Behörde kann sich ihrer Verantwortung für die Rechtmäßigkeit späterer Entscheidungen nicht durch einen Feststellungsantrag im erledigten Rechtsstreit entledigen. Sie ist vielmehr im Prozess auf die passive Rolle des Beklagten festgelegt. Das unterstreicht auch § 89 Abs. 2 VwGO, der die (materiell vergleichbare) Widerklage gerade in Anfechtungs- und Verpflichtungsklagen ausschließt (Würtenberger, Rn. 647; Kremer NVwZ 2003, 797, 801 f.; Hufen, § 18 Rn. 62).

b) Die Fortsetzungsfeststellungsklage

566. Wo ist die Fortsetzungsfeststellungsklage geregelt? Welchen Zwecken dient sie?

Die Fortsetzungsfeststellungsklage ist in § 113 Abs. 1 S. 4 VwGO geregelt. Sie führt eine auf Aufhebung eines VA gerichtete Anfechtungsklage fort, die nach Erledigung des angegriffenen VA wegen Fortfalls des Rechtsschutzbedürfnisses bzw. wegen Fortfalls des Aufhebungsanspruchs nicht mehr erfolgreich fortgesetzt werden kann (Würtenberger, Rn. 640; zur Rechtsnatur der Fortsetzungsfeststellungsklage: Rozek, JuS 1995, 414 f.; Ehlers, JURA 2001, 415 f.).

567. Welche Sachurteilsvoraussetzungen gelten für die Fortsetzungsfeststellungsklage?

Die Fortsetzungsfeststellungsklage führt eine Anfechtungsklage fort, die ihrerseits zulässig gewesen sein muss. Daher gelten im Prinzip die Sachurteilsvoraussetzungen der Anfechtungsklage. Zu prüfen ist also die Statthaftigkeit der Anfechtungsklage, die Klagebefugnis (§ 42 Abs. 2 VwGO), die ordnungsgemäße Durchführung des Vorverfahrens (§§ 68 ff. VwGO) und die Einhaltung der Klagefrist (§ 74 Abs. 1 S. 2 VwGO).

Darüber hinaus ist ein besonderes Feststellungsinteresse erforderlich: Der Kläger muss ein berechtigtes Interesse daran haben, dass das Gericht durch Urteil ausspricht, der VA sei rechtswidrig gewesen: § 113 Abs. 1 S. 4 VwGO.

aa) Statthafte Klageart

568. Der Pkw des X war verbotswidrig geparkt und ist abgeschleppt worden. Den Kostenbescheid über 150 € hat er bezahlt. Nunmehr kommen

1. Wenn der Adressat eines VA diesen *erfüllt*, liegt grundsätzlich keine Erledigung vor. Denn dann bleibt der Kostenbescheid *Rechtsgrund* für die Leistung der 150 €. Davon geht zudem § 113 Abs. 1

ihm Bedenken, ob er zur Erstattung der Polizeikosten in rechtswidriger Weise herangezogen wurde.
1. Ist gegen den Kostenbescheid eine Anfechtungs– oder Fortsetzungsfeststellungsklage statthaft?
2. Nehmen Sie an, die Klage gegen den Kostenbescheid war erfolgreich. Gelangt § 113 Abs. 1 S. 2 VwGO zur Anwendung?

S. 2 VwGO aus. Ein Rückgängigmachen der Vollzugsfolgen eines VA setzt zunächst dessen Aufhebung, also hier eine erfolgreiche Anfechtungsklage voraus.
2. Zu beachten ist, dass § 113 Abs. 1 S. 2 VwGO seinem Wortlaut nach nur den Fall erfasst, dass die Behörde den VA *selbst* vollzogen hat, was vorliegend nicht geschah. Über seinen Wortlaut hinaus ist § 113 Abs. 1 S. 2 VwGO auch dann anwendbar, wenn der Adressat des VA diesen, wie hier, „freiwillig" befolgt, weil er der drohenden Sanktion der Vollstreckung entgehen möchte (Kopp/Schenke, § 113 VwGO Rn. 92).

569. Dem Y ist durch VA aufgegeben worden, eine baufällige Garage abzureißen. Nachdem er untätig bleibt, vollstreckt die Baurechtsbehörde die Abbruchverfügung. Y hält die Abbruchverfügung für rechtswidrig. Ist eine Anfechtungs- oder Fortsetzungsfeststellungsklage statthaft?

Eine beachtliche Mindermeinung hält eine Anfechtungsklage für statthaft. Denn die Abbruchverfügung bleibt *Rechtsgrundlage* für die nachfolgende Vollstreckungsmaßnahme (Kopp/Schenke, § 113 VwGO Rn. 106; Pietzner/Ronellenfitsch, § 27 Rn. 25; VGH Mannheim VBlBW 1993, 298, 300). Demgegenüber fallen nach der überwiegenden Meinung Vollzug und Erledigung dann zusammen, „wenn sich der VA hinsichtlich seiner rechtlichen Wirkungen im Vollzug erschöpft oder durch den Vollzug irreparable Tatsachen geschaffen werden, die einer Rückgängigmachung nicht zugänglich sind" (Rozek, JuS 1995, 414, 418; Enders, NVwZ 2000, 1232, 1234 ff.; Würtenberger Rn. 643). Vorliegend würde die Anfechtungsklage nach Abbruch der Mauer ins Leere gehen. Es würde ein VA aufgehoben werden, dessen Vollzug irreparable, d.h. durch oder auf Grund einer Anfechtungsklage nicht zu beseitigende

Tatsachen geschaffen hat. Soweit klärungsbedürftig erscheint, ob die Abbruchverfügung rechtswidrig war, ist die Fortsetzungsfeststellungsklage statthaft.

570. Landwirt L hat die zu seinem Bauernhof gehörende Scheune der Petrol-AG zur Lagerung von Ölen und Schmierstoffen verpachtet. Mit baurechtlicher Verfügung vom 2. 5. wird dem L und der Petrol-AG die Lagerung petrochemischer Produkte in der Scheune untersagt.

1. Nach erfolglosem Widerspruch erhebt L gegen die baurechtliche Verfügung am 1. 9. Anfechtungsklage. Am 10. 9. wird die Scheune durch Blitzschlag eingeäschert. Welchen Antrag muss L stellen?

2. Welche Rechtsschutzmöglichkeit hat L, wenn die Scheune bereits am 20. 5. – ohne dass bereits Klage erhoben war – durch Blitzschlag eingeäschert worden wäre?

1. L erstrebt mit seinem Klageantrag die Aufhebung eines VA, nämlich der Nutzungsuntersagung (§ 65 S. 2 BW LBO; lesen Sie die entsprechenden Vorschriften Ihres Landesrechts!). Die zunächst statthafte Anfechtungsklage ginge jedoch ins Leere, da die Nutzungsuntersagung gegenstandslos geworden ist, weil die Scheune mittlerweile abgebrannt ist. Verfahrensrechtlich gesehen hat sich die Nutzungsuntersagung damit „erledigt" (nämlich durch tatsächliches Unmöglichwerden). Ist der Streitgegenstand der Anfechtungsklage weggefallen, so kann L entweder die *Hauptsache für erledigt erklären* (Fragen 558) oder nach § 113 Abs. 1 S. 4 VwGO durch *Fortsetzungsfeststellungsklage* die Rechtswidrigkeit der erledigten Nutzungsuntersagung feststellen lassen. Wählt L diese zweite Alternative, muss er vom Anfechtungsantrag auf den Fortsetzungsfeststellungsantrag übergehen. Da der Klagegrund nicht geändert wird, ist dies keine Klageänderung i. S. d. § 91 VwGO (Ehlers, JURA 2001, 415, 417; Gerhardt, in: Schoch/Schmidt-Aßmann/Pietzner, § 113 VwGO Rn. 79 m.Fn. 385: nach § 173 S. 1 VwGO i.V.m. § 264 Nr. 2 ZPO keine Klageänderung).

2. L kann Fortsetzungsfeststellungsklage erheben. § 113 Abs. 1 S. 4 VwGO lässt sich hier allerdings nicht unmittelbar anwenden. Denn der VA hat sich nicht *nach,* wie von § 113 Abs. 1 S. 4 VwGO vorausgesetzt, sondern bereits *vor* Klageerhebung erledigt (für eine *direkte* Anwendung des § 113 Abs. 1 S. 4 VwGO auch vor Klageerhebung: Göpfert, Die Fortsetzungsfeststellungsklage, 1998, S. 40 f.). Man muss aber den Anwendungsbereich des § 113 Abs. 1 S. 4 VwGO in der Weise ausdehnen, dass eine Fortsetzungsfeststellungsklage auch dann zulässig ist, wenn sich der VA bereits vor Klageerhebung erledigt hat. Würde man nämlich § 113 Abs. 1 S. 4 VwGO auf diese gesetzlich nicht geregelten Fälle nicht analog anwenden, so wäre überhaupt keine Klagemöglichkeit gegen Verwaltungsakte gegeben, die sich bereits vor Rechtshängigkeit erledigt haben. Dies widerspräche Art. 19 Abs. 4 GG, so dass eine analoge Anwendung des § 113 Abs. 1 S. 4 VwGO geboten ist (BVerwGE 12, 87, 90; 26, 161, 165; Würtenberger, Rn. 644). Demgegenüber wird eingewandt, die Feststellungsklage nach § 43 VwGO stelle eine ausreichende Rechtsschutzmöglichkeit gegen erledigte VAe zur Verfügung, so dass eine analoge Anwendung des § 113 Abs. 1 S. 4 VwGO unzulässig sei (so BVerwGE 109, 203, 209 in einem obiter dictum; Gerhardt, in: Schoch/Schmidt-Aßmann/Pietzner, § 113 VwGO Rn. 99: Feststellungsantrag, die Behörde sei zum Erlass des erledigten VA nicht berechtigt gewesen). Nach § 43 VwGO kann jedoch nur die Feststellung des Bestehens oder Nichtbestehens eines Rechtsverhältnisses oder der Nichtigkeit eines VA begehrt werden. Ein VA, um den es bei der Fortsetzungsfeststellungsklage geht, ist aber kein Rechtsverhältnis, sondern eine Handlung der Verwaltung, die ein Rechtsverhältnis begründet, verändert oder beendigt. Auf § 43 VwGO kann darum nicht zurückgegriffen werden. Außerdem ist es prozessual willkürlich, unterschiedliche Klagearten je nach dem Zeitpunkt des erledigenden Ereignisses zur Verfügung zu stellen (Würtenberger, Rn. 644; Schenke, Rn. 325; R. P. Schenke, NVwZ 2000, 1255, 1257).

bb) Zum Erfordernis des Vorverfahrens und zur Einhaltung der Widerspruchsfrist

571. Die an den L gerichtete Verfügung der Nutzungsuntersagung war mit einer ordnungsgemäßen Rechtsbehelfsbelehrung versehen.
1. L hatte keinen Widerspruch eingelegt. Vor Ablauf der Widerspruchsfrist wurde die Scheune durch Blitzschlag zerstört. Ist eine Fortsetzungsfeststellungsklage zulässig?
2. Wie wäre es, wenn L keinen Widerspruch eingelegt hatte und die Scheune kurz nach Ablauf der Widerspruchsfrist durch Blitzschlag zerstört wird?

1. Die Fortsetzungsfeststellungsklage ist nicht darum unzulässig, weil L kein Vorverfahren durchgeführt hat, wie es nach § 68 Abs. 1 S. 1 VwGO vor Erhebung der Anfechtungsklage erforderlich ist. Bereits nach dem *Wortlaut des § 68 VwGO* bedarf es nur vor Erhebung von Anfechtungs- und Verpflichtungsklagen eines Vorverfahrens, nicht aber vor Erhebung einer Fortsetzungsfeststellungsklage (BVerwG DVBl. 1981, 502 f.). Dieses Ergebnis bestätigt sich, wenn man sich Sinn und Zweck des Vorverfahrens vergegenwärtigt. Das Vorverfahren ermöglicht dem Betroffenen, bisher nicht geprüfte Einwendungen vorzubringen, und der Verwaltung, Recht- und Zweckmäßigkeit des VA nochmals zu überprüfen. Durch diesen verfahrensmäßig geregelten Dialog zwischen Betroffenem und Verwaltung können Zweifelsfragen geklärt und unnötige Prozesse vermieden werden. Insofern kommt dem Vorverfahren eine Art *Filterwirkung* zu; es hat die Funktion, die Verwaltungsgerichtsbarkeit zu entlasten.

Nach Erledigung eines VA ist ein Dialog zwischen Betroffenem und Verwaltung nicht mehr sinnvoll. Denn eine Korrektur oder Aufhebung des VA, die sich auf den Gang der Verwaltung auswirken könnte, ist nicht mehr möglich. Eine verbindliche Entscheidung, dass der erledigte VA rechtswidrig war, kann die Behörde in einem Widerspruchsbescheid nicht treffen: Sie kann zwar erklären, wie sie nachträglich die Rechtmäßigkeit des erledigten VA beurteilt; in einzelnen Fällen kann die psychologische Wirkung einer derartigen Erklärung den Kläger klaglos stellen und Prozesse vermeiden helfen. Eine solche, im Unverbindlichen bleibende Erklärung liegt aber nicht im Rahmen der Aufgabe der Verwaltung, die ihr durch die Regeln über das Vorverfahren zugewiesen ist, nämlich verbindlich über den Widerspruch (Aufhebung bzw. Bestätigung des ursprünglichen Bescheids, Erlass des verweigerten VA oder Bestätigung der Versagung) zu entscheiden (BVerwGE 26, 161, 165 f.; Eyermann-Rennert, § 68 VwGO Rn. 4; Hufen, § 18 Rn. 84; Würtenberger, Rn. 648).

Dieser Argumentation hält eine beachtliche Mindermeinung entgegen: Bereits die Feststellung einer Behörde, ein VA sei rechtswidrig, könne den Kläger klaglos stellen, so dass die *psychologische Wirkung* einer solchen Feststellung unterschätzt werde. Zudem werde im Vorverfahren auch die Zweckmäßigkeit eines VA nachgeprüft, was im Verwaltungsprozess nicht möglich sei (Schoch, JURA 2003, 752, 753 f.; Schenke, Rn. 666; Pietzner/Ronellenfitsch, § 31 Rn.

30 f.). Zur *Entlastung der Verwaltungsgerichte* und zwecks *umfassenden Rechtsschutzes des Bürgers* hält diese Ansicht ein Vorverfahren vor Erhebung der Fortsetzungsfeststellungsklage für erforderlich oder zumindest doch für statthaft.

2. Mit Ablauf der Widerspruchsfrist war die behördliche Verfügung bestandskräftig geworden, so dass eine Anfechtungsklage unzulässig gewesen wäre. Die Erledigung dieser bestandskräftigen Verfügung kann nicht dazu führen, den Zulässigkeitsmangel zu heilen und den Rechtsweg wieder zu eröffnen (BVerwGE 26, 161, 167 f.; Erichsen, JURA 1989, 49, 50; Würtenberger, Rn. 650). Die Fortsetzungsfeststellungsklage des L ist also als unzulässig abzuweisen, da es an einem fristgerechten Widerspruch gefehlt hat.

cc) Zur Klagefrist

572. In der ersten Alternative des vorhergehenden Falles war die Fortsetzungsfeststellungsklage auch ohne Vorverfahren zulässig. In welcher Frist muss L die Fortsetzungsfeststellungsklage erheben?

Auf die bei einer Fortsetzungsfeststellungsklage einzuhaltende Klagefrist lässt sich § 74 Abs. 1 S. 2 VwGO nach einer früher überwiegend vertretenen Ansicht entsprechend anwenden: Die Klage muss innerhalb eines Monats nach Bekanntgabe des VA erhoben werden (Würtenberger, JuS 1974, 320, 321 Fn. 12). Wesentlicher Grund für diese Ansicht ist: Die Zulässigkeit einer Fortsetzungsfeststellungsklage setzt eine an sich zulässige und auch die Fristen beachtende Anfechtungsklage voraus.

Stellt man jedoch mit der mittlerweile überwiegenden Ansicht auf die *prozessuale Natur* der Fortsetzungsfeststellungsklage ab, so gilt: Diese ist eine Feststellungsklage, die nach der VwGO keiner gesetzlich geregelten Klagefrist unterliegt. Hinzu kommt, dass ein erledigter VA seine Regelungsfunktion verloren hat und *nicht in Bestandskraft* erwachsen kann. Klagefristen können damit bei erledigten VAen *keine Rechtssicherheit* stiften. Über die Rechtmäßigkeit eines erledigten VA kann daher auch noch nach längerer Zeit gestritten werden. Zeitliche Grenzen zieht lediglich das *prozessuale Institut der Verwirkung* (BVerwGE 109, 203, 207 ff.; Würtenberger, Rn. 658; Wehr, DVBl. 2001, 785, 790 ff.). Für eine Klage des L gilt damit nicht die Monatsfrist des § 74 Abs. 1 S. 2 VwGO.

dd) Klagebefugnis und Feststellungsinteresse

573. Welches Rechtsschutzinteresse muss bei der Fortsetzungsfeststellungsklage geltend gemacht werden?

1. Die Fortsetzungsfeststellungsklage setzt eine an sich zulässige Anfechtungsklage lediglich fort. Der Kläger muss daher im Hinblick auf den erledigenden VA klagebefugt gewesen sein: § 42 Abs. 2 VwGO.
2. Nach § 113 Abs. 1 S. 4 VwGO muss der Kläger außerdem ein *berechtigtes Interesse* an der Feststellung der Rechtswidrigkeit des erledigten VA haben. Dieses Feststellungsinteresse als Zulässigkeitsvoraussetzung einer Fortsetzungsfeststellungsklage erfordert, dass der Kläger ein schutzwürdiges Interesse rechtlicher, wirtschaftlicher oder ideeller Art an der Klärung der durch den VA geregelten Rechtslage hat. Dieses Feststellungsinteresse ist insbesondere zu bejahen:
a) bei Wiederholungsgefahr, die hinreichend konkret sein muss (BVerwGE 54, 314, 316; BVerwG NVwZ 1990, 360 f.; BVerfG NJW 2004, 2510, 2512),

b) bei Rehabilitierungsbedürfnis auf Grund der diskriminierenden Wirkung des erledigten VA (BVerwGE 26, 161, 168; 53, 134, 138 f.; BVerfG DVBl. 2002, 688 f.; Würtenberger, Rn. 654).
c) bei tiefgreifenden und schwerwiegenden Eingriffen in Grundrechte (BVerfGE 96, 27, 40; BVerfG NJW 2005, 1855 ff.; Würtenberger, Rn. 655). Einfache Grundrechtsverletzungen reichen nicht aus, da dann das Feststellungsinteresse seine limitierende Funktion verlieren würde. Außerdem verlangt Art. 19 Abs. 4 GG nicht, bei jeder inzwischen erledigten Grundrechtsverletzung Klagemöglichkeiten zu eröffnen (BVerfG NJW 1997, 2163 f.).
d) zur Vorbereitung eines Amtshaftungs- oder sonstigen Entschädigungsprozesses, der mit hinreichender Sicherheit zu erwarten ist (VGH Mannheim VBlBW 1997, 264, 266) und nicht offenbar aussichtslos erscheint (BVerwGE 61, 128, 135 f.; 72, 38, 42; BVerwG NJW 1986, 1826 f.; NVwZ 1987, 229; DVBl. 1991, 46 f.). Zu Einschränkungen vgl. aber Frage 575.

574. E möchte die Rechtswidrigkeit eines VA festgestellt wissen, der zur Abwehr von Gefahren für das Grundwasser erging und ihm auferlegte, zur Abwehr von Gefahren für das Grundwasser Gefahrerforschungsmaßnahmen auf seinem Grundstück zu dulden. Er hält diesen VA für diskriminierend und möchte zugleich Gewissheit über eventuelle

1. Trifft die Behörde Gefahrerforschungsmaßnahmen, so wird damit zugleich der Verdacht geäußert, dass von einem Grundstück Gefahren für das Grundwasser und den Naturhaushalt ausgehen. In einer für Umweltfragen sensibilisierten Öffentlichkeit kann ein derartiger Verdacht durchaus diskriminierende Wirkung haben. E hat damit ein berechtigtes Interesse daran, im Wege der Fortsetzungsfeststellungsklage die Rechtmäßigkeit polizei- bzw. ord-

Kostenpflichten erhalten, die bestehen, sollte diese Verfügung rechtmäßig sein. Feststellungsinteresse gemäß § 113 Abs. 1 S. 4 VwGO?

nungsbehördlichen Einschreitens klären zu lassen.

2. Durch die Fortsetzungsfeststellungsklage mag E zwar Gewissheit darüber erlangen, ob er zum Ersatz der Kosten für die Gefahrerforschungsmaßnahme – Kostenersatz nämlich nur bei rechtmäßiger „Grundverfügung" – herangezogen werden kann. Dieses Interesse an baldiger Klärung der Kostentragungspflicht ist jedoch kein berechtigtes Interesse i. S. v. § 113 Abs. 1 S. 4 VwGO. Es ist dem E zuzumuten, den Kostenbescheid der Verwaltung abzuwarten, und gegen diesen Bescheid mit den ihm zur Verfügung stehenden Rechtsbehelfen vorzugehen. Durch das Abwarten eines eventuell ergehenden Kostenbescheides erleidet er keine rechtlichen oder wirtschaftlichen Nachteile (Würtenberger, JuS 1974, 320, 322 m. Fn. 16).

575. 1. Dem L ist durch die Baurechtsbehörde die Nutzung seiner an die Petrol-AG vermieteten Scheune für die Lagerung von Chemikalien durch VA ohne Rechtsbehelfsbelehrung untersagt worden. Er hat daher den Mietvertrag mit der Petrol-AG zum 31.1. gekündigt. Ende März gelangt L zu der Ansicht, die Nutzungsuntersagung sei rechtswidrig gewesen. Am 1.4. fällt die Scheune einem Brand zum Opfer. In einem Amtshaftungsprozess möchte er jenen Ausfall an Mieteinnahmen für die Monate Februar und März

1. Das Feststellungsinteresse ist auf den ersten Blick zu bejahen, weil ein Amtshaftungsprozess nicht offenbar aussichtslos erscheint und auch mit hinreichender Sicherheit zu erwarten steht.

2. In der ersten Fallvariante hat sich die baurechtliche Verfügung bereits *vor* Klageerhebung erledigt. In dieser Situation muss L aus Gründen der *Prozessökonomie* seine Schadensersatzklage vor den ordentlichen Gerichten erheben. Es würde die Gerichtsbarkeit unnötig belasten, wenn die Verwaltungsgerichtsbarkeit über die Rechtswidrigkeit des VA und sodann die ordentliche Gerichtsbarkeit über den Ersatzanspruch entscheiden würde. Denn das zuständige Zivilgericht ist „im Amtshaftungsprozess

einklagen, der ihm durch die Auflösung des Mietvertrages mit der Petrol-AG entstanden ist. Ob die Nutzungsuntersagung rechtswidrig war, möchte L zunächst vom „sachnäheren" VG feststellen lassen, da er an der Sachkunde der ordentlichen Gerichte zweifelt, wenn sie komplizierte verwaltungsrechtliche Vorfragen entscheiden sollen. Feststellungsinteresse i. S. v. § 113 Abs. 1 S. 4 VwGO?

2. Würde ein Feststellungsinteresse i.S.v. § 113 Abs. 1 S. 4 VwGO bestehen, wenn L gegen die baurechtliche Nutzungsuntersagung bereits eine Anfechtungsklage erhoben hätte und nunmehr die Scheune abgebrannt wäre?

auch für die Klärung öffentlich-rechtlicher Fragen und damit auch öffentlich-rechtlicher Vorfragen zuständig ... Ein Anspruch auf den (angeblich) „sachnäheren" Richter besteht nicht" (BVerwG DÖV 1989, 641 f. m. Nw.; VGH Mannheim VBlBW 1993, 298, 300).

3. Anderes gilt *bei bereits anhängiger Anfechtungsklage*. Hier besteht ein berechtigtes Interesse an einem Übergang zur Fortsetzungsfeststellungsklage, um einen späteren Amtshaftungsprozess vorzubereiten. Dies lässt sich mit prozessökonomischen und mit Rechtsschutzargumenten begründen: Wenn das ohnehin anhängige verwaltungsgerichtliche Verfahren fortgesetzt werde, mache das verwaltungsgerichtliche Urteil, z. B. bei Klageabweisung, einen späteren Amtshaftungsprozess vielfach überflüssig. Außerdem werde der Kläger „nicht ohne Not um die Früchte des bisherigen Prozesses gebracht ..., insbesondere dann nicht, wenn das Verfahren unter entsprechendem Aufwand einen bestimmten Stand erreicht hat" (BVerwG aaO.; Würtenberger, Rn. 657).

ee) Zur Zulässigkeit der Fortsetzungsfeststellungsklage bei Verpflichtungs- und allgemeiner Leistungsklage

576. Baulöwe L klagt mit einem Verpflichtungsantrag auf Erteilung einer Baugenehmigung. Während des Prozesses erlässt die Baurechtsbehörde die beantragte Baugenehmigung. Hierauf beantragt L die Feststellung, dass die Baurechtsbehörde verpflichtet gewesen sei, die beantragte Bau-

1. Das Verpflichtungsbegehren hat sich mit Erteilung der beantragten Baugenehmigung erledigt (BVerwGE 56, 31, 54 f.; BVerwG NVwZ 1986, 468; 1987, 229).

2. Nach § 113 Abs. 1 S. 4 VwGO kann allein die Anfechtungsklage mittels einer Fortsetzungsfeststellungsklage fortgesetzt werden. Problem ist, ob auch bei Verpflichtungsklagen nach Erledigung

genehmigung zu erteilen, und hilfsweise, die Rechtswidrigkeit der ursprünglichen Ablehnung des Erlasses der beantragten Baugenehmigung festzustellen. Da L einige andere Grundstücke in vergleichbarer Weise bebauen möchte, ist er an einer gerichtlichen Klärung der Rechtslage interessiert. Ist eine Fortsetzungsfeststellungsklage zulässig?

des Verpflichtungsbegehrens der Übergang zur Fortsetzungsfeststellungsklage zulässig ist. Dies wird in einer weiteren Analogie zu § 113 Abs. 1 S. 4 VwGO allgemein für zulässig erachtet, da bei Anfechtungs- und Verpflichtungsklage, hat sich der Rechtsstreit in der Hauptsache erledigt, eine vergleichbare Interessenlage besteht: Auch der Verpflichtungskläger kann ein berechtigtes Interesse an einer gerichtlichen Entscheidung haben, ob die Ablehnung des beantragten VA rechtmäßig war (Würtenberger, Rn. 646; Hufen, § 18 Rn. 65; Ehlers, JURA 2001, 415, 418; BVerwGE 72, 38, 41; BVerwG NVwZ 1992, 563). Vorliegend ist damit die Fortsetzungsfeststellungsklage in Analogie zu § 113 Abs. 1 S. 4 VwGO statthafte Klageart.

3. Das berechtigte Interesse an einer gerichtlichen Entscheidung liegt vor, da sich bei der behördlichen Entscheidung über künftige Bauwünsche Streitigkeiten über gleich gelagerte Rechtsfragen ergeben können (*Wiederholungsgefahr*), so dass deren gerichtliche Klärung im anhängigen Verfahren zweckmäßig ist.

4. Was den Klageantrag betrifft: Soweit *Spruchreife* (vgl. Fragen 265 f.) herbeigeführt werden kann, richtet sich der Antrag auf die Feststellung, dass die Behörde verpflichtet war, den ursprünglich beantragten VA zu erteilen. Bei fehlender Spruchreife richtet sich der Antrag auf Feststellung der Rechtswidrigkeit der ursprünglichen Ablehnung des Erlasses des beantragten VA oder auf Feststellung der ursprünglichen Verpflichtung zur Bescheidung (BVerwGE 72, 38, 41;

BVerwG NVwZ 1986, 468; 1987, 229). Soweit vorliegend die Entscheidung über den Antrag des L auf Erteilung der Baugenehmigung spruchreif ist, ist der Beklagte entsprechend dem Hauptantrag, sonst entsprechend dem Hilfsantrag zu verurteilen.

577. A hat einen Bescheid erhalten, in dem ihm eine Subvention von 10 000 € zugesagt wird, die zum 1. 2. auszuzahlen ist. Trotz Anmahnens erfolgt keine Zahlung, so dass A am 1. 3. mit einer allgemeinen Leistungsklage auf Auszahlung klagt. Am 15. 12. erhält A das ihm zugesagte Geld. Nunmehr möchte er die Rechtswidrigkeit der nicht fristgerechten Auszahlung gerichtlich feststellen lassen, um später im Wege eines Amtshaftungsprozesses gegen die Behörde vorgehen zu können.
1. Welche Klageart ist zulässig?
2. Handelt es sich um eine Klageänderung, wenn A auf einen Feststellungsantrag übergeht?
3. Wie steht es mit dem Feststellungsinteresse?

1. Eine vielfach vertretene Ansicht hält es auf Grund einer weiteren Analogie zu § 113 Abs. 1 S. 4 VwGO für zulässig, ein mit einer allgemeinen Leistungsklage zu verfolgendes, aber erledigtes Leistungsbegehren im Wege der Fortsetzungsfeststellungsklage geltend zu machen (Eyermann/Schmidt, § 113 VwGO Rn. 106; Redeker/von Oertzen, § 113 VwGO Rn. 36). Dies ist unrichtig: Es besteht weder eine Regelungs- noch eine Rechtsschutzlücke, die diese weitere Analogie zu § 113 Abs. 1 S. 4 VwGO rechtfertigen könnte. Denn mittels einer allgemeinen Feststellungsklage nach § 43 VwGO kann das Bestehen (oder Nichtbestehen) des Rechtsverhältnisses festgestellt werden, aus dem sich das (erledigte) Leistungsbegehren ergibt bzw. ergeben hat. Vorliegend kann der Kläger mit einer Klage nach § 43 VwGO die Pflichten der Behörde feststellen lassen, die sich aus dem durch VA geregelten Subventionsverhältnis ergeben (Schenke, JURA 1980, 133, 145; Würtenberger, Rn. 646; VGH München NVwZ 1988, 83, 84; VGH Kassel NVwZ-RR 1993, 277 f.).

2. Der Übergang von einer allgemeinen Leistungsklage auf eine allgemeine Feststellungsklage (§ 43 VwGO) ist, wenn – wie hier – der Klageantrag lediglich be-

schränkt wird, nicht als Klageänderung i. S. v. § 91 VwGO anzusehen (Kopp/Schenke, § 91 VwGO Rn. 9).
3. In der Regel begründet die Absicht, durch die Feststellungsklage einen Amtshaftungsprozess vorzubereiten, kein Interesse an der alsbaldigen Feststellung i. S. v. § 43 Abs. 1 VwGO (BVerwG DÖV 1989, 641, 642; anders Schmitt Glaeser/Horn, Rn. 345). Von diesem Grundsatz lässt sich aber eine Ausnahme machen, wenn sich das Leistungsbegehren erst nach Klageerhebung erledigt hat (vgl. die entsprechende Argumentation bei Frage 575).

ff) Begründetheit der Fortsetzungsfeststellungsklage

578. Wann ist die Fortsetzungsfeststellungsklage begründet?

Die Fortsetzungsfeststellungsklage ist begründet, wenn der erledigte VA rechtswidrig war und der Kläger dadurch in seinen Rechten verletzt wurde. Es wäre falsch, nur die Rechtswidrigkeit des erledigten VA zu prüfen (so aber von Mutius, JURA 1979, 158). Da die Fortsetzungsfeststellungsklage bei entsprechendem Feststellungsinteresse die Anfechtungsklage lediglich fortführt, ist von § 113 Abs. 1 S. 1 VwGO auszugehen (BVerwGE 77, 70, 73; Würtenberger, Rn. 660).

2. Innerorganschaftliches Streitverfahren

579. Was ist unter innerorganschaftlichem Streitverfahren zu verstehen?

Es handelt sich um Streitigkeiten im Innenbereich von juristischen Personen des öffentlichen Rechts, bei denen verschiedene Organe oder Mitglieder von Kollegialorganen um öffentlich-rechtliche Rechte und Pflichten streiten.

580. Können Sie die wichtigsten innerorganschaftlichen Streitverfahren nennen?

Das Wichtigste ist das Kommunalverfassungsstreitverfahren: Hier wird zwischen zwei kommunalen Organen oder innerhalb eines kommunalen Organs über die Rechtmäßigkeit von Beschlüssen und Maßnahmen dieser Organe gestritten. Daneben gibt es Universitätsverfassungsstreitigkeiten (BVerwG NVwZ 1985, 112 f.), Streitigkeiten im Innenbereich von Rundfunkanstalten etc. (Schoch, JuS 1987, 783 m. Nw.; Krebs, JURA 1981, 569).

581. Bestehen Bedenken, solche körperschaftsinternen Organstreitigkeiten vor die Verwaltungsgerichte zu bringen?

Bei körperschaftsinternen Organstreitigkeiten handelt es sich um *Insichprozesse.* Diese sind prinzipiell unzulässig, da der verwaltungsprozessuale Rechtsschutz auf *Außenrechtsbeziehungen* angelegt ist. Auf der Kläger- und Beklagtenseite müssen zudem unterschiedliche Rechtsträger stehen, die nicht nur Kompetenzen, sondern auch subjektiv-öffentliche Rechte besitzen. Streitigkeiten innerhalb von Behörden oder zwischen Organen einer juristischen Person des öffentlichen Rechts sind daher intern, d. h. in der Regel durch *Weisung* des Behördenleiters oder der vorgesetzten Dienststellen, zu lösen.

Gleichwohl handelt es sich bei den körperschaftsinternen Organstreitigkeiten nicht um unzulässige Insichprozesse. Streitigkeiten innerhalb einer juristischen Person des öffentlichen Rechts sind nämlich justitiabel, wenn die streitenden Parteien eigene Organschafts- oder Organwalterrechte besitzen, die ihnen durch die Rechtsordnung zugewiesen sind. Anders gewendet: Organe sind Träger subjektiver öffentlicher Rechte, wenn sie auf Grund von Rechtssätzen berechtigt sind, die ihnen zugewiesenen Funktionen *eigenverantwortlich* wahrzunehmen. Diese Subjektivierung von Beteiligungspositionen bezweckt, dass die *demokratisch legitimierten Repräsentativorgane* und ihre Teilorgane am Prozess demokratischer Willensbildung in wirksamer Weise teilnehmen und die ihnen übertragenen Aufgaben sachgerecht erfüllen können (Würtenberger, Rn. 664 f.; Schnapp, VerwArch 78 (1987), 407, 418 ff.; Martensen, JuS 1995, 989 f.). Der verwaltungsprozessuale Organstreit ist damit das prozessuale Analogon zum verfassungsprozessualen Organstreit (Art. 93 Abs. 1 Nr. 1 GG), da – ebenso wie bei der Staatswillensbildung durch ein Verfassungsorgan – auf der Ebene der demokratisch legitimierten Verwaltungsebene eine ebenfalls zur Rechtsposition subjektivierte Beteiligung an der politischen Willensbildung (z. B. im Gemeinderat) gerichtlich durchsetzbar ist.

582. Nennen Sie aus dem Kommunalrecht die wichtigsten organschaftlichen Rechte, die Gegenstand eines Kommunalverfassungsstreitverfahrens sein können.

Die wichtigsten sind:
- das Recht eines Mitglieds des Gemeinderats, an Abstimmungen teilzunehmen (OVG Münster OVGE 18, 104 ff.; VGH Kassel NVwZ 1982, 44 ff.)
- das Recht zur Teilnahme an Gemeinderatssitzungen
- das Recht auf ordnungsgemäße Ladung zu den Gemeinderatssitzungen (VGH Mannheim VBlBW 1990, 457 f.)
- das Recht auf ordnungsgemäße Beschlüsse über die Sitzverteilung in Ausschüssen des Gemeinderats

– das Rederecht; das Recht einen TOP auf die Tagesordnung setzen zu lassen (Schröder NVwZ 1985, 246).

583. Am 17. Juli fand in der Gemeinde G eine Gemeinderatssitzung statt. Einziger TOP war die Vergabe der Bauarbeiten für das neue Schwimmbad. Infolge eines Versehens der gemeindlichen Poststelle war Gemeinderatsmitglied A zu dieser Gemeinderatssitzung nicht geladen worden. A möchte verwaltungsgerichtlich klären lassen, dass er nicht ordnungsgemäß zur Gemeinderatssitzung vom 17. 7. geladen wurde. Erörtern Sie im Rahmen der Zulässigkeitsprüfung:
1. Die Zulässigkeit des Verwaltungsrechtswegs (§ 40 Abs. 1 S. 1 VwGO)

1. Der Verwaltungsrechtsweg ist eröffnet. Gestritten wird um die kommunalrechtlich geregelte Pflicht des Bürgermeisters, die Gemeinderatsmitglieder schriftlich zu den Gemeinderatssitzungen zu laden (vgl. § 34 Abs. 1 BW GO; lesen Sie die entsprechende Vorschrift in Ihrer GO!). Diese Pflicht beruht auf einer Norm, die Träger hoheitlicher Gewalt berechtigt und verpflichtet (erneuerte Subjektstheorie, Frage 39). Mit der Subordinationstheorie (Über-/Unterordnungstheorie) lässt sich vorliegend dieses Ergebnis nicht begründen. Denn bei einem Kommunalverfassungsstreitverfahren ist der Bürgermeister, wie hier bei der Ladung zu Gemeinderatssitzungen, gegenüber den Gemeinderatsmitgliedern nicht rechtlich übergeordnet. Die genannten Vorschriften der Gemeindeordnungen regeln vielmehr die politische Willensbildung innerhalb einer Gemeinde, an der Bürgermeister und Gemeinderäte gleichberechtigt teilnehmen (Würtenberger, Rn. 668 f.). Man spricht zwar von Kommunalverfassungsstreitigkeit, gleichwohl handelt es sich um eine *Streitigkeit nichtverfassungsrechtlicher Art.* Denn es wird im Innenbereich eines kommunalen Organs, das zu kommunalpolitischer Willensbildung berufen ist, um verwaltungsrechtlich geregelte Rechte und Pflichten gestritten. Insofern handelt es sich um einen Streit „verfasster" Funktionsträger.

2. Die Beteiligtenfähigkeit (§ 61 VwGO)

2. Beteiligtenfähigkeit bedeutet die Fähigkeit als Subjekt eines Prozessrechtsverhältnisses, d. h. als Kläger, Beklagter, Beigeladener oder als sonstiger Beteiligter (§ 63 VwGO) an einem Verfahren vor einem Gericht der allgemeinen Verwaltungsgerichtsbarkeit teilnehmen zu können.

Eine direkte Anwendung des § 61 Nr. 1 VwGO kommt sowohl für den Bürgermeister wie für A nicht in Betracht, da sie nicht zur Sicherung ihrer privaten Rechte, sondern in Wahrnehmung innerorganschaftlicher Rechte handeln (Schoch, JuS 1987, 783, 786; Würtenberger, Rn. 670; OVG Bautzen NVwZ-RR 1997, 665; kritisch Hufen, § 21 Rn. 8).

Die unmittelbare Anwendung von § 61 Nr. 2 VwGO scheitert zum einen am Merkmal "Vereinigung", bei innerorganschaftlichen Streitigkeiten aber zum anderen an dem von § 61 Nr. 2 VwGO vorausgesetzten Außenrechtsverhältnis. § 61 Nr. 2 VwGO wird jedoch bei Kommunalverfassungsstreitigkeiten *analog* angewendet, da sich der Vorschrift der allgemeine Rechtsgedanke entnehmen lässt, dass im Verwaltungsprozess auch beteiligungsfähig ist, wer Zuordnungssubjekt einzelner Rechte sein kann. Fasst man das innerorganschaftliche Streitverfahren als Verfahren zwischen „Kontrastorganen“ (Kisker, Insichprozess und Einheit der Verwaltung, 1968, S. 38 ff.) auf, so ist eine vergleichbare Interessenlage zu § 61 Nr. 2 VwGO gegeben.

Im Hinblick auf die Beteiligtenfähigkeit ist allerdings streitig, ob die „Soweit“-Klausel des § 61 Nr. 2 VwGO bereits dann erfüllt ist, wenn das Organ(teil) Zuordnungssubjekt *irgendeines* Rechtssatzes ist (so Hoppe, DVBl. 1970, 845, 849; Hoffmann-Becking, DVBl. 1972, 299, 301) oder ob die Teilrechtsfähigkeit gerade in Bezug auf den streitigen Sachverhalt bestehen muss (Redeker/von Oertzen, § 61 VwGO Rn. 4; Würtenberger, Rn. 671). Richtigerweise ist mit der Teilrechtsfähigkeit auch nur eine Teilbeteiligtenfähigkeit verbunden, die jeweils im Hinblick auf den konkreten Rechtsstreit gegeben sein muss. Dies ergibt sich aus dem „soweit" anstelle eines „wenn" in § 61 Nr. 2 VwGO.

Vorliegend ist das von A geltend gemachte eigene Recht der Anspruch jedes Gemeinderatsmitglieds auf ordnungsgemäße Ladung zu den Sitzungen. Für den Bürgermeister und A kann daher die Beteiligtenfähigkeit gemäß § 61 Nr. 2 VwGO analog bejaht werden.

3. Die Prozessfähigkeit

3. Die Prozessfähigkeit bestimmt sich vorliegend nach § 62 Abs. 1 Nr. 1 VwGO. Anders, wenn eine Gemeinderatsfraktion klagt: dann bestimmt sich die Prozessfähigkeit nach § 62 Abs. 3 VwGO.

4. Die statthafte Klageart

4. Die Klageart, mit welcher ein kommunales Verfassungsstreitverfahren zu verfolgen ist, richtet sich danach, welche Klageart dem konkreten Begehren des Klägers angemessen ist (Preusche, NVwZ 1987, 854 ff.). Im vorliegenden Fall ist dies eine *Feststellungsklage.* Nach § 43 Abs. 1 VwGO kann durch Klage die Feststellung des Bestehens oder Nichtbestehens eines Rechtsverhältnisses (zum Begriff vgl. Frage 328) begehrt werden. Rechtsverhältnisse i. S. d. § 43 VwGO sind auch die durch organschaft-

liche Befugnisse und Verpflichtungen gekennzeichneten Rechtsbeziehungen zwischen Organen und Organteilen juristischer Personen des öffentlichen Rechts (Kopp/Schenke, § 43 VwGO Rn. 11; Würtenberger, Rn. 674).
Eine früher vertretene Mindermeinung lehnte allerdings die Feststellungsklage als statthafte Klageart im Kommunalverfassungsstreitverfahren ab. Kommunalverfassungsstreitigkeiten seien vielmehr mit einer *Klageart sui generis* zu verfolgen (OVG Münster OVGE 18, 104, 106; 27, 258, 260 ff.). Denn es fehle an einem feststellbaren Rechtsverhältnis, wenn eine organisatorische Entscheidung eines Repräsentativorgans auf dem Gebiet der politischen Willensbildung innerhalb einer Gemeinde angegriffen werde. Das festzustellende Rechtsverhältnis müsse nämlich unmittelbar Rechtswirkungen nach außen haben, bei Kommunalverfassungsstreitverfahren seien aber nur Rechtsverhältnisse im Innenbereich von juristischen Personen des öffentlichen Rechts im Streit. Entscheidend ist demgegenüber aber, dass die Organe und Organteile überhaupt Träger von Rechten und Pflichten sind und sich gleichberechtigt gegenüberstehen (Stober, JA 1974, 45, 48); auch muss es sich bei dem Rechtsverhältnis in § 43 Abs. 1 VwGO nicht zwingender Weise um ein „Außenrechtsverhältnis" handeln (Schoch, JuS 1987, 783, 788; Würtenberger, Rn. 675).

5. Die Subsidiarität der Feststellungsklage (§ 43 Abs. 2 Satz 1 VwGO)

5. Die Feststellungsklage wäre subsidiär, wenn das Klagebegehren mit einer Anfechtungsklage, Verpflichtungsklage oder allgemeinen Leistungsklage hätte

verfolgt werden können. Im vorliegenden Fall gelangt aber keine dieser Klagearten zur Anwendung.

6. Das berechtigte Interesse an der baldigen Feststellung (§ 43 Abs. 1 VwGO)

6. Als berechtigtes Interesse (Feststellungsinteresse) ist jedes nach vernünftigen Erwägungen auf Grund einer gesetzlichen Regelung oder nach allgemeinen Rechtsgrundsätzen anzuerkennende schutzwürdige Interesse rechtlicher, persönlicher oder ideeller Art anzusehen. Zu beachten ist, dass bei bereits der Vergangenheit angehörenden Rechtsverhältnissen ein berechtigtes Interesse grundsätzlich nur anzuerkennen ist, wenn das Rechtsverhältnis über seine Beendigung hinaus anhaltende Wirkungen in der Gegenwart äußert: also bei fortdauernden Rechtsbeeinträchtigungen, bei Wiederholungsgefahr, bei fortdauernder diskriminierender Wirkung oder wenn das in Frage stehende Rechtsproblem für das künftige Verhalten des Klägers wesentlich ist (Kopp/Schenke, § 43 VwGO Rn. 25). Vorliegend besteht Wiederholungsgefahr; die Gemeindeverwaltung soll veranlasst werden, in Zukunft bei den Ladungen zu Gemeinderatssitzungen sorgfältiger zu verfahren.

7. Die Klagebefugnis (§ 42 Abs. 2 VwGO)

7. Nach allgemeiner Meinung ist auch bei innerorganschaftlichen Streitigkeiten dem grundsätzlichen Verbot des Insichprozesses wie auch der Popularklage dadurch Rechnung zu tragen, dass nach dem klägerischen Sachvortrag eine Verletzung von *eigenen* Mitgliedschaftsrechten nicht ausgeschlossen erscheinen darf. Konsequenterweise wird daher die in § 42 Abs. 2 VwGO festgeschriebene Klagebefugnis für *alle* inner-

organschaftlichen Verfahren, also auch – ausnahmsweise – für die Feststellungsklage nach § 43 VwGO, herangezogen (Kopp/Schenke, § 42 VwGO Rn. 62; Ehlers, NVwZ 1990, 105, 111; Würtenberger, Rn. 681; VGH München BayVBl. 1976, 754).

Eine beachtliche Mindermeinung begnügt sich demgegenüber mit der Prüfung eines berechtigten Interesses an der baldigen Feststellung (vgl. Nr. 6; so Schoch, JuS 1987, 790). Dies erscheint insofern konsequent, als – aufbaumäßig! – zuvor bereits im Rahmen des § 61 Nr. 2 VwGO geprüft wurde, ob der Kläger überhaupt Träger des möglicherweise verletzten Mitgliedschaftsrechts ist. Ein derartiger Aufbau der Sachurteilsvoraussetzungen führt also dazu, dass die „Soweit"-Klausel in § 61 Nr. 2 VwGO weitgehend die Ausschlussfunktion übernimmt, die ansonsten § 42 Abs. 2 VwGO zukommt (vgl. Schoch, aaO.). Gleichwohl kann auf eine Prüfung des § 42 Abs. 2 VwGO nicht völlig verzichtet werden: Es muss eben nicht allein vorgetragen werden, dass dem Kläger die Organrechte möglicherweise zustehen, sondern darüber hinaus auch, dass diese Organrechte möglicherweise verletzt sind (hierzu allgemein Frage 185). Vorliegend ist die Möglichkeit der Verletzung des Rechts auf ordnungsgemäße Ladung von A substantiiert vorgetragen.

8. Das allgemeines Rechtsschutzbedürfnis

8. Das allgemeine Rechtsschutzbedürfnis fehlt, wenn der Kläger sein angestrebtes Klageziel auf anderem Wege schneller, besser und billiger erreichen kann. Bei einem Kommunalverfassungsstreitverfahren entfällt das allgemeine

Rechtsschutzbedürfnis nicht deshalb, weil die Aufsichtsbehörde auf Anregung oder Antrag des Klägers befugt ist, rechtswidrige Beschlüsse oder Maßnahmen zu beanstanden. Die Aufsichtsbehörde kann die Rechtslage anders als die Organe der Körperschaft beurteilen oder ein Einschreiten unterlassen, weil sie wegen des ihr zustehenden Ermessens nicht einschreiten will (Würtenberger, Rn. 685).

584. Ist die Feststellungsklage gegen den Bürgermeister zu richten?

Als Klagegegner kommt neben dem Bürgermeister auch die Gemeinde in Frage. Richtigerweise ist die Klage gegen den Bürgermeister zu richten. Er ist der an der kommunalen politischen Willensbildung beteiligte Organwalter, der durch Unterlassung der ordnungsgemäßen Ladung in die Mitgliedschaftsrechte des A eingegriffen hat (Würtenberger, Rn. 686; Fehrmann, DÖV 1983, 311, 314; OVG Münster OVGE 18, 104, 106).

Beachten Sie: Die Frage des richtigen Klagegegners ist nicht auf der Ebene der Zulässigkeit, sondern bei der Begründetheit der Klage zu untersuchen (vgl. Würtenberger, Rn. 596 ff.).

585. In der Gemeinderatssitzung am 17. Juli werden mit der äußerst knappen Mehrheit von 10 zu 9 Stimmen die Bauarbeiten an Unternehmer U vergeben. Das Gemeinderatsmitglied X möchte diesen, infolge unterbliebener Ladung ohne Gemeinderatsmitglied A gefassten Gemeinderatsbe-

1. Öffentlich-rechtliche Streitigkeit nichtverfassungsrechtlicher Art (§ 40 Abs. 1 VwGO): Klageziel des X ist die Nichtigkeit des Gemeinderatsbeschlusses feststellen oder den Gemeinderatsbeschluss durch verwaltungsgerichtliches Urteil aufheben zu lassen. Dabei wird darum gestritten, welche Auswirkungen eine unterbliebene Ladung auf den Gemeinderatsbeschluss hat, wenn er ohne

schluss verwaltungsgerichtlich angreifen. Ist eine Klage zulässig?

das nicht geladene Gemeinderatsmitglied gefasst wird (vgl. § 37 Abs. 1 BW GO; lesen Sie die entsprechende Vorschrift in Ihrer GO!). Dies ist eine öffentlich-rechtliche Streitigkeit.

2. Klageart: Es handelt sich um eine Kommunalverfassungsstreitigkeit. Fraglich ist, wie die Fehlerhaftigkeit eines Gemeinderatsbeschlusses, der ohne ordnungsgemäße Ladung ergangen ist, im System der VwGO geltend zu machen ist.

Der Gemeinderatsbeschluss stellt einen Hoheitsakt dar, der bei einem Rechtsverstoß unwirksam und nichtig ist. Dies entspricht folgendem allgemeinen Grundsatz: Hoheitliche Rechtsakte, die formfehlerhaft zustandegekommen sind oder gegen höherrangiges Recht verstoßen, sind nichtig, sofern nicht durch gesetzliche Regelung eine andere Fehlerfolge bestimmt ist (vgl. Papier, DÖV 1980, 299; Würtenberger, Rn. 678; Schoch, JuS 1987, 783, 789; krit. Schnapp, VerwArch 78 (1987), 407, 433 ff.). Letzteres gilt insbesondere für VAe, die trotz Rechtsfehlerhaftigkeit grundsätzlich wirksam sind. Vorliegend wird aber nicht um VAe gestritten. Denn im Hinblick auf die Legaldefinition des § 35 VwVfG fehlt es im innerorganschaftlichen Verfahren sowohl an der Behördeneigenschaft des Gemeinderats wie in der Regel auch an der unmittelbaren Außenwirkung der Gemeinderatsbeschlüsse (Ehlers, NVwZ 1990, 105, 108).

Daraus ergibt sich, dass Anfechtungs- und Verpflichtungsklage ausscheiden. Da von der Unwirksamkeit rechtswidrigen Organhandelns auszugehen ist, ist eine Feststellungsklage, gerichtet auf

Feststellung der Nichtigkeit des Gemeinderatsbeschlusses, zu erheben (Kopp/Schenke, § 43 VwGO Rn. 10; Würtenberger, Rn. 679).

Streitig ist, ob daneben eine *allgemeine Gestaltungsklage* im System der VwGO bestehen kann und Sinn hat (befürwortend VGH München BayVBl. 1976, 753 f.; Erichsen, in: Festschrift für Menger, S. 211, 231 f.; ablehnend Papier, DÖV 1980, 299; Bauer/Krause, JuS 1996, 411, 413). Mit einer solchen (kassatorischen Organ-)Klage würde – wie bei der Anfechtungsklage – die gerichtliche Aufhebung von hoheitlichen Rechtsakten, die nicht VAe sind, begehrt. Hierdurch würde sichergestellt, dass die begehrte Leistung nicht nur von der Gemeinde verlangt, sondern sogleich durch Gestaltungsurteil vollzogen wird. Vom Standpunkt des materiellen Rechts kommt eine solche Klageart jedoch im organschaftlichen Streitverfahren nicht in Betracht, da *mangels Wirksamkeit* rechtswidriger Organakte eine gerichtliche Aufhebung rechtslogisch nicht möglich ist (str.). Will man die allgemeine Gestaltungsklage im System der VwGO anerkennen, kommt ihr demnach nur in den Ausnahmenfällen rechtswidriger, aber *wirksamer* Organbeschlüsse Bedeutung zu (Bauer/Krause, JuS 1996, 411, 413).

3. Das berechtigte Interesse an der baldigen Feststellung (§ 43 Abs. 1 VwGO): Als Gemeinderatsmitglied hat X ein berechtigtes Interesse an der Feststellung, dass Beschlüsse, die unter Verletzung kommunalrechtlicher Vorschriften gefasst wurden, nichtig sind.

4. Beteiligtenfähigkeit (§ 61 Nr. 2 VwGO analog): X ist nicht beteiligtenfähig, da nicht in sein Recht auf ordnungsgemäße Ladung zu den Gemeinderatssitzungen eingegriffen worden ist und – konkret – lediglich um die Auswirkungen eines Verstoßes gegen das Recht des A auf Ladung gestritten wird. Der wegen Fehlens einer ordnungsgemäßen Ladung möglicherweise nichtige Gemeinderatsbeschluss trifft X also nicht in eigenen Mitgliedsrechten, deren Verletzung er im Kommunalverfassungsstreitverfahren rügen kann (zur Beteiligungsfähigkeit und Klagebefugnis des A, wenn dieser als versehentlich nicht geladenes Gemeinderatsmitglied gegen den Gemeinderatsbeschluss vorgehen würde: OVG Koblenz AS 10, 55, 57, ablehnend).

Nach einer Mindermeinung haben die Gemeinderatsmitglieder allerdings einen Anspruch darauf, dass der Gemeinderat auch rechtmäßige Beschlüsse fasst (VGH München BayVBl. 1976, 753, 755). Dies wäre aber eine allzu weite Ausuferung des Kommunalverfassungsstreits, weil in der Hauptsache nicht mehr um organschaftliche Rechte und Pflichten gestritten würde (Fehrmann, DÖV 1983, 316; Würtenberger, Rn. 682).

586. Gibt es einen Anspruch der Gemeinderatsmitglieder auf Einhaltung der Sitzungsöffentlichkeit?

Zu beachten ist, dass die Frage, inwieweit Funktionsnormen der Gemeindeordnung einklagbare Mitgliedsrechte begründen, schwierig zu beantworten und streitig sein kann. So hat das OVG Münster aus dem Grundsatz der Öffentlichkeit der Gemeinderatssitzungen einen Anspruch des Gemeinderatsmitglieds auf Einhaltung der Sitzungsöffentlichkeit befürwortet (OVGE 35, 8; mit Recht krit. gegenüber einer solchen „Subjektivierung von Funktionsnormen": Schröder NVwZ 1985, 246; Würtenberger, Rn. 681).

587. In der Gemeinderatssitzung vom 17. 7. kam es zu äußerst kontroversen Diskussionen, in deren Verlauf Ratsmitglied R zum Bürgermeister „Du Saubatzi, Du Drecketer ..." äußerte. R wurde daraufhin vom Bürgermeister von der weiteren Teilnahme an dieser Sitzung ausgeschlossen. R möchte die Rechtswidrigkeit der Ausschlussverfügung verwaltungsgerichtlich festgestellt wissen. Ist eine Klage zulässig?

1. Eine öffentlich-rechtliche Streitigkeit nichtverfassungsrechtlicher Art (§ 40 Abs. 1 VwGO) ist gegeben, da um die Ordnungsbefugnisse des Bürgermeisters als Vorsitzendem des Gemeinderats gestritten wird (§ 36 Abs. 3 BW GO; lesen Sie die entsprechenden Vorschriften Ihrer GO!).

2. Klageart: Es wäre eine Anfechtungsklage bzw. Fortsetzungsfeststellungsklage gemäß § 113 Abs. 1 S. 4 VwGO zu erheben, wenn der Ausschluss des R von der weiteren Teilnahme an der Gemeinderatssitzung Verwaltungsaktsqualität hätte. Dies ist aber aus zweierlei Gründen nicht der Fall (Schoch, JuS 1987, 788; Würtenberger, Rn. 680; unzutreffend Streinz, BayVBl. 1983, 747): Zum einen handelt der Bürgermeister nicht als Behörde im Sinne der Legaldefinition der §§ 1 Abs. 4, 35 VwVfG: Als Leiter der Gemeindeverwaltung ist er zwar „Behörde" im verwaltungsverfahrensrechtlichen Sinn. Vorliegend handelt er aber als *Organ,* dem die Leitung der politischen Willensbildung anvertraut ist. Zum anderen hat der Ausschluss des R von der Gemeinderatssitzung keine Außenwirkung; R ist nicht in seinen, ihm als natürliche Person eigenen subjektiven Rechten, sondern lediglich in seinen organschaftlichen Mitwirkungsrechten betroffen. Mit anderen Worten: Die

Ausschlussverfügung entfaltet nur Wirkung innerhalb des Gemeinderates, trifft den R aber nicht in seinen Rechten als Bürger (anders Hufen, § 21 Rn. 14; § 18 Rn. 66 f., der eine Fortsetzungsfeststellungsklage bei erledigten Realakten bejaht).

Zu klären bleibt, ob R mit einer Feststellungsklage die Rechtswidrigkeit bzw. Nichtigkeit der Ausschlussverfügung feststellen lassen kann oder ob mit einer allgemeinen Leistungsklage die Aufhebung (bzw. Kassation) dieser Verfügung zu erreichen ist. Für eine Feststellungsklage spricht, dass zwischen Organen des Gemeinderats ein kommunalverfassungsrechtlich geregeltes Rechtsverhältnis streitig ist, nämlich Umfang und Grenzen der Ordnungsgewalt des Bürgermeisters gegenüber Gemeinderatsmitgliedern. Die Feststellungsklage ist auch nicht gegenüber einer allgemeinen Leistungsklage subsidiär. Denn eine Leistungsklage, gerichtet auf Aufhebung der Ausschlussverfügung, kommt vorliegend nicht in Betracht. Der Ausschluss aus der Gemeinderatssitzung hat sich am 17. 7. erledigt, so dass eine auf Aufhebung gerichtete Leistungsklage ins Leere ginge. Damit würde zwar die Situation der Fortsetzungsfeststellungsklage vorliegen, die von einigen Stimmen in der Literatur auch als statthafte Klageart angesehen wird. Diese setzt aber die Erledigung eines VA voraus, der vorliegend abgelehnt wurde. Hat sich ein Anspruch auf schlicht hoheitliches Handeln oder Unterlassen erledigt, so ist keine Fortsetzungsfeststellungs-, sondern Feststellungsklage nach § 43 VwGO zu erheben

(Schenke, JURA 1980, 133, 145; Würtenberger, Rn. 680; a. M. Ehlers, NVwZ 1990, 105, 107).

588. Der Gemeinderat der Stadt X beschließt eine Geschäftsordnung (vgl. § 36 Abs. 2 BW GO; lesen Sie die entsprechende Vorschrift in Ihrer GO!), wonach nur Fraktionen ein Recht auf anteilige Sitzverteilung in den Ausschüssen des Gemeinderats zukommt. In derselben Geschäftsordnung wird die Fraktionsstärke mit einer Mindestzahl von fünf Gemeinderatsmitgliedern festgelegt. Kann der fraktionslose A die Geschäftsordnung mit einem Normenkontrollantrag angreifen?

Die Zulässigkeit dieses kommunalverfassungsrechtlichen Normenkontrollantrages hängt davon ab, ob die Geschäftsordnung als „unter dem Landesgesetz stehende Rechtsvorschrift" i. S. d. § 47 Abs. 1 Nr. 2 VwGO anzusehen ist. Dies ist insofern zweifelhaft, als eine kommunale Geschäftsordnung zwar abstrakt-generellen Inhalts ist, aber lediglich den gemeindlichen Innenbereich betrifft und daher – anders als die allgemein anerkannten Fälle der Satzungen und Rechtsverordnungen – keine Außenwirkung entfaltet. Das BVerwG (Zuständigkeit nach § 132 Abs. 1 VwGO, – hier zur Auslegung von § 47 Abs. 1 Nr. 2 VwGO als revisibles Recht) hat trotz dieses bloß organinternen Regelungsinhalts die Geschäftsordnung als Rechtsvorschrift i. S. d. § 47 Abs. 1 Nr. 2 VwGO anerkannt (DVBl. 1988, 790 f.). Dabei hält es für maßgeblich, dass sich aus der Anerkennung von einklagbaren organschaftlichen Mitgliedsrechten auch das legitime Bedürfnis zur Verfolgung dieser Rechte im Rahmen des Normenkontrollverfahrens ergebe. Auch im Falle der Geschäftsordnung eines kommunalen Vertretungsorgans bestehe die Notwendigkeit zur Verbesserung des Rechtsschutzes durch eine allgemeinverbindliche gerichtliche Entscheidung über die Gültigkeit der in Frage stehenden Rechtsvorschrift (vgl. zum Begriff der Rechtsvorschrift i. S. d. § 47 Abs. 1 Nr. 2: Beckmann DVBl. 1987, 611).

3. Normenerlassklage

589. Wie unterscheidet sich die Normenerlassklage von der Normenergänzungsklage?

Eine *Normenerlassklage* will den Normengeber verpflichten, einen Sachverhalt durch Erlass eines Gesetzes, einer Rechtsverordnung oder Satzung zu regeln. Eine *Normenergänzungsklage* ist ein Unterfall der Normenerlassklage. Sie hat bereits erlassene, aber unvollständige Normen zum Bezugspunkt und erstrebt deren rechtlich gebotene Ergänzung (Würtenberger, Rn. 690).

590. Welcher Rechtsweg ist zu beschreiten, wenn ein Bürger auf Ergänzung eines Bundesgesetzes oder auf Ergänzung einer Rechtsverordnung (bzw. Satzung) klagt?

1. Eine Ergänzung eines vom Bundestag beschlossenen Gesetzes ist mit einer Verfassungsbeschwerde zu erstreiten (Art. 93 Abs. 1 Nr. 4a GG i.V.m. § 90 ff. BVerfGG). Das BVerfG überprüft nicht nur, ob Gesetze im Einklang mit den Grundrechten stehen, sondern auch, ob sich aus Grundrechten ein Recht des Bürgers auf Ergänzung eines Gesetzes ergibt (zum Anspruch auf Normenergänzung aus Art. 3 Abs. 1 GG: BVerfGE 55, 100, 113; 62, 256, 288 f.; zum Rechtsweg: Würtenberger, Rn. 700).

2. Für Klagen auf Erlass oder Ergänzung einer Rechtsverordnung oder Satzung ist dagegen der Verwaltungsrechtsweg eröffnet (Würtenberger, Rn. 701; BVerwGE 80, 355, 357 f.).

591. Welche Klageart steht für eine Normenerlassklage zur Verfügung?

Zu denken ist an ein Normenkontrollverfahren nach § 47 VwGO, an eine allgemeine Leistungsklage oder an eine Feststellungsklage nach § 43 VwGO.

1. Gegen eine *Anwendung des § 47 VwGO* spricht dessen Wortlaut, der das

Vorhandensein einer Norm voraussetzt. Daher bleibt § 47 VwGO allein für die Überprüfung einer bestehenden Norm auf ihre Gültigkeit anwendbar, nicht aber bei der Klage auf Normenerlass, wo die begehrte Norm noch gar nicht existiert (BVerwG NVwZ 1990, 162; OVG Lüneburg NVwZ-RR 1994, 547). Auch eine analoge Anwendung des § 47 VwGO ist auf Grund dessen Ausnahmecharakters im System der verwaltungsgerichtlichen Klagearten – hier steht nicht der Individualrechtsschutz im Vordergrund – abzulehnen (a.M. Hartmann, DÖV 1991, 62, 67).

2. Die *Anwendung einer allgemeinen Leistungsklage* wird vereinzelt mit dem Argument abgelehnt, das Ziel der allgemeinen Leistungsklage sei auf den Erlass von Einzelakten der Verwaltung beschränkt (OVG Koblenz NJW 1988, 1684; Hartmann, DÖV 1991, 62, 65). Die heute überwiegende Ansicht tritt dieser Ansicht mit dem Argument entgegen, dass die VwGO allgemeine Leistungsklagen im Bereich der Normsetzung nicht ausschließe (VGH München BayVBl. 1981, 499, 503; Duken, NVwZ 1993, 546, 547).

Gegen die Anwendung der allgemeinen Leistungsklage spricht allerdings, dass im Normsetzungsbereich wegen des Gestaltungsspielraums der normsetzenden Instanz kaum je die Verpflichtung zum Erlass einer konkreten Norm ausgesprochen werden kann (Würtenberger, Rn. 704).

3. Letztlich erscheint es sachgerecht, für die Klage auf Normerlass die *allgemeine Feststellungsklage* zu wählen (so auch

BVerwGE 80, 355, 363; BVerwG NVwZ 1990, 162, 163; OVG Münster NWVBl. 1994, 414; Würtenberger, Rn. 705). Der für das Rechtsverhältnis erforderliche rechtliche geordnete Lebenssachverhalt ergibt sich hierbei aus Rechtsvorschriften, die zum Normerlass verpflichten, also insbesondere den grundrechtlichen Schutz- und Gleichbehandlungspflichten.

592. Muss der Kläger klagebefugt sein?

Die Zulässigkeit einer Normenerlassklage bzw. Normenergänzungsklage setzt voraus, dass ein Anspruch auf Normenerlass bzw. Normenergänzung geltend gemacht werden kann. Dies gilt nicht nur, wenn man die allgemeine Leistungsklage als statthaft erachtet, sondern auch, wenn eine Feststellungsklage nach § 43 VwGO erhoben wird. In analoger Anwendung des § 42 Abs. 2 VwGO muss der Kläger klagebefugt sein, damit nicht eine Flut von Normenerlassklagen erhoben werden kann, mit denen lediglich wirtschaftliche oder ideelle Interessen verfolgt werden (Würtenberger, Rn. 706).

593. Woraus können sich subjektiv-öffentliche Rechte auf Normenerlass oder Normenergänzung ergeben?

Diese können sich aus dem einfachen Recht ergeben. Die zum Normenerlass ermächtigende Norm muss im Sinn der *Schutznormtheorie* (Frage 186) auch dem Schutz des Einzelnen zu dienen bestimmt sein. Normenerlassansprüche lassen sich aus Ermächtigungsnormen zum Normenerlass herleiten, die zugleich auch dem (u. a. Gesundheits-) Schutz der Normadressaten dienen. Des weiteren können Normenergänzungsansprüche auf Art. 3 Abs. 1 GG gestützt werden, der eine gleichheitswidrige Rechtsetzung verbietet.

594. Kann die Ergänzung oder der Erlass eines Bebauungsplanes mit der Normenergänzungs- oder Normenerlassklage durchgesetzt werden?

§ 1 Abs. 3 S. 2 BauGB schließt einen Normenergänzungs- oder Normenerlassanspruch aus. Dies gestattet aber keine willkürliche Ablehnung von Anträgen auf Ergänzung eines Bebauungsplanes (VGH Mannheim VBlBW 1995, 204 f.).

595. Entscheidet das VG oder das OVG über ein Normenerlassbegehren?

Wegen der Vergleichbarkeit des Antragsgegenstandes bei der Normenerlassklage und bei dem Normenkontrollverfahren erschiene es durchaus sinnvoll, das OVG gemäß § 47 VwGO auch über die Normenerlassklage entscheiden zu lassen (so VGH München BayVBl. 1980, 209; Würtenberger, AöR 105 (1980), 370, 382). Gegen diese Ansicht spricht aber, dass die Feststellungsklage die statthafte Klageart ist und die VwGO für diese Klageart gemäß § 45 VwGO die sachliche Zuständigkeit des VG vorsieht. Eine erstinstanzliche Zuständigkeit des OVG würde demnach dem klaren Gesetzeswortlaut widersprechen. Auch die mitunter gegebene Austauschbarkeit von untergesetzlichen Normen mit Allgemeinverfügungen spricht gegen abweichende Zuständigkeiten bei Streitigkeiten um den Erlass einer untergesetzlichen Norm. Daher ist bei der Normenerlassklage gemäß § 45 VwGO von der erstinstanzlichen Zuständigkeit des VG auszugehen (Würtenberger, Rn. 707 f.; Hufen, § 20 Rn. 9; VGH Kassel NVwZ 1992, 68).

IX. Rechtsmittel, Rechtsbehelfe und Wiederaufnahme des Verfahrens im Überblick

596. Was kennzeichnet die Rechtsmittel der VwGO?

Rechtsmittel richten sich gegen gerichtliche Entscheidungen. Die Rechtsmittel der VwGO besitzen in aller Regel – wie in anderen Prozessordnungen auch (Lüke, Rn. 380) – zum einen den *Suspensiveffekt:* Sie hemmen den Eintritt der formellen und damit auch der materiellen Rechtskraft der angefochtenen gerichtlichen Entscheidung. Zum anderen besitzen sie den *Devolutiveffekt:* Der Rechtsstreit wird in eine höhere Instanz übergeleitet und dort entschieden.

597. Welche Rechtsmittel stehen im Verwaltungsprozess zur Verfügung?

Im Verwaltungsprozess stehen die Rechtsmittel Berufung gem. §§ 124 ff. VwGO, Revision gem. §§ 132 ff. VwGO und Beschwerde gem. §§ 146 ff. VwGO einschließlich der Nichtzulassungsbeschwerde gem. § 133 VwGO sowie der Antrag auf Zulassung der Berufung nach § 124a Abs. 4 VwGO zur Verfügung. Auch die Beschwerde gehört zu den Rechtsmitteln, da ihr im Falle der Nichtabhilfe möglicherweise ein Devolutiveffekt (§§ 148, 152 VwGO) zukommen kann (Kopp/Schenke, Vor § 124 VwGO Rn. 1; zur *aufschiebenden* Wirkung einer Beschwerde vgl. § 149 VwGO).

598. Wie unterscheiden sich die Begriffe Rechtsmittel und Rechtsbehelf?

Rechtsbehelf ist der weitere Begriff. Er umfasst alle prozessualen Mittel, die auf die Verwirklichung eines Rechts zielen.

Im Gegensatz zu den Rechtsmitteln fehlt den verwaltungsprozessualen Rechtsbehelfen in der Regel der Suspensiv- und Devolutiveffekt.

1. Allgemeine Fragen des Rechtsmittelrechts

a) Die Zulässigkeitsvoraussetzungen von Rechtsmitteln

599. Inwiefern ist bei Rechtsmitteln zwischen Zulässigkeit und Begründetheit zu unterscheiden?

Ebenso wie z.B. bei Klagen ist auch bei jedem Rechtsmittel zwischen prozessualer Zulässigkeit und materiell-rechtlicher Begründetheit zu unterscheiden. Fehlt eine der *Rechtsmittelzulässigkeitsvoraussetzungen*, ist das Rechtsmittel als *unzulässig* zu verwerfen (§§ 125 Abs. 2 S. 1, 144 Abs. 1 VwGO). Liegen dagegen die *von Amts wegen* zu prüfenden Rechtsmittelzulässigkeitsvoraussetzungen vor, muss das Gericht über das Rechtsmittel in der Sache entscheiden.

600. Welche Rechtsmittelzulässigkeitsvoraussetzungen sind zu prüfen?

Zu den Rechtsmittelzulässigkeitsvoraussetzungen zählen:

(1.) *Statthaftigkeit* des Rechtsmittels (z.B. §§ 124 Abs. 1, 132 Abs. 1, 146 Abs. 1 VwGO): Das eingelegte Rechtsmittel muss für die Entscheidung, die angegriffen wird, seiner Art nach überhaupt gegeben sein (z.B.: gegen Urteile ist Berufung oder Revision, nicht aber die Beschwerde statthaft).

(2.) *Rechtsmittelberechtigung* des Rechtsmittelführers: Grundsätzlich sind nur die Beteiligten (§ 63 VwGO) der Vorinstanz zur Einlegung eines Rechtsmittels berechtigt. Der Vertreter des öffentlichen Interesses (§ 36 VwGO) kann sich durch Einlegung ei-

nes Rechtsmittels erstmals am Verfahren beteiligen (Kopp/Schenke, Vor § 124 VwGO Rn. 37 f.).
(3.) *Beschwer:* Im Grundsatz gilt, dass die angefochtene Entscheidung dem Rechtsmittelführer etwas versagt haben muss, was er beantragt hatte (sog. formelle Beschwer, vgl. Frage 603).
(4.) *Form-* und *fristgerechte Einlegung* des Rechtsmittels (z.B. §§ 124a, 139, 147 VwGO)
(5.) *Zulassungserfordernis* bei der Berufung (§ 124a VwGO) und bei der Revision (§ 132 VwGO)
(6.) *Beteiligungsfähigkeit* (§ 61 VwGO); *Prozessfähigkeit* (§ 62 VwGO); *Postulationsfähigkeit* (§ 67 VwGO)
(7.) *Kein Verzicht* auf das Rechtsmittel (vgl. §§ 127 Abs. 2, 141 VwGO).
Erst bei Vorliegen dieser Voraussetzungen kann das für die Entscheidung über das Rechtsmittel zuständige Gericht in der Sache über das Rechtsmittel entscheiden. Im Rahmen der Begründetheit des Rechtsmittels prüft es, ob eine Klage (oder ein Antrag) zulässig und begründet ist.

601. Prüft das Rechtsmittelgericht erneut, ob die Klage (bzw. der Antrag), über die die Vorinstanz (bzw. die Vorinstanzen) entschieden hat, überhaupt (noch) zulässig ist?

Die Prüfung des ursprünglichen prozessualen Begehrens erfolgt von Amts wegen im Rahmen der Prüfung der Begründetheit des Rechtsmittels. Denn die Sachentscheidungsvoraussetzungen sind nach dem Amtsermittlungsgrundsatz zu überprüfen.

602. Das Berufungsgericht gelangt zu der Ansicht, dass das erstinstanzliche Urteil zu Unrecht

Es wird weder das verwaltungsgerichtliche Urteil erster Instanz aufheben noch die Klage durch Prozessurteil als unzulässig abweisen:

1. die Zulässigkeit des Verwaltungsrechtsweges nach § 40 Abs. 1 VwGO
2. seine örtliche Zuständigkeit angenommen hat.
Wie wird das Berufungsgericht entscheiden?

1. Gemäß § 17 a Abs. 5 GVG i. V. m. § 173 VwGO prüft das Berufungsgericht nicht, ob der beschrittene Rechtsweg zulässig ist.
2. Für die örtliche Zuständigkeit verweist § 83 S. 1 VwGO ebenfalls auf § 17 a Abs. 5 GVG, so dass die örtliche Zuständigkeit des erstinstanzlichen Gerichts nicht überprüft wird.
Das Berufungsgericht wird also zur Sache entscheiden.

b) Die Beschwer des Rechtsmittelführers

603. Inwiefern muss der Rechtsmittelführer beschwert sein?

Die *Zulässigkeit eines Rechtsmittels* setzt voraus, dass der Rechtsmittelführer durch die angegriffene Entscheidung rechtlich beschwert ist. Dies ist anzunehmen, wenn dem Rechtsmittelführer in der Vorinstanz etwas versagt wurde, das er beantragt hatte: sog. *formelle Beschwer* (Lüke, Rn. 387; Kopp/Schenke, Vor § 124 VwGO Rn. 40 f.; zum Erfordernis der *materiellen Beschwer* beim Beigeladenen: Pietzner/Ronellenfitsch, § 3 Rn. 4). Lediglich der VöI muss nicht selbst beschwert sein. Es genügt, dass er einem der Beteiligten die Beschwer nehmen oder abändern will (BVerwG MDR 1977, 867, 868; Meyer-Ladewig/Rudisile, in: Schoch/Schmidt-Aßmann/Pietzner, Vor § 124 VwGO Rn. 38, 43).

604. X hat gegen die Stadt S auf Auszahlung einer Subvention in Höhe von 20 000 € geklagt, das VG spricht ihm aber nur 10 000 € zu. Wer ist durch dieses Urteil beschwert und kann Berufung einlegen?

Sowohl X als auch die Stadt S sind beschwert und können Berufung einlegen. Denn der Kläger hat weniger erhalten, als er beantragt hatte, die Beklagte ist zur Leistung verurteilt worden, obwohl sie Klageabweisung beantragt hatte.

c) Rechtsmittel gegen „formell inkorrekte Entscheidungen"

605. Die Klage des A wurde seitens des VG fälschlicherweise durch einen Beschluss abgewiesen. Mit welchem Rechtsmittel kann sich A gegen diese Entscheidung wenden?

Es geht hier um das Problem des Rechtsmittels gegen sog. „inkorrekte Entscheidungen". Dies sind Entscheidungen, die in anderer Form ergingen, als sie nach Prozessrecht ergehen müssten (oder bei denen unklar ist, in welcher Form sie ergangen sind). Damit dem Rechtsmittelführer durch die inkorrekte Entscheidung kein Nachteil entsteht (weil er nicht zu erkennen vermag, welches Rechtsmittel zulässigerweise einzulegen ist), kann er zulässigerweise sowohl das Rechtsmittel, das gegen die Entscheidung nach ihrer äußeren Form gegeben wäre (hier die Beschwerde), als auch das Rechtsmittel, das gegen die an sich richtige Entscheidungsform gegeben wäre (hier die Berufung), einlegen. Dies kann man als den Grundsatz der *Meistbegünstigung* bezeichnen (Rosenberg/Schwab/Gottwald, § 133 Rn. 11 ff.; Lüke, Rn. 392; Würtenberger, Rn. 720; Kopp/Schenke, Vor § 124 VwGO Rn. 22).

606. In welcher Form entscheidet das Rechtsmittelgericht?

Vorliegend erlässt es ein Berufungsurteil. Denn das Rechtsmittelgericht hat in der Form zu entscheiden, „die bei richtiger Entscheidung der Vorinstanz . . . zulässig wäre" (VGH Mannheim NJW 1982, 2460). Dies daher, weil die Wahl der Verfahrensart weder zur Disposition des erstinstanzlichen Gerichts noch zur Disposition des Rechtsmittelführers gestellt werden darf (Schenke, Rn. 1138 ff.).

d) Verbot der reformatio in peius

607. Was versteht man unter dem Verbot der reformatio in peius? Ist dieses „Verböserungsverbot“ in der VwGO geregelt?

Nach dem Verbot der reformatio in peius darf eine Entscheidung auf ein Rechtsmittel hin nicht zu Lasten des Rechtsmittelführers abgeändert werden, soweit allein der Rechtsmittelführer Rechtsmittel eingelegt hat. Wenn der teils unterlegene Kläger und der teils unterlegene Beklagte jeweils Rechtsmittel einlegen, gilt das Verbot der reformatio in peius selbstverständlich nicht.

Das Verbot der reformatio in peius wird den §§ 129, 141 VwGO entnommen. Nach der Dispositionsmaxime, die im Verwaltungsprozess gilt (Frage 482), ist das Gericht an die Anträge der Parteien gebunden (Kopp/Schenke, § 129 VwGO Rn. 1).

608. Das VG gelangt zu der Überzeugung, dass sich die Behörde bei Festsetzung des Besoldungsdienstalters zu Gunsten des Klägers verrechnet hat. Das VG möchte es dementsprechend im Wege des § 113 Abs. 2 VwGO herabsetzen. Zulässig?

Nein. Dies ist ihm nach dem allgemeinen Prozessgrundsatz des Verbots der reformatio in peius verwehrt. Dieser Grundsatz gilt uneingeschränkt in allen Verfahren erster Instanz, der Berufungsinstanz wie auch der Revisionsinstanz. Er besagt, dass durch die gerichtliche Entscheidung – solange nicht Widerklage (§ 89 VwGO) oder Anschlussrechtsmittel (§§ 127, 141 i. V. m. 127 VwGO) erhoben sind – die (angefochtene) Verwaltungsentscheidung über eine Klageabweisung hinaus nicht zum Nachteil des Klägers abgeändert werden darf.

609. Das VG hatte eine Klage des K gegen ein Hausverbot als unbegründet abgewiesen. Hiergegen richtet sich die Be-

Die Frage ist, ob die Berufung als unbegründet zurückzuweisen ist (mit der Folge, dass die Klageabweisung als unbegründet in Rechtskraft erwächst, wenn

rufung des K. Im Berufungsverfahren gelangt das Berufungsgericht zu dem Ergebnis, dass bereits die Klagebefugnis offensichtlich nicht gegeben war. Wie wird es entscheiden?

keine Revision eingelegt wird) oder ob das klageabweisende Urteil des VG durch ein Prozessurteil zu ersetzen ist. In letzterer Hinsicht ist aber eine Überprüfung des erstinstanzlichen Urteils vom (Berufungs-)Kläger nicht beantragt.
Bei Fehlen zwingender und von Amts wegen zu beachtender Prozessvoraussetzungen (wie hier § 42 Abs. 2 VwGO) besteht keine Bindung des Berufungsgerichts an die Anträge der Parteien nach § 129 VwGO. In solchen Fällen liegt keine von § 88 VwGO verbotene Verböserung vor, da K bei Abweisung der Klage als unzulässig prozessual nicht schlechter steht als bei einer Abweisung wegen Unbegründetheit (Kopp/Schenke, § 129 VwGO Rn. 3; Blanke, in Sodan/Ziekow, Vor § 124 VwGO Rn. 88). Auf die Berufung des Klägers ist daher das Urteil des VG, das die Klage durch Sachurteil abgewiesen hat, aufzuheben und durch ein Prozessurteil zu ersetzen.

610. Das VG hatte einer Fortsetzungsfeststellungsklage teilweise stattgegeben. Soweit das VG seinem Antrag nicht entsprochen hatte, legte der Kläger Berufung ein. Das OVG stellte fest, dass dem Kläger das berechtigte Interesse an der Feststellung der Rechtswidrigkeit des Verwaltungsaktes insgesamt fehlte. Wie wird es entscheiden?

Das OVG wird die Berufung des Klägers als unbegründet zurückweisen. Fraglich ist, ob es darüber hinaus den nicht mit der Berufung angegriffenen Teil des Urteils aufheben und die Klage insgesamt abweisen darf. Damit stellt sich die Frage nach dem Gegenstand des Streites in der Berufungsinstanz. Maßgeblich ist hier § 129 VwGO, der die Regelung des § 88 VwGO für das Berufungsverfahren wiederholt. Danach darf „das Urteil des Verwaltungsgerichts . . . nur soweit geändert werden, als eine Änderung beantragt ist". Diese Bindung an das Berufungsbegehren untersagt dem OVG eine Verschlechterung der Rechtsstellung des

Rechtsmittelführers (Verbot der reformatio in peius), es sei denn, eine Anschlussberufung des Rechtsmittelgegners erweitert den Umfang der Nachprüfung. Eine (zulässige) *Teilanfechtung* lässt damit den nicht angefochtenen Teil des Urteils in Rechtskraft erwachsen, so dass dem Berufungsgericht eine Entscheidung diesbezüglich verwehrt ist (Blanke, in Sodan/Ziekow, Vor § 124 VwGO Rn. 97).

Ein Teil der Rechtsprechung und Literatur hat trotz Vorliegens einer zulässigen Teilanfechtung eine Bindung des OVG an den Berufungsantrag verneint, wenn zwingende Prozessvoraussetzungen (Partei- oder Prozessfähigkeit, Rechtsschutzbedürfnis) fehlen (OVG Münster AS 28, 53 ff.; DÖV 1972, 799). Dies wird damit begründet, § 129 VwGO sei Ausdruck der Dispositionsmaxime und finde daher dort seine Grenze, wo den Beteiligten die Herrschaft über den Prozess fehle. Das sei u. a. bei den Sachurteilsvoraussetzungen der Fall (vgl. Blanke, aaO). Dem ist der VGH Kassel (NJW 1980, 358) mit überzeugender Argumentation entgegengetreten. Er stellt zutreffend heraus, dass nur der angefochtene Teil des Urteils in die Berufungsinstanz gelangt. Bei einer *Teilanfechtung* erwachsen die nicht angefochtenen Teile des Urteils in Rechtskraft, so dass der Kläger durch die Entscheidung der Vorinstanz bereits eine nicht mehr rücknehmbare Rechtsposition erlangt habe. Anders ausgedrückt: Die dem § 129 VwGO zugrundeliegende Dispositionsmaxime beinhaltet auch das Recht der Teilanfechtung und entzieht dem Berufungsgericht *insoweit* (bzgl. des nicht angefochtenen Teils des Urteils) die sonst von Amts wegen erforderliche Prüfung der Prozessvoraussetzungen.

611. Wie wäre es, wenn die Teilanfechtung nicht statthaft gewesen wäre?

Wenn die Teilanfechtung nicht statthaft war, weil der angegriffene Teil des Urteils mit dem Rest in untrennbarem Zusammenhang steht (Unteilbarkeit des Streitgegenstandes), so kann sich die Teilanfechtung (bei entsprechender Auslegung des Berufungsbegehrens) als Vollanfechtung erweisen. Dies vermittelt dem OVG die unbeschränkte Prüfungskompetenz bzgl. der Prozessvoraussetzungen (Kopp/Schenke, § 129 VwGO Rn. 4).

2. Die einzelnen Rechtsmittel und Rechtsbehelfe

a) Berufung

612. Ist gegen Urteile des Verwaltungsgerichts das Rechtsmittel der Berufung ohne weiteres statthaft?

Nein. Die Berufung muss entweder vom Verwaltungsgericht in seinem Urteil oder auf Antrag des Berufungsklägers vom Oberverwaltungsgericht zugelassen werden (§ 124 Abs. 1, § 124a Abs. 1, 4 VwGO).

613. Was ist die Folge, wenn der Antrag auf Zulassung der Berufung vom Oberverwaltungsgericht abgelehnt wird, weil keiner der Zulassungsgründe des § 124 Abs. 2 VwGO vorliegt (§ 124a Abs. 5 S. 2 VwGO)?

Das Urteil des Verwaltungsgerichts wird rechtskräftig: § 124a Abs. 5 S. 4 VwGO.

aa) Statthaftigkeit

614. Welche Entscheidungen können Gegenstand eines Berufungsverfahrens sein?

Gemäß § 124 Abs. 1 VwGO Endurteile (auch Gerichtsbescheide: § 84 Abs. 2 Nr. 1, 2 VwGO) einschließlich der Teilurteile nach § 110 VwGO und Zwischenurteile gem. §§ 109 und 111 VwGO.

bb) Rechtsmittelberechtigung

615. Wer ist berechtigt, Berufung einzulegen?

Grundsätzlich ist derjenige berechtigt, Berufung einzulegen, der in der Vorinstanz *Beteiligter* (§ 63 VwGO) war, also auch der Beigeladene. Der Vertreter des öffentlichen Interesses (§ 36 VwGO) kann sich allerdings, auch wenn er sich an der Vorinstanz nicht beteiligt hatte, durch die Einlegung eines Rechtsmittels erstmals am Verfahren beteiligen (Kopp/Schenke, Vor § 124 VwGO Rn. 37).

cc) Beschwer

616. A hat Klage vor dem VG erhoben. Diese Klage wurde als unzulässig abgewiesen. Das beklagte Land hatte ausdrücklich die Abweisung als unbegründet beantragt.
1. Ist das Land durch das Urteil beschwert?
2. Wie wäre es, wenn die Klage als unbegründet abgewiesen wird, aber Klageabweisung als unzulässig beantragt war?

1. Ja. Zwar hat das beklagte Land auf den ersten Blick eine antragsgemäße Klageabweisung erhalten. Da aber eine Entscheidung in *unterschiedliche Rechtskraft* erwächst, je nachdem, ob die Klage als unzulässig oder als unbegründet abgewiesen wurde, ist das beklagte Land durch die Abweisung mittels Prozessurteils beschwert. Denn wenn die Klage durch Sachurteil abgewiesen wird, ist die Rechtskraft des Urteils umfassender, als wenn die Klage lediglich durch Prozessurteil abgewiesen wird (BVerwGE 10, 148 f.; Himstedt, in Fehling/Kastner/Wahrendorf, § 124 VwGO Rn. 25).
2. Wenn im umgekehrten Fall das beklagte Land Klageabweisung als unzulässig beantragt hatte, das VG aber die Klage als unbegründet abweist, ist keine

Beschwer des Beklagten gegeben (BVerwG BayVBl. 1977, 702; Pietzner/Ronellenfitsch, § 3 Rn. 4; a. A. Stern, Rn. 627).

dd) Form und Frist

617. A hat gegen ein Urteil des VG, das die Berufung zugelassen hat (§ 124a Abs. 1 VwGO), 6 Wochen nach dessen Zustellung Berufung eingelegt.
1. Welche Entscheidung trifft das OVG?
2. In welcher Form wird das OVG entscheiden?
3. Wie wäre es, wenn A zwar fristgerecht Berufung eingelegt hätte, die Begründung seiner Berufung aber erst 9 Wochen nach Zustellung des vollständigen Urteils bei dem OVG eingereicht hätte?

1. Das OVG wird die Berufung gem. § 125 Abs. 2 S. 1 VwGO als unzulässig verwerfen, weil die Monatsfrist des § 124a Abs. 2 S. 1 VwGO nicht gewahrt ist.
2. Diese Entscheidung kann durch Urteil, d. h. nach mündlicher Verhandlung ergehen. Sie kann aber auch durch Beschluss ergehen (§ 125 Abs. 2 S. 2 VwGO), also ohne mündliche Verhandlung, aber selbstverständlich nach Anhörung der Beteiligten (§ 125 Abs. 2 S. 2, 3 VwGO).
3. Die Berufung ist nach § 124a Abs. 3 S. 5 VwGO unzulässig, da die Zweimonatsfrist des § 124a Abs. 3 S. 1 VwGO nicht eingehalten ist.

618. Die Anfechtungsklage des K wurde als unbegründet abgewiesen, die Berufung wurde im Urteil des VG nicht zugelassen. Was ist dem K zu raten?

K kann innerhalb eines Monats nach Zustellung des vollständigen Urteils die Zulassung der Berufung beantragen (§ 124a Abs. 4 S. 1 VwGO: sog. *Zulassungsberufung*). Dieser Zulassungsantrag ist beim VG zu stellen (§ 124a Abs. 4 S. 2 VwGO). Innerhalb von zwei Monaten nach Zustellung des vollständigen Urteils ist der Antrag auf Zulassung der Berufung zu begründen (§ 124a Abs. 4 S. 4, 5 VwGO).

619. Wer entscheidet über den Antrag auf Zulassung der Berufung?

Das OVG entscheidet über diesen Antrag durch Beschluss (§ 124a Abs. 5 S. 1 VwGO).

620. Das VG hat die Berufung zugelassen und nur X hat Berufung eingelegt. Drei Wochen nach Zustellung der Berufungsbegründungsschrift legt der Prozessvertreter der beklagten Stadt seinerseits Berufung ein und beantragt Aufhebung des erstinstanzlichen Urteils und Klageabweisung.
1. Ist diese Anschlussberufung zulässig, obwohl für die beklagte Stadt die Berufungsfrist abgelaufen ist?
2. Was sind die prozessualen Konsequenzen?

1. Nach § 127 VwGO kann die beklagte Stadt auch noch nach *Ablauf der Berufungsfrist* eine sog. *unselbständige Anschlussberufung* einlegen. Die unselbständige Anschlussberufung ist gem. § 127 Abs. 2 S. 2 VwGO bis zum Ablauf eines Monats nach der Zustellung der Berufungsbegründungsschrift einzulegen, was fristwahrend geschehen ist.
2. Die beiden wichtigsten prozessualen Konsequenzen sind:
– die erst nach Ablauf der Berufungsfrist eingelegte unselbständige Anschlussberufung wird unwirksam, wenn die Berufung zurückgenommen oder als unzulässig verworfen wird: § 127 Abs. 5 VwGO.
– es entfällt die Bindung des OVG an den Antrag des Berufungsklägers, so dass im Rahmen der Entscheidung über die Anschlussberufung eine reformatio in peius statthaft ist (§ 129 VwGO).

ee) Die Zulassungsgründe

621. Wo ist geregelt, wann eine Berufung vom VG oder OVG zuzulassen ist?

In § 124 Abs. 2 VwGO. Das VG hat natürlich nur die Gründe § 124 Abs. 2 Nr. 2-4 VwGO zu berücksichtigen.

622. Wann bestehen nach § 124 Abs. 2 Nr. 1 VwGO ernstliche Zweifel an der Richtigkeit des verwaltungsgerichtlichen Urteils?

Bei einer summarischen Prüfung des Urteils müssen gewichtige Gesichtspunkte dafür sprechen, dass das Urteil unrichtig ist, weil tragende rechtliche Argumente oder entscheidungserhebliche Tatsachenfeststellungen in Frage gestellt werden können. Dies lässt sich auch dahin formulieren, dass der Erfolg der Berufung ähnlich wahrscheinlich wie der Misserfolg zu erscheinen hat (Kopp/Schenke, § 124 VwGO Rn. 7 m.Nw.

zur wenig einheitlichen Rechtsprechung).

623. Wann hat eine Rechtssache nach § 124 Abs. 2 Nr. 3 VwGO eine grundsätzliche Bedeutung?

Die Rechtsfrage darf in der Rechtsprechung noch nicht geklärt sein. Außerdem muss die Klärung der Rechtsfrage über den Einzelfall hinaus der Rechtssicherheit, der Einheit der Rechtsordnung oder der Fortbildung des Rechts im *allgemeinen Interesse* dienen (Seibert, in Sodan/Ziekow, § 124 VwGO Rn. 127). Dies ist dann nicht der Fall, wenn lediglich die Anwendung von Rechtsnormen, deren Auslegung geklärt ist, auf den konkreten Fall gerügt wird.

ff) Berufungsverfahren und Entscheidung des Berufungsgerichts

624. A hat in erster Instanz gegen eine Polizeiverfügung eingewendet, sie sei rechtswidrig gewesen, da er nicht Störer sei. In der Berufungsinstanz trägt er nunmehr vor, er sei zwar Störer gewesen, jedoch sei die Inanspruchnahme rechtswidrig gewesen, da ein weiterer Störer wesentlich einfacher habe in Anspruch genommen werden können. Kann dieses Vorbringen in der Berufungsinstanz noch berücksichtigt werden?

Ja. Gemäß § 128 VwGO unterliegt der Streitgegenstand im Rahmen des gestellten Antrags der gleichen Prüfung, wie sie das erstinstanzliche Gericht vornimmt. Die erstinstanzliche Entscheidung wird also umfassend in tatsächlicher und rechtlicher Hinsicht überprüft. Gemäß § 128 S. 2 VwGO sind in der Berufungsinstanz neue Tatsachen und Beweismittel zu berücksichtigen.
Zu beachten ist allerdings, dass nicht rechtzeitig vorgebrachte Erklärungen und Beweismittel nach § 128 a VwGO präkludiert sein können.

625. X nimmt im Berufungsverfahren die Berufung zurück.
1. Ist dies statthaft?
2. Bedarf es der Einwilligung des Berufungsbeklagten?
3. Welche Entscheidung trifft das Gericht?

1. X kann die Berufung bis zur Rechtskraft des Berufungsurteils zurücknehmen: § 126 Abs. 1 S. 1 VwGO.
2. Es bedarf der Einwilligung des Beklagten, wenn in der mündlichen Verhandlung die Anträge gestellt worden sind: § 126 Abs. 1 S. 2 VwGO.

3. Die Zurücknahme der Berufung führt, erfolgt sie, wie regelmäßig, nach Ablauf der Berufungsfrist, zur Rechtskraft der erstinstanzlichen Entscheidung (soweit nicht einer der anderen Verfahrensbeteiligten seinerseits Berufung eingelegt hat): § 126 Abs. 3 S. 1 VwGO. Das OVG entscheidet durch Beschluss nur noch über die Kostenfolge (§ 126 Abs. 3 S. 2 VwGO).

Erfolgt eine Zurücknahme der Berufung *innerhalb der Berufungsfrist*, so kann innerhalb dieser Frist grundsätzlich erneut Berufung eingelegt werden; dem steht § 126 Abs. 3 S. 1 VwGO nicht entgegen, weil hier nur die Rechtsfolgen für die eingelegte Berufung geregelt werden (Kopp/Schenke, § 126 VwGO Rn. 2).

b) Revision

626. Welche Anforderungen werden an die Einlegung und Begründung der Revision gestellt?

1. Bei *Zulassung der Revision* im Urteil des Berufungsgerichts (zur Zulassung der Sprungrevision vgl. § 134 Abs. 1 S. 1 VwGO) ist die Revision innerhalb eines Monats nach Urteilszustellung dort (iudex a quo) einzulegen (§ 139 Abs. 1 S. 1 VwGO). Allerdings ist auch die Einlegung beim Revisiongericht (iudex ad quem) fristwahrend (§ 139 Abs. 1 S. 2 VwGO). Keiner Einlegung der Revision bedarf es indessen, wenn die Revision im Beschwerdeverfahren zugelassen wurde (§ 139 Abs. 2 S. 1 VwGO).

2. Die Revision kann nur *schriftlich* eingelegt werden (§ 139 Abs. 1 S. 1 VwGO). Zudem muss das angefochtene Urteil bei Einlegung der Revision angegeben werden (§139 Abs. 1 S. 3

VwGO). Dagegen können Antrag und Begründung auch später erfolgen.
3. Die Revision ist *innerhalb von zwei Monaten* nach Zustellung des vollständigen Urteils oder des Beschlusses über die Zulassung der Revision, bei Zulassung der Revision erst auf *Beschwerde innerhalb eines Monats* nach Zustellung des Beschlusses über die Zulassung der Revision zu *begründen* (§ 139 Abs. 3 S. 1 VwGO). Eine Verlängerung der Begründungsfrist ist möglich (§ 139 Abs. 3 S. 3 VwGO). Eingereicht werden kann die Begründung ausschließlich beim Bundesverwaltungsgericht (§ 139 Abs. 3 S. 2 VwGO).
4. Spätestens in der Revisionsbegründung, die schriftlich abzufassen ist, muss ein bestimmter *Sachantrag* gestellt werden (§ 139 Abs. 3 S. 4 VwGO). Diesbezüglich verfährt die Praxis aber recht großzügig.
5. Soweit die *Verletzung materiellen Rechts* gerügt wird, muss in der Revisionsbegründung die als verletzt angesehene Rechtsnorm angegeben werden; darüber hinaus ist natürlich auch in Auseinandersetzung mit dem angefochtenen Urteil zu begründen, dass die angegebene Rechtsnorm verletzt ist (Neumann, in Sodan/Ziekow, § 139 VwGO Rn. 94 ff.).
Wird die *Verletzung von Verfahrensrecht* gerügt, sind außerdem die den Mangel begründenden Tatsachen anzugeben (§ 139 Abs. 3 S. 4 VwGO). Der gerügte Verfahrensmangel muss also schlüssig dargelegt sein. Außerdem muss der Revisionskläger vortragen, dass das angefochtene Urteil auf dem Verfahrensman-

gel beruht (*Kausalität*). Soweit *absolute Revisionsgründe* (§ 138 VwGO) geltend gemacht werden, ist die Darlegung der Kausalität allerdings nicht erforderlich (Neumann, in Sodan/Ziekow, § 139 VwGO Rn. 102).

6. Zu beachten ist, dass für die Revisionseinlegung und -begründung *Anwaltszwang* besteht (§ 67 VwGO).

aa) Statthaftigkeit

627. Gegen welche Entscheidungen ist grundsätzlich die Revision zum BVerwG statthaft?

Sie ist grundsätzlich statthaft gegen Urteile des OVG sowie gegen Beschlüsse nach § 47 Abs. 5 S. 1 VwGO: § 132 Abs. 1 VwGO.

628. Können Urteile des VG Gegenstand einer Sprungrevision sein? Wenn ja, unter welchen Voraussetzungen?

Gemäß § 134 VwGO besteht die Möglichkeit der Sprungrevision gegen Entscheidungen des VG. Sie ist nur dann statthaft, wenn der Gegner schriftlich zugestimmt hat und das VG sie zugelassen hat (§ 134 Abs. 1 S. 1 VwGO). Sie kann nur unter den bes. Voraussetzungen des § 132 Abs. 2 Nr. 1 oder 2 VwGO zugelassen werden: § 134 Abs. 2 S. 1 VwGO. Eine solche Sprungrevision kann nicht auf Verfahrensmängel gestützt werden: § 134 Abs. 4 VwGO.

629. Welche weiteren Ausnahmen bestehen von dem Grundsatz, dass die Revision nur gegen Urteile des OVG und gegen Beschlüsse nach § 47 Abs. 5 S. 1 VwGO statthaft ist (§ 132 Abs. 1 S. 1 VwGO)?

Sofern die Berufung gegen das Urteil eines Verwaltungsgerichts durch Bundesgesetz ausgeschlossen ist und die Revision zugelassen wurde bzw. die Nichtzulassungsbeschwerde erfolgreich war: § 135 VwGO (sog. *Ersatzrevision*).

bb) Zulassung der Revision

630. Kann gegen Urteile und Normenkontrollbeschlüsse des OVG ohne weiteres Revision eingelegt werden?

Nein. Die Revision muss zugelassen werden (sog. *Zulassungsrevision*): § 132 Abs. 1 VwGO.

631. Wer entscheidet zunächst über die Zulassung der Revision?

Die Revision wird entweder im Urteil des Oberverwaltungsgerichts oder auf Grund einer Nichtzulassungsbeschwerde (§ 133 VwGO), hilft ihr das OVG nicht ab (§ 133 Abs. 5 S. 1 VwGO), durch das BVerwG zugelassen: § 132 Abs. 1 VwGO.

632. Wo sind die Zulassungsgründe geregelt?

In § 132 Abs. 2 VwGO. Dieser unterscheidet zwischen Grundsatzrevision (Nr. 1), Divergenzrevision (Nr. 2) und Verfahrensrevision (Nr. 3).

633. Reicht es bei einer Verfahrensrevision (§ 132 Abs. 2 Nr. 3 VwGO) aus, dass ein Verfahrensmangel lediglich gerügt wird?

Keinesfalls. Der Verfahrensmangel muss nach dem Wortlaut des § 132 Abs. 2 Nr. 3 VwGO auch *vorliegen*.

634. Steht es im Ermessen des OVG, ob es die Revision zulassen will?

Nein. § 132 Abs. 2 VwGO zählt die Voraussetzungen auf, bei deren Vorliegen das OVG die Revision zulassen *muss* (Kopp/Schenke, § 132 VwGO Rn. 6; Himstedt, in Fehling/Kastner/Wahrendorf, § 132 VwGO Rn. 9).

635. Gegen ein klageabweisendes Urteil des OVG wurde die Revision nicht zugelassen. Der Kläger ist der Auffassung, die Rechtssache habe grundsätzliche Bedeutung

Gegen die Nichtzulassung der Revision kann sich der Kläger gem. § 133 VwGO mit der *Beschwerde* (Nichtzulassungsbeschwerde) wenden. Sie ist innerhalb eines Monats nach Zustellung des vollständigen Urteils beim iudex a quo

(§ 132 Abs. 2 Nr. 1 VwGO). Kann er gegen die Nichtzulassung vorgehen und wenn ja, wie?

einzulegen (§ 133 Abs. 2 S. 1 VwGO). In der Begründung der Beschwerdeschrift (Frist: § 133 Abs. 3 S. 1 VwGO) sind die Voraussetzungen darzulegen, die zu einer Zulassung hätten führen müssen (§ 133 Abs. 3 S. 3 VwGO). Die eingelegte Beschwerde hemmt gem. § 133 Abs. 4 VwGO die Rechtskraft des Urteils.

636. Das OVG hilft der Beschwerde im vorangegangenen Fall nicht ab. Erfolgt nunmehr eine weitere Entscheidung oder ist diese Entscheidung unabänderbar?

Es erfolgt eine weitere Entscheidung. Das BVerwG entscheidet gem. § 133 Abs. 5 VwGO im Falle der Nichtabhilfe durch Beschluss. Es kann entweder der Beschwerde stattgeben und die Revision zulassen oder die Nichtzulassungsbeschwerde ablehnen. Im letzteren Fall wird das Urteil des OVG rechtskräftig (§ 133 Abs. 5 S. 3 VwGO). Nach § 133 Abs. 6 VwGO kann das BVerwG bei *Verfahrensmängeln* durch Beschluss das angefochtene Urteil aufheben und den Rechtsstreit zur anderweitigen Verhandlung und Entscheidung zurückverweisen.

637. Das OVG hat im Berufungsurteil die Revision zugelassen, weil das Urteil seiner Ansicht nach von einer Entscheidung des BVerwG abweicht. Daraufhin wurde Revision eingelegt. Wie wird das BVerwG entscheiden, wenn
1. zweifelhaft ist, ob überhaupt eine Abweichung von seiner Rechtsprechung vorliegt?
2. die Revision gegen das Urteil des OVG nicht fristgerecht begründet wurde?

1. Das BVerwG ist grundsätzlich an die Zulassung der Revision, die vom OVG ausgesprochen ist, gebunden: § 132 Abs. 3 VwGO (Grundsatz der *Rechtsmittelklarheit* und *Rechtsmittelsicherheit*).
2. Diese Bindungswirkung ändert allerdings nichts daran, dass die Revision statthaft und zulässig sein muss. Das BVerwG wird die Revision folglich als unzulässig verwerfen (Czybulka, in Sodan/Ziekow, § 132 VwGO Rn. 143).

cc) Revisionsverfahren und Entscheidung des Revisionsgerichts

638. Was ist Gegenstand der revisionsgerichtlichen Prüfung? Auf welche Gründe kann eine Revision, die zulässig ist, mit Aussicht auf Erfolg gestützt werden?

1. Ebenso wie bei der Berufung findet auch in der Revisionsinstanz eine Prüfung der Rechtsmittelzulässigkeitsvoraussetzungen von Amts wegen (vgl. Fragen 599 f.) statt.
2. Die Revision kann nur darauf gestützt werden, dass durch die Entscheidung der Vorinstanz Bundesrecht (§ 137 Abs. 1 Nr. 1 VwGO) oder eine Vorschrift des Landesverwaltungsverfahrensgesetzes (LVwVfG), die ihrem Wortlaut nach mit dem BVwVfG übereinstimmt, verletzt worden ist (§ 137 Abs. 1 Nr. 2 VwGO). Von Wichtigkeit ist weiter, dass das Urteil auf der Verletzung des revisiblen Rechts beruhen muss (hierzu Frage 642).

639. Was zählt zum Bundesrecht i. S. d. § 137 Abs. 1 Nr. 1 VwGO?

1. Das Grundgesetz, die parlamentsbeschlossenen Bundesgesetze, die RVOen von Bundesbehörden, das nach Art. 124 ff. GG als Bundesrecht fortgeltende Recht, die allgemeinen Regeln des Völkerrechts (Art. 25 GG).
2. Ehemaliges Besatzungsrecht sowie das Recht der ehemaligen DDR, soweit sie als Bundesrecht fortgelten (Kopp/Schenke, § 137 VwGO Rn. 5).
3. Bundesgewohnheitsrecht; allgemeine Rechtsgrundsätze und Rechtsprinzipien, soweit sie aus Bundesrecht abgeleitet werden, wie u. a. das Willkürverbot, das Verhältnismäßigkeitsprinzip oder der Vertrauensschutz (Würtenberger, Rn. 734; Bertrams, DÖV 1992, 97 ff.).
4. Das Recht der Europäischen Union (BVerwGE 35, 277).

640. Ist auch Landesrecht revisibel?

Grundsätzlich ist Landesrecht nicht revisibel. Ausnahmen bestehen in § 137 Abs. 1 Nr. 2 VwGO und § 127 Nr. 2 Beamtenrechtsrahmengesetz (BRRG). Landesrecht ist somit revisibel, wenn dies durch Bundesrecht bestimmt wurde oder gem. Art. 99 GG durch Landesrecht für revisibel erklärt wurde.

641. Auf die Revision des A stellt das Revisionsgericht fest, dass die von A gerügte Rechtsverletzung vorliegt. Es kommt aber zu der Auffassung, dass die Entscheidung aus anderen Gründen zutreffend ist. Wie wird das Revisionsgericht entscheiden?

In diesem Fall wird das BVerwG die Revision gem. § 144 Abs. 4 VwGO zurückweisen.

642. Ist die Revision auch dann begründet, wenn festgestellt wird, dass die gerügte Rechtsverletzung vorliegt, die vorinstanzliche Entscheidung aber nicht auf dieser Rechtsverletzung beruht?

Nein. Gem. § 137 Abs. 1 VwGO ist es erforderlich, dass die Entscheidung auf der Rechtsverletzung beruht, diese also ursächlich für die Entscheidung ist. Es muss zumindest die Möglichkeit bestehen, „dass das Gericht ohne den Rechtsverstoß zu einem dem Rechtsmittelführer sachlich günstigeren Ergebnis hätte gelangen können" (BVerwGE 14, 342, 346).

643. Gibt es auch Fälle, in denen das Revisionsgericht eine solche Prüfung nicht vornimmt?

Ja. Sofern ein absoluter Revisionsgrund i. S. d. § 138 VwGO vorliegt, wird das „Beruhen" gesetzlich unwiderlegbar vermutet.

644. Der Revisionskläger hat seine Revision auf die Verletzung von § 34 Abs. 1 BauGB gestützt. Das BVerwG hält diese Bestimmung nicht für verletzt, möchte aber eine Ver-

Das BVerwG wird der Revision stattgeben, obwohl der geltend gemachte Revisionsgrund versagt. Denn nach § 137 Abs. 3 S. 2 VwGO ist das BVerwG an die geltend gemachten Revisionsgründe grundsätzlich nicht gebunden.

letzung von § 35 Abs. 1 BauGB bejahen. Wie wird es entscheiden?

Anderes gilt jedoch, wenn Verfahrensmängel gerügt werden (vgl. § 137 Abs. 3 S. 1 VwGO).

645. Welche Entscheidungsmöglichkeiten hat das Revisionsgericht, wenn
1. die Revision nicht in der gesetzlichen Form oder Frist eingelegt worden ist?
2. das Urteil nicht auf der Verletzung revisiblen Rechts beruht?
3. die Revision begründet ist?

1. Die Revision ist nach § 143 S. 2 VwGO unzulässig. Das BVerwG verwirft die Revision durch Beschluss gem. § 144 Abs. 1 VwGO als unzulässig.
2. Das BVerwG weist die Revision durch Urteil gem. § 144 Abs. 2 VwGO zurück.
3. In diesem Fall kann das BVerwG entweder durch Urteil selbst entscheiden (§ 144 Abs. 3 S. 1 Nr. 1 VwGO) oder das angefochtene Urteil aufheben und zur erneuten Verhandlung und Entscheidung zurückverweisen (§ 144 Abs. 3 S. 1 Nr. 2 VwGO). Eine Pflicht zur Zurückverweisung besteht nach § 144 Abs. 3 S. 2 VwGO.

646. Welche Entscheidung trifft das BVerwG bei
1. einer Klagerücknahme?
2. einer übereinstimmenden Erledigungserklärung?
3. einem Vergleich?
4. einer Rechtsmittelrücknahme?

In allen Fällen stellt es das Verfahren durch Beschluss ein. Mit Ausnahme der Rechtsmittelrücknahme wird außerdem festgestellt, dass die vorangegangenen Entscheidung(en) unwirksam ist (sind) (Kopp/Schenke, § 144 VwGO Rn. 3).

647. An welches Gericht wird bei einer Zurückverweisung zurückverwiesen?

Grundsätzlich an das Gericht, dessen Entscheidung angefochten wurde. Im Falle der Sprungrevision besteht aber auch die Möglichkeit, an das OVG statt an das VG zurückzuverweisen: § 144 Abs. 5 VwGO.

648. Kann das Gericht, an das zurückverwiesen wurde, nunmehr ohne jegliche Bindung neu entscheiden?

Nein. Es ist gem. § 144 Abs. 6 VwGO an die rechtliche Würdigung des Revisionsgerichts gebunden.

649. Die Anfechtungsklage des A blieb in den beiden ersten Instanzen erfolglos. Über seine (zugelassene) Revision hat das BVerwG noch nicht entschieden. Jetzt nimmt die Behörde den angefochtenen Verwaltungsakt zurück. Kann A den Rechtsstreit in der Hauptsache für erledigt erklären, auch wenn der Beklagte nicht zustimmt?

Das Problem der Erledigung erhält einen besonderen Akzent, wenn sich die Prozesslage erst in der Revisionsinstanz ändert. Hier könnte § 142 Abs. 1 VwGO einer einseitigen Erledigungserklärung entgegenstehen: Die einseitige Erledigungserklärung führt zu einer Änderung des Streitgegenstandes und ist damit eine Klageänderung. Diese ist aber in der Revisionsinstanz nicht statthaft, weil Klageänderungen oft neuen Tatsachenstoff in den Prozess einführen, der von dem Revisionsgericht bei der reinen Rechtsprüfung nicht berücksichtigt werden könnte. Bei der einseitigen Erledigungserklärung besteht diese Gefahr nicht: Hier ändert sich zwar mit dem Antrag auch der Streitgegenstand, nicht aber der Prozessstoff: Das Revisionsgericht kann auf der Grundlage der instanzgerichtlichen Erkenntnis über die Zulässigkeit und Begründetheit des Erledigungsantrags entscheiden; Beweisaufnahmen im Hinblick auf das erledigende Ereignis (ist das Haus wirklich eingestürzt?) sind regelmäßig nicht erforderlich, wären aber auch in der Revisionsinstanz dem System der VwGO nicht fremd. Danach findet § 142 Abs. 1 VwGO insoweit keine Anwendung (BVerwGE 34, 159 ff.). Dies ist die einzig interessengerechte Lösung. Andernfalls würde man den Rechtsmittelführer zwingen, das Rechtsmittel oder aber die Klage zurückzunehmen. In beiden Fällen würde ihn die gesetzliche Kostenfolge treffen, obgleich er selbst die Erledigung nicht herbeigeführt hat.

c) Beschwerde

650. Welche Anforderungen hinsichtlich 1. der Form, 2. der Frist, 3. des Inhaltes und 4. der Stelle, bei der das Rechtsmittel einzulegen ist, bestehen bei der Beschwerde?

1. Die Beschwerde ist schriftlich oder zur Niederschrift des Urkundsbeamten der Geschäftsstelle einzulegen: § 147 Abs. 1 S. 1 VwGO.
2. Sie ist innerhalb von 2 Wochen nach Bekanntgabe der Entscheidung einzulegen: § 147 Abs. 1 S. 1 VwGO.
3. Sie bedarf keiner Begründung.
4. Sie kann sowohl bei dem Gericht, dessen Entscheidung angefochten wird (§ 147 Abs. 1 VwGO), als auch fristwahrend bei dem Beschwerdegericht eingelegt werden: § 147 Abs. 2 VwGO.

651. Gegen welche Entscheidungen ist die Beschwerde statthaft?

Grundsätzlich gegen Entscheidungen des VG oder des Vorsitzenden bzw. Berichterstatters dieses Gerichts: § 146 Abs. 1 VwGO. Ausgenommen sind Urteile und Gerichtsbescheide (§ 146 Abs. 1 VwGO) sowie prozessleitende Verfügungen etc. (§ 146 Abs. 2 VwGO). Außerdem ist vorbehaltlich einer gesetzlich vorgesehenen Beschwerde gegen die Nichtzulassung der Revision eine Beschwerde nicht statthaft bei Streitigkeiten über Kosten, Gebühren oder Auslagen, sofern der Beschwerdegegenstand 200,– € nicht übersteigt: § 146 Abs. 3 VwGO. Für Beschwerden gegen Beschlüsse des VG in einstweiligen Rechtsschutzverfahren nach §§ 80, 80a, 123 VwGO trifft § 146 Abs. 4 VwGO eine besondere Regelung.

Sie ist grundsätzlich nicht statthaft gegen Entscheidungen des OVG: § 152 Abs. 1 VwGO. Insofern bestehen u. a. Ausnahmen bei der Verweigerung der

Urkunden– oder Aktenvorlage (§ 99 Abs. 2 S. 12, 13 VwGO), der Nichtzulassung der Revision gem. § 133 Abs. 1 VwGO und bei § 17a Abs. 4 S. 4 GVG.

652. Welche Entscheidungsmöglichkeiten des VG bestehen bei
1. einer zulässigen und begründeten/unbegründeten Beschwerde?
2. einer unzulässigen, aber sachlich berechtigten Beschwerde?

1. Bei einer zulässigen und begründeten Beschwerde hilft das VG oder der Vorsitzende bzw. Berichterstatter, dessen Entscheidung angefochten wird, der Beschwerde ab. Andernfalls wird die Beschwerde dem Beschwerdegericht zur Entscheidung vorgelegt: § 148 Abs. 1 VwGO.

2. Hier besteht dann eine Abhilfemöglichkeit, „sofern die angegriffene Entscheidung nicht ausdrücklich vom Gesetz als unabänderlich bezeichnet ist" (Kopp/Schenke, § 148 VwGO Rn. 1).

653. Die Beschwerde des A wurde vom Beschwerdegericht zurückgewiesen. Kann er dagegen mit einem weiteren Rechtsmittel vorgehen?

Nein. Im Verwaltungsprozess besteht nicht die Möglichkeit einer weiteren Beschwerde (anders z. B. § 574 ZPO).

654. Kommt der Beschwerde eine aufschiebende Wirkung zu?

Grundsätzlich nicht. Es sei denn, die angefochtene Entscheidung hat die Festsetzung eines Ordnungs- oder Zwangsmittels zum Gegenstand, § 149 Abs. 1 S. 1 VwGO. Im übrigen kann durch das Gericht oder den Vorsitzenden bzw. Berichterstatter, dessen Entscheidung angefochten wurde, die Vollziehung der angefochtenen Entscheidung einstweilen ausgesetzt werden: § 149 Abs. 1 S. 2 VwGO.

3. Sonstige Rechtsbehelfe

655. Welche sonstigen Rechtsbehelfe gibt es im Verwaltungsprozess?

Die *Erinnerung* gem. § 151 VwGO, die Anhörungsrüge nach § 152a VwGO (Kopp/Schenke, § 152a VwGO Rn. 4), den *Antrag auf Wiedereinsetzung* gem. § 60 VwGO, den *Antrag auf mündliche Verhandlung* gem. § 84 Abs. 2 Nr. 2, 4, 5 VwGO, den *Antrag auf Urteilsberichtigung* oder *Urteilsergänzung* nach §§ 119, 120 VwGO etc.

656. Besteht eine Rechtsschutzmöglichkeit gegen die Entscheidungen des Urkundsbeamten der Geschäftsstelle oder des ersuchten Richters?

Gegen solche Entscheidungen gibt es den Rechtsbehelf der „Erinnerung": § 151 VwGO. Dieser „Erinnerung" kommt keine Devolutivwirkung zu. Es entscheidet das Gericht, dem die Ausgangsentscheidung zugerechnet wird. Gegen die Entscheidung des Gerichts besteht aber sodann die Beschwerdemöglichkeit gem. §§ 146 ff. VwGO.

4. Wiederaufnahme des Verfahrens

657. Was ist das Ziel des außerordentlichen Rechtsbehelfs der Wiederaufnahme? Wo ist die Wiederaufnahme des Verfahrens in der VwGO geregelt?

Ziel dieses außerordentlichen Rechtsbehelfs ist, eine rechtskräftige Entscheidung im Wege der Nichtigkeitsklage (§ 579 ZPO) oder der Restitutionsklage (§ 580 ZPO) zu beseitigen und die Sache erneut zu verhandeln (§ 590 Abs. 1 ZPO). Über § 153 Abs. 1 VwGO sind §§ 578–591 ZPO für die Wiederaufnahme des Verfahrens entsprechend anzuwenden (Einzelheiten bei Stern, § 25; Würtenberger, Rn. 741).

X. Vollstreckung

658. Was versteht man unter Vollstreckung?

Vollstreckung ist die zwangsweise Durchsetzung von Ansprüchen, wenn der Vollstreckungsschuldner die ihm obliegenden Verpflichtungen nicht erfüllt.

659. Welcher Unterschied besteht zwischen den Vollstreckungsverfahren des Privatrechts und des öffentlichen Rechts? Zwischen welchen beiden Arten der Vollstreckung ist im öffentlichen Recht zu trennen?

Im Privatrecht muss der Vollstreckungsgläubiger seine Forderungen zunächst in aller Regel in einem gerichtlichen Erkenntnisverfahren „titulieren" und sodann durch besondere Vollstreckungsorgane vollstrecken lassen. Demgegenüber kennt das öffentliche Recht zwei unterschiedliche Arten der Vollstreckung:
1. Die Vollstreckung aus verwaltungsgerichtlichen Titeln (§§ 167 ff. VwGO).
2. Die Vollstreckung aus Verwaltungsakten nach dem Verwaltungsvollstreckungsrecht des Bundes und der Länder (Verwaltungsvollstreckung) (Würtenberger, Rn. 745).

1. Die Vollstreckung aus verwaltungsgerichtlichen Titeln

660. Nach welchen verwaltungsprozessualen Vorschriften wird vollstreckt?

Maßgebend sind die §§ 167 ff. VwGO, welche durch die Vorschriften des Achten Buches der ZPO, §§ 704 ff. ZPO, ergänzt werden (§ 167 Abs. 1 S. 1 VwGO), und das Verwaltungsvollstreckungsgesetz (§ 169 VwGO).

661. Aus welchen verwaltungsgerichtlichen Titeln wird vollstreckt?

Die Vollstreckungstitel werden in § 168 Abs. 1 VwGO abschließend aufgezählt: Rechtskräftige oder vorläufig vollstreckbare gerichtliche Entscheidungen (Nr. 1), also z. B. Urteile, Gerichtsbescheide (§ 84 VwGO), Beschlüsse mit vollstreckbarem Inhalt (z. B. nach § 80 Abs. 5 VwGO), einstweilige Anordnungen nach § 123 VwGO (Nr. 2), gerichtliche Vergleiche nach § 106 VwGO (Nr. 3), Kostenfestsetzungsbeschlüsse (Nr. 4) und bestimmte Schiedssprüche und schiedsrichterliche Vergleiche (Nr. 5).

662. Nennen Sie die wichtigsten Voraussetzungen der Vollstreckung.

Diese sind:
1. der verwaltungsgerichtliche *Titel*;
2. die *Vollstreckungsklausel*: § 167 Abs. 1 S. 1 VwGO i. V. m. § 724 Abs. 1 ZPO für Urteile, § 123 Abs. 3 VwGO i.V.m. §§ 928, 929 ZPO für einstweilige Anordnungen, § 795 ZPO für die weiteren Vollstreckungstitel. In den Fällen der §§ 169, 170 Abs. 1–3 VwGO bedarf es allerdings keiner Vollstreckungsklausel (§ 171 VwGO);
3. die *Zustellung* des Titels: § 167 Abs. 1 VwGO i. V. m. §§ 750 Abs. 1, 795 ZPO;
4. die *Zustellung* der Vollstreckungsklausel unter den Voraussetzungen der §§ 750 Abs. 2, 795 ZPO (sofern eine Vollstreckungsklausel nach § 171 VwGO erforderlich ist).

663. In einem verwaltungsgerichtlichen Urteil wird die Gemeinde G verpflichtet, an B 500,– € zu zahlen. Von wem und nach welchen Vorschriften wird vollstreckt?

Die Vollstreckung *gegen* die öffentliche Hand wegen Geldforderungen ist in § 170 VwGO geregelt. Nach § 170 Abs. 1 S. 1 VwGO verfügt das Gericht des ersten Rechtszuges, und zwar als Spruchkörper und nicht lediglich der Vorsitzende, die Vollstreckung durch Beschluss. Vor Erlass der Vollstreckungsverfügung sind die Behörde bzw. die gesetzlichen Vertreter des Vollstreckungsgegners von der beabsichtigten Vollstreckungsmaßnahme zu benachrichtigen. Außerdem ist eine Frist von höchstens einem Monat zur Abwendung der Vollstreckung zu setzen (§ 170 Abs. 2 VwGO).

664. B hat gegen die Gemeinde G ein verwaltungsgerichtliches Urteil auf
1. Erlass eines Verwaltungsaktes
2. Widerruf einer ehrverletzenden Äußerung erstritten. Wie ist zu vollstrecken?

1. Nach § 172 VwGO: Es wird aus einem Urteil vollstreckt, in dem das Gericht die Gemeinde zum Erlass eines VA verpflichtet hat (§ 113 Abs. 5 VwGO). Auf Antrag des B kann (Ermessen!) das Gericht des ersten Rechtszuges durch Beschluss unter Fristsetzung ein Zwangsgeld androhen, nach fruchtlosem Fristablauf das Zwangsgeld festsetzen und vollstrecken.
2. Die Vollstreckung zur Erwirkung der Herausgabe von Sachen, zur Erwirkung von Handlungen und Unterlassungen und zur Abgabe von Willenserklärungen ist in der VwGO nicht umfassend geregelt (Ausnahme die in § 172 VwGO genannten Fälle). Die Vollstreckung erfolgt daher nach § 167 Abs. 1 VwGO i. V. m. §§ 883 ff. ZPO. Ein Urteil auf Widerruf ehrverletzender Äußerungen wird analog § 888 ZPO (Kopp/Schenke, § 172 VwGO Rn. 10, 11; Würtenberger, Rn. 759), nach a. A. analog § 894 ZPO (OLG Frankfurt NJW 1982, 113) vollstreckt.

665. Durch eine baurechtliche Verfügung ist dem B der Abbruch einer Garage aufgegeben. Widerspruch und Anfechtungsklage bleiben erfolglos. Trotz rechtskräftigen verwaltungsgerichtlichen Ur-

Ein Urteil, das die Anfechtungsklage abweist, ist nur wegen der Kosten, im übrigen aber nicht vollstreckungsfähig (vgl. § 167 Abs. 2 VwGO). Denn mit Rechtskraft des klageabweisenden Urteils ist die Rechtmäßigkeit des VA verbindlich geklärt geworden. Die Bau-

teils bleibt B untätig. Wie wird vollstreckt?

rechtsbehörde vollstreckt daher *nach dem Vollstreckungsrecht des Landes* aus dem VA gegen B.

666. B hat sich in einem vor dem OVG geschlossenen gerichtlichen Vergleich verpflichtet, an die klagende Gemeinde G 500,– € zu zahlen. B kommt seiner Zahlungspflicht nicht nach. Von wem und nach welchen Vorschriften wird vollstreckt?

Der gerichtliche Vergleich ist nach § 168 Abs. 1 Nr. 3 VwGO Vollstreckungstitel. Es handelt sich um eine Vollstreckung *zu Gunsten* der öffentlichen Hand gegen einen privaten Vollstreckungsschuldner. Der Vorsitzende des Gerichts des ersten Rechtszuges ist Vollstreckungsbehörde im Sinne des Verwaltungsvollstreckungsrechts (§ 169 Abs. 1 S. 2 VwGO). Nach § 169 Abs. 1 S. 1 VwGO wird nach dem Verwaltungsvollstreckungsgesetz des Bundes vollstreckt. Landesrecht kommt bei den Vollstreckungsmaßnahmen nur zur Anwendung, wenn Behörden des Landes Amtshilfe leisten (§ 169 Abs. 2 VwGO).

667. K und B sind Eigentümer benachbarter Grundstücke. K hatte mit einer Klage auf bauaufsichtliches Einschreiten erreichen wollen, dass der beigeladene B bei Errichtung seiner Garage einen bestimmten Grenzabstand einhält. Dieser Rechtsstreit war durch Prozessvergleich beendet worden. In diesem Prozessvergleich verpflichtete sich der beigeladene B zur Einhaltung eines zwischen ihm und seinem Nachbarn vereinbarten Grenzabstandes. Gleichwohl hält sich B bei Errichtung seiner Garage nicht an den Grenzabstand.

1. Im vorliegenden Vergleich waren privatrechtliche Vereinbarungen enthalten: Soweit der Vergleich das Rechtsverhältnis Kläger/Beklagter betraf, ging es zwar um die öffentlich-rechtliche Verpflichtung zu bauaufsichtlichem Einschreiten. Demgegenüber sind aber die im Vergleich geregelten Beziehungen zwischen dem Kläger K und dem beigeladenen B *privatrechtlicher* Natur, da durch Vereinbarung zwischen Privaten bestimmte Grenzabstände für die Bebauung des Grundstücks festgelegt werden. Dies ist für die Entscheidung der Rechtswegfrage aber nicht erheblich. Denn generell gilt der Grundsatz: Der Rechtsweg für das Vollstreckungsverfahren bestimmt sich nach der *Herkunft* des Titels. Dies gilt auch dann, wenn in einem verwal-

1. In welchem Rechtsweg kann K gegen B vollstrecken?
2. Welchen Antrag wird K stellen?

tungsgerichtlichen Vergleich privatrechtliche Vereinbarungen enthalten sind. Aus Gründen der Rechtssicherheit und Verfahrensökonomie ist bei der Vollstreckung allein auf die Herkunft des Titels abzustellen, da es mitunter sehr schwierig ist, die im Vergleich übernommenen Verpflichtungen eindeutig dem bürgerlichen oder öffentlichen Recht zuzuweisen. Zudem ist es für den Vollstreckungsschuldner gleichgültig, welcher Rechtsweg im Vollstreckungsverfahren zu beschreiten ist, weil die verwaltungsgerichtliche Vollstreckung sich ebenfalls nach dem Achten Buch der ZPO richtet (OVG Münster NJW 1969, 524 f.; VGH München NVwZ 1982, 563 f. mit krit. Anm. Renck, S. 547 f.; str.). Es ist daher im Verwaltungsrechtsweg zu vollstrecken.
2. K kann beantragen:
a) die Festsetzung eines Zwangsgeldes gem. § 167 Abs. 1 VwGO i. V. m. § 890 ZPO, oder
b) eine Ermächtigung, die ohne Grenzabstand errichtete Garage auf Kosten des B abbrechen zu lassen, § 167 Abs. 1 VwGO i. V. m. § 887 ZPO.

668. § 167 Abs. 1 S. 1 VwGO verweist grundsätzlich auf das Achte Buch der ZPO. Welche Rechtsbehelfe sind demnach gegen Vollstreckungsmaßnahmen aus verwaltungsgerichtlichen Titeln zulässig?

Welche Rechtsbehelfe im Vollstreckungsverfahren zulässig sind, richtet sich grundsätzlich nach der Art der jeweiligen Einwendungen. Zu unterscheiden ist zwischen den *materiellrechtlichen* und den *verfahrensrechtlichen* Einwendungen. Erstere wenden sich gegen den materiellen Anspruch, der im Vollstreckungstitel „tituliert" wurde (z. B. der titulierte Leistungsanspruch ist durch Erfüllung erloschen) oder betreffen sachenrechtliche Zuordnungsverhältnisse (Eigentum, Besitz), die einer Zwangsvollstreckung entgegenstehen. Im einzelnen gilt:

1. *Materiellrechtliche Einwendungen* können im Wege der *Vollstreckungsgegenklage* (§ 767 ZPO) oder der *Drittwiderspruchsklage* (§ 771 ZPO) geltend gemacht werden (Würtenberger, Rn. 766 ff.).

2. *Verfahrensrechtliche Einwendungen gegen die Art und Weise der Vollstreckung* (z. B. ein Pfändungs- und Überweisungsbeschluss ohne Anhörung des Vollstreckungsschuldners: VGH Mannheim NVwZ-RR 1989, 512 f.) können mit der Erinnerung gem. § 766 ZPO geltend gemacht werden. Im Gegensatz zur zivilrechtlichen Zwangsvollstreckung ist sie allerdings gem. §§ 151, 147 VwGO fristgebunden (Kopp/Schenke, § 167 VwGO Rn. 2; anders Eyermann-Schmidt, § 167 VwGO Rn. 14).

3. § 793 ZPO (die *sofortige* Beschwerde gegen Entscheidungen im Zwangsvollstreckungsverfahren ohne mündliche Verhandlung) findet keine Anwendung. Es bleibt bei der *verwaltungsprozessualen* Beschwerde nach §§ 146 ff. VwGO (Kopp/Schenke, § 167 VwGO Rn. 2).

4. *Vollstreckungsschutz* kann gemäß § 765 a ZPO, die *einstweilige Einstellung* der Zwangsvollstreckung gem. §§ 769, 771 Abs. 3 ZPO beantragt werden.

2. Die Vollstreckung aus Verwaltungsakten

669. Was ist Gegenstand des Verwaltungsvollstreckungsrechts?

Das Verwaltungsvollstreckungsrecht regelt die Befugnis des Staates, öffentlichrechtliche Pflichten oder Ansprüche zunächst ohne Zuhilfenahme der Gerichte zwangsweise geltend zu machen. Im *Verwaltungszwangsverfahren* geht es um die zwangsweise Durchsetzung eines dem Vollstreckungsschuldner obliegenden Handelns, Duldens oder Unterlassens, im *Beitreibungsverfahren* um die Vollstreckung von Geldforderungen.

670. Wo ist das Verwaltungsvollstreckungsrecht geregelt?

Auf Bundesebene u. a. im Verwaltungsvollstreckungsgesetz (§§ 1–5 Beitreibungsverfahren, §§ 6–18 Verwaltungszwangsverfahren), auf Landesebene in den Verwaltungsvollstreckungsgesetzen der Länder, für Polizeiverfügungen in den Polizeigesetzen etc.

671. Welches sind die Vollstreckungsvoraussetzungen im
1. Verwaltungszwangsverfahren und
2. im Beitreibungsverfahren?

1. Das Verwaltungszwangsverfahren setzt einen vollstreckungsfähigen, d. h. „befehlenden" VA voraus, wie z. B. die bauaufsichtliche Abrissverfügung. Dieser VA muss entweder unanfechtbar sein, oder es muss seine sofortige Vollziehung (§ 80 Abs. 2 S. 1 Nr. 4, Abs. 3 VwGO) angeordnet sein oder einem gegen ihn gerichteten förmlichen Rechtsbehelf darf keine aufschiebende Wirkung (§ 80 Abs. 2 S. 1 Nr. 1–3 VwGO) zukommen (§ 6 Abs. 1 VwVG bzw. die entsprechenden Regelungen im Verwaltungsvollstreckungsrecht der Länder).
2. Voraussetzungen der Vollstreckung im Beitreibungsverfahren sind

– der Leistungsbescheid, mit dem der Vollstreckungsschuldner zu einer Geldleistung aufgefordert worden ist (§ 3 Abs. 2 a VwVG)
– die Fälligkeit der Leistung, d. h. dass sie sofort zu erfüllen ist (§ 3 Abs. 2 b VwVG)
– die Einhaltung einer „Schonfrist" von einer Woche seit Bekanntgabe des Leistungsbescheides bzw. seit Eintritt der Fälligkeit (§ 3 Abs. 2 c VwVG)
– im Regelfall („Soll-Vorschrift"): Ablauf einer Mahnfrist (§ 3 Abs. 3 VwVG).

Einzelheiten bei Würtenberger, Rn. 772 ff. sowie Maurer, § 20 Rn. 5 ff.

672. Gegen E ist eine bauaufsichtliche Verfügung ergangen, einen im Außenbereich errichteten Schwarzbau abzubrechen. Diese Verfügung ist bestandskräftig.
1. Am Freitag, dem 10. 4. wird ihm durch Verfügung aufgegeben, den Schwarzbau bis zum Mittwoch, dem 15. 4. abzubrechen; anderenfalls werde der Abbruch von der Behörde im Wege der Ersatzvornahme durchgeführt.
2. Nach entsprechender Androhung wird durch Verfügung der Behörde
a) ein Zwangsgeld
b) die Ersatzvornahme
festgesetzt, um die Abrissverfügung zu vollstrecken.
3. Die angedrohte Ersatzvornahme bzw. das angedrohte

Zwangsmittel dürfen nur unter Beachtung strenger Verfahrensvorschriften durchgeführt werden. Zwangsmittel sind zunächst *anzudrohen* (§ 13 VwVG und entsprechende Vorschriften im Verwaltungsvollstreckungsrecht der Länder; vgl. z. B. § 20 BW VwVG), dann *festzusetzen* (§ 14 VwVG; die Festsetzung ist nach den Verwaltungsvollstreckungsgesetzen der Länder allerdings nicht immer erforderlich) und letztlich *anzuwenden* (§ 15 VwVG). Die Rechtsbehelfe richten sich nach der Rechtsnatur der abzuwehrenden Vollstreckungsmaßnahmen:
1. Es handelt sich um eine Androhung eines Zwangsmittels, die VA ist. Denn es wird in rechtsverbindlicher Weise geregelt, dass der Vollstreckungsschuldner E bei Nichterfüllung der ihm auferlegten Verpflichtung den angedrohten Zwang dulden muss (Würtenberger, Rn. 790, 794). Zulässige Rechtsbehelfe sind daher Widerspruch und Anfechtungsklage

und festgesetzte Zwangsgeld werden vollstreckt.
Welche Rechtsbehelfe hat E?

(vgl. § 18 Abs. 1 VwVG). Sie sind vorliegend auch erfolgreich, weil die Frist, in der E die ihm obliegende Verpflichtung zu erfüllen hatte, zu kurz bemessen war. Innerhalb dreier Werktage (Montag bis Mittwoch) ist die Erfüllung einer Abbruchverpflichtung in der Regel nicht zumutbar.

2. a) Auch die *Festsetzung von Zwangsgeld* ist ein VA, weil der Vollstreckungsschuldner durch Leistungsbescheid zur Zahlung des Zwangsgeldes verpflichtet wird (§ 14 VwVG und entsprechende landesrechtliche Vorschriften, wie z. B. § 23 BW VwVG).

b) Die landesrechtlich (anders § 14 VwVG) nicht zwingend vorgesehene *Festsetzung der Ersatzvornahme oder des unmittelbaren Zwangs* ist ebenfalls VA, da hierdurch die Rechtslage des Vollstreckungsschuldners gestaltet wird; er muss nunmehr aus der Festsetzung den Verwaltungszwang erdulden (VGH Mannheim VBlBW. 1981, 325; Würtenberger, Rn. 797 f.). Auch hier sind Widerspruch und Anfechtungsklage die zulässigen Rechtsbehelfe.

3. Wird die Ersatzvornahme angedroht und anschließend vollstreckt bzw. wird das angedrohte und festgesetzte Zwangsgeld vollstreckt, so sieht man in der *Vollstreckung lediglich einen Realakt.* Denn bereits die Androhung (bzw. Festsetzung des Zwangsmittels) greift regelnd in den Rechtskreis des Vollstreckungsschuldners ein (Maurer, § 20 Rn. 24; str.). Rechtsschutz wird über § 113 Abs. 1 S. 2 VwGO gewährt, wenn der Vollstreckungsschuldner die Androhung (oder Festsetzung) der Vollstreckungsmaßnahme erfolgreich angefochten hat und nunmehr die Folgen der rechtswidrigen Vollstreckung rückgängig zu machen sind; wenn die Folgen einer rechtswidrigen Vollstreckung nicht beseitigt werden können, ist Feststellungsklage nach § 43 VwGO zu erheben (Schenke, JURA 1980, 133, 145; Pietzner, Rechtsschutz in der Verwaltungsvollstreckung, VerwArch 84 (1993), 261, 280 ff.; str.).

673. Auf einer Streifenfahrt an einem Samstagnachmittag beobachtet Polizist P erhebliche Verunreinigungen eines Teiches auf dem Grundstück des E, der wegen einer Wochenendreise nicht erreichbar ist. Die an sich zuständige Wasserbehörde ist am Wochenende ebenfalls nicht erreichbar. Da P eine Gefährdung des Grundwassers nicht ausschließen kann und ein sofortiges Tätigwerden für erforderlich hält, lässt er die Gewässerverunreinigung durch den Wochenenddienst einer Spezialfirma beseitigen. Im Nachhinein stellt sich heraus, dass die Gewässerverunreinigung durch spielende Kinder verursacht wurde und keine Gefahr für das Grundwasser bestand. Da sich der Gefahrenverdacht nicht bestätigt hat, möchte E die Rechtswidrigkeit der polizeilichen Maßnahme feststellen lassen. Welche Klageart steht ihm zur Verfügung?

1. Es geht um die Zulässigkeit von eilbedürftigen Maßnahmen der Gefahrenabwehr, die nach dem Polizei- und Ordnungsrecht der Länder (vgl. § 8 Abs. 1 BW PolG; lesen Sie die entsprechende Vorschrift Ihres Bundeslandes) ohne vorausgehenden VA (Grundverfügung) unmittelbar ausgeführt werden dürfen (sog. sofortiger Vollzug bzw. unmittelbare Ausführung; hierzu Würtenberger/Heckmann, Rn. 793 ff.)

2. Die polizeilichen Maßnahmen haben sich durch Vollzug erledigt. Welche Klageart zu wählen ist, hängt davon ab, ob der sofortige Vollzug bzw. die unmittelbare Ausführung als VA (dann Fortsetzungsfeststellungsklage) oder als (regelungsersetzender) Realakt (dann Feststellungsklage) zu qualifizieren ist. Für die Annahme eines VA spricht, dass vorliegend die verschiedenen (Vollstreckungs-)Verwaltungsakte, nämlich Grundverfügung, Androhung und Festsetzung mit der Anwendung in einem Verwaltungsakt zusammenfallen. Gleichwohl sind aber die Voraussetzungen für den Erlass eines VA nicht gegeben: Die Maßnahme nach § 8 Abs. 1 BW PolG wird dem Polizeipflichtigen

nicht bekanntgegeben, was nach § 43 Abs. 1 S. 1 VwVfG *Wirksamkeitsvoraussetzung* eines VA ist. Sie kann nach Abschluss der behördlichen Maßnahme dem Polizeipflichtigen auch nicht mehr bekanntgegeben werden, da sie nunmehr auf ein objektiv unmögliches Verhalten gerichtet wäre, nämlich jenes auszuführen, was durch den sofortigen Vollzug bzw. die unmittelbare Ausführung bereits durchgeführt wurde. Maßnahmen der unmittelbaren Ausführung lassen sich daher als *regelungsersetzende Realakte* qualifizieren (Robbers, DÖV 1987, 272, 276 f.; Würtenberger/Heckmann, Rn. 793 ff.). Richtige Klageart ist daher die Feststellungsklage.

674. Bestehen Unterschiede, wenn von einer Bundesbehörde Vollstreckungsmaßnahmen ohne vorausgehenden Verwaltungsakt durchgeführt werden?

Ja. Im Falle einer unmittelbaren Ausführung von Maßnahmen des Verwaltungszwangs (§ 6 Abs. 2 VwVG) sind nach der *Fiktion* des § 18 Abs. 2 VwVG alle Rechtsbehelfe zulässig, die gegen VAe gegeben sind. Da sich die unmittelbar ausgeführten Maßnahmen des Verwaltungszwangs idR mit ihrem Vollzug erledigen, ist in analoger Anwendung des § 113 Abs. 1 S. 4 VwGO eine Fortsetzungsfeststellungsklage zu erheben.

675. Hat ein Widerspruch gegen die Androhung der Ersatzvornahme nach § 80 Abs. 1 VwGO aufschiebende Wirkung?

In aller Regel nicht. Die meisten Länder haben durch Ländergesetze gem. § 80 Abs. 2 S. 1 Nr. 3 sowie S. 2 VwGO bestimmt (Kopp/Schenke, § 80 VwGO Rn. 68 ff.), dass Rechtsbehelfe gegen Maßnahmen in der Verwaltungsvollstreckung keine aufschiebende Wirkung haben (z.B. § 12 BW VwVG).

676. Gegen A wird aus einer rechtswidrigen, jedoch bestandskräftigen Beseitigungsverfügung vollstreckt und in einem Bescheid die Ersatzvornahme angedroht. Kann A gegen diesen Bescheid einwenden, die Beseitigungsverfügung sei rechtswidrig?

Nein. Mit Rechtsbehelfen gegen die Androhung von Zwangsmitteln kann in aller Regel nur die Rechtswidrigkeit der Vollstreckungsandrohung selbst, nicht aber der Grundverfügung gerügt werden. Grund: Die Bestandskraft der Grundverfügung soll im Vollstreckungsverfahren nicht durchbrochen werden! Durch Widerspruch und Anfechtungsklage kann also nur die Androhung auf eine mögliche Rechtsverletzung überprüft werden (zur Vertiefung: Weiß, DÖV 2001, 275 ff.; Würtenberger/Heckmann, Rn. 755 ff.). Zu beachten ist aber § 18 Abs. 1 S. 2 VwVG: Ist die Zwangsmittelandrohung mit dem zugrundeliegenden VA verbunden, so garantiert § 18 Abs. 1 S. 2 VwVG dem Betroffenen die umfassende Überprüfung aller Einwendungen.

677. Gegen A wird aus einer bestandskräftigen Abbruchverfügung vollstreckt und durch Bescheid ein Zwangsgeld festgesetzt. A macht gegen den Zwangsgeldbescheid geltend: Nach Eintritt der Unanfechtbarkeit der Abbruchverfügung seien von der Behörde andere vergleichbare Bauten entweder genehmigt oder geduldet worden. Wie kann er sich gegen den Zwangsgeldbescheid und weitere drohende Vollstreckungsmaßnahmen wehren?

A will eine Vollstreckung aus der bestandskräftigen Abbruchverfügung verhindern, weil *nach Eintritt* der Unanfechtbarkeit Gründe eingetreten sind, die einer Vollstreckung entgegenstehen. Zu solchen Gründen zählen ganz allgemein Erfüllung, Aufrechnung oder wie hier Änderung der Sach- und Rechtslage. Äußerst umstritten ist, welche Rechtsbehelfe gegen eine Vollstreckung unanfechtbar gewordener, nachträglich aber ggf. aufzuhebender Verwaltungsakte im Vollstreckungsverfahren geltend gemacht werden können. Zwei theoretische Ansätze sind zu unterscheiden:

1. Der „privatrechtliche Ansatz" befürwortet die analoge Anwendung der *Vollstreckungsabwehrklage gemäß § 767 ZPO,* wobei auf § 173 VwGO Bezug ge-

nommen wird. Denn für den Rechtsschutz im Vollstreckungsverfahren bestehe eine Regelungslücke, die durch Rückgriff auf zivilprozessuale Bestimmungen auszufüllen sei (VG Freiburg NVwZ-RR 1989, 514). Hier wird freilich nicht ausreichend gewürdigt, dass keine Regelungslücke vorliegt, da die verwaltungsprozessualen Klagearten im Verwaltungsvollstreckungsverfahren ausreichenden Rechtsschutz bieten.

2. Nach dem „öffentlich-rechtlichen Ansatz" kommen die verwaltungsprozessualen Rechtsbehelfe zur Anwendung, wenn während der Verwaltungsvollstreckung der bestandskräftige VA als Vollstreckungstitel angegriffen wird.

a) Als Klageart wird zum Teil die *Anfechtungsklage* gegen die jeweiligen Vollstreckungsmaßnahmen, die in der Regel VAe sind, hier also gegen die Festsetzung des Zwangsgeldes, befürwortet (z. B. BVerwGE 6, 321); in den Gründen des stattgebenden Urteils könne die Unzulässigkeit der Verwaltungsvollstreckung insgesamt festgestellt werden, weil wie vorliegend der zu vollstreckende VA wegen einer Änderung der behördlichen Praxis rechtswidrig geworden sei (oder sich erledigt habe). Dann stehe zu erwarten, dass die Vollstreckungsbehörde keine weiteren Vollstreckungsmaßnahmen ergreifen werde. Daneben wird für zulässig erachtet, mit einer *vorbeugenden Feststellungsklage* die Feststellung zu beantragen, dass die Vollstreckungsbehörde nicht mehr zur Vollstreckung berechtigt sei (VGH Mannheim VBlBW 1992, 251, 252), oder sich mit einer *vorbeugenden Unterlassungsklage* gegen weitere

Vollstreckungsmaßnahmen aus dem Vollstreckungstitel zu wenden (Brühl, JuS 1998, 65 f.). Diese Lösung vernachlässigt jedoch die gesetzlich vorgeschriebene Kompetenzenverteilung. Denn zunächst hat die Ausgangsbehörde in einem Verwaltungsverfahren gemäß § 51 VwVfG auf Antrag des Betroffenen über die Aufhebung oder Abänderung einer unanfechtbar gewordenen Grundverfügung zu befinden (Würtenberger, Rn. 819).

b) Überzeugender erscheint es, dogmatisch klar zwischen Einwendungen, die sich gegen den unanfechtbaren Verwaltungsakt richten und solchen, die das Vollstreckungsverfahren betreffen, zu unterscheiden.

aa) Zum einen hat der Vollstreckungsschuldner die Möglichkeit, die dem Vollstreckungstitel zugrunde liegende Grundverfügung zu beseitigen. Zu diesem Zweck muss er bei der zuständigen Behörde einen Antrag auf Wiederaufgreifen des Verfahrens nach § 51 VwVfG stellen, verbunden mit dem Antrag auf Erlass eines neuen, den ursprünglichen VA abändernden oder aufhebenden VAes (vgl. Kopp/Schenke, § 167 VwGO Rn. 19 a m. Nw.). Bei Ablehnung dieses Antrages ist gegebenenfalls Verpflichtungsklage zu erheben. Vorliegend kann sich A auf § 51 Abs. 1 Nr. 1 VwVfG stützen, da die geänderte Behördenpraxis im Hinblick auf die Bindungswirkung durch Art. 3 Abs. 1 GG zu einer veränderten Sach- oder Rechtslage geführt haben kann (zur Beachtung des Art. 3 Abs. 1 GG bei Abrissverfügungen: VGH Mannheim

NJW 1989, 603; Würtenberger/Heckmann, Rn. 501). Eine derartige Vorgehensweise wahrt zwar die Erstentscheidungskompetenz der Ausgangsbehörde, hat aber den Nachteil, dass bereits erlassene Vollstreckungsmaßnahmen in Bestandskraft erwachsen und in der Zwischenzeit von der Behörde vollstreckt werden können, da der Antrag nach § 51 VwVfG nicht zu einer aufschiebenden Wirkung führt. Daher müsste der Vollstreckungsschuldner zugleich gegen die Vollstreckungsmaßnahmen Widerspruch und ggf. Anfechtungsklage erheben sowie gemäß § 94 VwGO um die Aussetzung des Verfahrens nachsuchen, bis von der Behörde über seinen Antrag auf Wiederaufgreifen entschieden ist, – eine Verfahrensweise, die dem Grundsatz der Prozessökonomie sicher nicht entspricht.

bb) Dagegen lässt sich in einem einheitlichen Verfahren effektiver Rechtsschutz erreichen, wenn der Vollstreckungsschuldner die Vollstreckbarkeit des bestandskräftigen VA zu beseitigen vermag. Zu diesem Zweck hat er bei der zuständigen Behörde zu beantragen, die Verwaltungsvollstreckung aus dem bestandskräftigen VA (wiederum) durch VA für unzulässig zu erklären. Erforderlichenfalls kann er diese Unzulässigerklärung durch Erhebung der Verpflichtungsklage erzwingen (OVG Koblenz NJW 1982, 2276 f.; Würtenberger, Rn. 821; anders Kopp/Schenke, § 167 VwGO Rn. 19b). Dieser Weg hat den Vorzug, dass er zum einen die Erstentscheidungskompetenz der Ausgangsbehörde wahrt. Denn die Behörde wird die

Vollstreckung aus dem ursprünglichen VA nur dann für unzulässig erklären, wenn sie auch dem Antrag nach § 51 VwVfG stattgegeben hätte. Zum anderen führt der Verpflichtungsantrag dazu, dass bereits erlassene Vollstreckungsmaßnahmen nicht mehr vollzogen werden dürfen. Und letztlich wird auf diese Weise die Vollstreckbarkeit des ursprünglichen VA umfassend beseitigt.

678. Gehen wir von dem zuletzt genannten Lösungsvorschlag aus: Welches Verfahren gewährt dem Vollstreckungsschuldner vorläufigen Rechtsschutz?

Der Vollstreckungsschuldner kann im Verfahren nach § 123 VwGO vorläufigen Rechtsschutz erlangen (VGH München BayVBl. 1980, 51 f.; Brühl, JuS 1998, 65 f.).

679. Wie kann aus öffentlich-rechtlichen Verträgen vollstreckt werden?

Öffentlich-rechtliche Verträge sind grundsätzlich keine Vollstreckungstitel. Bei *koordinationsrechtlichen* Verträgen, bei denen kein Vertragspartner dem anderen übergeordnet ist, bedarf jede Partei zur Vollstreckung eines gerichtlichen Vollstreckungstitels, der durch verwaltungsgerichtliche Leistungsklage erlangt werden kann (Würtenberger, Rn. 822; Erichsen/Rauschenberg, JURA 1998, 31 f.).

Bei *subordinationsrechtlichen Verträgen*, d.h. bei Verträgen im Über- und Unterordnungsverhältnis, benötigt die vollstreckende Partei gleichfalls im Prinzip einen gerichtlichen Vollstreckungstitel.

Etwas anderes gilt nur bei subordinationsrechtlichen Verträgen, wenn einer der Vertragsschließenden sich der sofortigen Zwangsvollstreckung unterworfen hat (*Unterwerfungsklausel*); vgl. § 61 VwVfG.

XI. Europarechtliche Bezüge des deutschen Verwaltungsprozessrechts

680. Welche Funktionen hat die Gemeinschaftsgerichtsbarkeit?

Die Gemeinschaftsgerichtsbarkeit hat drei Funktionen:
(1.) Die Kontrolle der Rechtmäßigkeit des Handelns der Gemeinschaftsorgane sowie der Mitgliedstaaten (*Kontrollfunktion*);
(2.) die Gewährung von Individualrechtsschutz (*Rechtsschutzfunktion)*;
(3.) die Sicherung von Einheit und Kohärenz durch die Wahrung sowie die Fortbildung des Gemeinschaftsrechts (*Integrationsfunktion;* vgl. Dörr/Lenz, Rn. 8 ff., 21; Herdegen, Europarecht, 8. Aufl. 2006, § 8 Rn. 91).

681. Wie sind die Zuständigkeiten zwischen 1. dem EuGH und 2. dem Europäischen Gericht erster Instanz verteilt?

1. Der EuGH ist vor allem zuständig für
- Vertragsverletzungsverfahren (Art. 226, 227 EGV)
- Vorabentscheidungen (Art. 234 EGV)
- Rechtsmittel gegen Entscheidungen des Europäischen Gerichts erster Instanz (Art. 225 Abs. 1 UAbs. 2 EGV, Art. 56 ff. EuGH-Satzung).

2. Art. 225 EGV regelt die Zuständigkeiten des Europäischen Gerichts erster Instanz. Es ist vor allem zuständig für
- Nichtigkeits- und Untätigkeitsklagen Privater (Art. 230 Abs. 4, 232 Abs. 3 EGV)
- Schadensersatzklagen Privater wegen außervertraglicher Haftung der Gemeinschaft (Art. 235 i.V.m. Art. 288 Abs. 2 EGV)

682. 1. Kann ein deutsches Unternehmen gegen die Gewährung einer Beihilfe durch die Kommission an einen Konkurrenten vor einem nationalen Verwaltungsgericht Klage erheben?
2. Bei welchem Gericht müsste also Klage erhoben werden?
3. Wäre eine Klage vor dem Europäischen Gericht erster Instanz zulässig?

1. Nein. Es liegt hier ein Fall des sog. *direkten Vollzugs von EG-Recht* durch Gemeinschaftsorgane vor. Dieser findet sich neben dem Beihilferecht vor allem noch im Wettbewerbsrecht. Für Klagen gegen Hoheitsakte der Gemeinschaftsorgane ist in diesem Bereich ausschließlich die Europäische Gerichtsbarkeit (EuG, EuGH) zuständig. Den deutschen Verwaltungsgerichten fehlt es mithin an der internationalen Zuständigkeit (Würtenberger, Rn. 68, 76).
2. Nach Art. 225 Abs. 1, 230 Abs. 4 EGV bei dem Europäischen Gericht erster Instanz.
3. Das Unternehmen kann gegen die Entscheidung der Kommission, an einen Konkurrenten eine Beihilfe zu gewähren, die Nichtigkeitsklage gem. Art. 230 Abs. 4 EGV erheben. Deren Zulässigkeitsvoraussetzungen sind:
a) Beteiligtenfähigkeit von natürlichen und juristischen Personen.
b) Als Klagegegenstand vorliegend eine Entscheidung der Kommission.
c) Die unmittelbare und individuelle Betroffenheit als Klagebefugnis (hierzu Thiele, § 7 Rn. 66 ff.; Dörr/Lenz, Rn. 111 ff., 127, 135).
Ist der private Kläger Adressat einer Entscheidung i.S.d. Art. 230 Abs. 4 1. Var. EGV, so muss er lediglich den Nachweis seiner *tatsächlichen persönlichen Betroffenheit* erbringen; dabei ist darzulegen, „dass sich die Nichtigerklärung auf seine persönliche Rechtsstellung auswirken kann" (Dörr/Lenz, Rn. 115 f.). Vorliegend ist jedoch nicht der Kläger, sondern ein Dritter Adressat der Entscheidung. Hier muss der Rechtsakt den Kläger „unmit-

telbar und individuell betroffen" haben (Art. 230 Abs. 4 2. und 3. Var. EGV). Ist die Entscheidung, wie vorliegend „an einen privaten Dritten ergangen (3. Var.), liegt eine *unmittelbare Betroffenheit* dann vor, wenn zwischen der Entscheidung der Gemeinschaft und der Beeinträchtigung der Klägerinteressen ein unmittelbarer Kausalzusammenhang besteht" (Thiele, § 7 Rn. 78). Dies ist der Fall, wenn der Rechtsakt selbst und nicht erst eine nachfolgende Durchführungsmaßnahme in die Interessensphäre des Klägers eingreift. Die weiter geforderte *individuelle* Betroffenheit ist bei einer Subvention an einen Konkurrenten im Wettbewerb um Marktanteile anzunehmen (Thiele, § 7 Rn. 92, 95 mit dem Hinweis auf die spürbare Beeinträchtigung der Marktstellung des Klägers).
d) Klagegrund in Art. 230 Abs. 2 EGV
e) Klagefrist nach Art. 230 Abs. 5 EGV

1. Zum Vorabentscheidungsverfahren

683. 1. Bei welchem Gericht ist Klage zu erheben, wenn eine EG-Verordnung nationale Behörden ermächtigt, Beihilfen nach EG-Recht zu vergeben, und nunmehr die ermächtigte nationale Behörde die Beihilfe versagt?
2. Welche Entscheidungsmöglichkeiten hat das Gericht?

1. In dieser Konstellation, dem sog. *indirekten Vollzug von Gemeinschaftsrecht*, sind die nationalen Verwaltungsgerichte zuständig. Es liegt ein Hoheitsakt einer nationalen Behörde vor. Das EG-Recht berechtigt und verpflichtet diese unmittelbar. Dies gilt sowohl beim *unmittelbaren* (wie vorliegend) als auch beim *mittelbaren* Vollzug (dem Vollzug von in deutsches Recht umgesetzter europarechtlicher Vorgaben insb. also von Richtlinien) von EG-Recht.
2. Den deutschen Verwaltungsgerichten steht bei Klagen, die sich auf die Ungültigkeit von EG-Recht stützen, jedoch le-

diglich eine Prüfungs-, aber *keine Verwerfungskompetenz des EG-Rechts* zu (Würtenberger, Rn. 76).

684. Wo ist das Vorabentscheidungsverfahren geregelt und welche Funktion hat es?

Das Vorabentscheidungsverfahren ist in Art. 234 EGV geregelt. Es dient der einheitlichen Auslegung des Gemeinschaftsrechts, der einheitlichen Überprüfung der Gültigkeit von gemeinschaftsrechtlichen Normen und damit der *umfassenden Durchsetzung* des Gemeinschaftsrechts in den einzelnen Mitgliedstaaten. Durch die Kooperation der nationalen Gerichte mit dem EuGH soll in möglichst effizienter Weise die Rechtseinheit in der Gemeinschaft garantiert werden (*Integrationsfunktion*; Herdegen, Europarecht, § 10 Rn. 26 ff.).

685. Was können Vorlagefragen des nationalen Gerichts sein?

Nach Art. 234 Abs. 1 EGV die Auslegung des EG-Vertrags, die Gültigkeit und Auslegung der Handlungen der Gemeinschaftsorgane und der EZB sowie die Auslegung von Satzungen der vom Rat geschaffenen Einrichtungen, soweit diese Satzungen dies vorsehen. Mit der Überprüfung der Handlungen der Gemeinschaftsorgane verbindet sich eine Gültigkeitsprüfung (nur) des sekundären Gemeinschaftsrechts durch den EuGH. Über den Wortlaut des Art. 234 Abs. 1 EGV hinaus können auch Fragen des Bestehens und des Inhalts allgemeiner Grundsätze des Gemeinschaftsrechts und insbesondere der vom EuGH entwickelten Grundrechte vorgelegt werden (Dörr/Lenz, Rn. 253; Thiele, § 9 Rn. 17).

686. Wann kann nach Art. 234 Abs. 3 EGV eine Entscheidung eines deutschen Gerichts „nicht mehr mit Rechtsmitteln des innerstaatlichen Rechts angefochten werden"?

Nicht entscheidend ist, dass nach einer abstrakten Betrachtungsweise der Rechtsstreit durch das BVerwG als oberstem Gericht entschieden wird und damit *nur dieses* zur Vorlage verpflichtet ist. Erforderlich ist vielmehr im Sinne einer konkreten Betrachtungsweise, dass Rechtsmittel wie Berufung oder Revision nicht statthaft sind (Herdegen, Europarecht, § 10 Rn. 31; Thiele, § 9 Rn. 60 ff.).

687. In Fall 683 sieht das deutsche erstinstanzliche Verwaltungsgericht die Beihilfe als zu Unrecht verweigert, da es die zugrunde liegende Verordnung anders auslegt als die Behörde und andere Verwaltungsgerichte. Wie wird das Verwaltungsgericht verfahren?

Nach Art. 234 Abs. 1 (b) EGV entscheidet der EuGH über die Auslegung der Handlungen der Gemeinschaft, vorliegend also über die Auslegung der Verordnung. Für das VG bestehen grundsätzlich zwei Möglichkeiten der weiteren Vorgehensweise (zum Ermessen des nationalen Prozessgerichts: Dörr/Lenz, Rn. 272). Zum einen kann (also Ermessen) das Gericht die Frage gem. Art. 234 Abs. 2 EGV von Amts wegen dem EuGH vorlegen. Es kann aber auch gemäß seiner Auffassung die Auslegungsfrage entscheiden. Eine Vorlagepflicht besteht nur für Gerichte, deren Urteile im *konkreten Fall* nicht mehr mit innerstaatlichen Rechtsmitteln angefochten werden können (Art. 234 Abs. 3 EGV).

688. Gibt es Einschränkungen der Vorlageberechtigung?

Ja. Nach Art. 68 EGV für Vorschriften des Titels IV des dritten Teils des EGV (hierzu Herdegen, Europarecht, § 10 Rn. 32).

689. Das VG hat in seinem Urteil, das eine EG-Verordnung anders als andere Gerichte ausgelegt hat, die Berufung nicht zugelassen.

1. Es bestand für das VG keine Vorlagepflicht. Denn nach § 124a Abs. 4 VwGO besteht das Rechtsmittel, die Zulassung der Berufung zu beantragen. Die Nichtzulassungsbeschwerde stellt

1. Bestand eine Vorlagepflicht nach Art. 234 Abs. 3 EGV?
2. Wann besteht für das OVG im Verfahren über die Zulassung der Berufung eine Vorlagepflicht?

also ein Rechtsmittel i.S.d. Art. 234 Abs. 3 EGV dar (Thiele, § 9 Rn. 66).
2. Das OVG ist letztinstanzliches Gericht i.S.v. Art. 234 Abs. 3 EGV, wenn es den Antrag auf Zulassung der Berufung ablehnt (Dörr/Lenz, Rn. 275). Denn gegen diese Ablehnung ist kein Rechtsbehelf gegeben (§ 124a Abs. 5 S. 4 VwGO).

690. Wann kann ein erstinstanzliches nationales Gericht zur Vorlage verpflichtet sein?

Zum einen kann die Möglichkeit bestehen, dass auch ein erstinstanzliches Urteil *nicht anfechtbar* ist. Zum anderen muss ein Verwaltungsgericht immer dann vorlegen, wenn es seine Entscheidung auf die Ungültigkeit einer EG-Norm stützen will. Grund dafür ist die *fehlende Verwerfungskompetenz* der mitgliedstaatlichen Gerichte (Würtenberger, Rn. 117).

691. In welchen Fällen entfällt die Vorlageberechtigung bzw. -pflicht?

Vorlageberechtigung und -pflicht entfallen trotz grundsätzlicher Einschlägigkeit des Vorlageverfahrens immer dann, wenn der Inhalt des primären und sekundären Gemeinschaftsrechts offenkundig („acte claire"), die Vorlagefrage vom EuGH bereits entschieden (Präzedenzfall) oder für den konkreten Fall nicht entscheidungserheblich ist. Aufgrund einer zunehmenden Überlastung des EuGH wird diese negative Voraussetzung des Vorlageverfahrens vom EuGH zunehmend bejaht (Würtenberger, Rn. 117).
Außerdem entfällt die Vorlageberechtigung, wenn eine Nichtigkeitsklage nach Art. 230 Abs. 4, 5 EGV offensichtlich zulässig gewesen wäre, aber nicht erhoben wurde. Anderenfalls könnten be-

standskräftige Entscheidungen der Kommission über den Umweg der nationalen Gerichtsbarkeit angefochten werden (Ehlers, DVBl. 2004, 1441, 1448 m.N.).

692. Besteht eine Vorlagepflicht für das letztinstanzliche Gericht in Verfahren des einstweiligen Rechtsschutzes?

Es besteht in der Regel keine Vorlagepflicht, da den Parteien das Hauptsacheverfahren offen steht. In diesem kann bzw. muss ein Vorabentscheidungsersuchen erfolgen (OVG Berlin NVwZ 1999, 96, 98; Dörr/Lenz, Rn. 276).

693. Gibt es hiervon Ausnahmen?

Ja. Wenn es um die Frage geht, ob das Verfahren des einstweiligen Rechtsschutzes mit dem Gemeinschaftsrecht in Einklang steht, ist die letzte Instanz nach Art. 234 Abs. 3 EGV zur Vorlage verpflichtet. Außerdem ist das (erstinstanzliche) Gericht zur Vorlage verpflichtet, wenn es eine Vorschrift des Gemeinschaftsrechts einstweilig unangewendet lassen möchte (Dörr/Lenz, Rn. 276; Thiele, § 9 Rn. 58 zu den einzelnen Vorlagevoraussetzungen in den Verfahren einstweiligen Rechtsschutzes).

694. Was sind die Folgen, wenn ein Gericht die an sich gebotene Vorlage ablehnt?

1. Eine Nichtzulassungsbeschwerde an den EuGH ist im europäischen Recht nicht vorgesehen und damit nicht statthaft.
2. Gegen einen solchen Beschluss des VG ist die *Beschwerde* nach § 146 VwGO statthaft.
3. Das Unterlassen einer gebotenen Vorlage ist ein Berufungs- und Revisionsgrund nach § 124 Abs. 2 Nr. 5 bzw. § 132 Abs. 2 Nr. 3 VwGO.
4. Da der EuGH im Vorlageverfahren gesetzlicher Richter ist, ist das Recht auf

den gesetzlichen Richter (Art. 101 Abs. 1 S. 2 GG) verletzt, so dass eine Verfassungsbeschwerde nach Art. 93 Abs. 1 Nr. 4a GG statthaft ist. Allerdings ist die Verfassungsbeschwerde nur bei einem *willkürlichen Entzug* des gesetzlichen Richters durch das Fachgericht erfolgreich (Dörr/Lenz, Rn. 310 ff.; BVerfG-K JZ 2007, 87 ff. m.Bspr. von Paefgen).

5. Die Verletzung der Vorlagepflicht durch ein nationales Gericht bedeutet eine Vertragsverletzung durch den Mitgliedstaat. Folge kann damit ein Vertragsverletzungsverfahren (Art. 226, 227 EGV) sowie ein Staatshaftungsanspruch nach den Grundsätzen der EuGH-Rechtsprechung vor den nationalen Gerichten sein (Dörr/Lenz, Rn. 309).

695. In welchem Ausnahmefall besteht trotz direktem Vollzug von Gemeinschaftsrecht die Möglichkeit einer Feststellungsklage vor einem nationalen Verwaltungsgericht? Wie hat dieses dann zu verfahren?

Eine Feststellungsklage vor einem nationalen Gericht ist dann möglich, wenn eine EG-Verordnung einen Einzelnen zwar nicht unmittelbar und individuell im Sinne des Art. 230 Abs. 4 EGV betrifft, aber dennoch nachteilige Auswirkungen auf seine Interessen hat. In diesem Fall besteht zwar keine Klagemöglichkeit vor den Europäischen Gerichten, zur Gewährleistung effektiven Rechtsschutzes sollen laut EuGH aber die einzelnen Staaten entsprechende Rechtsschutzmöglichkeiten vorhalten (EuGH EuZW 2002, 529, 532). Im deutschen Rechtssystem ist dies die Erhebung einer Feststellungsklage nach § 43 VwGO. Sollte das nationale Verwaltungsgericht in diesem Verfahren die Verordnung mit höherrangigem Gemeinschaftsrecht für unvereinbar halten, so hat es diese Rechtsfrage wiederum dem EuGH gem. Art. 234 EGV vorzulegen. Der EuGH hat somit für eine Prüfung derartiger Verordnungen durch die Europäische Gerichtsbarkeit einen Umweg über die nationale Gerichtsbarkeit gefordert (Würtenberger, Rn. 77 f.).

2. Zur Klagebefugnis

696. Gem. § 3 Abs. 1. S. 1 UmweltinformationsG (UIG), der die Europäische Richtlinie über den Zugang der Öffentlichkeit zu Umweltinformationen umsetzt, hat jeder deutsche Staatsbürger einen Anspruch auf freien Zugang zu Umweltinformationen, über die eine informationspflichtige Stelle, d.h. Bundesregierung und Verwaltungsbehörden, verfügt, ohne ein rechtliches Interesse darlegen zu müssen. Bürger B begehrt dementsprechend Auskunft beim Regierungspräsidium X, ohne konkret Umweltbelastungen ausgesetzt zu sein. Das RP verweigert die Auskunft. B klagt. Ist B klagebefugt?

Ja. Obwohl B materiell nicht betroffen ist und somit nach der strengen Schutznormlehre an und für sich keine Klagebefugnis bestünde, räumt ihm § 3 UIG auf Grund europarechtlicher Vorgaben ausdrücklich ein subjektives Recht gegenüber der Verwaltung ein. B ist damit gem. § 42 Abs. 2 Var. 2 VwGO klagebefugt. Obwohl der Anspruch der Sache nach ein verfahrensrechtlicher ist, kann auf Grund der selbständigen Zuweisung hier auch § 44a VwGO eine Klage nicht sperren (Würtenberger, Rn. 71; Ehlers, DVBl. 2004, 1441, 1445 f.)

697. Eine EG-Richlinie zur Reinhaltung des Trinkwassers legt bestimmte Grenzwerte für den Schadstoffgehalt fest. Zweck dieser Richtlinie ist der Gesundheitsschutz. Die Bun-

E müsste gemäß § 42 Abs. 2 VwGO analog geltend machen können, in seinen eigenen Rechten verletzt worden zu sein. Dies wäre nur dann der Fall, wenn die nicht umgesetzte Richtlinie dem E ein subjektiv-öffentliches Recht auf Ein-

desrepublik hat die Richtlinie nicht fristgerecht umgesetzt. Die Gemeinde G betreibt eine Kläranlage, in welcher die in der Richtlinie vorgesehenen, dem hergebrachten Recht gegenüber strengeren Grenzwerten nicht eingehalten werden. Der besorgte Einwohner E möchte deswegen gegen G vorgehen. E erhebt eine allgemeine Leistungsklage vor dem zuständigen VG mit dem Antrag, G möge Maßnahmen ergreifen, dass bei Betrieb der Kläranlage die in der Richtlinie vorgesehenen Grenzwerte eingehalten werden sollen. Das VG äußert Bedenken bezüglich der Klagebefugnis des E. Zu Recht?

haltung der Grenzwerte einräumt. In diesem Zusammenhang stellen sich drei Fragen:

(1.) Kann die Richtlinie überhaupt unmittelbare Rechtwirkungen entfalten?

(2.) Begründet die Richtlinie nach Maßgabe der deutschen Rechtsordnung ein subjektives Recht?

(3.) Muss E auch ohne Vorliegen eines subjektiven Rechts auf Grund gemeinschaftsrechtlicher Vorgaben auf Einhaltung der Grenzwerte klagen können?

1. Ja. Eine Richtlinie entfaltet unmittelbare Wirkung, wenn sie hinreichend bestimmt und unbedingt gefasst ist, um im Einzelfall angewendet zu werden, und wenn sie nicht fristgerecht in innerstaatliches Recht umgesetzt wurde (Herdegen, Europarecht, § 9 Rn. 44). Die Trinkwasser-Richtlinie legt konkrete Grenzwerte fest und ist daher hinreichend bestimmt. Sie wurde nicht fristgerecht umgesetzt.

2. Nein. Nach deutscher Dogmatik gewährt die Richtlinie kein subjektives Recht, welches dem E eine Klagebefugnis geben würde. Zum einen ist der Kreis der möglicherweise von einer Trinkwasserverunreinigung Betroffenen nicht hinreichend bestimmbar. Zum anderen legt die Richtlinie keine bestimmten Maßnahmen fest, die bei der Überschreitung der Grenzwerte zu treffen sind und die eingeklagt werden können.

3. Ja. Zu untersuchen ist, ob Deutschland bei der Umsetzung der Richtlinie dazu verpflichtet ist, betroffenen Einzelnen Rechtsschutz wegen der Einhaltung der Grenzwerte zu gewähren. Bei der Richtlinie handelt es sich um eine Regelung, die

dem Schutz von Leben und Gesundheit dient. Für derartige Fälle ist allgemein anerkannt, dass den Betroffenen die Möglichkeit gegeben werden muss, die Einhaltung des EG-Rechts durchzusetzen (BVerwGE 100, 238, 253).

Der EuGH hat in mehreren Entscheidungen die Umsetzung der Richtlinien zum Schutz der Umwelt u.a. aus dem Grund für ungenügend erachtet, weil Einzelnen keine Möglichkeit eingeräumt wurde, die aus der Richtlinie fließenden Rechte zu verfolgen (z.B. EuGH NVwZ 1991, 866 – *TA Luft*; NVwZ 1991, 973 – *Grundwasserschutz*).

Die Bundesrepublik müsste also auch bei der Umsetzung der Trinkwasser-Richtlinie dafür sorgen, dass Betroffene eine Klagebefugnis erhalten. Daher erscheint es angesichts des Grundsatzes der effektiven Geltung des Gemeinschaftsrechts angezeigt, dem E als Betroffenem eine Klagebefugnis nach § 42 Abs. 2 VwGO zuzubilligen, auch wenn die Richtlinie selber nach der Schutznormtheorie nicht geeignet ist, ihm ein subjektives Recht zu geben. Das Gemeinschaftsrecht stellt insoweit eine andere gesetzliche Bestimmung i.S.d. § 42 Abs. 2 HS 1 VwGO dar (so Wahl, in Schoch/Schmidt-Aßmann/Pietzner, Vor § 42 Abs. 2 VwGO Rn. 128) bzw. gewährt weitere subjektiv-öffentliche Rechte i.S.d. § 42 Abs. 2 HS 2 VwGO (so Würtenberger, Rn. 71).

698. Ist die Aussage, das Gemeinschaftsrecht eröffne Klagemöglichkeiten auch in Fällen, in denen an und für sich kein subjektiv-öffentliches

Ja. Diese Aussage stimmt insofern, als auf Grund der Hüterfunktion des Einzelnen für das Gemeinschaftsrecht diesem nach der Interessentheorie auch bereits dann eine klagfähige Position eingeräumt wer-

Recht eingeräumt wird, korrekt?

den soll, wenn die Gemeinschaftsnorm unmittelbar wirkt, typisierte Interessen der Allgemeinheit schützt und auch der Einzelne in diesem Interesse betroffen ist. Insofern eröffnet das Gemeinschaftsrecht zwar nicht die Möglichkeit einer Popularklage, dehnt die Schutznormtheorie aber insoweit aus, als es nicht auf die Verletzung einer Rechtsposition abstellt, sondern eine konkrete Betroffenheit in geschützten allgemeinen Interessen ausreichen lässt. Streitig (aber im Ergebnis ohne Bedeutung) ist dabei, ob man diese Interessenspositionen als andere Bestimmungen iSv § 42 Abs. 2 Var. 1 VwGO auffasst oder aber als Regelung weiterer subjektiv-öffentlicher Rechte iSd § 42 Abs. 2 Var. 2 VwGO (zum Streitstand Würtenberger, Rn. 71).

699. Die grenznahe Gemeinde G erlässt eine kommunale Anschluss- und Benutzungssatzung für Nah- und Fernwärme. Einwohner B möchte diese lieber von einem privaten Anbieter des Nachbarstaates beziehen und stellt einen Normenkontrollantrag gem. § 47 Abs. 1 Nr. 2 VwGO. Er beruft sich dabei insbesondere auf den freien Warenverkehr. Kann er dies grundsätzlich?

Dies ist umstritten. Nach einer Mindermeinung können untergesetzliche Normen nicht auf ihre Vereinbarkeit mit EG-Recht kontrolliert werden. Als Argumente werden die Parallele zur Normenkontrolle nach Art. 100 GG und der bloße Anwendungsvorrang des EG-Rechts genannt. Die herrschende Meinung hingegen zieht bei einer Normenkontrolle nach § 47 VwGO auch EG-Recht als Prüfungsmaßstab heran. Zwar könne auf Grund des bloßen Anwendungsvorrangs tatsächlich nicht die Unwirksamkeit der Norm erklärt werden, die Unanwendbarkeitserklärung sei als bloßes Minus dazu jedoch sehr wohl möglich. Dies gebiete auch die Funktion des § 47 VwGO sowie bestimmte gemeinschaftsrechtliche Vorgaben wie z.B. das Effizienzgebot (Ehlers, DVBl. 2004,

1441, 1445; Würtenberger, Rn. 467a; Pache/Burmeister, NVwZ 1996, 979). Ob im vorliegenden Fall B mit seinem Antrag Aussicht auf Erfolg hat, ist freilich äußerst fraglich.

3. Zur Begrenzung des einstweiligen Rechtsschutzes

700. Die Kommission schreibt per Verordnung die Offenlegung der Zusammensetzung von Nutztierfuttermitteln in all seinen Einzelbestandteilen vor. Das Landratsamt L vollzieht dieses Verbot gegenüber dem Futtermittelproduzenten F unter Anordnung des Sofortvollzugs. F hält die EG-Verordnung auf Grund Verletzung seines geistigen Eigentums und der Berufsfreiheit für unvereinbar mit den europäischen Grundrechtsstandards. Kann er vor einem deutschen Verwaltungsgericht grundsätzlich einstweiligen Rechtsschutz beantragen?

Ja. Zwar hat die nationale Verwaltungsgerichtsbarkeit wie erläutert keine Verwerfungskompetenz von EG-Recht. Allerdings erkennt der EuGH unter strengen Maßstäben dennoch die Möglichkeit der Gewährung einstweiligen Rechtsschutzes durch die nationalen Gerichte an. Grund hierfür sieht er in dem Erfordernis der Kohärenz des Systems des vorläufigen Rechtsschutzes der Bürger (EuGH DVBl. 1996, 247; VGH München BayVBl. 2005, 280).

701. Unter welchen Voraussetzungen im Einzelnen kann einstweiliger Rechtsschutz in derartigen Konstellationen gewährt werden?

Die Voraussetzungen im Einzelnen sind: Das nationale Gericht muss erhebliche Zweifel an der Gültigkeit der EG-Norm haben. Die Frage muss dem EuGH vom Gericht unverzüglich vorgelegt werden. Einstweiliger Rechtsschutz muss dringend geboten sein, da ansonsten dem Rechtsschutzsuchenden ein schwerer, nicht wiedergutzumachender Schaden droht. Und schließlich müssen gemäß dem Prinzip des effet utile die Gemeinschaftsinteressen angemessen berücksichtigt werden (EuGH DVBl. 1996, 247; Herdegen, Europarecht, § 10 Rn. 36 f.; zur Kritik vgl. Würtenberger, Rn. 74 mit Fn. 207).

702. Kann das nationale Gericht dabei auch eine sog. Regelungsanordnung erlassen?

Grundsätzlich Ja. Eine Ausnahme gilt aber für den Fall, dass der Kommission ausdrücklich eine Kompetenz für die konkret anzuordnende Regelung zusteht (zu dieser Fallkonstellation EuGH JZ 1997, 458 ff.; kritisch Koenig/Zeiss, JZ 1997, 461 ff.).

4. Zur Klagefrist/Bestandskraft

703. Inwieweit verlangt das EG-Recht die Nichtbeachtung nationaler Klagefristen bzw. die Durchbrechung der Bestandskraft von Verwaltungsentscheidungen?

Grundsätzlich widersprechen die nationalen Fristbestimmungen und damit einhergehend die Bestandskraft von Verwaltungsentscheidungen nicht den europarechtlichen Vorgaben. Der EuGH macht davon jedoch bei Gemeinschaftsrechtsverstößen von erheblichem Gewicht Ausnahmen, wenn ansonsten die Durchsetzung von durch das Gemeinschaftsrecht verliehenen Rechten übermäßig erschwert würde, unmöglich gemacht würde oder bereits unmöglich gemacht worden ist (Würtenberger, Rn. 72a). Je nachdem besteht in diesen Ausnahmefällen dann eine Klagemöglichkeit trotz Fristablaufs (EuGH, Slg. 1991, I-4269, Rn. 24 – Emmott; andererseits aber auch EuGH, Slg. 1994, I-5483, Rn. 26 – Johnson) oder aber die an und für sich bestandskräftige Entscheidung hat unangewendet zu bleiben (EuGH EuR 1999, 776) bzw. muss auf die Möglichkeit der Rücknahme nach § 48 LVwVfG überprüft werden (EuGH NVwZ 2004,

459; Gärditz, Die Bestandskraft gemeinschaftsrechtswidriger Verwaltungsakte, NWVBl. 2006, 441 ff.).

5. Zur EMRK

704. Die Gemeinde G erlässt einen Bebauungsplan mit erheblichen Abweichungen vom zugrunde liegenden Flächennutzungsplan. Bauer B sieht sich dadurch in den Nutzungsmöglichkeiten seiner Grundstücke beeinträchtigt. Er erhebt folgerichtig Normenkontrollantrag gem. § 47 VwGO. Das zuständige OVG will über den Antrag gem. § 47 Abs. 5 S. 1 Alt. 2 VwGO ohne mündliche Verhandlung durch Beschluss entscheiden. B besteht auf einer mündlichen Verhandlung. Er sieht Art. 6 Abs. 1 EMRK als verletzt an. Zu Recht?

Ja. B kann sich vorliegend auf die in Art. 6 Abs. 1 EMRK geregelten Grundsätze der Öffentlichkeit und Mündlichkeit berufen. Zwar ist Art. 6 Abs. 1 EMRK seinem Wortlaut nach nur bei zivilrechtlichen Ansprüchen anwendbar. Gemäß der Rechtsprechung des EGMR fallen darunter jedoch auch subjektiv-öffentliche Rechte, sofern sie vermögenswerte Ansprüche beinhalten (grundlegend EGMR EuGRZ 1978, 406, 415 f.). Hintergrund dieser Rechtsprechung ist neben der umfassenden Gewährleistung der Justizgrundrechte die Tatsache, dass in manchen Mitgliedstaaten eine klare Trennung zwischen öffentlichem und privatem Recht fehlt (Würtenberger, Rn. 80c).

705. D erhebt Klage auf Feststellung, dass ihm im Rahmen einer Demonstration zu Unrecht vom Polizeivollzugsdienst sein kleines Taschenmesser weggenommen worden ist. 7 Jahre nach Eingang der Klage hat das zuständige VG wegen Überlastung den Fortsetzungsfeststellungsstreit noch nicht entschieden. D sieht sich wegen überlanger Verfahrensdauer in Art. 6 Abs. 1 EMRK verletzt und

1. D kann erfolgreich Klage vor dem EGMR erheben. Denn Art. 13 EMRK garantiert das Recht, bei einer innerstaatlichen Instanz gegen eine überlange Verfahrensdauer eine wirksame Beschwerde zu erheben (EGMR NJW 2006, 2389). Eine solche Beschleunigungsbeschwerde ist in Deutschland nicht zulässig (3.). Nach Art. 34 EMRK ist eine Individualbeschwerde bei Verletzung von Rechten aus der EMRK ausdrücklich zulässig (zu deren Voraussetzungen: Dörr/Lenz, Rn. 523 ff.).

will von seinem Rechtsanwalt R wissen, was er tun und prozessual erreichen kann.

2. Aus der Einordnung der EMRK als völkerrechtlicher Vertrag folgt jedoch, dass der EGMR keine Befugnisse zur Aufhebung staatlicher Entscheidungen hat. Einziges Instrument zur Durchsetzung der Entscheidungen des EGMR ist gemäß Art. 41 EMRK die Verurteilung des verletzenden Mitgliedstaates zur Zahlung einer gerechten Entschädigung an den Verletzten (Dörr/Lenz, Rn. 585 ff.). Somit führt die Klage des D nur zu einer Verurteilung der Bundesrepublik Deutschland auf Schadensersatz im Hinblick auf die Schäden, Kosten und Auslagen, die auf Grund der rechtswidrigen Verzögerung entstanden sind (EGMR NJW 2005, 41 ff.).

3. Fraglich ist, ob D gem. §§ 146 ff. VwGO vor dem OVG eine sog. Beschleunigungs- bzw. Untätigkeitsbeschwerde erheben kann (Ehlers, DVBl. 2004, 1441, 1447). Dies wird teilweise unter Hinweis auf die Notwendigkeit effektiven Rechtsschutzes bejaht (vgl. VGH München NVwZ 2000, 693). Das BVerwG lehnt dies unter Hinweis auf die fehlende gesetzliche Grundlage jedoch ab (NVwZ 2003, 869).

Stichwortverzeichnis

Die Zahlen bezeichnen die Nummern der Fragen.

Buchanzeigen

Juristische
Kurz-Lehrbücher
Zippelius/Würtenberger
Deutsches
Staatsrecht
31. Auflage
Verlag C.H. Beck
Zippelius/Würtenberger
Deutsches Staatsrecht 31. A.
C.H. Beck

C.H.BECK